Conrad-Giese/Eberhardt/Feldes/Koch/Ramm/Rennebeck/Ritz

Tipps für die Vertretung von Menschen mit Behinderungen

aktiv in der Schwerbehindertenvertretung

Conrad-Giese/Eberhardt/Feldes/
Koch/Ramm/Rennebeck/Ritz

Tipps für die Vertretung von Menschen mit Behinderungen

Aufgaben – Rechte – Kompetenzen

5., überarbeitete und aktualisierte Auflage

BUND
VERLAG

Bibliografische Information der Deutschen Nationalbibliothek
Die Deutsche Nationalbibliothek verzeichnet diese Publikation in der Deutschen Nationalbibliografie; detaillierte bibliografische Daten sind im Internet über *http://dnb.d-nb.de* abrufbar.

5., überarbeitete und aktualisierte Auflage 2026

Umschlag: Bernd Adam, Weinheim
Satz: Dörlemann Satz, Lemförde
Druck: CPI books GmbH, Birkstraße 10, 25917 Leck

ISBN 978-3-7663-7518-6

kontakt@bund-verlag.de
www.bund-verlag.de

Inhaltsverzeichnis

Abkürzungsverzeichnis

Abs.	Absatz
ADAC	Allgemeiner Deutscher Automobil Club
AG	Arbeitsgemeinschaft; Aktiengesellschaft
AGG	Allgemeines Gleichbehandlungsgesetz
AktG	Aktiengesetz
AOK	Allgemeine Ortskrankenkasse
ArbGG	Arbeitsgerichtsgesetz
ArbSchG	Arbeitsschutzgesetz
Art.	Artikel
ASiG	Arbeitssicherheitsgesetz
AU	Arbeitsunfähigkeit
AÜG	Arbeitnehmerüberlassungsgesetz
Az.	Aktenzeichen
BA	Bundesagentur für Arbeit
BAG	Bundesarbeitsgericht
BAGH	Bundesarbeitsgemeinschaft Hilfe für Behinderte
BBG	Bundesbeamtengesetzt
BDSG	Bundesdatenschutzgesetz
BEM	Betriebliches Eingliederungsmanagement
bes.	besondere
BetrVG	Betriebsverfassungsgesetz
BFW	Berufsförderungswerk/Berufsfortbildungswerk
BGB	Bürgerliches Gesetzbuch
BGBl.	Bundesgesetzblatt
BGG	Behindertengleichstellungsgesetz
BIBB	Bundesinstitut für Berufsbildung
BIH	Bundesarbeitsgemeinschaft der Integrationsämter und Hauptfürsorgestellen
BKK	Betriebskrankenkasse
BMAS	Bundesministerium für Arbeit und Soziales

BPersVG	Bundespersonalvertretungsgesetz
BRK	Behindertenrechtskonvention
BR-Drucks.	Drucksache des Bundesrats
BSHG	Bundessozialhilfegesetz
BT-Drucks.	Drucksache des Bundestages
BTHG	Bundesteilhabegesetz
BVG	Bundesversorgungsgesetz
BWF	Behörde für Wissenschaft und Forschung
bzgl.	bezüglich
bzw.	beziehungsweise
CD	Compact Disc
DBR	Deutscher Behindertenrat
DDR	Deutsche Demokratische Republik
DGB	Deutscher Gewerkschaftsbund
d. h.	das heißt
div.	diverse
DMP	Disease-Management-Programme
DRV	Deutsche Rentenversicherung
DSG	Deutsche Gebärdensprache
EBR	Europäischer Betriebsrat
EDF	European Development Funds = Europäischer Entwicklungsfonds (EEF)
EDV	Elektronische Datenverarbeitung
EG	Europäische Gemeinschaft
EGV	Europäischer Gemeinschaftsvertrag
EMB	Europäischer Metallgewerkschaftsbund
Erl.	Erläuterung
EStG	Einkommensteuergesetz
etc.	et cetera
ETUC	European Trade Union Confederation
EU	Europäische Union
evtl.	eventuell
EWG	Europäische Wirtschaftsgemeinschaft
ff.	folgende
GB	Gefährdungsbeurteilung
GdB	Grad der Behinderung

gem.	gemäß
GEW	Gewerkschaft Erziehung und Wissenschaft
GEZ	Gebühreneinzugszentrale
GG	Grundgesetz
ggf.	gegebenenfalls
GM	Gender Mainstreaming
GmbH	Gesellschaft mit beschränkter Haftung
GVG	Gerichtsverfassungsgesetz
Hrsg.	Herausgeber
ICF	Internationale Klassifikation der Funktionsfähigkeit, Behinderung und Gesundheit
IFD	Integrationsfachdienst
IG	Industriegewerkschaft
inkl.	inklusive
i. V. m.	in Verbindung mit
JAV	Jugend- und Auszubildendenvertretung
Kfz	Kraftfahrzeug
KI	Künstliche Intelligenz
KMK	Kultusministerkonferenz
KMU	Kleine und mittlere Unternehmen
KSchG	Kündigungsschutzgesetz
KVP	Kontinuierlicher Verbesserungsprozess
LAG	Landesarbeitsgericht
LGG	Landesgleichstellungsgesetz
LPersVG	Landespersonalvertretungsgesetz
lt.	laut
LTA	Leistungen zur Teilhabe am Arbeitsleben
MAV	Mitarbeitervertretung
MAVO	Mitarbeitervertretungsordnung
MS	Multiple Sklerose
MVG. EKD	Mitarbeitervertretungsgesetz der Evangelischen Kirche in Deutschland
Nr.	Nummer
Nrn.	Nummern

o. Ä.	oder Ähnlich
o. g.	oben genannt
OLG	Oberlandesgericht
OLGVertÄndG	OLG-Vertretungsänderungsgesetz
OWiG	Gesetz über Ordnungswidrigkeiten
p. a.	per annum
PAiCE	Platforms/Additive Manufacturing/Imaging/Communication/Engineering
PC	Personal Computer
PersVG	Personalvertretungsgesetz
PR	Public Relations
PSD	Psycho-Sozialer Dienst
Rn.	Randnummer
ROM	Read Only Memory
SchwbG	Schwerbehindertengesetz
S.	Seite
SchwbAV	Schwerbehindertenausweisverordnung
SBV	Schwerbehindertenvertretung
SGB I	Erstes Buch Sozialgesetzbuch – Allgemeiner Teil
SGB II	Zweites Buch Sozialgesetzbuch – Grundsicherung für Arbeitssuchende
SGB VI	Sechstes Buch Sozialgesetzbuch – Gesetzliche Rentenversicherung
SGB VIII	Achtes Buch Sozialgesetzbuch – Kinder- und Jugendhilfe
SGB IX	Neuntes Buch Sozialgesetzbuch – Rehabilitation und Teilhabe von Menschen mit Behinderungen
SGB X	Zehntes Buch Sozialgesetzbuch – Sozialverwaltungsverfahren und Sozialdatenschutz
s. o.	siehe oben
sog.	sogenannt(e)/(n)
SoVD	Sozialverband Deutschland
StGB	Strafgesetzbuch
StPO	Strafprozessordnung
s. u.	siehe unten
TB	Taschenbuch
TBS	Technologie Beratungsstelle

TKK	Techniker Krankenkasse
TzBfG	Teilzeit- und Befristungsgesetz
u.a.	unter anderem
UN	United Nations = Vereinte Nationen
UNBehRÜbk	Übereinkommen über die Rechte von Menschen mit Behinderungen der Vereinten Nationen; auch bekannt als:
UN-BRK	UN-Behindertenrechtskonvention
UNO	United Nations Organisation = Organisation der Vereinten Nationen
usw.	und so weiter
u.U.	unter Umständen
VdK	Sozialverband VdK Deutschland e.V., Berlin
vgl.	vergleiche
VersMedV	Versorgungsmedizin-Verordnung
Vorb.	Vorbemerkung
VW	Volkswagen
VwGO	Verwaltungsgerichtsordnung
WfbM	Werkstatt für behinderte Menschen
wg.	wegen
WHO	World Health Organisation
WSI	Wirtschafts- und Sozialwissenschaftliches Institut
z.B.	zum Beispiel
Ziff.	Ziffer
ZPO	Zivilprozessordnung

Literaturverzeichnis/Internethinweise

Badura/Schellschmidt/Vetter, Fehlzeiten-Report 2002. Zahlen, Fakten, Analysen aus allen Branchen der Wirtschaft. Demographischer Wandel: Herausforderung für die betriebliche Personal- und Gesundheitspolitik, 2002.

Badura/Vetter/Schröder, Fehlzeiten-Report 2008. Betriebliches Gesundheitsmanagement: Kosten und Nutzen, 2009.

Bayreuther, Der neue Kündigungsschutz schwerbehinderter Arbeitnehmer nach § 95 II SGB IX, Neue Zeitschrift für Arbeitsrecht (NZA) 2/2017, S. 87–91.

BMAS (Hrsg.), Sicherheit und Gesundheit bei der Arbeit. Unfallverhütungsbericht Arbeit, 2007.

Conrad-Giese/Hlava/Ramm, Behindertenrecht in der Arbeitswelt, 2025.

Bödeker/Zelen, Frühindikatoren für Langzeit-Arbeitsunfähigkeit – Entwicklung eines Vorhersage-Instrumentariums für die betriebliche Praxis, in: Badura, B., Schellschmidt, H., Vetter, C.: Fehlzeiten-Report 2006, Chronische Krankheiten, 2006.

Brand (Hrsg.), SGB III, Sozialgesetzbuch Arbeitsförderung, Kommentar, 2015.

Bundesagentur für Arbeit, Konzept Assistierte Ausbildung (AsA) nach § 130 SGB III, Nürnberg, 2015.

Bundesanstalt für Arbeitsschutz und Arbeitsmedizin, »Psychische Belastungen am Arbeitsplatz«, »Psychosoziale Faktoren und betriebliche Tätigkeit«, »Gesundheitliche Auswirkungen flexibler Arbeitsformen«, Kontakt: *www.baua.de*.

Bundesanstalt für Arbeitsschutz und Arbeitsmedizin (Hrsg.), Grundauswertung der BIBB/BAuA-Erwerbstätigenbefragung, 2005/2006 mit den Schwerpunkten Arbeitsbedingungen, Arbeitsbelastungen und gesundheitliche Beschwerden, 2010.

Dau/Düwell/Jousssen/Luik (Hrsg.), Sozialgesetzbuch IX, Rehabilitation und Teilhabe von Menschen mit Behinderungen, Lehr- und Praxiskommentar, 2021.

Deinert/Welti/Luik/Brockmann (Hrsg.), StichwortKommentar Behindertenrecht, 2022.

Deppisch/Jung/Schleitzer, Tipps für neu- und wiedergewählte MAV-Mitglieder, Rechtliches Wissen und soziale Kompetenz (Evangelische Kirche und Diakonie), 2015.

Deutsche Rentenversicherung Bund (Hrsg.), Ergebnisqualität in der medizinischen Rehabilitation der Rentenversicherung, Berlin, 2009 (*http://www.deutsche-rentenversichrung.de/nn_15814/SharedDocs/de/Inhalt/Zielgruppen/01_sozialmedizin_forschung/02_qualitaetssicherung/dateianhaenge/E8_Weitere_qs_aktivitaeten/wei_ergebnisqualitaet_2009.html*).

DGB (Hrsg.), Handlungsleitfaden für ein Betriebliches Eingliederungsmanagement, 2007.

Faber/Satzer, Arbeitsschutz und Mitbestimmung – Arbeitshilfe für Betriebsräte, 2014.

Feldes/Helbig/Hüther/Krämer/Kuntz/Mittel/Rehwald/Tatzky/Westermann, Schwerbehindertenrecht, Basiskommentar zum SGB IX, 2024.

Feldes/Gilsbach/Jansen/Klabunde/Köhler/Künsemüller/Ramm/Ritz/Schäfer/Weidner, Praxis der Schwerbehindertenvertretung von A bis Z, Das Lexikon für die Interessenvertretungen von Menschen mit Behinderungen, 2026.

Feldes/Stevens-Bartol/Kohte (Hrsg.), SGB IX Sozialgesetzbuch IX – Kommentar für die Praxis, Bund-Verlag, 2023.

Frehe, Überlegungen zur Reform des Behinderungsbegriffs, Diskussionsforum Rehabilitations- und Teilhaberecht, Beitrag D32–2015 unter *www.reha-recht.de*, 2016.

Fuchs/Ritz/Rosenow, SGB IX – Kommentar zum Recht behinderter Menschen mit Erläuterungen zum AGG und BGG, 2021.

Giese, Betreuung durch den Integrationsfachdienst von Personen, deren Schwerbehinderung bzw. Gleichstellung noch nicht anerkannt ist, Diskussionsforum Rehabilitations- und Teilhaberecht, Beitrag B6–2013 unter *www.reha-recht.de*, 2013.

Graz/Klimpe-Auerbach/Kröll, Personalratspraxis von A bis Z, 2. Aufl. 2006.

Großmann/Schimanski/Spiolek, Gemeinschaftskommentar zum Schwerbehindertengesetz, 2017.

Hermes, Frauen in der beruflichen Rehabilitation – Anforderungen aus Sicht betroffener Frauen, Bundesorganisationsstelle behinderte Frauen, 2001.

IG Metall Baden-Württemberg, Das START-Verfahren zur Gefährdungsbeurteilung von Arbeitsbelastungen. Handbuch mit Ergebnissen des

Forschungsprojekts der Hans-Böckler-Stiftung: Psychische Belastungen im Arbeitsleben; Info unter: *www.bw.igm.de* und *www.tatort-betrieb.de.*

IG Metall-Vorstand, Chancengleichheit im Betrieb, 2002.

IG Metall (Hrsg.), Eingliedern statt kündigen. Gesundheit und demografischer Wandel im Betrieb, 2005. Handlungshilfe des Projekts »Gute Arbeit«, bestellbar über: *www.igmetall.de > Themen > Projekt Gute Arbeit > Material/Bestellungen.*

IG Metall (Hrsg.), Teilhabepraxis 2 – Beschäftigung fördern und sichern, 2010.

Kainz, Unterstützte Beschäftigung nach § 38a SGB IX – eine Chance auf Teilhabe auf dem allgemeinen Arbeitsmarkt, Diskussionsforum Rehabilitations- und Teilhaberecht, Beitrag B6–2012 unter *www.reha-recht.de,* 2012.

Knittel (Hrsg.), SGB IX – Kommentar, Rehabilitation und Teilhabe von Menschen mit Behinderung. Kommentar, 2018.

Kohte/Liebsch, Die Stärkung der Schwerbehindertenvertretung im Bundesteilhabegesetz, Diskussionsforum Rehabilitations- und Teilhaberecht, Beitrag D54–2016 unter *www.reha-recht.de,* 2016.

Kreutz/Lachwitz/Trenk-Hinterberger, Die UN-Behindertenrechtskonvention in der Praxis, Erläuterungen der Regelung und Anwendungsgebiete, 2013.

Lachwitz/Schellhorn/Welti, HK-SGB IX, Handkommentar zum Sozialgesetzbuch IX, 2010.

Mühlmann, Beteiligung der Schwerbehindertenvertretung bei Kündigungen durch den Arbeitgeber, Neue Zeitschrift für Arbeitsrecht (NZA) 14/2017, S. 884–889.

Nebe/Schimank, Das Budget für Arbeit im Bundesteilhabegesetz; Teil 1: Darstellung der Entwicklung und kritische Betrachtung bis zu Befassung im Bundesrat, Diskussionsforum Rehabilitations- und Teilhaberecht, Beitrag D47–2016 unter *www.reha-recht.de,* 2016.

Nebe/Waldenburger, Budget für Arbeit, Forschungsbericht, Landschaftsverband Rheinland *(Hrsg.),* 2014.

Palsherm, Neuerungen im Schwerbehindertenrecht durch das Bundesteilhabegesetz, Die Sozialgerichtsbarkeit (SGB) 07. 2017, S. 370–377.

Redlich, Konfliktmoderation, 2004.

Schimank, Das Budget für Arbeit im Bundesteilhabegesetz – Teil 2: Öffentliche Anhörung und abschließende Beratung im Ausschuss für Arbeit und Soziales sowie 2. und 3. Lesung im Bundestag, Diskussionsforum Rehabilitations- und Teilhaberecht, Beitrag D60–2016 unter *www.reha-recht.de,* 2016.

Schimank, Assistierte Ausbildung für junge Menschen mit Behinderung Teil 2 – Aufbau und Ausgestaltung, Diskussionsforum Rehabilitations- und Teilhaberecht, Beitrag D26–2016 unter *www.reha-recht.de,* 2016.

Schoof, Betriebsratspraxis von A bis Z, Das Lexikon für die betriebliche Interessenvertretung, 2024.

Siegrist/Dragano, Rente mit 67 – Probleme und Herausforderungen aus gesundheitswissenschaftlicher Sicht, Arbeitspapier 147 der Hans-Böckler-Stiftung, 2007. Download: *http://www.boeckler.de/pdf/p-arb-147.pdf.*

Watzlawick/Beavin/Jackson, Menschliche Kommunikation, Formen, Störungen Paradoxien, 2007.

Welti/Groskreutz/Hlava/Rambausek/Ramm/Wenckebach, Evaluation des Behindertengleichstellungsgesetzes (BGG) im Auftrag des Bundesministeriums für Arbeit und Soziales, Abschlussbericht, 2014.

Welti, Das Diskriminierungsverbot und die »angemessenen Vorkehrungen« in der BRK, Diskussionsforum Rehabilitations- und Teilhaberecht, Beitrag D9–2012 unter *www.reha-recht.de,* 2012.

Zeitschrift »Gute Arbeit – Gesundheitsschutz und Arbeitsgestaltung«, mehrere Ausgaben verschiedener Jahrgänge, *www.gutearbeit-online.de.;* u.a. Themen des Monats z.B.: »Schwerbehindertenvertretung – Spielräume für die Prävention nutzen« (10/2019, S. 8–18); »Schwerbehindertenvertretung – Der starke Partner im Betrieb«, 11/2017 (S. 8–20); »Betriebliches Eingliederungsmanagement – Eingliedern statt ausmustern?«, 3/2017 (S. 8–21); Prof. Dr. Wolfhard Kohte: »Anspruch auf BEM-Schulungen«, 1/2021 (S. 38–39, »BEM-Schulung auch für SBV-Stellvertreter:innen«, 5/2021 (S. 37–39), »Recht auf Teilnahme an Vorstellungsgesprächen, 7/2021 (S. 37–39); Prof. Dr. Franz Josef Düwell: »So wirkt die SBV als Team«, 8–9/2021 (S. 55–59), »Dauerbrenner: Stärkung des BEM«, 6–7/2022 (S. 55–58); Rainer Ritter: »Hürden zur Gleichstellung überwinden« 2/2022 (S. 33–39). Info: *www.gutearbeit-online.de.* Leistungen für registrierte Abonnent*innen: Im Archiv der Zeitschrift Zugriff auf alle Ausgaben ab 1/2012 und ePaper zum praktischen Lesen auf dem Smartphone oder Tablet für unterwegs.

www.buero-fuer-arbeitsschutz.de

www.ergo-online.de > Gesundheitsvorsorge > Eingliederungsmanagement.

www.gefaehrdungsbeurteilung-forschung.de: Umfassende Informationen liefert eine Plattform der Bundesanstalt für Arbeitsschutz und Arbeitsmedizin.

www.pargema.de: Ein Projekt der Bundesanstalt für Arbeitsschutz und Arbeitsmedizin beschäftigt sich mit den Erfahrungen bei der Umsetzung von Gefährdungsbeurteilungen psychischer Belastungen.

www.pina-projekt.de

www.reha-recht.de

www.verdi-gefaerdungsbeurteilung.de

www.verdi-gute-arbeit.de

I. Einleitung

Initiativen für Inklusion und berufliche Teilhabe – jetzt!

Die Arbeit der Schwerbehindertenvertretungen (SBV) ist aktuell fordernd. Politisch herrscht seit einigen Jahren auf dem Feld der Inklusionspolitik mehr oder weniger Stillstand. Wirtschaftlich herrscht teils Krisenstimmung. In den Betrieben nimmt die Beschäftigungsquote von Menschen mit Behinderungen und gleichgestellten Personen leicht ab. Umso wichtiger ist es, dass die SBV, Personal- und Betriebsräte die Initiative ergreifen: im Sinne einer soliden, umfassenden betrieblichen Teilhabepolitik. Gemeinsam kann etwa eine Inklusionsvereinbarung mit konkreten Regelungspunkten angestoßen werden. Natürlich ist die SBV aufgerufen und dazu in der Lage, das auch im Alleingang anzugehen, aber ein abgestimmtes Vorgehen nimmt – neben dem Arbeitgeber – gleich mehrere Beteiligte in die Pflicht.

Trends, die auch die SBV-Praxis stark beeinflussen, sind die Digitalisierung und der zunehmende Einsatz von Künstlicher Intelligenz (KI). Fragen der Ergonomie von IT-Systemen, die immer komplexere Software-Infrastruktur und die konkrete Arbeitsplatzgestaltung sind in betrieblichen und dienstlichen Vereinbarungen aufzugreifen und zu regeln. Bei diesen Aufgaben drängt sich die Kooperation mit dem Betriebs- oder Personalrat geradezu auf: Gemeinsam ist der Zugriff auf externen Sachverstand besser zu organisieren. Und die SBV sollte nicht zögern, Beratungsangebote der Integrations- oder Inklusionsämter sowie weiterer Fachstellen zu nutzen.

Ein weiteres Trendthema ist der Fach- und Arbeitskräftemangel, der sich teilweise – je nach Branche und Arbeitgeber – bereits stark bemerkbar macht. Diese Entwicklung ist eigentlich dazu angetan, die Arbeitsmarktchancen von Menschen mit Handicap zu verbessern, aber zu spüren ist das noch nicht. Das Potenzial arbeitsloser Menschen mit Behinderungen wird kaum erkannt und liegt weitgehend brach. Die stete Verbindung zwischen Personalabteilungen und Arbeitsagenturen muss unbedingt in

der Fläche ausgebaut werden. Zudem sind barrierefreie Arbeitsstätten und gute Arbeitsbedingungen wichtige Gestaltungsthemen.
Es gibt gesetzliche Grundlagen, vielfältige Förderprogramme, Eingliederungshilfen und Beratungsstellen, die berufliche Inklusion von Menschen mit Behinderungen und Gleichstellung voranbringen – sollen. Viele Institutionen leisten professionelle Unterstützung. Überspitzt könnte man sagen: Die Vielfalt der Hilfen ist kaum überschaubar. Hier wären praxistaugliche Verbesserungen hilfreich, die Förderstrukturen transparenter zu machen oder zu vereinfachen. Aber seien wir ehrlich: Oft genug fehlt der klare Wille der Arbeitgeber, Inklusionswege einzuschlagen. Denn wo ein Wille, da ist oft ein Weg.
Der Ökonom John Maynard Keynes soll gesagt haben: Die Pferde stehen im Wasser, aber sie saufen nicht. Im übertragenen Sinne meinte er damit: Für Arbeitgeber standen Wirtschaftshilfen, Steuererleichterungen und Anreizsysteme parat, die sie aber nicht nutzten, um etwa Arbeitsplätze zu schaffen oder Investitionen auf den Weg zu bringen.
Ähnlich steht es um viele Eingliederungs- und Arbeitsplatzhilfen für die berufliche Teilhabe – wie das Budget für Arbeit, das Budget für Ausbildung und dergleichen mehr. Es sind Initialzündungen sowie eine schlüssige, inklusive Personalarbeit nötig, um die Inklusion von Menschen mit Handicap konkret zu stärken – unabhängig von der Papierlage.
Die SBV und die übrigen betrieblichen Interessenvertretungen sind in der Pflicht, ihre Rechte zur Mitwirkung und Mitbestimmung gegenüber dem Arbeitgeber einzuklagen sowie nachdrücklich auf dessen gesetzliche Pflichten in Sachen Inklusion hinzuweisen. Das ist nicht vergnügungssteuerpflichtig, aber gehört zu den gesetzlich normierten Aufgaben.
Aus all diesen Gründen gilt: Es ist auch in der 5. überarbeiteten, aktualisierten Auflage dieses Buchtitels unser Anliegen, den Interessenvertretungen vor allem Handlungshilfen für vielfältige Teilhabeinitiativen zu vermitteln. Die Autorinnen und Autoren erläutern verständlich wichtige Rechtsgrundlagen, informieren praxisnah, unterstützen die Arbeit im betrieblichen Ehrenamt und vermitteln Anregungen. Strategien und Lösungswege werden aufgezeigt, Tipps für eine wirkungsvolle Interessenvertretungsarbeit und eine sichtbare Amtsführung dargestellt.
Die »Tipps für die Vertretung von Menschen mit Behinderungen« verbinden also Recht und Praxis, ohne die übergeordneten Teilhabeziele und den politischen Handlungsrahmen aus den Augen zu verlieren. Neben der nationalen Sozialgesetzgebung bleibt die Behindertenrechtskonvention der Vereinten Nationen (UN-BRK) ein wichtiger Bezugspunkt. Als rechtlicher Meilenstein treibt sie auch hierzulande die Verankerung des Rechts auf gleichberechtigte Teilhabe von Menschen mit Behinderungen

voran. Der zuständige UN-Fachausschuss evaluiert regelmäßig die nationale Umsetzung der BRK und rügt schleppende Aktivitäten auch in Deutschland: etwa, dass mehr getan werden muss für die Barrierefreiheit am Arbeitsplatz. Wir sind gespannt, was in den kommenden Jahren passiert und wünschen euch viel Erfolg bei der Verwirklichung betrieblicher Teilhabechancen!

Beate Eberhardt
Mitautorin und Redakteurin der Zeitschrift »Gute Arbeit«

II. Moderne Arbeitswelt – Kein Platz für Menschen (mit Behinderung)?

In dem Filmklassiker »Moderne Zeiten« ist zu sehen, wie Charlie Chaplin bei seiner Arbeit am Fließband in das Räderwerk der Technik hereingezogen wird. In der Komik dieser Szene steckt eine furchteinflößende Zukunftsvision: Mit der zunehmenden Technisierung der Produktion wird schließlich der Mensch von den Maschinen gefressen. So das Technikbild und die Technikangst aus den 30er Jahren des letzten Jahrhunderts, aus denen der Film stammt.

Mit Ausgang des 20. Jahrhunderts ist die Angst und ihre filmische Inszenierung komplexer geworden bis hin zur Undurchschaubarkeit. Und sie ist digital. Im Matrix-Universum der Geschwister Lana und Lily Wachowsky stellt sich die Welt, in der wir (er)leben, als digitale Fiktion heraus, während die menschlichen Körper als Energiezellen in einer zerstörten Welt gehalten werden.

Diese technikkritische Linie setzt sich im 21. Jahrhundert fort – nun mit Blick auf Künstliche Intelligenz (KI) und Virtuelle Realität (VR). Es wird nicht mehr nur die körperliche Ausbeutung des Menschen durch Maschinen thematisiert, sondern seine kognitive und emotionale Vereinnahmung. KI-Systeme, die Entscheidungen treffen, Profile erstellen und Verhalten vorhersagen, werfen Fragen nach Autonomie, Kontrolle und Identität auf. In Spike Jonzes *Her* (2013) etwa verliebt sich ein Mann in ein KI-Betriebssystem. Die emotionale Nähe, die er zu dieser Künstlichen Intelligenz aufbaut, wirft grundlegende Fragen nach Authentizität, Einsamkeit und der Ersetzbarkeit menschlicher Beziehungen auf. Die Bedrohung ist hier nicht mehr mechanisch oder physisch, sondern subtil und psychologisch – sie greift in das Innerste des Menschseins ein. Gleichzeitig versprechen VR-Technologien das völlige Eintauchen in künstliche Welten – mit der Konsequenz, dass die Grenze zwischen Realität und Simulation zunehmend verschwimmt. Der Mensch wird nicht mehr nur von Maschinen »verschluckt«, sondern in digitale Räume ausgelagert, in denen seine Wahrnehmung, sein Selbstbild und seine sozialen Beziehungen neu verhandelt werden müssen.

Auffällig nur so viel, und darin liegt die Gemeinsamkeit: Die Moderne, ob in ihrer Form zu Beginn des 20. Jahrhunderts als Welt der Fabriken und Fließbänder oder ob in ihrer Virtualisierung ins Digitale in der jüngeren Vergangenheit, die technische Moderne bedroht den Menschen in seiner Existenz und zwar bis hinein in seine Körperlichkeit und seinen Geist.

1. Humanisierung – Das Bemühen um »Gute Arbeit«

Nun, so viel Entwarnung darf gegeben werden: Die Fließbänder haben uns nicht gefressen und sie haben sich auch in den letzten Jahrzehnten stark verändert. Zwar geben sie weiter einen Arbeitstakt vor und übertragen dabei am jeweiligen Arbeitsplatz immer nur eine sehr begrenzte und sich wiederholende Tätigkeit. Aber zugleich ist »der Mensch am Band« zumindest in fortschrittlichen Unternehmen wieder in den Blick genommen worden, um für ihn die Arbeit so zu gestalten, dass sie auch über längere Zeit ausgeübt werden kann.
Als Wendepunkt können hier die 70er Jahre angesehen werden, seit denen u. a. auch staatliche Programme aufgelegt wurden:[1]

- 1974–1989: »Humanisierung des Arbeitslebens«
- 1989–1996: »Arbeit und Technik«
- seit 2001: »Innovative Arbeitsgestaltung – Arbeit der Zukunft«

a. Der DGB-Index Gute Arbeit

Zu erwähnen ist in diesem Zusammenhang auch der vom Deutschen Gewerkschaftsbund (DGB) seit 2007 herausgegebene »*Index Gute Arbeit*«. Dieses »*Erhebungsinstrument besteht zunächst aus einer repräsentativen telefonischen Umfrage unter Arbeitnehmerinnen und Arbeitnehmern aus allen Branchen, Regionen, Einkommensklassen, Altersgruppen usw. in Deutschland. Bei der Auswertung der Umfrage werden die Ergebnisse der einzelnen Fragen dann über ein komplexes statistisches Verfahren in Werte für den DGB-Index Gute Arbeit umgerechnet und zusammengefasst. (…) Berechnet werden nicht nur ein Gesamtindex, sondern auch die Werte für*

1 Die folgende Übersicht ist angelehnt an den Wikipedia-Eintrag: »Humanisierung der Arbeitswelt«, abrufbar unter: *de.wikipedia.org/wiki/Humanisierung_der_Arbeitswelt*.

11 Kriterien der Arbeitsqualität. Dabei gilt: Je höher der Index-Wert, desto besser wird die Arbeitsqualität bewertet.«[2]
Neben dem jährlichen »globalen« Index werden zusätzlich auch Sonderauswertungen zu verschiedenen Schwerpunkten veröffentlich. Um nur einige zu nennen, die auch für die Arbeit von betrieblichen Interessensvertretungen und insbesondere für die Schwerbehindertenvertretungen wichtig sind:[3]

- Digitalisierung,
- Stress, Arbeitsbelastung und Gesundheit,
- Rente und Arbeiten im Alter.

b. Betriebliche Umsetzung

Der Anspruch des DGB (und seiner Einzelgewerkschaften) ist dabei, dass durch den Index Gute Arbeit ein beteiligungsorientierter Anstoß für Veränderungen im Betrieb gegeben wird: »*Mitarbeiterbefragungen mit dem DGB-Index Gute Arbeit sind praxisorientiert. Die Analyse von Fehlentwicklungen und Handlungsfeldern zielt auf Veränderungen im Arbeitsprozess im Sinne verbindlich formulierter Gestaltungsziele. Voraussetzung für eine Verbesserung der Arbeitsbedingungen ist die Beteiligung der Beschäftigten in allen Prozessphasen.«*[4]
Unternehmen können also dieses Instrument sowie Expertise und Unterstützung des *Instituts DGB-Index Gute Arbeit* (Kontakt: *index-gute-arbeit@dgb.de*) dafür nutzen, um kooperativ (Unternehmensleitung bzw.-verantwortliche, Betriebsrat, Schwerbehindertenvertretung) und beteiligungsorientiert eine Bestandsaufnahme zur Qualität der Arbeitsbedingungen aus Sicht und unter Einbeziehung der Beschäftigten durchzuführen. Dies kann durchaus auch unter gezielten Fragestellungen zu speziellen Arbeitsplätzen oder Beschäftigtengruppen erfolgen.
Voraussetzung hierfür ist eine vertrauensvolle und lösungsorientierte Zusammenarbeit der Beteiligten. Dabei kann es sinnvoll sein, zunächst an begrenzt(er)en Fragestellungen eine Kooperation einzuüben, indem beispielsweise nur ein kleiner Bereich betrachtet wird, bei dem es eine

---

2 DGB: »Was ist der DGB-Index Gute Arbeit?«, abrufbar unter: *index-gute-arbeit.dgb.de/dgb-index-gute-arbeit/was-ist-der-index*.

3 Das Weitere entnommen aus DGB: »Index-Sonderauswertungen: »Von Rente und Mobilität bis Psycho-Stress«, abrufbar unter: *index-gute-arbeit.dgb.de/veroeffentlichungen/sonderauswertungen*, mit Links zum Download aller genannten Auswertungen.

4 DGB: »Der Index im Betrieb«, abrufbar unter: *https://index-gute-arbeit.dgb.de/betriebliche-anwendungen*.

gewisse Sicherheit gibt, dass eventuell festgestellte Probleme mit vertretbarem Aufwand behoben werden können.

2. Digitale Welt – Verschwinden der Arbeit(er*innen)?!

Haben uns also die Fließbänder nicht – wie in Chaplins »Moderne Zeiten« – gefressen, so ist die Frage, ob die Digitalisierung – wie in »Matrix« – zu einer Virtualisierung der Welt führt, in der der reale Mensch nicht mehr »wirklich« vorkommt. Weitergehend noch: Das Schreckensszenario in »Matrix« besteht ja darin, dass der Mensch nur noch als Energiequelle für die eigenständig gewordene Digitale Welt dient. Frisst sozusagen die technische Revolution ihre Kinder?

Zumindest so viel ist sicher: Der technologische Fortschritt und darin insbesondere die Digitalisierung haben große Auswirkungen auf unser Arbeits- wie auch auf unser Alltagsleben. Wohl am deutlichsten spürbar ist dies am Einfluss von Internet, Handys und sozialen Medien darauf, wie wir uns informieren, orientieren und miteinander kommunizieren. Die folgende, in heutigen Zeiten völlig selbstverständliche Szene wäre vor 50 Jahren noch undenkbar gewesen: Während unseres Urlaubs verlassen wir das online gebuchte Hotel, um anhand unserer Handy-Navigation die im Internet recherchierten Sehenswürdigkeiten der Stadt zu besichtigen und davon Fotos über soziale Plattformen zu teilen. Unterwegs erreicht uns eine als dringlich gekennzeichnete dienstliche E-Mail, die uns zu einem kurzen Rückruf veranlasst.

Signifikant für die heutige Zeit ist dabei, dass zunehmend Kinder ihren Eltern und, noch häufiger, Enkel ihren Großeltern das neue (oder erste) Handy und seine Nutzung für Anrufe, Nachrichten, Fotografieren usw. erklären. Und tatsächlich ist es in größerer geschichtlicher Perspektive so, dass von der Erfindung des Buchdrucks bis zur massenhaften Verbreitung von Büchern und der Alphabetisierung weiter Teile der Bevölkerung Jahrhunderte vergingen. Der Zeitraum zwischen Erfindung des Handys und seiner massenhaften Verbreitung schrumpft hingegen auf Jahrzehnte, die technischen und insbesondere die digitalen Innovationen setzen sich innerhalb von nur noch einer Generation durch. Tempo und Intensität der Veränderung scheinen immer rasanter zu wachsen.

Interessanterweise kommt allerdings eine neuere Studie des Bundesinstituts für Berufsbildung zu einer differenzierteren dahingehenden Einschätzung, *»dass eine Geschwindigkeitszunahme des technologischen Fortschritts zwar über lange Zeiträume erkennbar ist, sich diese aber, vor allem in den letzten Jahrzehnten, nicht exponentiell beschleunigt hat«.*[5] Diese Studie bezieht sich aber – dies bleibt einschränkend festzustellen – auf Entwicklungen in Wirtschaft, Forschung & Entwicklung sowie die Arbeitswelt und nicht darauf, wie Menschen im Alltag vom Fortschritt betroffen sind und vor allem: wie Betroffene diesen Fortschritt wahrnehmen und verarbeiten oder (bestenfalls) nutzen können. Ob diese Einschätzung mit Blick auf die aktuellen Entwicklungen im Bereich der Künstlichen Intelligenz Bestand haben wird, ist stark anzuzweifeln. Ihre rasante Entwicklung ist ein besonders prägnantes Beispiel für die Dynamik des Digitalen. Was einst als Science-Fiction galt, ist heute bereits Teil unseres Alltags: Sprachassistenten, automatische Übersetzungen, personalisierte Empfehlungen oder Chatbots in Kundenservices sind nur einige der Anwendungen, die auf KI basieren. Dabei geht es längst nicht mehr nur um Automatisierung einfacher Aufgaben – moderne KI-Systeme lernen, analysieren komplexe Zusammenhänge, ziehen eigenständig Schlussfolgerungen und treffen Entscheidungen, die früher ausschließlich menschlicher Intelligenz vorbehalten waren.

Diese Entwicklung wirft grundlegende Fragen auf: Welche Rolle bleibt dem Menschen in einer Welt, in der Maschinen zunehmend »mitdenken«? Wird KI – ähnlich wie in »Matrix« – zu einer Instanz, die unsere Realität mitgestaltet oder gar dominiert? Und wie stellen wir sicher, dass diese Technologien dem Menschen dienen und nicht umgekehrt? Die Herausforderung besteht darin, die Potenziale der KI verantwortungsvoll zu nutzen, ohne dabei den Menschen – insbesondere jene, die weniger technikaffin sind – abzuhängen. Menschen mit Behinderungen könnten von dieser Entwicklung besonders betroffen sein: Wenn KI-Systeme nicht barrierefrei gestaltet oder auf nicht-diversen Datensätzen trainiert werden, besteht die Gefahr, dass bestehende Diskriminierungen unbewusst verstärkt werden – etwa bei automatisierten Bewerbungsverfahren oder der Arbeitsplatzgestaltung. Gleichzeitig bietet KI aber auch großes Potenzial für mehr Inklusion: Intelligente Assistenzsysteme, barrierefreie Benutzeroberflächen oder adaptive Lernplattformen können Menschen mit Behinderungen neue Zugänge zu Bildung und Beschäftigung eröffnen. Entscheidend ist, dass diese Technologien von Anfang an inklusiv gedacht und gestaltet werden. Denn wie bei jeder technologischen Revo-

5 *Tiermann u. a.*: Beschleunigter technologischer Wandel – Herausforderung für die Berufswelt? Version 1.0 Bonn, 2021.

lution entscheidet nicht nur die Technik selbst, sondern auch der gesellschaftliche Umgang mit ihr über ihren Nutzen oder Schaden.
Insofern bleibt festzustellen, dass uns technologisch indizierte Veränderungen im Beruf wie im Alltag mit neuen Anforderungen konfrontieren und wir gezwungen sind immer wieder Neues zu erlernen und anzuwenden, um »Schritt zu halten« mit dem Fortschritt.

a. Industrie 4.0, was genau ist das?

Der Begriff *Industrie 4.0* soll kennzeichnen, dass im Zuge der Digitalisierung über einen quantitativen Zuwachs hinaus ein qualitativer Umbruch in der modernen Produktion stattfindet. Doch was genau verbirgt sich dahinter? Industrie 4.0 bezeichnet die vierte industrielle Revolution, die auf der intelligenten Vernetzung von Maschinen, Anlagen, Produkten und Menschen basiert. Im Zentrum stehen sogenannte cyber-physische Systeme, also technische Systeme, die physische Prozesse mit digitaler Steuerung und Kommunikation verbinden. Diese Systeme ermöglichen es, dass Maschinen und Produkte in Echtzeit miteinander kommunizieren, sich selbst organisieren und flexibel auf Veränderungen reagieren können.[6]
Ziel ist eine hochgradig individualisierte, ressourceneffiziente und datengetriebene Produktion, bei der durch den Einsatz von Technologien wie dem Internet der Dinge (Internet of Things, IoT), Künstlicher Intelligenz, Cloud Computing und Big Data neue Formen der Wertschöpfung entstehen. Dabei verändert Industrie 4.0 nicht nur Produktionsprozesse, sondern auch Geschäftsmodelle, Arbeitsorganisation und Kundenbeziehungen grundlegend.[7] Industrie 4.0 spielt daher eine zentrale Rolle bei der Sicherung der Wettbewerbsfähigkeit des Industriestandorts Deutschland.

b. Wie weit ist Industrie 4.0 schon Wirklichkeit?

Wie weitgehend solche Szenarien schon umgesetzt sind und wie schnell sie sich künftig durchsetzen, ist schwer einzuschätzen. Die drei folgenden

---

6 Deutscher Bundestag, Wissenschaftliche Dienste (2016): Aktueller Begriff, *https://www.bundestag.de/resource/blob/474528/cae2bfac57f1bf797c8a6e13394b5e70/industrie-4-0-data.pdf.*

7 BMBF zur Industrie 4.0: *https://www.bmbf.de/DE/Forschung/Zukunftstechnologien/TechnologischeSouveraenitaet/Industrie4_0/industrie4_0_node.html.*

Pressemitteilungen des statistischen Bundesamtes zeigen aber, dass sich die Industrie (und insbesondere große Unternehmen) wandelt:[8]

- »*Bei Großunternehmen mit 250 und mehr Beschäftigten vertraute knapp ein Drittel (31 %) auf Roboter (2018: 26 %). (…) 3D-Druck kommt bei knapp einem Viertel der größeren Unternehmen zum Einsatz.*«
- »*Im Jahr 2020 hat ein Drittel (33 %) der deutschen Unternehmen mit mindestens zehn Beschäftigten kostenpflichtige IT-Dienste über Cloud Computing genutzt.*«
- »*36 % der Unternehmen in Deutschland mit mindestens zehn Beschäftigten haben im Jahr 2021 Geräte oder Systeme genutzt, die über das Internet ferngesteuert werden können.*«

Nach einer Umfrage von Bitkom Research stieg allein in den drei Jahren von 2019 bis 2021 der Anteil der Unternehmen, die nach eigener Auskunft bereits spezielle Anwendungen für Industrie 4.0 nutzen, von 53 auf 62 Prozent, während umgekehrt der Anteil derer, die die Nutzung solcher Anwendungen noch nicht planen oder für unbedeutend hielten, von 24 auf 16 Prozent zurückging.[9]

c. Künstliche Intelligenz – Was ist das?

Künstliche Intelligenz (KI) bezeichnet die Fähigkeit von Maschinen und Computersystemen, Aufgaben zu übernehmen, die bislang menschliche Intelligenz erforderten – etwa das Lernen aus Erfahrung, das Erkennen von Mustern, das Verstehen natürlicher Sprache oder das Treffen von Entscheidungen. Im Unterschied zu klassischen Programmen sind KI-Systeme in der Lage, sich an neue Situationen anzupassen und ihre Leistung durch Datenanalyse kontinuierlich zu verbessern. Das Bundesministerium für Bildung und Forschung (BMBF) beschreibt KI als eine Schlüsseltechnologie, die tiefgreifende Auswirkungen auf nahezu alle Lebensbereiche hat – von der Medizin über die Mobilität bis hin zur industriellen Produktion. KI gilt als »breit einsetzbares Werkzeug« mit enormem Potenzial für Wissenschaft, Wirtschaft, gesellschaftlichen Fortschritt und Wohlstand.[10]

---

8 Statistisches Bundesamt, Pressemitteilungen vom 12.4.2021, 21.5.2021 und 26.1.2022.

9 Bitcom Research: Industrie 4.0 – so digital sind Deutschlands Fabriken, 2021, zitiert nach Statista: Welche Bedeutung hat Industrie 4.0 für ihr Unternehmen?; abrufbar unter: *de.statista.com/statistik/daten/studie/830769/umfrage/bedeutung-von-industrie-40-in-deutschland/*.

10 BMBF zur KI: *https://www.bmbf.de/DE/Forschung/Zukunftstechnologien/KuenstlicheIntelligenz/kuenstlicheintelligenz_node.html*.

Die KI-Strategie der Bundesregierung verfolgt einen ganzheitlichen Ansatz, der neben der technologischen Entwicklung auch ethische, rechtliche und gesellschaftliche Fragen berücksichtigt. Ziel ist eine »verantwortungsvolle und gemeinwohlorientierte KI«, die unter dem Leitbild einer »Artificial Intelligence Made in Europe« entwickelt und eingesetzt wird.[11]

d. Digitalisierung und digitale Assistenzsysteme als Chance?

In den mit Industrie 4.0 einhergehenden Wandlungen liegen zugleich – gerade auch für Menschen mit Behinderung – Chancen. Denn hier bestehen Möglichkeiten, Arbeitsaufgaben und -abläufe auf die besonderen Bedarfe und Fähigkeiten anzupassen. So können körperlich schwere Aufgaben durch Roboter erledigt oder durch Assistenzsysteme erleichtert werden; kognitiv anstrengende Aufgaben können mit digitaler Unterstützung weniger belastend gestaltet werden. Digitalisierung und KI eröffnen dabei Chancen auf mehreren Ebenen:

- **Individuelle Anpassung von Arbeitsplätzen**: Digitale Technologien ermöglichen eine flexible Gestaltung von Arbeitsumgebungen, die sich an die jeweiligen Bedürfnisse und Fähigkeiten von Menschen mit Behinderung anpassen lassen.
- **Neue Beschäftigungsfelder**: Die Digitalisierung schafft neue Berufsbilder und Tätigkeitsfelder, etwa im Bereich digitaler Dienstleistungen, Datenmanagement oder Remote-Arbeit.
- **Förderung von Selbstbestimmung**: Durch den Einsatz digitaler Assistenzsysteme und KI können Menschen mit Behinderung ihre Arbeitsprozesse eigenständiger gestalten.
- **Sensibilisierung und Bewusstseinswandel**: Der gezielte Einsatz barrierefreier Technologien kann auch auf Seiten der Arbeitgeber zu einem veränderten Blick auf Inklusion führen.
- **Skalierbarkeit und Nachhaltigkeit**: Einmal entwickelte barrierefreie digitale Lösungen lassen sich in vielen Kontexten wiederverwenden und weiterentwickeln.

Diese Ansatzpunkte zeigen, dass Digitalisierung und KI nicht nur Werkzeuge zur Effizienzsteigerung sind, sondern auch strategische Hebel für soziale Teilhabe und Chancengleichheit darstellen können – wenn sie bewusst barrierefrei und partizipativ gestaltet werden. Denn trotz der zahlreichen Chancen, die Digitalisierung und KI für die berufliche Teilhabe

11 *https://www.bundesregierung.de/resource/blob/997532/1550276/3f7d3c41c6e05695741273e78b8039f2/2018-11-15-ki-strategie-data.pdf?download=1.*

von Menschen mit Behinderung bieten, sind auch erhebliche Risiken zu beachten:
Ein zentrales Risiko stellt die eingangs bereits erwähnte sogenannte algorithmische Diskriminierung dar. KI-Systeme basieren auf großen Datenmengen, die gesellschaftliche Vorurteile oder strukturelle Ungleichheiten widerspiegeln können. Wenn Menschen mit Behinderung in diesen Datensätzen unterrepräsentiert sind oder stereotyp dargestellt werden, kann dies zu benachteiligenden Entscheidungen führen. Ein eng damit zusammenhängendes Problem ist die Intransparenz vieler KI-Systeme. Diese sogenannten »Black Boxes« treffen Entscheidungen, deren Logik für Nutzer*innen nicht nachvollziehbar ist. Für Menschen mit Behinderung ist es jedoch besonders wichtig, dass sie verstehen können, wie Entscheidungen zustande kommen – etwa bei der Auswahl für eine Stelle oder bei der Bewertung von Arbeitsergebnissen. Fehlentscheidungen oder gar Rechtsverstöße lassen sich sonst nur schwer anfechten.
Ein weiteres Risiko betrifft den Datenschutz. Viele digitale Assistenzsysteme und KI-Anwendungen verarbeiten sensible personenbezogene Daten, insbesondere Gesundheitsinformationen. Ohne klare Regelungen zur Datensicherheit und zur Transparenz der Datenverarbeitung besteht die Gefahr, dass diese Informationen missbraucht oder ungewollt offengelegt werden. Dies kann nicht nur zu Stigmatisierung führen, sondern auch das Vertrauen in digitale Technologien untergraben.
Auch die Komplexität digitaler Systeme kann zur Barriere werden. Menschen mit kognitiven Einschränkungen sind besonders gefährdet, durch unübersichtliche oder nicht intuitive Benutzeroberflächen überfordert zu werden. Wenn digitale Werkzeuge nicht barrierefrei gestaltet sind, können sie neue Hürden erschaffen, anstatt bestehende abzubauen.[12]
Schließlich ist auch die mangelnde Sensibilisierung in Unternehmen ein Risiko. Wenn Arbeitgeber und Kolleg*innen nicht ausreichend geschult sind, können digitale Lösungen falsch eingesetzt oder nicht barrierefrei implementiert werden.
Diese Risiken und Hürden verdeutlichen, dass technologische Innovationen nicht automatisch zu mehr Inklusion führen. Es braucht klare ethische Leitlinien, rechtliche Rahmenbedingungen und eine inklusive Gestaltung digitaler Systeme, um sicherzustellen, dass Digitalisierung und KI tatsächlich zur Verbesserung der Teilhabe am Arbeitsleben beitragen. Der Betriebsrat und die Schwerbehindertenvertretung müssen

---

12 REHADAT talentplus – Das Portal zu Arbeitsleben und Behinderung, *https://www.talentplus.de/inklusion-gestalten/digitale-teilhabe/digitale-barrierefreiheit-am-arbeitsplatz/*.

daher bei der Einführung dieser Technologien unbedingt auf ihre Mitbestimmungs- und Anhörungsrechte bestehen.

aa. Wie weit sind die Unternehmen?

Eine im Auftrag des Instituts für deutsche Wirtschaft 2020 durchgeführte Umfrage zur »Betriebliche(n) Inklusion von Menschen mit Behinderung in Zeiten der Digitalisierung«[13] zeigt zunächst einmal, dass Unternehmen grundsätzlich in der Digitalisierung Chancen sehen für die Beschäftigung von Menschen mit Behinderung. Allerdings sind bei genauerer Betrachtung einige Einschränkungen zu machen.

Zunächst einmal ist es so, dass von den befragten Unternehmen 55 Prozent Menschen mit Behinderung beschäftigen oder in den letzten fünf Jahren beschäftigt haben. Anders, als in manchen Veröffentlichungen nachzulesen, ist diese Quote alles andere als ein positives Indiz für erfolgreiche Inklusion. Schließlich gibt es gemäß § 154 Abs. 1 SGB IX für alle (!) Unternehmen mit jahresdurchschnittlich mindestens 20 Beschäftigten eine Pflicht, Menschen mit Behinderung zu beschäftigen. Dieser Pflicht entziehen sich fast 45 Prozent der Unternehmen – also wahrlich noch kein Grund zu jubeln.

Allerdings sind größere und Großunternehmen mit mehr als 250 Beschäftigten von dieser Kritik deutlich auszunehmen: Hier entzieht sich nur ein verschwindend kleiner Anteil seiner Beschäftigungspflicht. Vor allem aber weisen diese Unternehmen zusätzlich eine signifikant ebenfalls höhere Quote auf, wenn es um die Beschäftigung von Menschen mit geistigen, psychischen und Lernbehinderungen geht (vgl. nachfolgende Abbildung).

13 *Metzler/Jansen/Kurtenacker*, 2020, Betriebliche Inklusion von Menschen mit Behinderung in Zeiten der Digitalisierung, IW-Report, Nr. 7, Köln, abrufbar unter: *www.iwkoeln.de/studien/christoph-metzler-anika-jansen-andrea-kurtenacker-betriebliche-inklusion-von-menschen-mit-behinderung-in-zeiten-der-digitalisierung.html.*

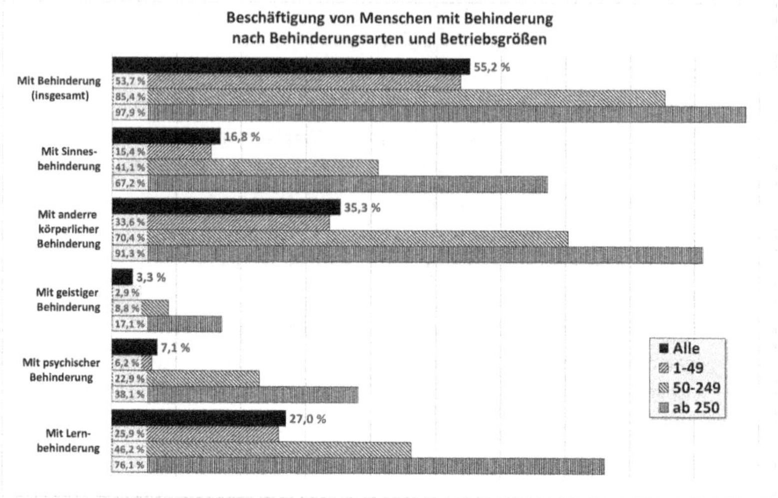

Quelle: IW-Studie 7/2020: Betriebliche Inklusion von Menschen mit Behinderung in Zeiten der Digitalisierung, S. 9

Neuere Studien bestätigen diese Tendenzen und verdeutlichen noch einen weiteren Aspekt:
Der IW-Kurzbericht 16/2025 hebt hervor, dass die Offenheit im Umgang mit Behinderungen am Arbeitsplatz stark vom Betriebsklima abhängt. Beschäftigte mit körperlichen oder chronischen Erkrankungen können ihre Einschränkungen häufiger offenlegen als Menschen mit psychischen oder kognitiven Beeinträchtigungen.[14]
Diese Diskrepanz zwischen größeren und Großunternehmen mit über 250 Beschäftigten auf der einen Seite und den mittleren sowie insbesondere den kleinen Unternehmen (mit weniger als 50 Beschäftigten) auf der anderen Seite wiederholt sich bei der Umsetzung und Einschätzung der Digitalisierung (vgl. nachfolgende Abbildung):

- Während bei den Großunternehmen wenigstens noch über die Hälfte bei der Einführung von Software die Barrierefreiheit beachten, sind es in mittleren Unternehmen unter 40 Prozent und in den kleinen noch nicht einmal mehr jedes Dritte.
- Um Beschäftigte mit Behinderung bei ihrer Arbeit zu unterstützen, greifen immerhin fast ein Drittel der Großunternehmen gezielt auf

14 IW-Kurzbericht 16/2025, »Mit Aufgeschlossenheit zum Erfolg«, Institut der deutschen Wirtschaft.

digitale Technologien zurück. Bei den mittleren und den kleinen Unternehmen ist dies nur noch etwa jedes fünfte.

- Die Einschätzungen zu den Chancen der Digitalisierung sind (mit etwas höheren Quoten) ähnlich aufgeteilt zwischen 45 Prozent auf der Seite der Großunternehmen und um die 30 Prozent bei den mittleren und kleinen.

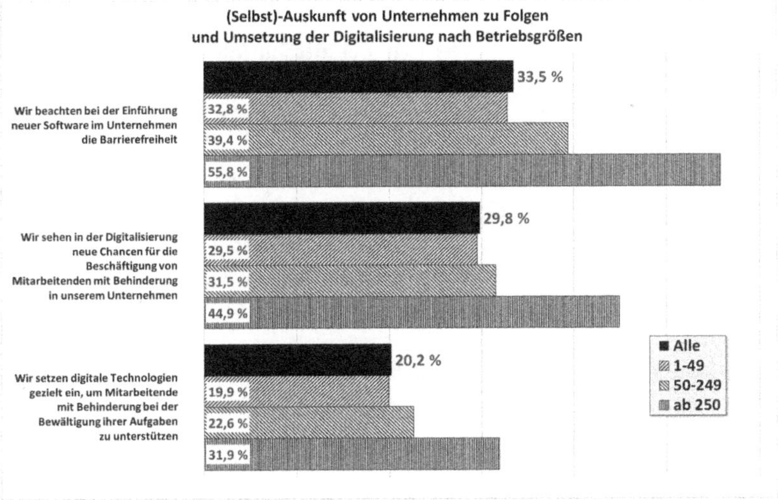

Quelle: IW-Studie 7/2020: Betriebliche Inklusion von Menschen mit Behinderung in Zeiten der Digitalisierung, S. 13

Insgesamt zeigt sich: Die Digitalisierung kann ein wirksames Instrument zur Förderung von Inklusion sein – wenn sie inklusiv, barrierefrei und bewusst gestaltet wird. Während große Unternehmen (zumindest nach Selbstauskunft) hier bereits Fortschritte machen, muss die Lage bei mittleren und vor allem bei kleinen Unternehmen als geradezu prekär eingeschätzt werden: Bei letzteren sieht nicht einmal jedes dritte Unternehmen in der Digitalisierung neue Chancen für Menschen mit Behinderung oder beachtet bei der Einführung von Software deren Belange. Und dieser Anteil dürfte sich nochmals massiv verschlechtern, wenn nicht nur solche Kleinunternehmen berücksichtigt werden, die wenigstens Menschen mit Behinderung beschäftigen oder beschäftigt haben.

bb. Digitale Assistenzsysteme

Digitale Assistenzsysteme sind technische Lösungen, die Beschäftigte bei der Ausführung ihrer Aufgaben unterstützen. Nachfolgend einige Beispiele:

- Sprachsteuerungssysteme ermöglichen die Bedienung von Computern ohne Tastatur oder Maus.
- Texterkennungs- und Vorlesesoftware unterstützt sehbehinderte oder blinde Personen.
- Exoskelette entlasten körperlich beeinträchtigte Mitarbeitende bei körperlich anspruchsvollen Tätigkeiten.
- Adaptive Benutzeroberflächen passen sich an individuelle kognitive Fähigkeiten an.
- Gebärdensprach-Avatare auf Basis von Computer Vision ermöglichen barrierefreie Kommunikation in Echtzeit.

Eine ausführliche Systematik zu digitalen Assistenzsystemen gibt ein vom Bundesministerium für Arbeit und Soziales herausgegebene Forschungsbericht. Er unterscheidet Grad, Art und Zielsetzung digitaler Assistenzsysteme.[15]

In dem durch das BIH herausgegebene »Fachlexikon A-Z« finden sich unter dem Stichwort *Technische Arbeitshilfen* folgende Hinweise:[16]

»Technische Arbeitshilfen (…) sind (…) meist Bestandteil einer umfassenden ergonomischen und behinderungsgerechten Gestaltung des Arbeitsplatzes und seines Umfelds. Über ihren Einsatz wird mithilfe der Profilmethode entschieden.

Die Beratung (…) über den Einsatz technischer Arbeitshilfen ist eine Schwerpunktaufgabe der Technischen Beratungsdienste der Integrationsämter und der Rehabilitationsträger.

---

15 *Apt, W., Bovenschulte, M., Priesack, K., Weiß, C., & Hartmann, E. A.* (2018). Wissenschaftliche Auswertung über Theorien und Instrumente für ein Inklusives Wachstum in Deutschland. (Forschungsbericht/BMAS, FB502) S. 19, abrufbar unter: *www.bmas.de/SharedDocs/Downloads/DE/Publikationen/Forschungsberichte/fb501-wissenschaftliche-auswertung-ueber-theorien-und-instrumente-fuer-ein-inklusives-wachstum-in-deutschland.html;* bereits älteren Datums ist die Nr. 3/2004 der vom BIH herausgegebenen Veröffentlichung *ZB Behinderung & Beruf* zu technischen Hilfen; digital zugänglich unter: *www.bih.de/integrationsaemter/zb-magazin/fileadmin/ZB_Digitalmagazin/ZB-PDF-Archiv/barrierearme-PDF/ZB_03_2014_barrierearm.pdf.*

16 BIH (Hrsg.) ABC Fachlexikon (6. Auflage, 2018), abrufbar unter: *www.bih.de/fileadmin/user_upload/20180815_ABC_Fachlexikon_Beschaeftigung_schwerbehinderter_Menschen.pdf.*

Für die Beschaffung technischer Arbeitshilfen sind vorrangig die Rehabilitationsträger zuständig (vergleiche § 49 Absatz 8 Nummer 4 und § 50 Absatz 1 Nummer 3 SGB IX). Das Integrationsamt kann im Rahmen der Begleitenden Hilfe im Arbeitsleben finanzielle Leistungen aus der Ausgleichsabgabe gewähren.«[17]

Unter dem Stichwort Profilmethode wird näher ausgeführt:

»Für die berufliche Rehabilitation und Teilhabe von Menschen mit Behinderungen ist in dem Projekt IMBA (Integration von Menschen mit Behinderungen in die Arbeitswelt) folgender Merkmalkatalog erarbeitet worden:
- *Körperhaltung (zum Beispiel mit den Untergruppen Stehen, Sitzen)*
- *Körperfortbewegung (zum Beispiel mit den Untergruppen Gehen, Kriechen)*
- *Körperteilbewegung (zum Beispiel mit den Untergruppen Arm-, Bein-, Rumpfbewegungen)*
- *Information (zum Beispiel mit den Untergruppen Sehen, Hören, Sprechen)*
- *komplexe Merkmale (zum Beispiel mit den Untergruppen Heben, Tragen)*
- *Umgebungseinflüsse (zum Beispiel mit den Untergruppen Klima, Schall)*
- *Arbeitssicherheit (zum Beispiel mit den Untergruppen Unfallgefährdung, Tragen von Arbeitsschutzmitteln)*
- *Arbeitsorganisation (zum Beispiel mit den Untergruppen Arbeitszeit, Akkord/Prämienlohn)*
- *Schlüsselqualifikationen (zum Beispiel mit den Untergruppen Antrieb, Sorgfalt)*

Das Verfahren MELBA (Merkmalprofile zur Eingliederung Leistungsgewandelter und Behinderter in Arbeit) beinhaltet – neben den IMBA-Merkmalgruppen – noch die psychischen Merkmale von Schlüsselqualifikationen. Dies ist vor allem relevant, wenn die Auseinandersetzung mit psychischen Fähigkeiten und Anforderungen im Vordergrund steht. In der Softwareversion von IMBA lässt sich optional auch ein MELBA-Profil erstellen. Und MELBA-Profile können in IMBA-Profile integriert werden.«[18]

---

17 Ebd. *www.bih.de/integrationsaemter/medien-und-publikationen/fachlexikon-a-z/technische-arbeitshilfen/.*

18 Ebd. *www.bih.de/integrationsaemter/medien-und-publikationen/fachlexikon-a-z/profilmethode/; zu IMBA siehe: imba.de/*; zu MELBA siehe: *www.social-software.de/melba.html.*

Für die betriebliche Praxis ergibt sich hieraus, dass die Einführung digitaler Assistenzsysteme eine komplexe Aufgabe darstellt. Eine systematische Analyse des Bedarfes gehört ebenso dazu wie eine präzise Zieldefinition und schließlich aus beidem eine Ableitung, in welcher Tiefe und in welcher Weise die Unterstützung wirken soll.
Bedarfsanalyse und Zielbestimmung sollten dabei nicht punktuell und eindimensional erfolgen, sondern im gemeinsamen Verständigungsprozess zwischen allen Verantwortlichen und Akteuren, beginnend bei Unternehmensseite, Betriebsrat und Schwerbehindertenvertretung sowie direkt Betroffenen zuzüglich externen Kooperationsstellen wie Integrationsamt, Integrationsfachdienst oder/und Rehabilitationsträger (Kranken-, Unfall,- Rentenversicherung).

3. Schwere Behinderungen – Wer, was, wo?

Über wen, über wie viele und über welche Arten von Behinderungen sprechen wir eigentlich, wenn die Rede ist von der Situation der Behinderten in der (deutschen) modernen Arbeitswelt? Auskunft hierzu gibt zunächst einmal die Erhebung des statistischen Bundesamtes (Destatis), die hierzu zweijährlich Daten veröffentlicht.[19]
Die nachfolgend zugrunde gelegte Erhebung wurde im Januar 2024 mit Stichtag 31. 12. 2021 veröffentlicht. In der Zusammenfassung finden sich dort folgende zentrale Aussagen:

- In Privathaushalten lebten 10,3 Millionen Menschen mit einer amtlich anerkannten Behinderung, das entspricht etwa jedem achten Einwohner.
- Fast drei Viertel von den Betroffenen, nämlich 7,5 Millionen Menschen, hatten eine schwere Behinderung (GdB von 50 oder mehr).
- Ebenfalls drei Viertel von den Betroffenen hatten ein Alter von 55 Jahren oder mehr, sodass sie einen überproportionalen Anteil bei den Menschen mit Behinderung stellen (denn der Anteil dieser Altersgruppe an der Gesamtbevölkerung liegt gerade mal bei einem Drittel).

19 Die Daten werden veröffentlicht in der Fachserie 13, Reihe 5.1, und sind öffentlich zugänglich. Ein Zugriff auf aktuelle Daten ist über die folgende Startseite zugänglich (dort mit der Stichwortsuche »Behinderte«): *www.destatis.de/DE/Home/_inhalt.html*.

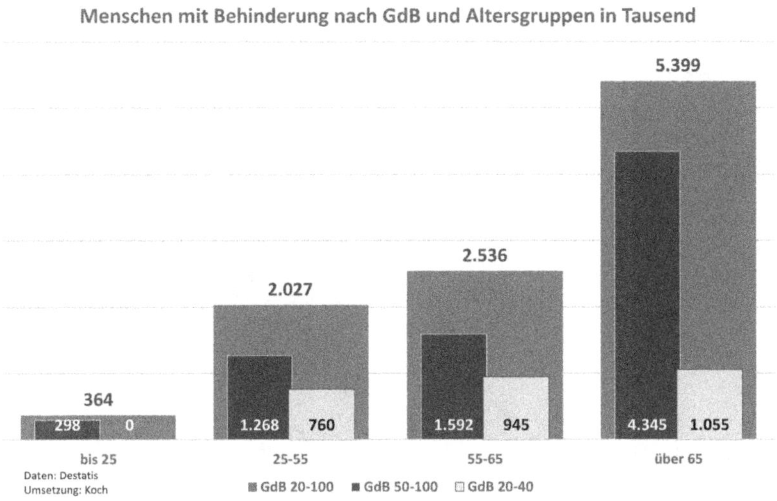

a. Anzahl und Quote der Menschen mit Behinderung nach Altersgruppen

Bei einer mehr an den Arbeitsmarkt orientierten Aufteilung der Altersgruppen ergibt sich folgendes Bild:

- In der Altersgruppe von 25 bis 55 Jahren liegt der Anteil der Menschen mit Behinderung in einer Größenordnung von etwas über sechs Prozent, wobei knapp zwei Drittel eine schwere Behinderung haben und gut ein Drittel eine leichte(re).
- Dieses Verhältnis zwischen schweren und leicht(er)en Behinderungen bleibt auch in der Altersgruppe zwischen 55 und 65 Jahren bestehen, aber es verdreifacht (!) sich der Anteil der Menschen mit Behinderung an der Gesamtbevölkerung dieser Altersgruppe. Grob muss also eingeschätzt werden, dass in den letzten 10 Berufsjahren überproportional viele Menschen neu von Behinderung betroffen sind.
- In der Altersgruppe über 65 gibt es einen weiteren, aber deutlich geringeren Anstieg der Quote nämlich um etwa die Hälfte von knapp 20 auf 30 Prozent. Hier findet dann aber eine massive Verschiebung hin zu schwereren Behinderungen statt, die in dieser Altersgruppe über 80 Prozent aller Behinderungen ausmachen.

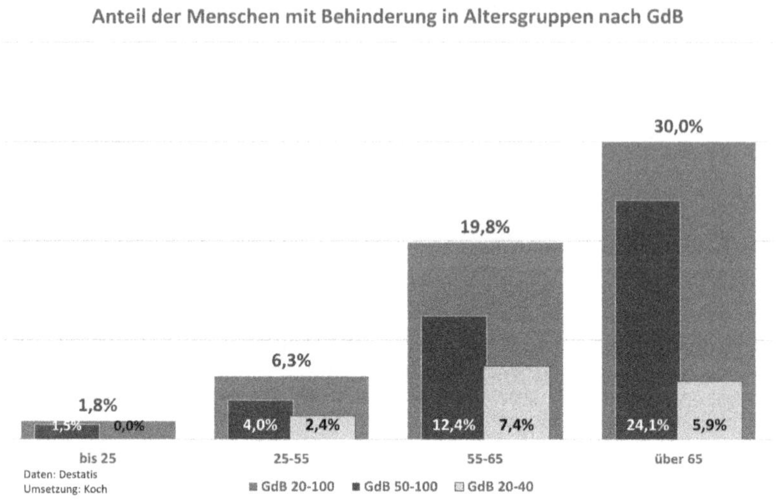

b. Arten und Ursachen von Behinderungen

Bei den Schwerbehinderungen (mit einem GdB größer gleich 50) ergibt sich hinsichtlich der Ursachen ein überaus eindeutiges Bild:

- Nahezu 90 Prozent haben ihre Ursachen in Krankheiten.
- Der zweitgrößte Anteil mit knapp sechs Prozent sind schon sonstige, multiple oder ungenügend bezeichnete Ursachen.
- Mit über drei Prozent noch im einstelligen Prozentbereich liegen angeborene Behinderungen.
- Die Arbeitsunfälle und Berufskrankheiten betragen weniger als ein Prozent.
- Häusliche, Verkehrs- und sonstige Unfälle bewegen sich in der gleichen Größenordnung.

Die Zahl der Arbeitsunfälle fällt vor dem Hintergrund, dass hier auch Wegeunfälle mitzählen, zum Glück relativ niedrig aus. Allerdings ist damit noch nicht abgebildet, in welchem Maße sich Arbeit gesundheitsgefährdend auswirkt, weil chronische physische oder psychische Erkrankungen, die zumindest teilweise ihre Ursachen in beruflichen Belastungen haben, hier nicht einfließen.

Bei der Betrachtung der Arten der Schwerbehinderung ragen die Funktionsstörungen innerer Organe und Organsysteme heraus:

- Mit etwas über 2 Millionen Fällen macht dies gut 25 Prozent aus.

- Relativ gleich groß ist in Anzahl (zwischen 1,70 und 1,76 Millionen) und Anteil (jeweils um die 22 Prozent) der folgenden Ursachen:
  - Teil-/Vollverlust bzw. Funktionseinschränkung von Gliedmaßen
  - Querschnittslähmung, geistig-seelische Behinderung, Suchterkrankung
  - Sonstige oder multiple Ursachen
- Deutlich geringer fallen die 0,67 Millionen von Seh-, Sprach-, Sprech- sowie Höreinschränkungen Betroffenen aus (macht einen Anteil von knapp 9 Prozent).

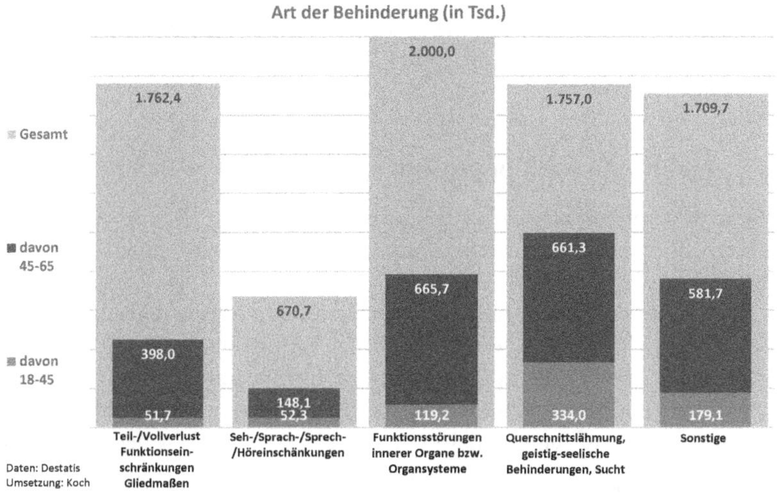

In der vorstehenden Übersicht zur Verteilung der Arten der Schwerbehinderungen ist noch eingetragen, welchen Anteil darin die zwei folgenden Altersgruppen ausmachen:

- Die Gruppe im jüngeren berufstätigen Alter von 18–45 Jahren.
- Die Gruppe der letzten 20 Berufsjahre im Alter von 45–65 Jahren.

Hier ist auffällig der sprunghafte Anstieg zwischen diesen beiden Gruppen:

- Die absoluten Zahlen verdoppeln sich bei Querschnittslähmungen sowie geistig-seelischen Behinderungen und Suchterkrankungen; verantwortlich sind hierbei vor allem Neurosen sowie Persönlichkeits- und Verhaltensstörungen, die sich von 56 Tausend in der jüngeren Altersgruppe vervierfachen, und damit ihren Anteil innerhalb dieser Untergruppe (Querschnittslähmungen, geistig-seelische Behinderungen, Suchterkrankungen) von 17 auf über 33 Prozent verdoppeln. Einen noch rapideren Anstieg haben Suchterkrankungen, die allerdings in absoluten Zahlen nicht so viel ausmachen; sie verfünffachen sich von sieben auf über 34 Tausend und verzweieinhalbfachen ihren Anteil an dieser Untergruppe von 2 auf über 5 Prozent.

- Etwas stärkere Steigerungsraten weisen mit einer Verdreifachung die Untergruppen der Seh-, Sprach-, Sprech- und Höreinschränkungen sowie die der sonstigen und multiplen Ursachen auf.
- Einen massiven Anstieg weist mit einer Verfünfeinhalbfachung die Untergruppe der organischen und organsystemischen Funktionsstörungen auf.
- Am eklatantesten fällt die nahezu Verachtfachung bei Teil- und Vollverlust bzw. von Funktionseinschränkungen eines oder mehrerer Gliedmaßen aus.

c. Geteilte (Aus)-Bildungswelt(en) – Mit und ohne Behinderung

Voraussetzung dafür, welche Chancen Menschen auf dem Arbeitsmarkt haben, sind ein Schulabschluss und, darauf aufbauend, eine berufliche Ausbildung.

Mit Blick auf die Daten muss festgestellt werden, dass je danach, ob eine Behinderung besteht oder nicht, diese Voraussetzungen hinsichtlich schulischer und beruflicher Ausbildung sehr unterschiedlich sind:

- Während nur etwas über ein Viertel der Menschen ohne Behinderung keinen oder nur einen Hauptschulabschluss haben, ist der Anteil bei den Menschen mit Behinderung fast doppelt so hoch, nämlich an die 50 Prozent: eindeutig schlechte(re) Voraussetzung für einen Start ins Berufsleben.
- Genauso eklatant ist der Unterschied im obersten Bereich der Schulabschlüsse, nämlich bei der Erlangung der allgemeinen Hochschulreife: Bei Menschen mit Behinderung liegt der Anteil bei 15 Prozent, bei Menschen ohne Behinderung ist er mit 30 Prozent doppelt so hoch.

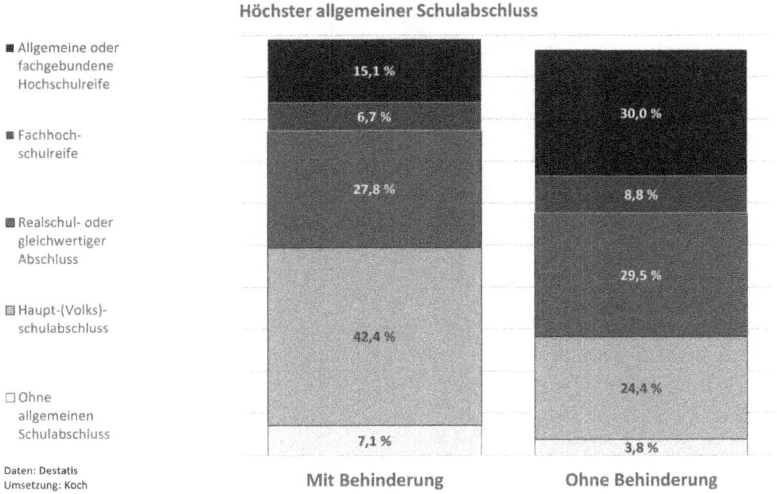

- Der Anteil derer, die gar keinen beruflichen Abschluss erreichen, ist bei Menschen mit und bei denen ohne Behinderung mit um die 25 Prozent nahezu gleich.
- Überraschenderweise liegt der Anteil derer, die eine Lehre bzw. ein Berufspraktikum abschließen, bei Menschen mit Behinderung mit knapp 52 Prozent um zehn Prozentpunkte höher als bei den Menschen ohne Behinderung.
- Der relativ hohe Anteil derer, die eine Lehre bzw. ein Berufspraktikum abschließen, mindert umgekehrt den Anteil derer, die einen Fach- oder einen Hochschulabschluss erreichen. Er liegt bei Menschen mit Behinderung bei gut 12 Prozent, während er bei Menschen ohne Behinderung mit über 22 Prozent fast doppelt so hoch ist.

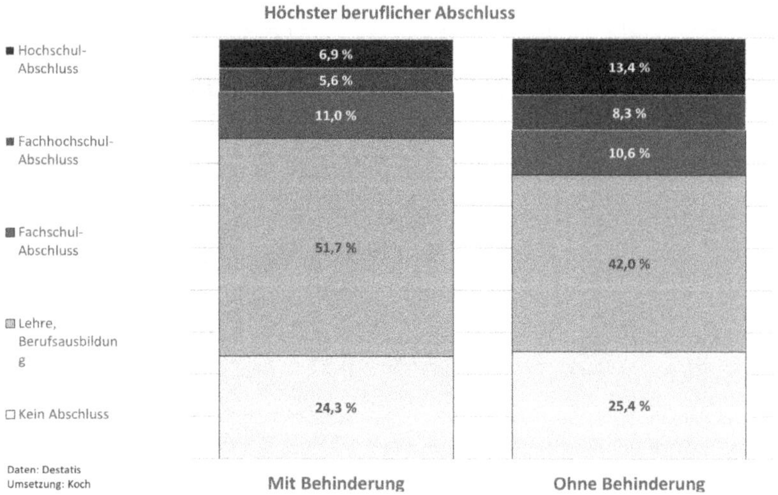

d. Geteilte Arbeitswelt(en) – Mit und ohne Behinderung

Zur allgemeinen Situation der Menschen mit Behinderung auf dem Arbeitsmarkt sei auf das Positionspapier *Vorschläge des DGB zur Umsetzung eines inklusiven Arbeitsmarktes*[20] verwiesen:

»*Insgesamt arbeiteten 2019 ca. 1,2 Mio. Menschen mit Schwerbehinderung in Wirtschaft und Verwaltung. Der Trend ist leicht zunehmend. (…) Die (…) Beschäftigungsquote (…) betrug in 2019 4,6 Prozent* (während gesetzlich vorgeschrieben für Betriebe mit mehr als 20 Beschäftigten fünf Prozent sind). *Sie stagniert seit Jahren auf diesem Niveau. Die privaten Arbeitgeber weisen eine Beschäftigungsquote von 4,1 Prozent auf, die öffentlichen Arbeitgeber von 6,5 Prozent. Ein Viertel (43 800) der beschäftigungspflichtigen Unternehmen beschäftigt keinen einzigen schwerbehinderten Menschen. Dieser Anteil ist seit Jahrzehnten gleichbleibend hoch.*«

aa. Erwerbstätigenquoten von schwerbehinderten und von anderen Menschen

Wie sehr Menschen mit schweren Behinderungen benachteiligt sind, was den Zugang zum Arbeitsmarkt angeht, lässt sich an der Arbeitslosenquote ablesen. Die nachfolgend aus dem zitierten Positionspapier des DGB

20 DGB (Hrsg): Vorschläge des DGB zur Umsetzung eines inklusiven Arbeitsmarktes, Oktober 2021, abrufbar unter: *www.dgb.de/-/bkW.*

entnommene Grafik zeigt, wie dieses Problem seit Jahren unverändert fortbesteht:

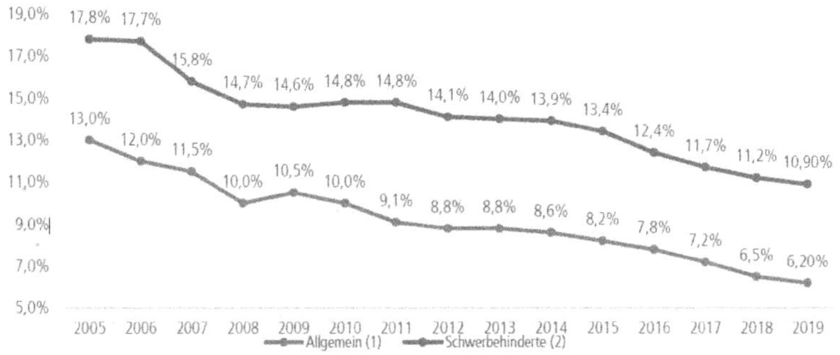

Quelle: Statistik der Bundesagentur für Arbeit „Der Arbeitsmarkt in Deutschland 2019"; Schwerbehinderte: Arbeitslosenzahl des Jahres, bezogen auf die Zahl der schwerbehinderten abhängigen Erwerbspersonen des Vorjahres; vergleichbare Arbeitslosenquote allgemein: Arbeitslosenzahl des Jahres bezogen auf abhängige Erwerbspersonen (Sozialversicherungspflichtig Beschäftigte, Beamte, Arbeitslose).

Seit 2005, so muss festgestellt werden, liegt die Arbeitslosenquote bei den Menschen mit schweren Behinderungen um etwa die Hälfte höher als bei denen ohne eine solche Behinderung.
Entsprechend findet sich ein ganz ähnlicher Unterschied bei der Betrachtung der Erwerbstätigenquote:

- Im Schnitt aller Altersgruppen von 15 bis 65 ist nur etwas mehr als jeder zweite schwerbehinderte Mensch erwerbstätig, während es bei den Menschen ohne schwere Behinderung vier von fünf sind.

Der Blick auf die Erwerbstätigenquoten in einzelnen (Unter)-Altersgruppen relativiert diesen drastischen Unterschied etwas:

- Tatsächlich sind bei den Menschen mit schweren Behinderungen in den Altersgruppen bis hin zu der von 45 bis 55 etwa zwei Drittel erwerbstätig.
- Ein erster allerdings noch moderater Rückgang – und zwar von 65 auf 59 Prozent – findet in der Altersgruppe von 55 bis 60 statt.
- Ein massiver Einbruch erfolgt dann in der Altersgruppe von 60 bis 65, in der noch nicht einmal jede*r zweite noch erwerbstätig ist, während der Anteil der Erwerbstätigen in derselben Altersgruppe bei den Menschen ohne schwere Behinderung noch bei 70 Prozent liegt.

bb. Erwerbstätigkeiten nach Stellung im Beruf

Ein weiterer Unterschied betrifft die Berufsstellung, die Menschen mit schweren Behinderungen gegenüber denen ohne eine solche erreichen:

- Nur geringfügig um 1,3 Prozentpunkte unterscheidet sich der Anteil in der größten Gruppe derer, die als Angestellte erwerbstätig sind: hierzu zählen 61,6 Prozent der erwerbstätigen Menschen mit schweren Behinderungen und 62,9 Prozent der Erwerbstätigen ohne solche Behinderungen.

Die Verschiebung findet gewissermaßen beim restlichen Drittel statt in dem Umfang, wie es sich »oberhalb« und »unterhalb« der Angestellten verteilt:

- Während nur knapp 11 Prozent der Menschen mit schwerer Behinderung verbeamtet oder selbstständig sind, machen diese beruflichen Stellungen fast 15 Prozent aus bei den Erwerbstätigen ohne schwere Behinderung.
- Deutlich größer ist der Anteil der Menschen mit schwerer Behinderung, die in der Ausbildung oder als Arbeiter*in tätig sind: Es sind fast 24 Prozent, also mehr als jede*r Vierte. Hingegen ist es bei den Erwerbstätigen ohne eine solche Einschränkung weniger als jede*r Fünfte, nämlich knapp 19 Prozent.

cc. Erwerbstätigkeiten nach Wirtschaftszweigen

Ein weiterer wichtiger Unterschied liegt darin, wie sich die Erwerbstätigkeit auf die verschiedenen Wirtschaftsbereiche aufteilt.

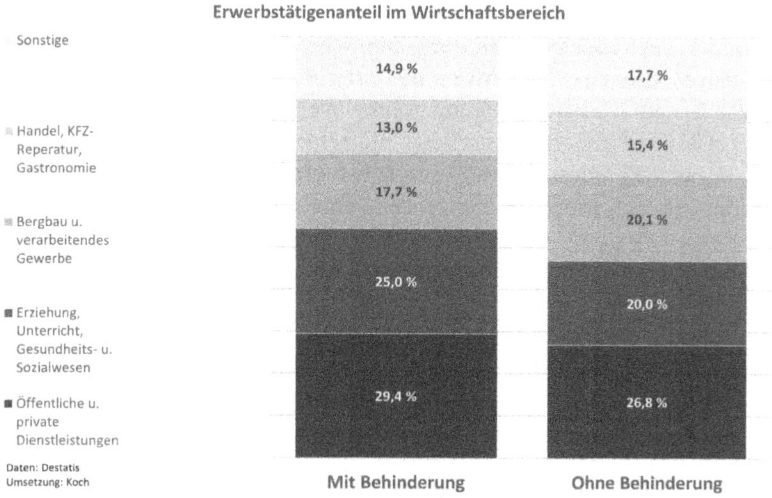

Ohne hier sehr ins Detail zu gehen, sei anhand des vorstehenden Diagramms so viel festgehalten:

- Den größten Anteil macht sowohl bei Menschen mit als auch bei solchen ohne Behinderung der Bereich der öffentlichen und privaten Dienstleistungen (inklusive öffentlicher Verwaltung) aus: Für solche mit Behinderung liegt er fast bei 30, bei solchen ohne bei fast 27 Prozent.
- Den zweitgrößten Anteil hat der Bereich Erziehung und Unterricht sowie Gesundheits- und Sozialwesen. Hier allerdings sind die Unterschiede zwischen Menschen mit und solchen ohne Behinderung sehr deutlich: Bei den Menschen mit Behinderungen ist hier jede*r Vierte tätig, während es bei den Menschen ohne Behinderungen gerade jede*r Fünfte ist.

Kurzum: In den anderen, nicht unter die zwei vorgenannten fallenden Bereiche sind etwas über 45 Prozent der Menschen mit schweren Behinderungen beschäftigt, währen der Anteil bei den Menschen ohne Behinderungen bei über 53 Prozent liegt.

4. Geteilte Inklusionswelt(en) – Männer und Frauen mit Behinderungen

a. Diskriminierung von Frauen mit Behinderungen

Frauen mit Behinderung sehen sich im Berufsleben häufig einer doppelten Diskriminierung ausgesetzt. Eine Frau mit Behinderung kann gleichzeitig von sexistischer und ableistischer Diskriminierung (und ggf. weiteren Diskriminierungsformen) betroffen sein. Die Diskriminierungen wirken nicht einfach additiv, sondern verstärken sich gegenseitig und schaffen eine spezifische Benachteiligung, die weder allein durch das Frausein noch allein durch die Behinderung vollständig erklärt werden kann. Diese Überschneidung von Diskriminierungsmerkmalen wird als intersektionale Diskriminierung[21] bezeichnet und führt dazu, dass Frauen mit Behinderung im Vergleich zu Männern mit und ohne Behinderung

21 Der Begriff stammt aus der feministischen Theorie, insbesondere von der US-amerikanischen Juristin *Kimberlé Crenshaw*, und beschreibt, wie sich z. B. Geschlecht, Behinderung, ethnische Herkunft, Alter oder sexuelle Orientierung in ihrer Wirkung hinsichtlich Diskriminierung nicht nur addieren, sondern komplex miteinander verwoben sind.

oder Frauen ohne Behinderung besonders stark vom Arbeitsmarkt ausgeschlossen sind.
Eine 2021 vom Sinus-Institut im Auftrag von Aktion-Mensch veröffentlichte Studie verglich systematisch Frauen mit und ohne Schwerbehinderung im Verhältnis zu Männern mit und ohne Schwerbehinderung im Erwerbsleben.[22] Die Studie »Situation von Frauen mit Schwerbehinderung am Arbeitsmarkt« zeigt eindrücklich, dass Frauen mit Schwerbehinderung in Deutschland in besonderem Maße von struktureller Benachteiligung betroffen sind. Sie sind nicht nur seltener erwerbstätig als Männer mit Schwerbehinderung oder Frauen ohne Behinderung, sondern auch häufiger in prekären Beschäftigungsverhältnissen tätig. Nur etwa 39 Prozent der Frauen mit Schwerbehinderung im erwerbsfähigen Alter sind überhaupt erwerbstätig – ein deutlich geringerer Anteil als bei anderen Gruppen (vgl. Aktion Mensch/SINUS 2021, S. 18).
Ein zentrales Ergebnis der Studie ist, dass Frauen mit Schwerbehinderung besonders häufig in Teilzeit arbeiten – nicht primär wegen familiärer Verpflichtungen, sondern vor allem aufgrund körperlicher oder psychischer Belastungen. Gleichzeitig sind sie häufiger von Erwerbsunterbrechungen betroffen, insbesondere durch Krankheit, Pflegeverantwortung oder fehlende Weiterbildungsangebote. Diese Unterbrechungen wirken sich negativ auf Karrierechancen, Einkommen und Rentenansprüche aus (vgl. Aktion Mensch/SINUS 2021, S. 28–30).
Auch beim Einkommen zeigt sich eine deutliche Benachteiligung: Frauen mit Schwerbehinderung verdienen im Durchschnitt am wenigsten – selbst weniger als Männer mit Schwerbehinderung oder Frauen ohne Behinderung in vergleichbaren Positionen. Besonders auffällig ist, dass sie auch in akademischen Berufen schlechter bezahlt werden (vgl. Aktion Mensch/SINUS 2021, S. 31–33).
Die Studie macht zudem deutlich, dass Frauen mit Schwerbehinderung seltener in Führungspositionen vertreten sind und sich häufiger von Arbeitgeber*innen nicht ernst genommen fühlen. Viele berichten von Vorurteilen im Bewerbungsprozess und davon, dass ihre Qualifikationen hinter der Behinderung zurücktreten. Aus Angst vor Diskriminierung verschweigen viele ihre Behinderung in Bewerbungen – was wiederum zu rechtlichen Nachteilen führen kann (vgl. Aktion Mensch/SINUS 2021, S. 66–68).
Um dieser doppelten Benachteiligung entgegenzuwirken, bedarf es gezielte Maßnahmen: Dazu gehören unter anderem inklusiv gestaltete För-

22 Abrufbar unter *https://www.sinus-institut.de/media-center/news/studie-frauen-mit-behinderung-auf-dem-arbeitsmarkt-benachteiligt.*

derprogramme, barrierefreie Weiterbildungsangebote, flexible Arbeitszeitmodelle sowie eine verstärkte Sensibilisierung von Arbeitgebern für die Lebensrealitäten von Frauen mit Behinderung. Auch gesetzliche Regelungen wie § 1 SGB IX, der die besonderen Bedürfnisse behinderter Frauen ausdrücklich berücksichtigt, müssen konsequenter umgesetzt werden.

b. Rechtliche Berücksichtigung der Frauen im SGB IX

Das SGB IX bleibt das erste Bundesgesetz überhaupt, das behinderte und von Behinderung bedrohte Mädchen und Frauen ausdrücklich als eigene Zielgruppe benennt und deren besonderen Bedürfnissen Rechnung zu tragen sucht. Neben der zentralen Verankerung dieser Zielbestimmung in § 1 SGB IX[23] regelt das neuere Teilhaberecht die frauengerechte Ausgestaltung der **Rehabilitationsleistungen** (§§ 8, 26, 36, 37, 38, 49 SGB IX). Die gesetzlich geregelte **Beschäftigungspflicht** der Arbeitgeber verlangt zudem in § 154 SGB IX ausdrücklich, dass schwerbehinderte Frauen besonders berücksichtigt werden; dort heißt es zu Beginn des Absatz 1: »*Private und öffentliche Arbeitgeber (…) mit jahresdurchschnittlich monatlich mindestens 20 Arbeitsplätzen (…) haben auf wenigstens 5 Prozent der Arbeitsplätze schwerbehinderte Menschen zu beschäftigen. Dabei sind schwerbehinderte Frauen besonders zu berücksichtigen.*«
Und in **Inklusionsvereinbarungen** nach § 166 Abs. 3 SGB IX sind nach der Absicht des Gesetzgebers Regelungen über eine anzustrebende Beschäftigungsquote einschließlich eines angemessenen Anteils schwerbehinderter Frauen zu treffen.

»*In der Vereinbarung können insbesondere auch Regelungen getroffen werden*
1. *zur angemessenen Berücksichtigung schwerbehinderter Menschen bei der Besetzung freier, frei werdender oder neuer Stellen,*
2. *zu einer anzustrebenden Beschäftigungsquote, einschließlich eines angemessenen Anteils schwerbehinderter Frauen, (…).*«

23 Dort heißt es im Satz 2: »*Dabei wird den besonderen Bedürfnissen von Frauen und Kindern mit Behinderungen und von Behinderung bedrohter Frauen und Kinder sowie Menschen mit seelischen Behinderungen oder von einer solchen Behinderung bedrohter Menschen Rechnung getragen*«.

c. Übergeordnete Rechtslage aus AGG und BGG

Allerdings belässt es der Gesetzgeber bei dieser nicht näher bestimmten Regelung.
Den Arbeitgebern ist in § 164 Abs. 2 SGB IX jedoch mittlerweile gesetzlich ausdrücklich untersagt, **schwerbehinderte Beschäftigte wegen ihrer Behinderung** zu **benachteiligen**, wobei im Einzelnen die Regelungen des § 7 AGG von August 2006 gelten:

»(1) Beschäftigte dürfen nicht wegen eines in § 1 genannten Grundes benachteiligt werden; dies gilt auch, wenn die Person, die die Benachteiligung begeht, das Vorliegen eines in § 1 genannten Grundes bei der Benachteiligung nur annimmt.
(2) Bestimmungen in Vereinbarungen, die gegen das Benachteiligungsverbot des Absatzes 1 verstoßen, sind unwirksam.
(3) Eine Benachteiligung nach Absatz 1 durch Arbeitgeber oder Beschäftigte ist eine Verletzung vertraglicher Pflichten.«

Das AGG selbst fußt auf insgesamt vier europäischen Richtlinien (beginnend mit der Europäischen Antirassismusrichtlinie vom Juni 2000) und setzt diese in nationales Recht um, um den Grundsatz der **Gleichbehandlung** und den Schutz vor Diskriminierung zu verwirklichen. Für die Beschäftigung wesentliche Eigenschaften des schwerbehinderten Menschen sind deshalb auch zu berücksichtigen, wenn es nach § 164 Abs. 4 SGB IX um Ansprüche gegenüber dem Arbeitgeber geht:

Die schwerbehinderten Menschen haben gegenüber ihren Arbeitgebern Anspruch auf

1. *Beschäftigung, bei der sie ihre Fähigkeiten und Kenntnisse möglichst voll verwerten und weiterentwickeln können,*
2. *bevorzugte Berücksichtigung bei innerbetrieblichen Maßnahmen der beruflichen Bildung zur Förderung ihres beruflichen Fortkommens,*
3. *Erleichterungen im zumutbaren Umfang zur Teilnahme an außerbetrieblichen Maßnahmen der beruflichen Bildung,*
4. *behinderungsgerechte Einrichtung und Unterhaltung der Arbeitsstätten einschließlich der Betriebsanlagen, Maschinen und Geräte sowie der Gestaltung der Arbeitsplätze, des Arbeitsumfelds, der Arbeitsorganisation und der Arbeitszeit, unter besonderer Berücksichtigung der Unfallgefahr,*
5. *Ausstattung ihres Arbeitsplatzes mit den erforderlichen technischen Arbeitshilfen*

Und schließlich enthält das bereits am 1.5.2002 in Kraft getretene BGG vor allem für den öffentlich-rechtlichen Bereich des Bundes allgemeine Vorschriften (§ 7 Abs. 1 BGG) und besondere Anordnungen (§ 2 Abs. 1 BGG), mit denen die Benachteiligung von Frauen mit Behinderungen beseitigt werden soll und ihre besonderen Belange berücksichtigt werden sollen.[24]

Damit ist zumindest die **Selbstverpflichtung des Bundes** festgeschrieben, »Gender Mainstreaming« als Querschnittsaufgabe bei allen politischen, normgebenden und verwaltenden Maßnahmen zu beachten. Unter dem Begriff »**Gender Mainstreaming**« wird dabei das auf Gleichstellung ausgerichtete Denken und Handeln in der täglichen Arbeit einer Organisation verstanden. Damit soll u. a. dem Rechtstitel nach Art. 3 Abs. 2 GG gefolgt werden, wonach Mann und **Frau tatsächlich gleichberechtigt** sind. Das soll auch im Arbeits- und Betriebsalltag erreicht werden: Männer und Frauen sollen in ihrer Vielfalt gegenseitig und miteinander gleichberechtigt sein. Diesem Ziel kann dienlich sein, Arbeitsroutinen und Handlungsweisen der Organisation in Bezug auf Gleichstellung zu hinterfragen und zu optimieren. So ist die anteilige Ausbildung von (behinderten) Mädchen und Frauen möglicherweise ebenso unterdurchschnittlich wie die Teilnahme von (behinderten) Vätern an der Elternzeit. Maßnahmen zur Förderung der Gleichstellung richten sich also an beiderlei Geschlechter. Somit steigt auch die betriebliche Aufmerksamkeit gegenüber behinderungsbedingten Unterschieden im Arbeitsalltag der Geschlechter oder gar Diskriminierungen.

Im Übrigen wird im Art. 6 der UN-BRK ausdrücklich die mehrfache Diskriminierung von Frauen mit Behinderung anerkannt. Alle Unterzeichnerstaaten, zu denen seit März 2009 auch die Bundesrepublik gehört, ver-

---

24 § 7 Abs. 1 BGG auszugsweise im Wortlaut: »*Ein Träger öffentlicher Gewalt darf Menschen mit Behinderungen nicht benachteiligen. Eine Benachteiligung liegt vor, wenn Menschen mit und ohne Behinderungen ohne zwingenden Grund unterschiedlich behandelt werden und dadurch Menschen mit Behinderungen in der gleichberechtigten Teilhabe am Leben in der Gesellschaft unmittelbar oder mittelbar beeinträchtigt werden. (...) Bei einem Verstoß gegen eine Verpflichtung zur Herstellung von Barrierefreiheit wird das Vorliegen einer Benachteiligung widerleglich vermutet.*«
§ 2 Abs. 1 BGG im Wortlaut: »*Zur Durchsetzung der Gleichberechtigung von Frauen und Männern und zur Vermeidung von Benachteiligungen von Frauen mit Behinderungen wegen mehrerer Gründe sind die besonderen Belange von Frauen mit Behinderungen zu berücksichtigen und bestehende Benachteiligungen zu beseitigen. Dabei sind besondere Maßnahmen zur Förderung der tatsächlichen Durchsetzung der Gleichberechtigung von Frauen mit Behinderungen und zur Beseitigung bestehender Benachteiligungen zulässig.*«

pflichten sich damit, bei allen Maßnahmen zur Umsetzung der UN-BRK die Genderperspektive zu berücksichtigen.

d. Leider oft vergessen: Diskriminierung von trans* Frauen mit Behinderung im Arbeitsleben

Setzt man sich mit der Diskriminierung von Frauen mit Behinderung im Arbeitsleben auseinander und betrachtet diese im Kontext intersektionaler Diskriminierung, so dürfen die Diskriminierungserfahrungen von trans* Frauen mit Behinderung in der Arbeitswelt nicht außer Acht gelassen werden. Trans* Frauen mit Behinderung sind im Arbeitsleben einer mehrfachen strukturellen Diskriminierung ausgesetzt. Diese ergibt sich aus der Verschränkung von Transfeindlichkeit und Ableismus. Während trans* Personen bereits überdurchschnittlich häufig Diskriminierung erfahren, verschärft sich diese Situation für jene, die zusätzlich mit einer Behinderung leben. Im Jahr 2020 veröffentlichte das Deutsche Institut für Wirtschaftsforschung (DIW Berlin) in Zusammenarbeit mit der Universität Bielefeld den Wochenbericht Nr. 36 mit dem Titel »*LGBTQI**-Menschen am Arbeitsmarkt: hoch gebildet und oftmals diskriminiert«. Die Studie basiert auf Daten des Sozio-oekonomischen Panels (SOEP) sowie einer ergänzenden Online-Befragung (»LGBielefeld«) und liefert erstmals umfassende empirische Erkenntnisse zur Arbeitsmarktsituation von LGBTQI*-Menschen in Deutschland. Ein besonderer Fokus liegt dabei auf Diskriminierungserfahrungen im Berufsleben, insbesondere von trans* Personen.[25]
Ein zentrales Problem stellt laut dieser Studie das Outing dar: Etwa ein Drittel der LGBTQI*-Menschen (kurz für lesbian, gay, bisexual, trans, queer und inter) ist gegenüber Kolleg*innen oder Vorgesetzten nicht geoutet. In Branchen mit geringer LGBTQI-Repräsentation – etwa im Baugewerbe oder produzierenden Gewerbe – ist die Outingquote besonders niedrig. Dies deutet auf ein weniger akzeptierendes Betriebsklima hin, das trans* Frauen mit Behinderung zusätzlich unter Druck setzt, ihre Identität zu verbergen (ebd., S. 626).
Hinzu kommt, dass Menschen mit Behinderung ohnehin häufiger von Arbeitslosigkeit betroffen sind und seltener in qualifizierten Positionen arbeiten. Wenn eine trans Identität hinzukommt, steigt das Risiko der

---

25 *de Vries, L., Fischer, M., Kasprowski, D., Kroh, M., Kühne, S., Richter, D., & Zindel, Z.* (2020). *LGBTQI**-Menschen am Arbeitsmarkt: hoch gebildet und oftmals diskriminiert. DIW Wochenbericht Nr. 36/2020. Deutsches Institut für Wirtschaftsforschung, *https://doi.org/10.18723/diw_wb:2020-36-1*.

Exklusion weiter. Die Studie zeigt, dass LGBTQI*-Menschen trotz überdurchschnittlicher Bildungsabschlüsse – etwa 60 Prozent verfügen über (Fach-)Hochschulreife – seltener eine duale Berufsausbildung abgeschlossen haben und häufiger in Branchen mit einem insgesamt niedrigeren Lohnniveau wie dem Gesundheits- und Sozialwesen tätig sind (ebd., S. 622).

Die Beratungsstatistiken der Antidiskriminierungsstelle des Bundes bestätigen diese Tendenzen: Ein erheblicher Teil der arbeitsbezogenen Anfragen stammt von Personen, die sich als trans*, inter oder divers identifizieren. Dies unterstreicht die besondere Vulnerabilität dieser Gruppe im Arbeitskontext (ebd., S. 624).

Für trans* Frauen mit Behinderung bedeutet dies eine doppelte Unsichtbarkeit: Weder in klassischen Diversity-Programmen noch in behindertenpolitischen Maßnahmen werden ihre spezifischen Bedürfnisse systematisch berücksichtigt. Dabei zeigt die Studie deutlich, dass ein offenes und diskriminierungsfreies Betriebsklima für LGBTQI-Menschen eines der wichtigsten Kriterien bei der Wahl eines Arbeitgebers ist – noch vor Einkommen oder Aufstiegsmöglichkeiten (ebd., S. 627).

e. Rück- und Seitenblick auf die UN-BRK

Es lohnt der Blick darauf, welche Auswirkungen die Verabschiedung und rechtsverbindliche Anerkennung der UN-BRK in Deutschland hatte und hat. Zuvorderst waren dadurch Bund und Länder zur Entwicklung von Aktionsplänen verpflichtet sowie zur Einrichtung einer Monitoring-Stelle:

- Ein erster Nationaler Aktionsplan Inklusion (NAP) wurde 2011 verabschiedet, der zweite (NAP 2.0) im Jahr 2016, wozu im Jahr 2018 ein erster Zwischenbericht vorgelegt wurde.[26]
- Die Monitoring-Stelle wiederum ist eingerichtet und angesiedelt beim Deutschen Institut für Menschenrechte.[27]

Doch was ist das Besondere an der UN-BRK? Es ist:

26 Diese und dazugehörige Veröffentlichungen sind abrufbar unter: *www.gemeinsam-einfach-machen.de/GEM/DE/AS/NAP/nap_node.*

27 Informationen zur Monitoring-Stelle abrufbar unter: *www.institut-fuer-menschenrechte.de/das-institut/abteilungen/monitoring-stelle-un-behindertenrechtskonvention/ueber-die-monitoring-stelle;* darüber hinaus auf der nachfolgenden Seite (unter dem Thema: Rechte von Menschen mit Behinderungen) zahlreiche kostenlos downloadbare PDFs: *http://www.institut-fuer-menschenrechte.de/publikationen.*

aa. Das neue Leitbild Inklusion der UN-BRK

Die Konvention verfolgt ein grundsätzlich **neues Leitbild**: das der **Inklusion**, d. h. die vollumfängliche Einbeziehung behinderter Menschen in die Gesellschaft von Anfang an. Der Unterschied zu der gerade in Deutschland bekannten Integration ist klar: Nicht (mehr) der behinderte Mensch muss sich anpassen, eine »Anpassungsleistung« an bestehende Strukturen erbringen, damit er in der Gesellschaft dabei sein kann, sondern die Gesellschaft muss sich in und mit ihren Strukturen den Fähigkeiten und Bedürfnissen von Menschen mit Behinderung anpassen. Sie muss künftig behinderte Menschen mit ihren Bedürfnissen von Anfang an einbeziehen und somit deren Ausgrenzung beenden. Die Individualität und Vielfalt der Menschen werden anerkannt und als Quelle der Bereicherung der Gesellschaft wertgeschätzt.

Diesen positiven Effekt kennt nahezu jede Familie, jede Nachbarschaft, jede Schulklasse, in der ein Kind mit Behinderung von Anfang an dabei ist, in der es einfach dazugehört. In der betrieblichen Ausbildung und später am Arbeitsplatz ist es ähnlich: Gute Begegnungen lösen Bedenken ab, Vorurteile lösen sich auf, gegenseitig positive Erfahrungen werden möglich und stellen eine persönliche Bereicherung dar. Das ist spätestens dann zu spüren, wenn Menschen mit Gehörlosigkeit nach 40 Jahren am Fließband oder nach 35 Jahren im Ingenieursberuf nach Hause gehen – und die Hörenden kommen gratulieren!

bb. Teilhabeberichte der Bundesregierung und Nationale Aktionspläne

Zum Stand der Umsetzung der Vorgaben der UN-BRK gibt das BMAS den *Teilhabebericht der Bundesregierung über die Lebenslagen von Menschen mit Beeinträchtigungen* heraus, und zwar in Form eines Gesamtberichtes und zahlreicher detaillierter oder spezifizierter Teilberichte. Der aktuellste, nämlich dritte Teilhabebericht erschien mit Stand April 2021.[28] Zum Stellenwert dieser Teilhabeberichte und dem Einfluss, den die UN-BRK darauf genommen hat, heißt es in dem ersten Teilhabebericht (a. a. O., S. 8 f.):

»Der Deutsche Bundestag hat 1982 beschlossen, dass die Bundesregierung in jeder Wahlperiode über die Lage der behinderten Menschen und die Entwicklung ihrer Teilhabe zu berichten hat. Mit der Ratifikation des Übereinkommens der Vereinten Nationen über die Rechte von Menschen mit

---

28 Die Teilhabeberichte sind auffindbar auf der Seite des BMAS *www.bmas.de* mit der Stichwortsuche: Teilhabebericht.

Behinderungen (UN-Behindertenrechtskonvention, UN-BRK) hat sich Deutschland verpflichtet, Informationen zu sammeln, die es ermöglichen, politische Konzepte zur Durchführung dieses Übereinkommens auszuarbeiten und umzusetzen. Dies beinhaltet in besonderer Weise statistische und empirische Grundlagen.
Die bisherigen Berichte haben sich darauf konzentriert, die in der jeweiligen Legislaturperiode ergriffenen Maßnahmen und Aktivitäten darzustellen. Die Lebenslagen von Menschen mit Behinderungen wurden hingegen nur unzureichend abgebildet. Das haben wir mit dem vorliegenden Bericht geändert.
Die Bundesregierung nimmt mit dem Teilhabebericht nun erstmals die tatsächlichen Lebenslagen von Menschen mit Beeinträchtigungen in den Blick. Der Bericht untersucht die Frage, inwiefern Menschen, die beeinträchtigt sind, im Zusammenwirken mit Umweltfaktoren Beschränkungen ihrer Teilhabechancen erfahren, d. h. dadurch erst behindert werden. Er untersucht also Faktoren, die die Teilhabe einschränken und Umstände, die sich für die Teilhabe als förderlich erweisen.«

Gesetzgeberisch zentral war das 2016 verabschiedete Bundesteilhabegesetzt (BTHG), das als Vorschaltgesetz für zahlreiche, teils stufenweise Gesetzesreformen insbesondere zu den meisten Sozialgesetzbüchern sowie einigen anderen Gesetzen und Verordnungen enthält.[29]

cc. Anforderung: Inklusives Bildungswesen

Eine besondere Herausforderung ergibt sich aus Art. 24 UN-BRK, der ein **inklusives Bildungssystem** fordert, bei dem behinderte Kinder nicht aus dem allgemeinen Schulsystem ausgegrenzt werden, sondern mit nicht behinderten Kindern gemeinsam lernen. Einen Überblick zum Stand der Umsetzung findet sich in dem von Kultusministerkonferenz der Länder und dem BMBF herausgegebenen Bildungsbericht 2018.[30]

29 Änderungen des SGB IX traten bzw. treten mit Wirkung zu 2016, 2018, 2020 und 2023 in Kraft. Am einschneidensten war dabei die zweite Reformstufe von 2018, in deren Zuge der vormalige Teil 2 (zum Schwerbehindertenrecht vor allem im Arbeitsleben) zum neuen Teil 3 wurde und dafür die Bestimmungen zur Eingliederungshilfe neu aufgenommen wurden.

30 Ein eigenständiger Abschnitt zur sonderpädagogischen Förderung und zur Inklusion findet sich in den zweijährig erscheinenden Bildungsberichten nur in den Ausgaben von 2018 und 2010. Es drängt sich der Verdacht auf, dass Inklusion doch nur sporadisch in den Blick genommen und nicht als integraler Bestandteil des Bildungsauftrags gesehen wird. Online abrufbar sind die Bildungsberichte unter: *www.kmk.org/de/themen/bildungsberichterstattung.*

Hiernach wurden 2018 von über 0,5 Millionen betroffenen Kindern knapp 60 Prozent in Förderschulen unterrichtet; entsprechend knapp 210 000 in regulären Schulen. Weiter heißt es dort (S. 104):

»Mit der Ratifizierung der UN-Konvention über die Rechte von Menschen mit Behinderungen wurde die Anforderung des gemeinsamen Lernens rechtsverbindlich und die Bemühungen in den Ländern intensiviert, um sonderpädagogische Förderung stärker in den allgemeinen Schulen zu verankern (...). Hierzu zählen schulgesetzliche Änderungen, die im Falle von Hamburg und Bremen einen expliziten Rechtsanspruch auf Zugang zu einer allgemeinen Schule einräumen; mit Einschränkungen ebenfalls in Niedersachsen, Rheinland-Pfalz und im Saarland. Der Vorrang einer gemeinsamen Beschulung wurde auch in Berlin, Brandenburg, Hessen, Mecklenburg-Vorpommern, Nordrhein-Westfalen, Schleswig-Holstein und Thüringen gesetzlich verankert, jedoch gilt hier ein Ressourcen- bzw. Organisationsvorbehalt (...). In Baden-Württemberg, Bayern, Sachsen und Sachsen-Anhalt wird dem inklusiven Unterricht rechtlich kein Vorrang gegenüber dem Förderschulbesuch eingeräumt.«

Auch, wenn die zunehmende Integration von Kindern mit Behinderungen in reguläre Schulen ein Erfolg ist, stehen am Ende der Schullaufbahnen zwei Hürden für die Betroffenen: Sie müssen am Übergang Schule-Beruf zunächst Zugang zu einer beruflichen Ausbildung finden. Viele schaffen heute den Zugang zu einer betrieblichen – dualen – Ausbildung nicht und haben dann meist an der zweiten Schwelle – dem Übergang von der Ausbildung in Arbeit – erneut besondere Schwierigkeiten.

> **Hinweis:**
> Sie als Schwerbehindertenvertrauenspersonen können an beiden Hürden mithelfen. Eine gute Vorbereitung junger Menschen für eine betriebliche Ausbildung ist nach wie vor ein gut vorbereitetes und begleitetes Betriebspraktikum bereits während der Schulzeit.

dd. Anforderung: Inklusiver Arbeitsmarkt

Die in Art. 27 UN-BRK betonte Teilnahme von Menschen mit Behinderungen (also auch von chronisch Kranken) in Arbeit und Beschäftigung ist nun erstmalig auch ein völkerrechtlich verbindliches Menschenrecht. Beim **Zugang zu Arbeit und Beschäftigung** haben die Betroffenen Anspruch auf gleichberechtigte Teilhabe am Arbeitsmarkt. Ihre Inklusion in Betrieb und Arbeitswelt – Ziel jeder Anstrengung aller Schwerbehindertenvertretungen und Betriebs-/Personalräte seit Jahrzehnten – wird

inmitten wirtschaftlich schwieriger Zeiten allerdings eine große Herausforderung für alle beteiligten Akteure.
Trotz alledem gibt die UN-BRK Rückenwind für allseitige Bemühungen, Schritt für Schritt eine inklusive Arbeitswelt zu schaffen. Auf der Ebene der Wirtschaft und der Betriebe werden vor allem die Gewerkschaften und betrieblichen Interessenvertretungen Motor und Hüter dieser Veränderungsprozesse sein. Damit kann zwar auf eine starke, erfahrene und gut organisierte Tradition zurückgegriffen werden. Hier gäbe es noch viele, über das BTHG hinausgehende Bedarfe, um die Bedeutung und Arbeitsmöglichkeiten gerade der Schwerbehindertenvertretungen an der Seite der Betriebs- und Personalräte zu stärken und die Schutz- und Gestaltungsaufgaben der betrieblichen Interessenvertretungen insgesamt auszuweiten.

5. Platz für Menschen (mit Behinderung) – SBV!

Fassen wir rückblickend zusammen: Es **IST** Platz für Menschen mit Behinderung in der modernen Arbeitswelt. Wobei dieser Platz nicht einfach »von sich aus« da ist; vielmehr gibt es ihn:

- weil dafür – von Betroffenen aber nicht zuletzt auch durch Gewerkschaften – geworben und gekämpft wurde,
- weil – wenn auch langsam – zunehmend das Verständnis von Inklusion in Politik und Gesetzgebung Einzug hält,
- weil dafür – ebenfalls in wachsender Anzahl – therapeutische, technische und organisatorische Hilfsmittel zur Verfügung stehen und weiter entwickelt werden.

Und es gibt ganz konkret im Betrieb Platz für Menschen mit Behinderung:

- weil und soweit sich dafür die Schwerbehindertenvertretungen einsetzen.

a. Das ABC der SBV-Arbeit: Worum es geht

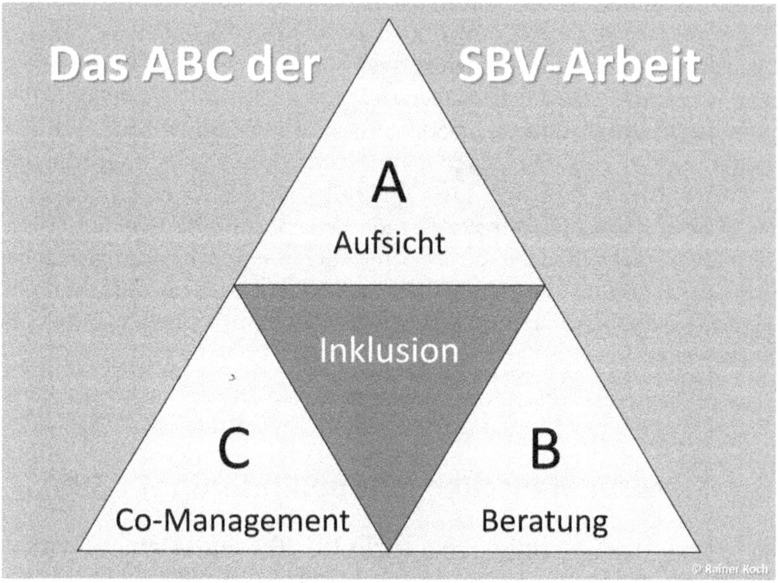

Was genau sind die Aufgaben der SBV im Betrieb und wie lassen sie sich systematisieren?

So viel sei vorangestellt: Die Aufgaben der SBV sind vielfältig und sie sind in (mindestens) zweifacher Hinsicht überaus herausfordernd:

- Herausfordernd ist zunächst und vor allem, dass die Beratung betroffener und hilfesuchender Kolleg*innen die SBV oft mit sehr persönlichen und teils tragischen Schicksalen konfrontiert und dabei manchmal unerfüllbare Erwartungen mitspielen.
- Herausfordernd ist aber auch für die SBV, dass viel zu oft im Betrieb bei den anderen Akteuren das Thema »Inklusion« nachrangig behandelt wird und dass die gesetzlichen Rahmenbedingungen der SBV kaum Mittel an die Hand gibt, um die Belange durchzusetzen.

aa. Aufsicht

In manchen, insbesondere klein- und mittelständischen Betrieben ist die Aufsichtsfunktion unbekannt oder wird unterlaufen mit Hinweisen der Art: »die SBV soll sich um die Betroffenen kümmern und sich aus Unternehmensangelegenheiten raushalten« (evtl. mit dem zusätzlichen Hinweis: »Um Unternehmensbelange kümmern sich schon Betriebsräte«). Das Gesetz ist aber in dieser Hinsicht eindeutig:

> **Gesetzesgrundlage: § 178 Abs. 1 Satz 2 SGB IX**
> (1) Die Schwerbehindertenvertretung (…) erfüllt ihre Aufgaben insbesondere dadurch, dass sie
> 1. darüber wacht, dass die zugunsten schwerbehinderter Menschen geltenden Gesetze, Verordnungen, Tarifverträge, Betriebs- oder Dienstvereinbarungen und Verwaltungsanordnungen durchgeführt, insbesondere auch die dem Arbeitgeber nach den §§ 154, 155 und 164 bis 167 obliegenden Verpflichtungen erfüllt werden, …

Als Verpflichtungen ergeben sich aus den vier genannten Paragrafen (nachfolgend ihre Titel sowie in Stichworten die Regelungen ihrer jeweiligen Absätze):

- § 154 Pflicht der Arbeitgeber zur Beschäftigung schwerbehinderter Menschen
  (1) I.d.R. jahresdurchschnittlich fünf Prozent aller Arbeitsplätze
  (2) Definition öffentlicher Arbeitgeber
- § 155 Beschäftigung besonderer Gruppen schwerbehinderter Menschen
  (1) Aufzählung besonders zu berücksichtigender Gruppen
  (2) Auch Ausbildungsplätze anteilig zu besetzen
- § 164 Pflichten des Arbeitgebers und Rechte schwerbehinderter Menschen
  (1) Besetzung freier Arbeitsplätze möglichst mit schwerbehinderten Menschen
  (2) Keine Benachteiligung schwerbehinderter Menschen im Betrieb
  (3) Gewährleistung der Quote zur Beschäftigung schwerbehinderter Menschen
  (4) Besondere Berücksichtigungen/Förderungen schwerbehinderter Beschäftigter
  (5) Einrichtung von Teilzeitarbeitsplätzen für schwerbehinderte Beschäftigte
- § 167 Prävention
  (1) Frühzeitige Einschaltung der SBV bei Eintreten von Schwierigkeiten
  (2) Betriebliches Eingliederungsmanagement nach längerer Krankheit
  (3) Fördermöglichkeiten durch Reha-Träger und Integrationsämter

bb. Beratung (und Vertretung)

»Beratung« wäre sicher in den meisten Fällen die erste Antwort auf die Frage nach den Aufgaben einer SBV. Aber für die Frage, wie »inklusiv« ein Betrieb aufgestellt ist und sich weiterentwickelt, ist mindestens ebenso

entscheidend, inwieweit die SBV auch darüber hinaus tätig ist und (vor allem!) eingebunden und gehört wird.
Die SBV unterstützt Betroffene sowohl innerhalb des Betriebs gegenüber Vorgesetzten als auch bei Anträgen gegenüber Dritten:

> **Gesetzesgrundlage: § 178 Abs. 1 Sätze 1, 2, und 3 SGB IX**
> (1) Die Schwerbehindertenvertretung fördert die Eingliederung schwerbehinderter Menschen in den Betrieb oder die Dienststelle, vertritt ihre Interessen in dem Betrieb oder der Dienststelle und steht ihnen beratend und helfend zur Seite. Sie erfüllt ihre Aufgaben insbesondere dadurch, dass sie
> 1. Maßnahmen, die den schwerbehinderten Menschen dienen, insbesondere auch präventive Maßnahmen, bei den zuständigen Stellen beantragt,
> 2. Anregungen und Beschwerden von schwerbehinderten Menschen entgegennimmt und, falls sie berechtigt erscheinen, durch Verhandlung mit dem Arbeitgeber auf eine Erledigung hinwirkt; sie unterrichtet die schwerbehinderten Menschen über den Stand und das Ergebnis der Verhandlungen.
>
> Die Schwerbehindertenvertretung unterstützt Beschäftigte auch bei Anträgen an die nach § 152 Absatz 1 zuständigen Behörden auf Feststellung einer Behinderung, ihres Grades und einer Schwerbehinderung sowie bei Anträgen auf Gleichstellung an die Agentur für Arbeit.

cc. Co-Management

Unter Co-Management werden hier die Aufgaben und Rechte der SBV zusammengefasst, bei denen sie beratend gegenüber dem Arbeitgeber (und dem Betriebs- bzw. Personalrat) die Belange der von Behinderung betroffenen oder bedrohten Menschen einbringen.

> **Gesetzesgrundlage: § 178 Abs. 2 Sätze 1 und 4, Abs. 4 Satz 1, Abs. 5 SGB IX**
> (2) Der Arbeitgeber hat die Schwerbehindertenvertretung in allen Angelegenheiten, die einen einzelnen oder die schwerbehinderten Menschen als Gruppe berühren, unverzüglich und umfassend zu unterrichten und vor einer Entscheidung anzuhören. (...) Die Schwerbehindertenvertretung hat das Recht auf Beteiligung am Verfahren nach § 164 Absatz 1 und beim Vorliegen von Vermittlungsvorschlägen der Bundesagentur für Arbeit nach § 164 Absatz 1 oder von Bewerbungen schwerbehinderter Menschen das Recht auf Einsicht in die entscheidungsrelevanten Teile der Bewerbungsunterlagen und Teilnahme an Vorstellungsgesprächen.
> (4) Die Schwerbehindertenvertretung hat das Recht, an allen Sitzungen des Betriebs-, Personal-, Richter-, Staatsanwalts- oder Präsidialrates und deren

> Ausschüssen sowie des Arbeitsschutzausschusses beratend teilzunehmen; sie kann beantragen, Angelegenheiten, die einzelne oder die schwerbehinderten Menschen als Gruppe besonders betreffen, auf die Tagesordnung der nächsten Sitzung zu setzen.
> (5) Die Schwerbehindertenvertretung wird zu Besprechungen nach § 74 Absatz 1 des Betriebsverfassungsgesetzes, § 65 des Bundespersonalvertretungsgesetzes sowie den entsprechenden Vorschriften des sonstigen Personalvertretungsrechts zwischen dem Arbeitgeber und den in Absatz 4 genannten Vertretungen hinzugezogen.

Einschränkend ist festzuhalten, dass sich die Rechte der SBV in den vorgenannten Angelegenheiten auf die Anhörung bzw. Beratung beschränken. Sollten nach Ansicht der SBV Beschlüsse oder Entscheidungen gegen die Interessen der Betroffenen verstoßen, so hat sie maximal das Recht, diese für einen begrenzten Zeitraum aussetzen zu lassen. Der Weg zur Blockierung und zum Verweis an eine Einigungsstelle steht der SBV im Gegensatz zum Betriebs- oder Personalrat nicht offen.
Die SBV ist insofern rechtlich (genauso wie die Jugend- und Auszubildendenvertretung) dem Betriebsrat nachgeordnet. Dieser ist gegenüber dem Arbeitgeber die einzige Instanz, die rechtlich die Interessen der Beschäftigten vertreten und dafür beispielsweise auch Betriebsvereinbarungen schließen kann.

dd. Besondere Rechte der SBV …

Allerdings gibt es zwei Bereiche, in denen der SBV erweiterte Rechte zukommen:

(1) … bei der Kündigung von Menschen mit Behinderung

Hier wurde im Zuge der zweiten Reformierungsstufe des SGB IX im Jahr 2018 die Stellung der SBV deutlich gestärkt mit folgender Regelung:

> **Gesetzesgrundlage: § 178 Abs. 2 Satz 3 SGB IX**
> (2) (…) Die Kündigung eines schwerbehinderten Menschen, die der Arbeitgeber ohne eine Beteiligung nach Satz 1 ausspricht, ist unwirksam.

(2) … bei Verhandlung und Abschluss einer Inklusionsvereinbarung

Während bei Betriebsvereinbarungen nur der Betriebsrat gegenüber dem Arbeitgeber ein Initiativrecht und Verhandlungsmandat hat, kommt dies bei der Inklusionsvereinbarung der SBV zu:

> **Gesetzesgrundlage: § 166 Abs. 1 Sätze 1 und 2 SGB IX**
> (1) Die Arbeitgeber treffen mit der Schwerbehindertenvertretung und den in § 176 genannten Vertretungen [Betriebs- bzw. Personalrat] in Zusammenarbeit mit dem Inklusionsbeauftragten des Arbeitgebers (§ 181) eine verbindliche Inklusionsvereinbarung. Auf Antrag der Schwerbehindertenvertretung wird unter Beteiligung der in § 176 genannten Vertretungen hierüber verhandelt.

Richtigerweise sieht der Gesetzgeber hier vor, dass die Inklusionsvereinbarung in Zusammenarbeit mit der anderen betrieblichen Interessenvertretung verhandelt werden soll. Nicht nachvollziehbar ist, warum dies nicht auch umgekehrt für solche Betriebsvereinbarungen gilt, bei denen es um Beschäftigte geht, die von Behinderung bedroht oder betroffen sind, also etwa zum Betrieblichen Eingliederungsmanagement, zur Gesundheitsprävention oder zu alters- und alternsgerechtem Arbeiten.
Die SBV sollte hier den »Schulterschluss« mit Betriebs- bzw. Personalrat suchen, um an Verhandlungen zumindest beratend beteiligt zu werden oder auch, weitergehend, die Betriebsvereinbarung mit zu unterzeichnen.

b. Befähigungen zur SBV-Arbeit: Wie es geht

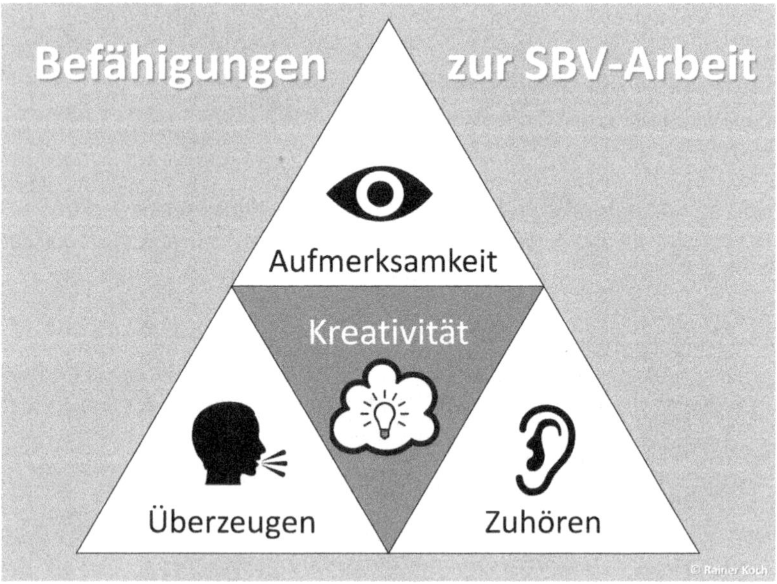

Wie sähe bei einer Stellenausschreibung zur SBV-Arbeit das nachgefragte Qualifikationsprofil aus? Es sind drei Merkmale, die sich um ein viertes gruppieren:

aa. Aufmerksam sein

Die Grundvoraussetzung dafür, um die Belange von Menschen vertreten zu können, die von Behinderung betroffen oder bedroht sind, ist eine hohe Aufmerksamkeit und Wahrnehmungsfähigkeit dafür:

- wo bestehen Risiken für Gesundheit und Arbeitsfähigkeit?
- wo bestehen (»unnötige«) Barrieren oder Belastungen im Betrieb?
- wo bestehen evtl. tieferliegende Ursachen für Fehlzeiten bzw. Krankheiten?

Wie aus der vorstehenden (nicht abschließenden) Aufstellung deutlich wird, sind hier sehr unterschiedliche Formen bzw. Ebenen der Wahrnehmung gefragt: Angefangen bei eher technisch ausgerichteten Einschätzungen (Gefährdungspotenziale bei Arbeitsplätzen, Zugänglichkeit von betrieblichen Einrichtungen) bis hin zu psycho-sozialen Kompetenzen (z. B. Erkennen von Stressfaktoren).

Vielleicht darf so weit gegangen werden, dass im Idealfall eine SBV mit offenen Augen durch den Betrieb gehen und mit offenem Herzen den Betroffenen und Beschäftigten begegnen sollte. Es ist sicher so, dass niemand beide Qualifikationen gleichermaßen aufbringt. Umso wichtiger ist es, dass eine SBV im Team arbeitet und hier sich unterschiedliche Persönlichkeiten ergänzen.

bb. Zuhören können

Ein wesentlicher Bestandteil von Wahrnehmungsfähigkeit besteht in unserer sozialen Welt darin, zuhören zu können. Wobei sich diese Fähigkeit nicht damit erledigt, das Gegenüber akustisch und semantisch (inhaltlich) zu verstehen: Beim Zuhören geht es in einem erweiterten Sinn auch darum, die Motive und die Interessenslage aus dem herauszuhören, was das Gegenüber sagt und wie es das tut.

In diesem umfassenden Sinne zuhören zu können, ist für die SBV zentral sowohl in den Situationen, wo sie Betroffene berät, als auch in ihrer Rolle als Co-Managerin:

- In Beratungsgesprächen mit Betroffenen geht es oft auch darum, Hintergründe von Problemen zu verstehen. Dies gilt insbesondere bei psychischen Belastungen, aber auch bei chronifizierten Erkrankungen, und dies gilt nicht zuletzt dann, wenn Betroffene Probleme mit Vorgesetzten oder mit Dritten (bei Beantragungen) haben.

- Die Fähigkeit, zuhören und Interessenslagen sowie Motive verstehen zu können, ist für die SBV aber auch zentral notwendig, wenn sie mit ihren stark eingeschränkten Rechten an Sitzungen oder Gesprächen teilnimmt: Spätestens da, wo es keine klaren Rechtsmittel gibt, bedarf es der Kraft der Überzeugung, die dort am stärksten ist, wo sich das Gegenüber verstanden fühlt.

Hinweis:
Es gibt eine sehr einfache Übung, mit der zwei Personen A und B ihre Fähigkeit zum Zuhören überprüfen und (bei Wiederholung) verbessern können: Es wird gemeinsam eine strittig beantwortbare Frage (wie beispielsweise: »Ist Urlaub in den Bergen oder am Meer besser?«) ausgesucht, die A und B gegensätzlich beantworten. Anschließend beginnt A mit einem Argument für seine Position. Nun muss B zunächst das Argument von A so mit eigenen Worten wiedergeben, dass A kurz bestätigt: »Ja, so habe ich das gemeint«. Dann trägt B sein Argument vor (entweder gegen das Argument von A oder für seine eigene Position. Nun wechseln die Rollen.
Wichtig sind hier noch folgende Regeln: (1) Die Streitfrage sollte auf jeden Fall »spielerisch« gewählt werden, weil diese Übung bei einem »echten« Streit leicht in Ernst umschlägt. (2) Weiterhin wird die eigene Position in jeder Runde mit nur einem Argument, das in einen Satz passt, vertreten. (3) Bei der Wiedergabe des Arguments des Gegenübers soll dessen Inhalt zurückgemeldet werden (und damit keine Deutungen oder gar Gegenargumente verbunden werden) (4) Und schließlich sollte der Maßstab dabei, ob das eigene Argument richtig wiedergegeben wurde, nicht übermäßig streng angewendet werden, damit sich ein Wechsel von Argumenten und Gesprächsrunden ergibt.
Nach einer vorab vereinbarten Dauer von etwa 5 bis 10 Minuten endet die Übung. Dabei ist spannend und aufschlussreich, sich zu folgenden Fragen auszutauschen: (1) Wie hat es sich angefühlt, zunächst das Argument des Gegenübers wiedergeben zu müssen, bevor die eigene Position vertreten werden durfte? (2) Wie hat es sich angefühlt, zunächst eine Widergabe des eigenen Arguments hören zu können, bevor ein Gegenargument gebracht wurde? (3) Wie hat sich dieses Gespräch angefühlt gegenüber alltäglichen, wie sie sonst zu strittigen Themen geführt werden?

cc. Überzeugen können

Stehen Aufmerksamkeit und Verständnis am Anfang jeder SBV-Arbeit, so führt der Weg zum Erfolg über Überzeugung.

- Das gilt bei der Beratung und Unterstützung von Betroffenen sowohl gegenüber der Arbeitgeberseite als auch gegenüber Dritten, wenn es um Begutachtungen oder Unterstützungsleistungen geht.

- Und das gilt in Ausschüssen, Sitzungen, Verhandlungen und nicht zuletzt innerhalb der betrieblichen Öffentlichkeit (Betriebs- bzw. Personal- und Schwerbehindertenversammlungen).

Die im vorstehenden Hinweis vorgestellte Übung ist übrigens ein ausgezeichnetes Verhandlungstraining, denn es gelingt um so leichter, ein Gegenüber zu überzeugen, wenn dieses Gegenüber sich nicht besiegt fühlt, sondern verstanden.

dd. Kreativität

Es gibt sicher, insbesondere bei der Unterstützung von Beantragung gegenüber Ämtern und Versicherungen, einen großen Anteil der SBV-Arbeit, wo es wesentlich darum geht, die zugrundliegenden Gesetze bzw. Verordnungen oder Richtlinien zu kennen und die dazu existierenden einschlägigen Urteile oder auch die Beurteilungspraxis.

Aber wenn es darum geht, für Menschen mit Behinderung geeignete Arbeitsplätze zu schaffen oder ihre Belange in betrieblichen Ausschüssen und Verhandlungen zu vertreten oder eine auf den Betrieb zugeschnittene Inklusionsvereinbarung zu verhandeln, dann ist vor allem eines gefragt: Kreativität!

Bei Kreativität geht es im Kern um folgenden Paradigmenwechsel:

- Lass uns nicht darüber streiten, wer Recht hat, und lass uns nicht darum kämpfen, wer stärker ist,
- sondern lass uns verstehen, was die eigenen Interessenslagen und Handlungsspielräume sind und die des Gegenübers
- und lass uns dann schauen, wie wir durch gemeinsam entwickelte Lösungen unser beider/aller Situation verbessern.

> **Hinweis:**
> Hierzu das klassische Beispiel aus vielen Verhandlungs- bzw. Mediationsausbildungen vom Orangenstreit: Zwei Kinder streiten sich um die letzte Orange; im Ergebnis wird diese halbiert und je zur Hälfte übergeben. Das eine Kind presst aus seiner Hälfte den Saft und entsorgt die Schale, das andere braucht für einen Kuchen nur den Schalenabrieb und lässt das Fruchtfleisch beiseite. Beide haben im Ergebnis so weniger, als wenn sie sich verständigt statt gestritten hätten.
> So einfach wird es in der Praxis selten sein, aber der Grundgedanke zählt.

c. Ohne das geht's nicht: Was es braucht

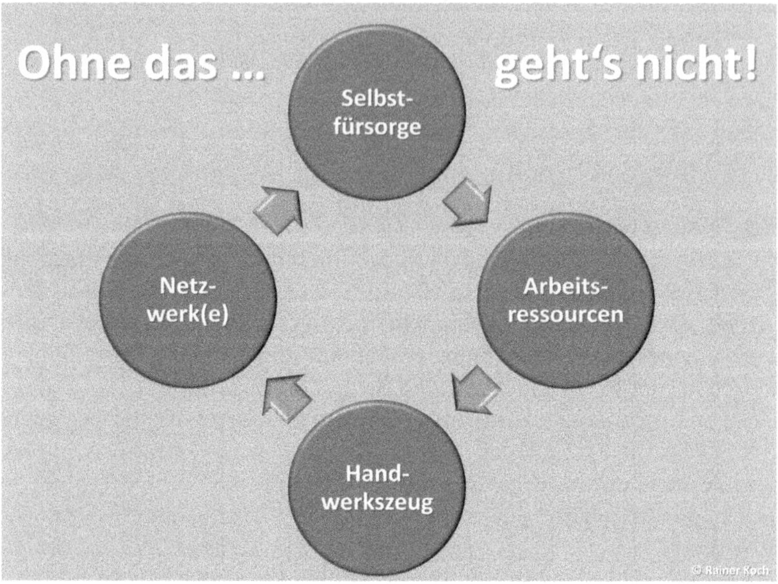

Es ist für eine SBV (wie überhaupt für jede Interessensvertretung und jede Arbeit) wichtig, sich darüber klar zu werden, was sie für eine erfolgreiche Arbeit braucht.
Dort, wo sich darüber nicht Rechenschaft abgelegt wird und wo es an wichtigen Mitteln fehlt, führt die Arbeit schnell zu Überlastungen.

aa. Selbstfürsorge (ganz grundsätzlich)

Der hier zuvorderst stehende Punkt: »Selbstfürsorge« wird in den wenigsten Fällen an erste Stelle gesetzt und er wird viel zu oft, schlimmer noch, gar nicht gesehen. Dabei ist sie gerade für die SBV so wichtig, weil aufgrund der Vielfalt und dem herausfordernden Charakter der Arbeit schnell eine Überforderung droht. Allzu leicht und allzu oft führen die Anforderung und der eigene Anspruch, gesundheitlich gefährdeten oder stark beeinträchtigten Menschen helfen zu müssen/wollen, dazu, dass die Gefährdung der eigenen Gesundheit nicht gesehen oder hintangestellt wird.
Ein erster Teil der Selbstfürsorge besteht darum darin, dass die nachfolgenden Voraussetzungen für die eigene Arbeit geschaffen werden.

Hinweis:
In der Verhandlung der Inklusionsvereinbarung sollte die SBV darum nicht nur Regelungen und Ziele in den Blick nehmen, die den Betrieb und seine Beschäftigten betreffen, sondern auch und gerade die der eigenen Arbeit.

bb. Arbeitsressourcen

Zu den Arbeitsressourcen, die eine SBV braucht (und die ihr nach SGB IX auch zustehen, häufig aber nicht oder nur eingeschränkt oder nur mit großem wiederkehrenden Aufwand zur Verfügung gestellt werden), gehören mindestens:

- Abgeschlossene Räumlichkeiten für vertrauliche Beratungen und Besprechungen möglichst ausschließlich für die SBV, andernfalls (mit klaren Regelungen) über Mitnutzung der Räumlichkeiten von Betriebs- oder Personalrat.
- Erforderliche Arbeits- und Sachmittel, wobei die Ausstattung insbesondere, wenn es um mobile Arbeitsgeräte (Smartphone, Laptop) geht, leider nicht genauer geklärt ist. Unabdingbar aber sind alle Mittel, um datenschutzkonform arbeiten zu können (sowohl EDV und Kommunikationssysteme als auch Unterlagen und Akten).
- Unterstützung durch eine Bürokraft (im besten Falle ausschließlich für die SBV, andernfalls anteilig im erforderlichen Umfang für die SBV tätig).
- Erforderlich Freistellung entweder möglichst vollständig oder mit klaren und einfachen Regeln zur Freistellung im Bedarfsfall. Bei Zeitbedarfen ist zu unterscheiden zwischen:
  - Anlassbezogen wie z. B. Beratungsgespräche, Betriebs- bzw. Personalratssitzungen, Ausschüsse, Verhandlungen, Vorstellungsgespräche, Versammlungen, u. v. m.
  - Grundkontingent für beispielsweise: Dokumentation/Ablage, Information/Recherche, Teambesprechung.

cc. Handwerkszeug

Beim Handwerkszeug geht es darum, alle erforderlichen Informationen und Qualifikationen für die SBV-Arbeit zu erwerben und weiter zu entwickeln. Dafür werden benötigt (alles durch den Arbeitgeber zu finanzieren):

- Schulungen zunächst in die Grundlagen und Rahmenbedingungen der SBV-Arbeit, dann vertiefend zu besonderen Themenbereichen (wie Prävention, BEM, technische Hilfssysteme) und schließlich auch zur Weiterentwicklung eigener Fähigkeiten (Verhandlungsführung, Beratungsgespräche, Resilienz).

- Grundlegende Literatur wie insbesondere eine aktuelle kommentierte Ausgabe des SGB IX, alle einschlägigen Verordnungen (Ausgleichsabgabenverordnung, Wahlordnung, …) und nach Möglichkeit auch weiterer Gesetze (BetrVG, AGG, …). Sehr gute Informationen werden kostenlos (zum Download oder als Broschüren) vom BIH angeboten unter: *https://www.bih.de/;* zum Thema Rehabilitation gibt eine gute Übersicht mit weiterführenden Links: *www.betanet.de/bundesarbeitsgemeinschaft-fuer-rehabilitation-bar.html.*
- Newsletter/Zeitschriften (wie z. B. die Zeitschriften »Gute Arbeit« oder »Schwerbehindertenrecht und Inklusion« aus dem Bund-Verlag oder der DGB-Newsletter Sozialpolitik).
- Internetzugang und -nutzung insbesondere auch, um über aktuelle Entwicklungen auf dem Laufenden zu bleiben; hier beispielsweise die Seiten: *www.rehadat-recht.de; https://fma.reha-recht.de/.*

dd. Netzwerk(e)

Die möglichen Netzwerke für eine erfolgreiche SBV-Arbeit ergeben sich aus ihrem inner- und ihrem außerbetrieblichen Umfeld, das im nachfolgenden Abschnitt ausführlicher dargestellt wird. Wichtig an dieser Stelle ist der Hinweis, dass Netzwerke erst und nur dann erfolgreich sind, wenn sie auch funktional sind (dazu Näheres im übernächsten Abschnitt). Um es an dieser Stelle auf einen einfachen Nenner zu bringen:

- Manche Kontakte sind ein Muss, da sie sich aus den Aufgaben ergeben, aber darüber hinaus nicht stützend oder stärkend sind. Sie sollten auf das Erforderliche begrenzt bleiben.
- Aus manchen Kontakten ergeben sich Informationen und Anregungen, die die eigene Arbeit stärken und verbessern. Solche Kontakte werden naheliegender Weise i. d. R. gepflegt.
- Und schließlich die schwierigen Fälle: die strategisch wichtigen Kontakte. Hierzu gehören zentrale Verhandlungspartner wie insbesondere der/die Inklusionsbeauftragte des Unternehmens, aber auch der wichtigste Bündnispartner, nämlich Betriebs- bzw. Personalrat. Hier sollte auch (und gerade) dann, wenn das Verhältnis nicht einfach ist, Arbeit investiert werden, um eine konstruktive(re) Zusammenarbeit zu erreichen.

ee. Selbstfürsorge (ganz persönlich)

Sind Arbeitsressourcen, Handwerkszeug und Netzwerke gut geregelt und somit die Grundvoraussetzung für ein nicht nur effektives, sondern auch effizientes Arbeiten gelegt, ist somit dann genug getan für die Selbstfürsorge?

Hinweis:
Was unterscheidet eigentlich effizientes von effektivem Arbeiten? Drastisch verdeutlicht: Es kann effektiv sein, ein Nagel mit dem Daumen ins Holz zu drücken, nämlich wenn am Ende nur noch sein Kopf herausragt. Effizient (und Daumen schonend) wäre es, dafür einen Hammer zu nutzen. Es lohnt also (ganz im Sinne für die eigene Gesundheit) die Überprüfung, ob eine effektive Arbeit auch wirklich effizient war.

Doch »Effizienz« ist nur die eine Seite der Medaille für eine Selbstfürsorge in der SBV-Arbeit. Die andere Seite betrifft das eigene Seelenleben, den eigenen Gefühlshaushalt. Denn die Konfrontation mit häufig tragischen Schicksalen und vor allem die unausweichliche Erfahrung, dass nicht allen geholfen werden kann und dass in manchen Verhandlungen mit Dritten (Arbeitgeber, Ämtern usw.) die eigenen besten Bemühungen ungehört bleiben, dies bleibt nicht folgenlos für das eigene Befinden.
Wer andere schützen will, darf dabei nicht versäumen, auch sich selbst zu schützen!
Das heißt für die eigene persönliche Selbstfürsorge:

- Es braucht Zeiten jenseits der SBV-Arbeit ohne Anrufe oder E-Mails oder Sonstiges.
- Es braucht Kontakte jenseits der SBV-Arbeit zu Familie und Freunden.
- Es braucht Aktivitäten jenseits der SBV-Arbeit wie Hobbies und anderweitige Interessen.

d. Umfeld der SBV-Arbeit: Wer beteiligt ist

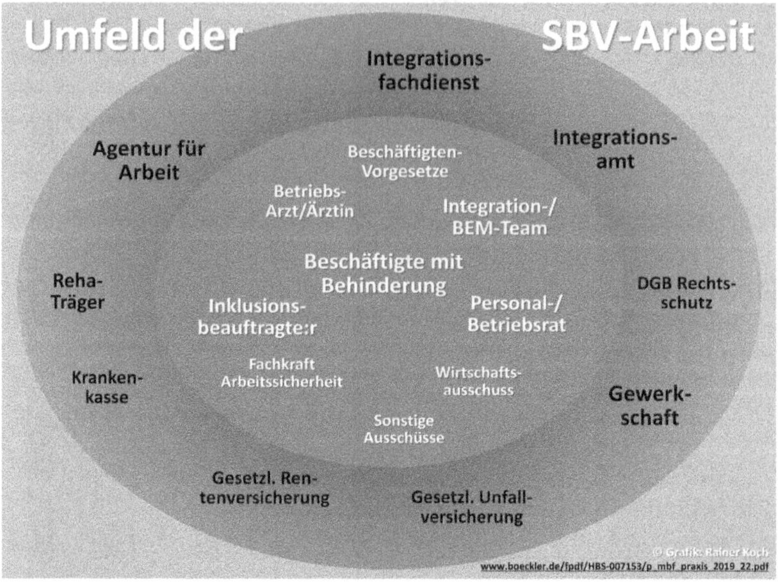

So vielfältig, wie die Aufgaben der SBV sind, so groß ist die Anzahl der Personen und Institutionen, mit denen sie verhandelt, sich abstimmt oder bei denen sie sich informiert.[31]

Während die obenstehende Grafik (ohne Anspruch auf Vollständigkeit!) sich an der Unterscheidung zwischen dem innerbetrieblichen Arbeitsumfeld und externen Institutionen orientiert, soll nachfolgend eine grobe Zuordnung nach den Aufgaben der SBV erfolgen:

aa. Beratung und Vertretung Betroffener

Bei Unfällen/Krankheiten und Rehabilitation sind hier in erster Linie zu nennen:

- BEM- bzw. Integrationsteam (falls zuständig)
- Krankenkasse und Reha-Träger
- Ggf. Gesetzliche Unfallversicherung
- Ggf. Betriebs-Arzt/Ärztin und/oder Vorgesetze*r
- Ggf. Fachkraft Arbeitssicherheit

---

31 Die vorangestellte Grafik orientiert sich in Teilen am »Handlungsleitfaden für Schwerbehindertenvertretungen in Netzwerken« (Untertitel), erschienen als Nr. 22 (April 2019) der Mitbestimmungspraxis, herausgegeben von der HBS unter dem Titel: Von Anfang an zusammen.

Soweit ein Wechsel des Arbeitsplatzes oder dessen Umgestaltung erforderlich wird:
- Inklusionsbeauftragte*r
- Integrationsamt/Integrationsfachdienst
- Fördernde Institutionen

In Konfliktfällen:
- Nach Möglichkeit Personal-/Betriebsrat (als »Bündnispartner«)
- Vorgesetze*r
- Gewerkschaft => DGB Rechtsschutz (für Gewerkschaftsmitglieder)

bb. Aufsicht/Co-Management
- Inklusionsbeauftragte*r
- Personal-/Betriebsrat
- Ausschüsse
- Gewerkschaft (beratend)

cc. Übersicht: Wer hilft wobei?[32]

Worum geht es?	Wer ist Ansprechpartner?	Was wird geleistet?
Neueinstellung, Vermittlung	Agentur für Arbeit (kann IFD* beauftragen)	Arbeitsplatzakquise, Auswahl von Bewerbern, Zuschuss zum Arbeitsentgelt
Behinderungsgerechte Arbeitsplatzgestaltung	Integrationsamt, Rehabilitationsträger	Beratung, Zuschuss, Darlehen
Berufsbegleitung schwerbehinderter Menschen	Integrationsamt (kann IFD* beauftragen)	Individuelle Beratung und Betreuung
Arbeitsassistenz	Integrationsamt, Rehabilitationsträger	Kostenübernahme/ Budget
Qualifizierung	Agentur für Arbeit, Integrationsamt	Kostenübernahme/ Zuschuss
Berufsorientierung, Berufsberatung	Agentur für Arbeit (kann IFD* beauftragen)	Beratung, Praktikumsvermittlung
Betriebliches Eingliederungsmanagement	Integrationsamt, Rehabilitationsträger	Beratung, Prämie

32 BIH (Hrsg.) ABC Fachlexikon (6. Auflage, 2018) Wer hilft bei welchen Fragen? S. 460f.

Worum geht es?	Wer ist Ansprech-partner?	Was wird geleistet?
Prävention	Integrationsamt, Rehabilitationsträger	Beratung
Kündigung	Integrationsamt	Hilfe bei der Problem-lösung, Erteilung oder Nichterteilung der Zustimmung
Inklusionsvereinbarung	Integrationsamt	Beratung, Vermittlung
Inklusionsbetriebe	Integrationsamt	Beratung, Zuschuss, Darlehen
* IFD: Integrationsfach-dienst		

e. Bausteine für erfolgreiche(s) Netzwerke(n)

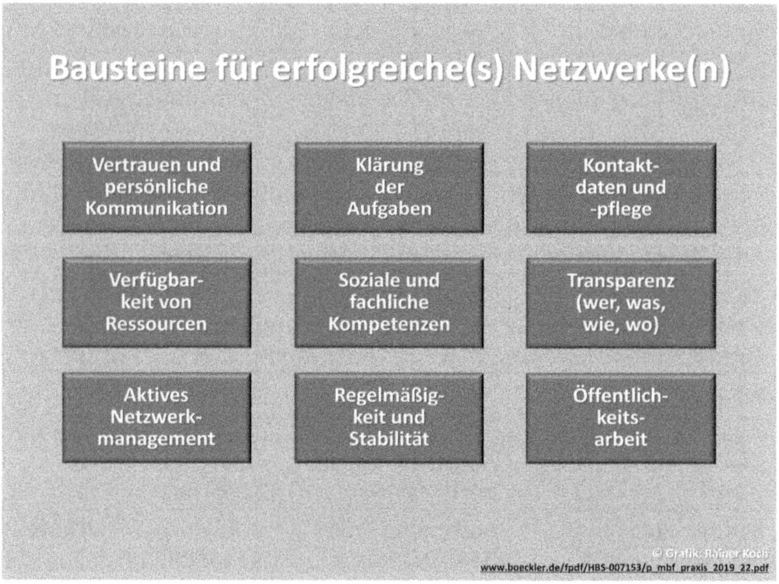

Wie schon erwähnt, kann nicht das gesamte Arbeitsumfeld der SBV in ein effizientes Netzwerk überführt werden: Es muss eine funktionale und zugleich strategische Auswahl stattfinden.

Anders gesagt: Jede SBV wird für sich ein eigenes Netzwerk entwickeln mit unterschiedlichen Prioritäten. Über die Effizienz eines jeweiligen Netzwerkes entscheidet nicht zuletzt, ob innerhalb des eigenen Arbeitsumfeldes und nach Maßgabe, wo die eigenen Aufgabenschwerpunkte und Ziele liegen, bewusst am Aufbau und an der Weiterentwicklung dieses Netzwerkes gearbeitet wird.
Wer sich nur vom Tagesgeschäft und von »Tageslaunen« leiten lässt, wird im schlechtesten Fall keine stabilen Arbeitsbeziehungen aufbauen, wird keine Vertrauenspersonen und keine strategischen Partner finden, wird sich in wechselnden Feldern »verkämpfen« und wird letztlich als isolierter Hamster im Rad unter immer größeren Anstrengungen und trotz immer höherer Umdrehungszahlen nicht weiter kommen.

Hinweis:
Auch kleine Schwerbehindertenvertretungen (bestehend aus Vertrauensperson und einer Stellvertretung) sollten sich mindestens einmal im Jahr Zeit nehmen für eine Klausurtagung (bei größeren SBVen auch mehrtägig), um bisherige Erfahrungen zu reflektieren und sich überkommende Aufgaben und eigene Ziele zu verständigen. In diesem Rahmen ist es sinnvoll, sich auch über das eigene Arbeitsumfeld und die darin bestehenden Netzwerke klar zu werden (vgl. hierzu den zitierten Handlungsleitfaden).

III. Nur Mut! Der Einstieg ins Amt

1. Engagiert und kooperativ für Inklusion und Teilhabe

Die Unternehmen arbeiten – gerade in Zeiten der Digitalisierung und der Transformation – unverändert an ihren schlanken Strukturen: Der Abbau von Personal und Aufgabenfeldern oder deren Umverteilung erschweren in vielen Betrieben die Teilhabe am Arbeitsplatz für Menschen mit Leistungseinschränkungen oder Behinderungen. Mehr Aufgaben »jenseits des Kerngeschäfts« werden ausgelagert, an Fremdfirmen oder per Werkvertrag vergeben. Auch langjährige Profis der Personal- und Sozialabteilungen scheiden aus, Know-how, soziale Verantwortung, Kenntnisse und Empathie gehen verloren.

> **Hinweis:**
> Diese Lage bietet den Interessenvertretungen auch Chancen: Die Sozialkompetenz des Unternehmens geht zunehmend auf den Betriebs-/Personalrat und die Schwerbehindertenvertretung über. Die Interessenvertretungen können für Kontinuität, Sachkunde und Verlässlichkeit stehen, ihre Initiativen starten und Arbeitgeber an ihre Pflichten erinnern: Oft sind sie das betriebliche Erfahrungszentrum (»Center-of-Expertise«), das das nötige Sozialwissen in Betrieb und Verwaltung speichert. Das können und sollen sie nutzen – um ihre rechtliche Rolle zu festigen.

Die Arbeit in der Schwerbehindertenvertretung erfordert soziale Kompetenz und Verantwortung. Neue Rechte und zusätzliche Aufgaben, etwa aus dem Bundesteilhabegesetz und dem Teilhabestärkungsgesetz (2021) müssen in der Praxis gelebt, eingefordert und durchgesetzt werden – z. B. deutlich gestärkte Beteiligungsrechterechte (§ 178 SGB IX) wie die »rechtzeitige« Information und die Anhörung vor Kündigungen schwerbehinderter Beschäftigter.

Ohne Beteiligung der SBV ist eine Kündigung seit dem 30.12.2016 unwirksam. Die Rechtsprechung hat dies bekräftigt – zugunsten der Beteiligung der SBV und zulasten des Arbeitgebers (ArbG Darmstadt 14.11.2017 – 9 Ca 249/17). Das LAG Düsseldorf hat entschieden (Urteil v. 10.12.2020 – 5 Sa 231/20): Im Betrieb ohne SBV muss die GSBV vor der Kündigung angehört werden.

Außerdem hat das Bundesteilhabegesetz den Wandel der SBV befördert: Vom »Einzelkämpfer«-Amt in Richtung Kollektivgremium, in dem Arbeitsteilung und Teamarbeit stärker gefragt sind. Was in der Praxis in einigen (größeren) Betrieben und Dienststellen verbreitet war, hat der Gesetzgeber in Teilen rechtlich nachvollzogen: mit dem gestärkten Schulungsanspruch, der verbesserten Heranziehung und Freistellung der Stellvertreter*innen (vgl. hierzu Kapitel III.4.c.).

Schon seit der Reform des SGB IX (2001) enthält das Gesetz – neben Schutzrechten und Leistungsansprüchen zur Absicherung und Versorgung der behinderten Beschäftigten – universelle Ziele. Sie sind vereint vom Betriebsrat und der Schwerbehindertenvertretung zu verfolgen. Mit dem Bundesteilhabegesetz wurde auch das Betriebsverfassungsgesetz (BetrVG) geändert – mit den neu eingeführten §§ 80 Abs. 1 Nr. 4 und 88 Nr. 5 BetrVG: Zu den allgemeinen Aufgaben des Betriebsrats zählt die Förderung der Eingliederung einschließlich des Abschlusses einer betrieblichen Inklusionsvereinbarung nach § 166 SGB IX (§ 80 Abs. 1 Nr. 4 BetrVG). Zudem kann der Betriebsrat freiwillige Betriebsvereinbarungen zur Eingliederung abschließen (§ 88 Nr. 5 BetrVG).

Diese rechtliche Weichenstellung trägt auch der Alterung der Belegschaften und der verlängerten Lebensarbeitszeit Rechnung. Eingliederungsmaßnahmen und Aufgaben beziehen sich nicht nur auf Menschen mit (Schwer-)Behinderung, sondern sind zudem für Langzeiterkrankte und für von Behinderung bedrohte Menschen zu mobilisieren (§ 167 Abs. 2 SGB IX) – insbesondere beim Betrieblichen Eingliederungsmanagement (BEM, vgl. hierzu Kap. IV.15.). Seit der gesetzlichen Regelung des BEM 2004 zielt das SGB IX auf eine inklusive Personalpolitik ab, bei der die SBV und der Betriebs- oder Personalrat nun noch besser kooperieren und abgestimmt handeln sollen (s.o.). Das stärkt den Präventionsansatz, der im demografischen Wandel sowie im Fach- und Arbeitskräftemangel herausragende Beachtung verdient.

Mit dem Teilhabestärkungsgesetz von 2021 wurden die Rechte der Betroffenen gestärkt: Sie können seit Januar 2022 zusätzlich eine Vertrauensperson ihrer Wahl für ihre Begleitung durch das BEM-Verfahren nominieren. Das ist eine Chance für die SBV, sich als kompetente Vertrauensperson anzubieten. Die Vertrauensperson kommt zusätzlich ins

Spiel – zu den anderen BEM-Beteiligten und Mitgliedern der Interessenvertretungen!

Die Behindertenrechtskonvention (UN-BRK) fordert mit ihrem historischen Auftrag bei der Schaffung und Sicherstellung einer inklusiven Arbeitswelt neues Denken aller Beteiligten, auch der Arbeitgeber. Inklusion in der Arbeitswelt heißt: Dabeisein von Anfang an und Dabeibleiben bis zum Austritt aus Altersgründen. Dieser Grundsatz ist ein Impuls, die betrieblichen Anstrengungen zur Inklusion, zur Prävention und im Arbeits- und Gesundheitsschutz zu verstärken:

- Ausbildung und Übernahme junger Menschen mit Behinderungen;
- Anwendung des Budgets für Arbeit (§ 61 SGB IX), das den Übergang von der Werkstatt für behinderte Menschen (WfbM) in den ersten Arbeitsmarkt fördern und flankieren oder den Eintritt in die WfbM verhindern soll;
- Nutzung des neuen Budgets für Ausbildung (§ 61a SGB IX);
- nachhaltige ergonomische Gestaltung der Arbeitsplätze, der Arbeitsumgebung und der Arbeitsorganisation;
- Aufbau eines betrieblichen Eingliederungs-, Rehabilitations- und Gesundheitsmanagements;
- Gestaltung einer demografiefesten, alters- und gesundheitsgerechten Personalpolitik inklusive Qualifikations- und Weiterbildungsmaßnahmen (»Altersmanagement«);
- besondere Förderung schwerbehinderter Mädchen und Frauen und
- Entdeckung der Menschen mit Behinderungen als »Kund*innen« der Betriebe, Verwaltungen und Interessenvertretungen; sie sind mit ihren vielfältigen Interessen, besonderen Bedarfen und speziellen Wünschen ernst zu nehmen.

Zwar wurde die Rechtsstellung der SBV mit dem Bundesteilhabegesetz verbessert, aber es liegt noch vieles im Argen. Manche Mängel können durch eine durchsetzungsstarke Kooperation der Interessenvertretungen behoben werden: etwa bei Kündigungen. Zwar muss die SBV gehört werden, wenn der Arbeitgeber die Kündigung schwerbehinderter Beschäftigter beabsichtigt; sie kann die Kündigung aber nicht verhindern. Die SBV hat allerdings nach der Information durch den Arbeitgeber die Chance, rasch von sich aus an das Integrationsamt heranzutreten, das einer Kündigung zustimmen muss – etwa mit Vorschlägen zur Beschäftigungssicherung (Versetzung, Umschulung etc.). Und die SBV kann den Betriebs- oder Personalrat einschalten.

Gemeinsam treten Schwerbehindertenvertretung und Betriebs- oder Personalrat – im Sinne einer inklusiven Personalpolitik – für diese drei Aufgaben ein:

1. Teilhabe sichern,
2. Beschäftigung fördern,
3. Gesundheit schützen.

Damit sind zugleich die drei Felder und Risiken genannt, die jeden Arbeitnehmer und jede Arbeitnehmerin treffen können. Diesen Risiken zu begegnen, sie im Einzelfall oder für die gesamte Gruppe der Betroffenen zu mindern, zu verhindern oder sie wenigstens auszugleichen, ist eine Hauptaufgabe der SBV.

2. Ansprechbar sein: Betreuung und Beratung

Kontakt halten, beraten und betreuen ist das »A und O« der Arbeit der SBV. Die Kolleginnen und Kollegen sehen das genauso.

a. Anliegen an die Schwerbehindertenvertretungen

Behinderte oder von Behinderung bedrohte (z. B. langzeiterkrankte) Beschäftigte sollen sich möglichst zeitnah mit ihren Anliegen an »ihre« SBV wenden können (vgl. hierzu auch das Kap. VIII. zur Ausstattung der SBV: Einsatz der digitalen/virtuellen Kommunikationsmittel und Anspruch der SBV auf Ausstattung mit erforderlicher Hard- und Software). Die SBV ist verpflichtet, Fragen zu beantworten, Anregungen und Beschwerden zu prüfen und ggf. Initiative zu ergreifen.

Die Hauptgründe, die SBV aufzusuchen, sind

- Fragen zur Anerkennung einer Behinderung,
- Probleme am Arbeitsplatz aufgrund einer Behinderung oder Erkrankung,
- die Verschlimmerung einer Behinderung (Änderungsverfahren),
- der Antrag auf Gleichstellung mit schwerbehinderten Beschäftigten,
- Nachteilsausgleiche und weitere Leistungsansprüche.
- Es geht bisweilen aber auch um Sorgen in Bezug auf den Erhalt der Gesundheit sowie der Beschäftigungsfähigkeit.

Es existieren teils hohe Erwartungen der Beschäftigten an die SBV und ihre Handlungsfähigkeit – im Hinblick auf die Sicherung der Beschäftigung oder die alter(n)s-, gesundheits- und behinderungsgerechte Gestaltung der Arbeitsplätze. Neben den »betrieblichen Themen« kommt in Beratungsgesprächen zuweilen sehr Persönliches zur Sprache: im Zusammenhang mit der Gesundheit, mit beruflichen, finanziellen und familiären Problemen.

Hinweis:
Neu gewählte Schwerbehindertenvertreter sind oft überrascht, mit welcher Offenherzigkeit sich Beschäftigte an sie wenden – teils weil sie sonst kaum Gesprächspartner*innen finden. Hier ist eindringlich an die Schweigepflicht zu erinnern. Informationen über die Gesundheit (oder sonstige persönliche/private Probleme) sind im Betrieb als extrem sensible »Gesundheitsdaten« einzuordnen, die so sorgfältig zu schützen sind wie ärztliche/medizinische Daten.

b. Soziale Kompetenz

Mit persönlichen Informationen umzugehen, die Ansichten und Interessen der Betroffenen aufzunehmen, ist oft schwierig. Hier ist soziale Kompetenz gefragt, die möglichst in **Schulungen** und im Austausch in **SBV-Arbeitskreisen** gefördert und vermittelt werden kann. Klar lernt man viel in der Praxis, doch Fähigkeiten und Kenntnisse im Amt sind von Anfang an erforderlich und daher möglichst professionell aufzubauen. Dazu gehört das »Abstandhalten«. Die SBV muss das Anliegen von Ratsuchenden ernst nehmen, aber persönlich Distanz wahren. Wichtig ist ein sachlicher Umgang mit den Fragestellungen und Problemen.
In den Beratungsgesprächen ermittelt die Vertrauensperson umsichtig, »worum es geht«, wenn Betroffene vielleicht noch um den heißen Brei reden. Um zielorientiert beraten zu können, braucht die SBV sachliche, möglichst exakte Informationen. Sie darf sich nicht scheuen, nachzufragen, auch wenn bisweilen unangenehme Umstände berührt werden. Sie muss die Hintergründe und Sichtweisen der Ratsuchenden ausleuchten, aber einen kühlen Kopf bewahren und Gespräche ergebnisorientiert führen.
Das Ziehen von (zwischenmenschlichen) Grenzen gehört zur sozialen Kompetenz. Die SBV erklärt, was sie tun kann oder wann ihre Möglichkeiten und Kompetenzen überschritten sind. Zu einer guten Beratung gehört es, im rechtlichen Rahmen zu bleiben und Ratsuchende z. B. auch an andere (geeignete) Stellen – innerbetrieblich wie außerbetrieblich – zu verweisen.

Hinweis:
Die Schwerbehindertenvertretung darf den Ratsuchenden **nicht alle Wege abnehmen**, sondern sie entwickelt mit den Betroffenen eine Strategie oder ein Vorgehen. Die Umsetzung haben in der Regel die Beschäftigten selbst in der Hand. Bei bestimmten Anforderungen ist ein deutliches »Nein« nötig, vor allem wenn die Verantwortung für das eigene Handeln auf die SBV

übergehen soll. Zudem darf die SBV nicht in Bereichen beraten, in denen sie nicht zuständig ist oder sich nicht sattelfest fühlt. Damit ist niemandem geholfen und es besteht in der Regel Verständnis dafür, wenn man Grenzen setzt und Kompetenzen benennt.

c. Organisatorische Unterstützung

Wichtig ist es »am Ball« zu bleiben – Stichwort »**Fall- oder Case-Management**«. Betriebliche und gesundheitliche Probleme lösen sich in der Regel nicht von allein in Luft auf. Gerade bei Langzeiterkrankungen ist es nötig, Fristen im Blick zu behalten und Betroffene nicht aus den Augen zu verlieren.

Hinweis:
Hat die SBV die Beratung und Betreuung in einem Einzelfall übernommen, sollte sie regelmäßig nach Entwicklungen, Sachständen und Fortschritten bei der Lösung des Problems fragen. Sie achtet teils selbst auf die Einhaltung von Terminen (Fristen), behält den »Fall« im Blick und treibt ihn voran – was die Betroffenen nicht immer im Griff haben (vgl. mehr unter Arbeitsorganisation in Kap. VIII.).

Am besten geht das mit der »Wiedervorlage« von Akten oder mit EDV-Terminsystemen. Das funktionsfähige SBV-Büro erleichtert die Aufgaben im Amt. Zur Entlastung vom lästigen »Bürokram« steht der SBV nach dem Bundesteilhabesetz eine **Bürokraft** zu (nach § 179 Abs. 8 Satz 3 SGB IX), und zwar »im erforderlichen Umfang« (mehr in Kapitel VIII.1.b.).

3. Orientierung: Fuß fassen im Amt

a. So gelingt der Einstieg

Die Wahlen zur SBV 2026 stehen bevor oder sind bereits abgeschlossen. Die neu gewählten Schwerbehindertenvertretungen, das Team der Vertrauensperson und ihre Stellvertreter*innen, haben unterschiedliche Wissensstände und Kompetenzen: Einige sind erfahrene »alte Hasen«, andere gehören der SBV ab 2026 zum ersten Mal an und bringen kaum Erfahrungen mit. Manche haben Interessenvertretungsarbeit bereits im Personal- oder Betriebsrat kennengelernt, konnten sich schon mit den SBV-Aufgaben vertraut machen, andere betreten Neuland.

Für die Neueinsteiger gilt: In der Ruhe liegt die Kraft! In der Anfangsphase ist Orientierung gefragt, die Teilnahme an Schulungen ist zu planen, man hört hin und macht sich kundig. Es ist noch kein Meister vom Himmel gefallen!

Die Amtsübergabe ist zu regeln, Gespräche sind zu führen, Unterlagen zu sichten, mit den rechtlichen und praktischen Arbeitsgrundlagen muss man sich vertraut machen. Schließlich hat die Schwerbehindertenvertretung Rechte, sie hat aber auch Amtspflichten (§ 178 SGB IX) zu erfüllen.

Die wichtigste Arbeitsgrundlage und Informationsquelle ist das Sozialgesetzbuch IX (SGB IX), die rechtliche Qualifizierung auf diesem Gebiet ist ein »Muss« (Grundlagen-Seminar). Daneben sind persönliche und soziale Kompetenzen wichtige Schulungsthemen: von der Gesprächsführung (Kommunikation und Öffentlichkeitsarbeit) über das Betriebliche Eingliederungsmanagement (BEM) bis zur Büro-Organisation.

Auch wenn Laien auf Gesetze oft »allergisch« reagieren, ist das SGB IX gut handhabbar, übersichtlich und verständlich. Man muss nicht alles wissen, aber nachschlagen können! Am besten gelingt das mit einem Gesetzestext inklusive Kommentar (vgl. Kapitel VIII.1.f.): darin wird der jeweilige Paragraf zitiert, der rechtliche Rahmen und der Auslegungs-Spielraum der Regelung werden ausleuchtet – und die Rechtsprechung zu einem Sachverhalt berücksichtigt.

- Das SGB IX bietet einen Überblick über die grundlegende Zielsetzung des Gesetzes (vgl. Kapitel VI.).
- Es informiert über die Zielgruppe: die zu vertretenden Menschen mit Behinderungen (und Gleichgestellte), von Behinderung bedrohte Menschen, deren (Schutz-)Rechte und Ansprüche.
- Und das SGB IX beschreibt die üblichen Tätigkeiten, Rechte und Pflichten der Schwerbehindertenvertretung, ihre Kompetenzen, Kontroll- und Überwachungsaufgaben, Anregungs-, Unterrichtungs- und Mitwirkungsrechte, Rechte auf Freistellung von Arbeitsaufgaben für das Amt, auf eine angemessene Ausstattung und auf Schulungen usw.

b. Checkliste: Arbeitshilfen für den SBV-Amtsantritt

Grundlagen und Arbeitshilfen für die ersten Schritte im Amt		**vorhanden?**	
Gesetze, Vorschriften Aufgaben	**Personen, Quellen Bedeutung**	**ja**	**nein**
Gesetzestext SGB IX	Die zentrale Arbeitsgrundlage (Schwerbehindertenrecht, Rehabilitation, Prävention, Teilhabe)!		
Kommentar zum SGB IX (Praxis- oder Basiskommentar)	Arbeitsgrundlage, Gesetz mit Auslegungshinweisen und Praxistipps (z. B. vom Bund-Verlag – konsequent aus der Perspektive der Beschäftigten und Gewerkschaften, mit aktueller Rechtsprechung).		
Behindertengleichstellungsgesetz (BGG)	Gilt seit 2002, regelt u. a. Fragen der Nichtdiskriminierung, grundlegende Vorgaben für öffentliche Verwaltungen etc.		
Allgemeines Gleichbehandlungsgesetz (AGG)	Gilt seit 2006, setzt EU-Recht um, regelt mehrere Tatbestände, Kontexte und Formen der Nichtdiskriminierung.		
Behindertenrechtskonvention (BRK)	Internationales Völkerrecht, hierzulande rechtsverbindlich seit 2009.		
Versorgungsmedizinverordnung, Anlage Versorgungsmedizinische Grundsätze	Es steht eventuell eine Neuregelung/Reform an. (Das letzte diesbezügliche Vorhaben der Großen Koalition enthielt erhebliche Verschlechterungen/Defizite und konnte auch mithilfe der Gewerkschaften gestoppt werden).		
Evtl.: • SGB VII (Gesetzliche Unfallversicherung) • SGB VI (Rentenrecht) • SGB V (Krankenversicherung)	Behandeln Grenzfragen: Medizinische und berufliche Rehabilitation, Prävention, Berufskrankheiten, Rentenrecht etc., die immer wieder Thema der SBV sind (enthalten sind die entsprechenden Gesetzestexte z. B. in der Gesetzessammlung »Arbeits- und Sozialordnung«, Bund-Verlag GmbH).		

Grundlagen und Arbeitshilfen für die ersten Schritte im Amt		vorhanden?	
Gesetze, Vorschriften Aufgaben	**Personen, Quellen Bedeutung**	**ja**	**nein**
Personenkreis – Betreuung, Beratung	• Die SBV hat das Recht, vom Arbeitgeber regelmäßig ein aktuelles Verzeichnis der schwerbehinderten/gleichgestellten Personen zu erhalten. • Arbeitsgrundlagen schaffen: Büro/Arbeitsplatz mit Ausstattung (Möbel, Telefon, PC, Laptop oder u. U. Tablet mit Kamera für mobile Arbeit und Videokonferenzen etc.), ein verschließbarer, sicherer (!) Aktenschrank, Raum für ungestörte Beratung/Sprechstunden.		
Fachliteratur – Wissen – Diskussion	• Ist die SBV im Verteiler für einschlägige Fachzeitschriften? (Betriebs-/Personalrat, Personalabteilung fragen) • Bezieht die SBV eigene Abonnements (Zeitschriften/online-Daten) um regelmäßig Neues zu erfahren? (z. B. die Zeitschrift »Gute Arbeit« [*www.gutearbeit-online.de*] oder den Informationsdienst »Schwerbehindertenrecht und Inklusion« [*www.sui-web.de*]) • Nimmt die SBV an den entsprechenden Arbeitskreisen der Gewerkschaften teil? (Falls nein: Über den DGB und die zuständige Gewerkschaft der Branche anmelden!).		
Termine planen	Besuche der Messen, Fachtagungen, Kongresse für die SBV (etwa Rehacare, A+A, Arbeitsschutz Aktuell, Tagungen der Gewerkschaften, der gewerkschaftlichen Bildungsträger etc.).		

Grundlagen und Arbeitshilfen für die ersten Schritte im Amt		**vorhanden?**	
Gesetze, Vorschriften Aufgaben	**Personen, Quellen Bedeutung**	**ja**	**nein**
Fortbildungen, Seminare	Arbeitsgrundlage für die erste Vertrauensperson und die gewählten Stellvertreter*innen: Kompetenzen im Teilhaberecht aneignen, in den Schwerpunkthemen der SBV-Arbeit wie dem Betrieblichen Eingliederungsmanagement etc. (Grund- und Aufbauseminare).		
Betriebliche Regelungen – Bestandsaufnahme	Betriebsvereinbarungen/Dienstvereinbarungen und Tarifverträge mit Regelungen zu: • Teilhabe, Eingliederung • Gesundheit, Arbeitsschutz • Betriebliches Eingliederungsmanagement • Inklusionsvereinbarung etc.		
Betriebliche Ansprechpersonen und Kooperationspartner (vgl. § 182 SGB IX)	Sind Kontakte geknüpft zum/zur • Betriebs-/Personalrat (BR/PR) • Gesamt-SBV, Konzern-SBV (in großen Unternehmen) und Bezirks-/Hauptschwerbehindertenvertretungen in Verwaltungen • Inklusionsbeauftragte/r/n, früher Beauftragte/r des Arbeitgebers (§ 181 SGB IX) • Betriebsmedizin • Fachkraft für Arbeitssicherheit • Personalabteilung • BEM- oder Integrationsteam (Betriebliches Eingliederungsmanagement nach § 167 Abs. 2 SGB IX) • Sozial- und Suchtberatung, Gesundheitsmanagement etc. • Arbeitsschutzausschuss (ASA) • Gesundheitszirkel etc.		

Grundlagen und Arbeitshilfen für die ersten Schritte im Amt		vorhanden?	
Gesetze, Vorschriften Aufgaben	**Personen, Quellen Bedeutung**	**ja**	**nein**
Externe Ansprechpersonen und Kooperationspartner (vgl. §§ 184–190 SGB IX)	Sind der (neugewählten) SBV diese Stellen und die zuständigen Personen bekannt? Wurde die neu gewählte SBV gemeldet an: • Arbeitsagentur • Integrationsamt/Inklusionsamt • Integrationsfachdienst (§§ 192–197 SGB IX) • Ansprechstellen der Leistungsträger der Rehabilitation: Renten-, Kranken,- und Unfallversicherung, Arbeitsagentur etc. • (Branchen-)Gewerkschaft oder DGB (regionale Ebene/Bezirksebene) • evtl. Meldung bei der Unfallkasse/ Berufsgenossenschaft?		
Kommunikationsstrukturen prüfen	• Ist die neugewählte SBV im Betrieb bekannt – mit Namen und Sprechzeiten? Alle Betriebsmedien dafür nutzen! • Nimmt die SBV an den Sitzungen des BR/PR teil? • Nimmt die SBV an den Sitzungen des Arbeitsschutzausschusses (ASA) und allen Betriebsbegehungen teil? • Wird die SBV regelmäßig/rasch informiert über freie Stellen, Bewerbungsverfahren, Einstellungsgespräche, Tests, Änderungen an Arbeitsplätzen/in Betriebsstätten etc. (Informationsrechte und Aufgaben nach § 178 SGB IX)? • Erhält die SBV alle für sie relevanten Betriebsmedien, Protokolle der o.g. Gremien etc.?		

Grundlagen und Arbeitshilfen für die ersten Schritte im Amt		**vorhanden?**	
Gesetze, Vorschriften Aufgaben	**Personen, Quellen Bedeutung**	**ja**	**nein**
	• Tauscht sich die SBV regelmäßig aus mit dem BR/PR, der Betriebsmedizin, Fachkraft für Arbeitssicherheit, dem Inklusionsbeauftragten des Arbeitgebers etc.?		
Arbeitsstrukturen prüfen	• Wird die SBV in allen Fällen rechtzeitig beteiligt und gehört (vgl. § 178 Abs. 2 Satz 1 SGB IX)? • Erfüllt der Inklusionsbeauftragte des Arbeitgebers (seine Aufgaben (vgl. § 181 SGB IX)? • Ist ein ASA aktiv, der sich regelmäßig (mindestens vierteljährlich) trifft (vgl. § 11 Arbeitssicherheitsgesetz – ASiG)? • Wird das BEM (§ 167 Abs. 2 SGB IX) gesetzeskonform praktiziert? • Sind behinderte Auszubildende im Betrieb, wird deren Ausbildung gefördert? • Wird die Beschäftigungspflichtquote erfüllt (§ 154 Abs. 1 Satz 1 SGB IX)? • Werden offene Stellen an die Arbeitsagentur gemeldet (§ 163 SGB IX)? • Wird die Gefährdungsbeurteilung nach Arbeitsschutzgesetz (§ 5 ArbSchG) regelmäßig durchgeführt? Ergebnisse sind wichtig für die Eingliederung, zur Ermittlung von Arbeitsplatzprofilen (vgl. Kapitel IV.13.)?		
Erfüllt der Arbeitgeber seine Pflichten nach §§ 164, 165 und 167 Abs. 1 SGB IX?	Anforderungen im Gesetz auf wenigen Seiten nachlesen		

Grundlagen und Arbeitshilfen für die ersten Schritte im Amt		vorhanden?	
Gesetze, Vorschriften Aufgaben	**Personen, Quellen Bedeutung**		
Zeitbudget und Freistellung	Zu Beginn Aufgaben/Zeitaufwand notieren (2–3 Monate lang), um Freistellung/Arbeitsentlastung sowie den Anspruch auf Entlastung durch eine Bürokraft (§ 179 Abs. 8 Satz 3 SGB IX) mit Arbeitgeber oder Vorgesetzten zu vereinbaren, Erfahrungen der Vorgänger*innen nutzen: • Beratungen/Sprechstunden etc. • Sitzungsteilnahmen, Gremien • Arbeitskreise • Schriftliche Aufgaben/Anträge • BEM, Personalfragen • Begehungen, Arbeitsgestaltung • Büroarbeit, Assistenz und organisatorische Aufgaben (für die Bürokraft).	**Stunden pro Monat**	

4. Aufgaben und Zuständigkeiten: Wer macht was?

Die Arbeit der SBV findet in erster Linie im Betrieb/in der Dienststelle statt, wo die Mehrzahl der Beschäftigten tätig ist. Abgesehen davon nimmt die SBV gelegentlich an externen Sitzungen und Veranstaltungen teil – beim Integrationsamt, dem Versorgungsamt, der Arbeitsagentur etc. – und berät Beschäftigte in Außenstellen der Dienststelle/des Betriebs.

a. Betrieb und Dienststelle

Der Begriff »Betrieb« oder »Dienststelle« hat rechtsverbindliche Bedeutung und steckt den Zuständigkeitsbereich der SBV ab: Der Betrieb/die Dienststelle ist der Ort, an dem und für den eine SBV zu wählen ist. Die im Betrieb oder in der Dienststelle beschäftigten schwerbehinderten, behinderten, langzeiterkrankten und von Behinderung bedrohten Menschen sind der Personenkreis, den sie vertritt. Der Betrieb/die Dienststelle begründet das (Arbeits-)Verhältnis zwischen Arbeitgeber und (schwer-) behinderten Arbeitnehmer*innen. Dieses Rechtsverhältnis ist die Grundlage für das Arbeitsrecht, für die Mitbestimmung des Betriebs-/Personalrats und für die Tätigkeit der Schwerbehindertenvertretung.

Die Frage, ob ein Betrieb im Sinne des Betriebsverfassungsgesetzes (BetrVG) ein **Nebenbetrieb** oder ein **Betriebsteil** ist, hat für die Entscheidung, eine Schwerbehindertenvertretung zu wählen, grundlegende Bedeutung. Im Streitfall (und zur rechtlichen Klärung vorab!) ist das Integrationsamt die zuständige Instanz, die über die Zulässigkeit der Wahl einer SBV entscheidet. Wird dessen Votum in Zweifel gezogen, entscheidet das Arbeitsgericht im Beschlussverfahren.

b. Gesamt- und Konzernschwerbehindertenvertretung sowie Stufenvertretung

Die Interessen der Beschäftigten in Betrieben und Dienststellen werden auch von übergeordneten Einheiten in Unternehmen (Konzernen) und Verwaltungsstellen beeinflusst. Um darauf angemessen reagieren zu können, sieht das SGB IX in § 180 die Einrichtung einer Gesamt- bzw. Konzernschwerbehindertenvertretung in der Privatwirtschaft und eine Stufenvertretung im öffentlichen Dienst vor: die Bezirks- und Hauptschwerbehindertenvertretung. Zu wählen sind diese Vertretungen ab dem 1. Dezember (2026) bis zum 31. Januar (2027).

Nicht nur das SGB IX, auch das Betriebsverfassungsgesetz (BetrVG) und die Personalvertretungsgesetze (PersVG) des Bundes und der Länder regeln die Arbeit der gesetzlichen Interessenvertretungen, die überbetriebliche Zuständigkeiten wahrnehmen und für einzelne Betriebe/Dienststellen Relevanz haben.

In der Privatwirtschaft werden betriebliche Prozesse, Managementvorgaben und Entscheidungen vermehrt auf höherer (zentraler) Ebene des Unternehmens oder Konzerns gesteuert. Die Zerlegung von Unternehmen in Teile (Auslagerung, Töchter-Bildung etc.), aber auch Unternehmenskonzentration und Konzernbildung führen zu teils unübersichtlichen Betriebsstrukturen:

- Es entstehen mehr/kleine Betriebseinheiten, in denen die Voraussetzungen für die Wahl einer Schwerbehindertenvertretung nicht gegeben sind.
- Die Spielräume für die Arbeit der örtlichen Interessenvertretungen werden teils enger.

- Maßgebliche wirtschaftliche und personelle Entscheidungen werden auf der übergeordneten Ebene getroffen.

Ein Resultat dieser Entwicklung ist die wachsende Bedeutung und Zuständigkeit der Gesamt- bzw. Konzernschwerbehindertenvertretung. Das SGB IX schafft für deren überbetriebliche Aufgaben einen klaren Handlungsrahmen (§ 180 SGB IX). In der überbetrieblichen Zusammenarbeit sind die Gesamt- und die Konzernschwerbehindertenvertretung (Privatwirtschaft) oder die Bezirks- und Hauptschwerbehindertenvertretungen (öffentlicher Dienst) **zuständig**, wenn

- Angelegenheiten mehrere Betriebe/Dienststellen betreffen und von den örtlichen Schwerbehindertenvertretungen nicht geregelt werden können oder
- es um Interessen schwerbehinderter Menschen geht, die in einem Betrieb/einer Dienststelle tätig sind, für die keine Schwerbehindertenvertretung gewählt werden kann (regelmäßig weniger als fünf schwerbehinderte Beschäftigte) oder (bisher) keine gewählt wurde.

aa. Voraussetzung für die Einrichtung einer Gesamt- oder Konzernschwerbehindertenvertretung

Als grundsätzliche Wahlvoraussetzung gilt: Ist für mehrere Betriebe eines Arbeitgebers ein Gesamtbetriebsrat errichtet, dann wählen die Schwerbehindertenvertretungen der einzelnen Betriebe oder Dienststellen auch eine Gesamtschwerbehindertenvertretung. Gibt es nur in einem von mehreren Betrieben eine SBV, übernimmt diese die Rechte und Pflichten der Gesamtschwerbehindertenvertretung.

Analog ist das Verfahren zur Wahl einer Konzernschwerbehindertenvertretung geregelt: Ist ein Konzernbetriebsrat gewählt, wählen die Gesamtschwerbehindertenvertretungen eine Konzernschwerbehindertenvertretung. Besteht ein Konzernunternehmen nur aus einem Betrieb, in dem eine SBV gewählt wurde, hat sie das Wahlrecht wie eine Gesamtschwerbehindertenvertretung.

bb. Voraussetzung für die Einrichtung einer Stufenvertretung

Für den Geschäftsbereich mehrstufiger Verwaltungen, die einen Bezirks- oder Hauptpersonalrat gebildet haben, gilt vergleichbar mit der Privatwirtschaft (s. o.): Schwerbehindertenvertretungen der nachgeordneten Dienststellen und die SBV der Mittelbehörde (mittlere Verwaltungsebene) wählen gemeinsam eine Bezirksschwerbehindertenvertretung.

Bei den obersten Dienstbehörden wählen deren SBV sowie die Bezirksschwerbehindertenvertretungen des Geschäftsbereichs eine Hauptschwerbehindertenvertretung. Ist die Zahl der wahlberechtigten Bezirksschwerbehindertenvertretungen niedriger als zehn, wählen auch die Schwerbehindertenvertretungen der nachgeordneten Dienststellen mit.

cc. Was allgemein für Gesamt-, Konzern-, Haupt-, Bezirks-schwerbehindertenvertretungen gilt

Es sind jeweils eine Vertrauensperson und mindestens ein stellvertretendes Mitglied zu wählen.
Die Gesamt- und Konzernschwerbehindertenvertretungen, die Bezirks- und Hauptschwerbehindertenvertretungen kümmern sich nicht um Einzelfälle und die Beratung der schwerbehinderten und gleichgestellten Menschen; sie tun das aber, wenn es in nachgeordneten Betrieben/Dienststellen keine SBV gibt!
Ansonsten sind sie für die Aufgaben über den Einzelbetrieb hinaus zuständig, sie stellen die »teilhabepolitischen Weichen« im Unternehmen, im Konzern oder der Verwaltung:

- Wie stellt sich das Unternehmen/die Organisation in Bezug auf Inklusion in der Arbeitswelt auf?
- Was wird unternommen, um Prävention und Arbeitsschutz generell zu fördern?
- Wird das Betriebliche Eingliederungsmanagement nach Recht und Gesetz praktiziert, gibt es Vereinbarungen?
- Gibt es ein Betriebliches Gesundheitsmanagement oder (Präventions-) Konzepte für eine alter(n)sgerechte Arbeitswelt?
- Wie können körperliche und psychische Belastungen abgebaut, der Gesundheitsverschleiß eingedämmt werden – Stichwort Prävention und Förderung der Beschäftigungsfähigkeit?
- Werden Quoten zur Einstellung behinderter Auszubildender aufgestellt? Wird das »Budget für Ausbildung« (mit Lohnzuschüssen, Begleitung am Arbeitsplatz durch die Reha-Träger etc.) genutzt, ist es innerbetrieblich bekannt (Info-Veranstaltung initiieren)?
- Werden hierzu passende Einstellungsverfahren/-tests entwickelt und Kooperationspartner gewonnen?
- Wie sollen langzeitarbeitslose Menschen mit Behinderungen integriert werden?
- Wie ist die Beschäftigung behinderter/gleichgestellter Menschen langfristig zu sichern (Arbeitsbereiche mit entlastenden Arbeitsplätzen – ohne Akkord/feste Taktung der Arbeit, ohne besondere körperliche Belastungen etc.)?
- Wird das »Budget für Arbeit« zur Eingliederung schwerbehinderter Menschen genutzt (mit Lohnzuschüssen, Begleitung am Arbeitsplatz durch die Reha-Träger etc.), um Menschen die Eingliederung im ers-

ten Arbeitsmarkt zu ermöglichen, die sonst auf Beschäftigung in einer Werkstatt für behinderte Menschen angewiesen wären (§ 61 SGB IX)?
- Wird Barrierefreiheit und Zugänglichkeit für alle Betriebsstätten und bei allen Bauvorhaben angestrebt?
- Wird ein Aktionsplan (oder eine Inklusionsvereinbarung) mit dem Arbeitgeber verhandelt und aufgestellt?
- Wie arbeiten alle Schwerbehindertenvertretungen und Stufenvertretungen sowie weitere gesetzliche Interessenvertretungen im Unternehmen/Konzern bzw. in der Verwaltung(-seinheit) zusammen?
- Wie werden Probleme und Konflikte mit dem Arbeitgeber bearbeitet?

Beispiel:
Über die Frage der Freistellung ist zwischen Schwerbehindertenvertretung, Vorgesetzten und Personalabteilung ein Konflikt entstanden. Der Betrieb wurde vor kurzem aus der XY GmbH ausgegliedert und einer Tochtergesellschaft des Konzerns »zugeschlagen«. Die Fronten beginnen sich zu verhärten, darunter leiden die Qualität der Betreuungsarbeit und die berufliche Position als Gruppensprecher. Die Vertrauensperson bittet die Konzernschwerbehindertenvertretung um vermittelnde Unterstützung. Diese sondiert zunächst telefonisch. Im persönlichen Gespräch erläutert sie der Vorgesetztenseite den Sinn der in der XY GmbH praktizierten Freistellungsregelung. Am Ende ihrer Bemühungen steht ein Kompromiss, eine leicht angepasste Regelung wird – zunächst zur Probe – vereinbart.

Für die örtliche und die überörtliche Schwerbehindertenvertretung liegen in der engen Zusammenarbeit und Koordinierung der Themen und Projekte große Chancen. Damit sie von den Handlungs- und Durchsetzungsmöglichkeiten des jeweils anderen profitieren, sollten die Beteiligten ihre Kooperation auf eine solide Basis stellen.
Die Gesamtschwerbehindertenvertretung soll in gegenseitigem Einvernehmen an den örtlichen Versammlungen der Schwerbehindertenvertretung teilnehmen. Zudem lässt es ihr eigenes Versammlungsrecht zu, dass sich alle Schwerbehindertenvertretungen mindestens einmal jährlich zu einer Sitzung treffen.
Auch der unternehmensübergreifende Informationsaustausch in enger Abstimmung mit dem Betriebs-/Gesamtbetriebsrat und dem Personal-/Gesamtpersonalrat trägt dazu bei, dass Schwerbehindertenvertretungen über den »Tellerrand« des Standorts hinausblicken können.

c. Freistellung im Amt

Die meisten Mitglieder der SBV üben ihr betriebliches »Ehrenamt« ohne vollständige Freistellung neben ihrer beruflichen Tätigkeit aus; an ihrer vertraglichen Arbeitspflicht ändert sich zunächst nichts. Aber sie sind zur Erfüllung ihrer Aufgaben der Schwerbehindertenvertretung (nach § 179 Abs. 4 SGB IX) von ihrer beruflichen Tätigkeit (ohne Minderung des Arbeitsentgelts) freizustellen.
»Nebenbei« kann das Amt nicht ausgeübt werden, das muss allen Beteiligten klar sein und ist auch gesetzlich eindeutig geregelt. Für langjährige Vertrauenspersonen und Stellvertreter*innen ist das in der Regel ein eingespielter Rhythmus, Arbeit und Amt zu vereinbaren. Neueinsteiger*innen müssen sich in Sachen Zeitaufwand und Organisation orientieren.
Das Amt erfordert Zeit für die Aufgaben eines Wahlamts; das ist Vorgesetzten und Arbeitgebern klar zu vermitteln. Es sind Absprachen zwischen der gewählten Vertrauensperson, ihren Stellvertreter*innen, den Vorgesetzten und Arbeitskolleg*innen erforderlich. Wer zu Beginn der Wahlperiode die Bedürfnisse für die Amtsführung thematisiert und verdeutlicht, beugt möglichen Konflikten vor.

Hinweis:
Die »Checkliste SBV-Amtsantritt« (vgl. Kapitel III.3.b.) enthält insbesondere für neugewählte Schwerbehindertenvertretungen wichtige Informationen und am Ende die kurze Rubrik »**Zeitbudget und Freistellung**«. Sie schafft ein Bewusstsein dafür, dass vielfältige Aufgaben zu bewältigen sind, die sich zeitlich summieren.
Die Aufzählung der Pflichten in der Checkliste ist nicht vollständig oder abschließend (hierzu vgl. § 178 SGB IX). Sie ist als Anregung zu verstehen, sich zu Beginn der Amtsperiode über Aufgaben und Zeitaufwand einen Überblick zu verschaffen. Und sie kann zum Anlass genommen werden, gewissenhaft Buch über die Tätigkeiten im Amt zu führen, damit ein fundiertes Gespräch über die Freistellung und die entsprechende Entlastung im Arbeitsteam (!) stattfinden kann. Unter der Übernahme des Amtes dürfen die Kolleginnen und Kollegen nicht leiden, das hat der Arbeitgeber sicherzustellen.

Vor allem dem unmittelbaren Chef oder Vorgesetzten ist zu vermitteln, wie viel Zeit die Aufgaben der Schwerbehindertenvertretung in Anspruch nehmen. Das kann sich im Laufe der Amtsperiode auch ändern. Absprachen sehen je nach Betrieb und Betriebsgröße unterschiedlich aus: Freistellung regelmäßig für einige Stunden pro Woche – oder nach Bedarf.

Vertrauenspersonen sollten die Frage der Vereinbarkeit des SBV-Amtes mit den beruflichen Aufgaben, Anforderungen und Karrierewünschen (Anspruch auf Gehaltserhöhungen und Beförderungen!) nicht vernachlässigen und regelmäßig ansprechen: z. B. im Gespräch mit Vorgesetzten, der Personalabteilung oder (bei Fragen/Problemen) beim Betriebs- oder Personalrat und anderen kompetenten Personen. Weder Amt noch der Beruf dürfen zu einer Überforderung führen.
Verschleppte und unbewältigte Konflikte führen zu Unzufriedenheit und Frust. Die Arbeit der SBV muss sich in das übrige Spektrum der Arbeits- und Lebensbereiche einordnen lassen; den Rahmen dafür haben die Arbeitgeber zu gewähren, und zwar einvernehmlich mit der Vertrauensperson, die über ihre Amtsführung autonom entscheidet.

d. Die SBV – Kompetenzzentrum für Soziales und Gesundheit

Für manche neu gewählte Vertrauensperson ist die Rolle gewöhnungsbedürftig: Sie sind fortan als Interessenvertretung gefordert, die die Anliegen der Kolleginnen und Kollegen mit Behinderungen (oder der von Behinderung Bedrohten) gegenüber der Geschäftsleitung vertritt. Dabei sind einerseits Kompetenzen, Verhandlungsgeschick und Teamfähigkeit gefragt, andererseits sind Konfliktfähigkeit und ein Gespür für Strategie und Taktik wichtige Voraussetzungen für den Erfolg.

Hinweis:
Zum Amt gehört das Bewusstsein: Die Mitglieder der SBV – Vertrauenspersonen und ihre Stellvertreter*innen – treten nicht als Bittsteller auf, sondern handeln weitgehend eigenverantwortlich und auf klarer gesetzlicher Grundlage.

Bei der Amtsführung hat jede Schwerbehindertenvertretung Spielräume, die es auszuloten gilt. Von der (sozialen) Betriebskultur hängt es u. a. ab, wie gut der gesetzliche Rahmen ausgeschöpft wird. Das SGB IX engt den Aktionsradius der Schwerbehindertenvertretung nicht ein, die Amtsführung der Vertrauensperson ist nicht statisch festgelegt, sondern entwickelt sich in der Regel mit dem Zugewinn an Erfahrung und Kenntnissen.
Besonders in Großunternehmen, die mit über 100 schwerbehinderten und gleichgestellten Arbeitskräften freigestellte Vertrauenspersonen oder Schwerbehindertenvertretungsteams haben, entwickelt sich die SBV zur betrieblichen Anlauf- und Kompetenzstelle in allen Fragen der Rehabilitation, des Gesundheitsmanagements, des BEM (nach § 167 Abs. 2 SGB

IX) und der beruflichen (Wieder-)Eingliederung, egal ob aufgrund einer Behinderung oder einer längeren schweren Erkrankung.

5. Stark im SBV-Team: Kooperation und Unterstützung

Bei der Wahl zur Schwerbehindertenvertretung (§ 177 SGB IX) sind die Vertrauensperson (erster Wahlgang) und mindestens ein/eine Stellvertreter*in (in einem zweiten Wahlgang; gewählt ist der/die Bewerber*in mit der höchsten Stimmenzahl/den höchsten Stimmenzahlen) zu wählen.

> **Hinweis:**
> In vielen Betrieben und Verwaltungen werden von vornherein zwei und mehr Stellvertreter*innen gewählt, was unbedingt ratsam ist: Damit wird eine Nachfolge und Übernahme der Mandatsaufgaben gesichert (ohne Neuwahl!), wenn die Vertrauensperson verhindert ist oder es zu folgenden Vakanzen kommt: Arbeitsplatzwechsel eines SBV-Mitglieds, vorzeitiges Ausscheiden aus dem Amt, lange Erkrankungs-/Fehlzeiten, arbeitsbedingte Abwesenheit, Urlaubszeiten, Rehabilitation etc. Stellvertreter*innen, die eine Vertrauensperson im Falle der Verhinderung vertreten (§ 177 Abs. 1 Satz 1 SGB IX), haben die gleiche persönliche Rechtsstellung wie die Vertrauensperson (§ 179 Abs. 3 Satz 2 SGB IX).
> In größeren Unternehmen ist es wichtig, mehrere Stellvertreter*innen zu wählen, um die Heranziehung zu den SBV-Aufgaben sicherzustellen (regulär ab 101 schwerbehinderten/gleichgestellten Beschäftigten; nach freiwilliger Absprache mit dem Arbeitgeber aber auch bereits darunter (vgl. den Praxistipp ab S. 105f.).

a. Stärkung der Stellvertreter und Stellvertreterinnen

Mit dem Bundesteilhabegesetz wurde die Rolle und Funktion der Stellvertreter und Stellvertreterinnen grundlegend gestärkt, sodass es (je nach Betriebsgröße) erforderlich ist, eine ausreichende Zahl von Stellvertreter*innen zu wählen (Puffer einplanen – z. B. für den Fall von Kündigungen oder Renteneintritt!). Denn die Vertrauensperson kann in **Betrieben mit mehr als 100** beschäftigten schwerbehinderten/gleichgestellten Menschen das erste stellvertretende Mitglied (nach Stimmenzahl) zu bestimmten Aufgaben heranziehen. **Ab jeweils 100 weiteren** beschäftigten

schwerbehinderten Menschen kann auch das mit der nächsthöheren Stimmenzahl gewählte Mitglied herangezogen werden.
In Betrieben mit weniger als 100 schwerbehinderten/gleichgestellten Menschen ist der/die (erste) Stellvertreter*in nur bei Verhinderung der Vertrauensperson zur Arbeit im Amt heranziehen (§ 178 Abs. 1 Satz 4 bis 6 SGB IX). Faktisch ist die Arbeitsbelastung für die Vertrauensperson bei weit weniger zu vertretenden Beschäftigten aber bereits so groß, dass sie ohne zusätzliche Unterstützung ihr Amt kaum angemessen ausüben kann.

> **Hinweis:**
> Es ist unbedingt zu raten, eine größere (ausreichende) Anzahl an Stellvertreter*innen zur Wahl aufzustellen und zu wählen; in Großbetrieben mit 500 schwerbehinderten Beschäftigten also mindestens vier oder (besser) mehr Personen. Der Arbeitgeber darf auf die Zahl der zu wählenden Stellvertreter*innen und die Wahl selbst kleinen Einfluss nehmen!

b. Schulungsanspruch für Stellvertreter*innen

Das Bundesteilhabegesetz hat geregelt: Auch die Stellvertreter*innen haben einen Anspruch auf Schulungen (§ 179 Abs. 4 Satz 3 SGB IX) – mindestens der/die erste Stellvertreter*in; konsequenterweise gilt das für alle, die regelmäßig von der Vertrauensperson zur SBV-Arbeit herangezogen werden. Der Schulungsanspruch umfasst die Kostentragungspflicht des Arbeitgebers und den Anspruch auf Freistellung von der Arbeit während der Schulungsteilnahme für die Stellvertreter*innen.
Diese Regelung war lange überfällig, denn das anspruchsvolle Amt ist ohne Kompetenzen und Fachkunde – auch vertretungsweise bei Verhinderung – nicht ausführbar.

c. Schwellenwert für die Freistellung

§ 179 Abs. 4 Satz 1 SGB IX verbessert auch die Rechte zur vollen beruflichen Freistellung der SBV-Mitglieder: Die Vertrauensperson kann (auf Wunsch) eine **vollständige Freistellung** ab mindestens 100 schwerbehinderten Beschäftigten erhalten (bis Ende 2016 waren dafür mindestens 200 schwerbehinderte Beschäftigte erforderlich). Unter diesem Schwellenwert von 100 kann eine vollständige Freistellung oder eine Teilfreistellung auch auf **freiwilliger Basis** mit dem Arbeitgeber vereinbart werden. Ab 200 schwerbehinderten Beschäftigten wird ein weiteres SBV-Mitglied ständig zur Arbeit herangezogen und damit voll freigestellt. Daher sind genügend Stellvertreter*innen zur Wahl aufzustellen und zu wählen, um eine reibungslose und kontinuierliche Bewältigung der Mandatsaufgaben sicherzustellen.

Praxistipp: Heranziehung und Freistellung:
Exkurs nach Professor Franz-Josef Düwell (Zeitschrift »Gute Arbeit« 8–9/2021, S. 55–59): Nach § 178 Abs. 1 Satz 4 und 5 SGB IX kann die Vertrauensperson (in Großbetrieben und Dienststellen) Stellvertreter*innen zu den SBV-Aufgaben heranziehen, wenn in der Regel mehr als 100 (also ab 101) schwerbehinderte (einschließlich der gleichgestellten) Menschen (sbM) beschäftigt sind. Das betrifft zuerst das mit der höchsten Stimmzahl gewählte SBV-Mitglied. Werden mehr als 200 sbM beschäftigt, können weitere stellvertretende Mitglieder herangezogen werden. Es gilt die Staffelung:

- Ab 101 sbM → 1 Stellvertreter*in
- Ab 201 sbM → 2 Stellvertreter*innen
- Ab 301 sbM → 3 Stellvertreter*innen
- Ab 401 sbM → 4 Stellvertreter*innen
- Ab 501 sbM → 5 Stellvertreter*innen usf.

Von der Heranziehungsstaffel kann nur Gebrauch gemacht werden, wenn eine ausreichende Anzahl von Stellvertreter*innen gewählt wurde. Daher ist es wichtig, dem Wahlvorstand vor jeder Neuwahl mitzuteilen, welche Anzahl erforderlich ist. Der Wahlvorstand beschließt nach § 2 Abs. 4 der Wahlordnung Schwerbehindertenvertretungen (SchwbVWO), wie viele stellvertretende Mitglieder zu wählen sind.
In den meisten Betrieben und Dienststellen wird der unterste gesetzliche Schwellenwert von 101 sbM für die Heranziehung der Stellvertreter*innen nicht erreicht. Ihr Einsatz wäre auf die Verhinderungsvertretung (Urlaub, Krankheit etc.) beschränkt.
Die daraus entstehenden zeitlichen Verzögerungen und Missverständnisse sowohl bei der Beratung der schwerbehinderten Beschäftigten als auch in der nach § 182 SGB IX geforderten engen Zusammenarbeit mit dem Arbeitgeber und dem Betriebs- bzw. Personalrat ist erschwert. Deshalb sind an Inklusion interessierte Arbeitgeber bereit, die Teambildung in der SBV durch eine freiwillig zugelassene Heranziehung unterhalb von 101 sbM zu ermöglichen. Die Regelung einer »freiwilligen« Heranziehung ist in Form einer einfachen Abrede zulässig, mehr Rechtssicherheit schafft aber eine förmliche Kollektivvereinbarung. Als Regelungsinstrumente kommen dafür in Betracht:

- eine Betriebsvereinbarung i. S. v. § 88 BetrVG bzw. eine Dienstvereinbarung im Sinne von § 63 BPersVG (neue Fassung) oder
- eine Inklusionsvereinbarung im Sinne von § 166 Abs. 3 SGB IX.

Die letztere verdient den Vorzug, weil dann sämtliche für die Inklusion Verantwortlichen beteiligt werden: Arbeitgeber, Inklusionsbeauftragte, Betriebs- bzw. Personalrat und SBV. Die Interessenvertretungen müssen den

Wählerwillen respektieren und bei der freiwilligen Heranziehung die Reihenfolge (nach Wählerstimmen) der stellvertretenden Mitglieder beachten.

d. Kooperationen des SBV-Teams

Die Wirkungen dieser rechtlichen Regelungen im SGB IX stärken das SBV-Team und modifizieren die »Ein-Personen-Vertretung«. Der Generationenübergang in der Schwerbehindertenvertretung oder auch eine vorzeitige Amtsaufgabe geht unproblematischer vonstatten, wenn die Vertrauensperson mit den Stellvertreter*innen eng zusammenarbeitet, sie zu Aufgaben heranzieht, regelmäßig informiert, in (alle) Amtsgeschäfte einbezieht oder Aufgaben überträgt.
Das Bündeln von Kräften stärkt die Vertretungsarbeit. Positiv wirkt sich dies auch auf die Außenwirkung im Betrieb/in der Dienststelle aus: Ein Team wird von der Belegschaft intensiver wahrgenommen, es hat mehr Potenzial.
Art und Umfang der Zusammenarbeit sind (von Betrieb zu Betrieb/von Dienststelle zu Dienststelle) unterschiedlich und eigenverantwortlich auszugestalten, aber ohne Initiative der Vertrauensperson und deren Kooperationswillen geht es nicht. Formal ist die Schwerbehindertenvertretung immer noch kein »Kollektivgremium«.
Die enge Verzahnung und Zusammenarbeit mit den Stufenvertretungen ist ebenfalls von Bedeutung: mit der Gesamt- und Konzernschwerbehindertenvertretung (Privatwirtschaft) sowie der Bezirks- und Hauptschwerbehindertenvertretung (öffentlicher Dienst). Es ist ratsam, eine gemeinsame Plattform einzurichten, die regelmäßig alle Angelegenheiten der Schwerbehindertenvertretung eines Unternehmens/Konzerns oder einer Verwaltungsstruktur erörtert und intensiven Informationsaustausch pflegt.

e. Unterstützung der Gewerkschaften

Schwerbehinderte Beschäftigte sind überdurchschnittlich häufig gewerkschaftlich organisiert. Ihr Organisationsgrad kann nicht verwundern, sind sie doch öfter auf gewerkschaftlichen Beistand wie den (Sozial-) Rechtsschutz für Mitglieder angewiesen: Wer einmal aus dem ersten Arbeitsmarkt herausfällt, muss sich oft auf Langzeitarbeitslosigkeit und damit auf den sozialen Abstieg gefasst machen – bis zum Bezug von Bürgergeld. Ausgrenzungsrisiken betreffen verschärft ältere Erwerbspersonen mit Behinderung, denen die Rückkehr in Unternehmen und Dienststellen seltener gelingt; die durchschnittliche Erwerbsminderungs-

rente liegt weit unter einer positiven Lebensperspektive. Der Erhalt des Arbeitsverhältnisses und damit die Existenzsicherung – Inklusion statt Ausgrenzung – haben daher hohe Priorität.
Betriebliche Reorganisationsprozesse (Arbeitsplatzabbau, Arbeitsverdichtung, neue Arbeitsprofile, Digitalisierung, Transformation, Qualifizierungsbedarfe, Umstrukturierung) stellen Interessenvertretungen und Gewerkschaften vor besondere Herausforderungen. Das betriebspolitische Umfeld für die Interessenvertretungsarbeit, das Eintreten für Prävention, Eingliederung, den Schutz der Gesundheit und der Arbeitsplätze, wird unter diesen Vorzeichen schwieriger und konfliktreicher. Der DGB und seine Gewerkschaften richten ihre betriebliche Präsenz und Politik darauf aus, in einer sozialen und demokratischen Gesellschaft für alle Menschen mit und ohne Behinderungen Voraussetzungen für eine gleichberechtigte Teilhabe in allen Lebensbereichen zu schaffen und zu sichern.
Behinderung tritt häufiger im Alter auf – nach einem belastenden, verschleißenden Arbeitsleben. Damit steigen auch die Beschäftigungsrisiken aufgrund längerer Arbeitsunfähigkeitszeiten. Länger Erkrankte werden eher als leistungsgemindert eingestuft; damit gehören sie im Hinblick auf den Präventionsauftrag des SGB IX zur Klientel der SBV und aller Interessenvertretungen. Diese Erkenntnis ist zugleich ein Plädoyer für die alter(n)sgerechte, gesundheitsförderliche Arbeitsgestaltung, für Inklusion, Prävention sowie einen guten, strukturierten Arbeitsschutz- und Gesundheitsschutz!
Schwerbehindertenvertretungen, die zu rund 90 % einer Gewerkschaft angehören, sind eine wichtige Säule der gewerkschaftlichen Inklusions- und Teilhabepolitik. Betriebs-/Personalrat und Schwerbehindertenvertretung verfolgen gleiche und gleichwertige Ziele (s. Kapitel VII.) und sind auf gegenseitige Unterstützung angewiesen. Die betriebliche und soziale Macht der Gewerkschaften stärkt die gemeinsame Gestaltungs- und Durchsetzungsfähigkeit. Schwerbehindertenvertretungen sollten die folgende Palette von Angeboten und Leistungen der Gewerkschaften nutzen:

- Beratung und Betreuung durch Gewerkschaftssekretär*innen;
- Zusammenarbeit mit den gewählten gewerkschaftlichen Vertrauensleuten (Vertrauenskörper);
- Rechtsberatungs- und Rechtsschutzleistungen des DGB-Rechtsschutzes;
- Kompetenz und Einflussmöglichkeiten von Gewerkschaftsvertreter*innen bei den Arbeits- und Sozialgerichten, in den Widerspruchs-

ausschüssen der Integrationsämter und in der Selbstverwaltung der Sozialversicherung;
- das nahezu flächendeckende Netz von Arbeitskreisen zur Behindertenpolitik zum Erfahrungsaustausch;
- umfangreiche Qualifizierungs- und Weiterbildungsangebote, die Broschüren, Materialien und Internetangebote zur Arbeit der Schwerbehindertenvertretung.

f. Never walk alone: Die Schwerbehindertenvertretung und der Betriebs-/Personalrat

Während Betriebs- und Personalräte über verbriefte Mitbestimmungsrechte auf Grundlage des BetrVG und der PersVG des Bundes und der Länder verfügen, ist die Rechtsstellung der Schwerbehindertenvertretung mit ihren Mitwirkungs- und Informationsrechten schwächer ausgestaltet, auch wenn das Bundesteilhabegesetz Verbesserungen bewirkt hat. Die rechtlichen Handlungsmöglichkeiten der Schwerbehindertenvertretung sind begrenzter – mit Blick auf ihre umfassenden (Präventions-)Aufgaben und die sozialen (Schutz-)Bedürfnisse von Menschen mit Behinderungen.
Das ist auch mit Verweis auf die seit März 2009 in Deutschland gültige UN-BRK der Vereinten Nationen zu betonen, die Menschen mit Behinderungen gleichberechtigte Teilhabe- und Existenzsicherungschancen im Erwerbsleben als Menschenrecht einräumt (vgl. Artikel 27 der Konvention). Ohne starke Mit- und Selbstbestimmung behinderter Menschen im Arbeitsleben, ohne starke Interessenvertretungen, Arbeitnehmer- und Gewerkschaftsrechte, sind der Schutz vor Diskriminierung und die umfassende Teilhabe in der Arbeitswelt nicht durchzusetzen (vgl. auch Kapitel VII.).
Die SBV ist nicht Teil des Betriebs- oder Personalrats, sondern rechtlich und betrieblich ein eigenständiges, unabhängiges zweites Organ zur Vertretung der Interessen der abhängig Beschäftigten (§ 177 Abs. 1 Satz 1 SGB IX). Sie handelt in ihrem Zuständigkeitsbereich neben und mit dem Betriebs- oder Personalrat und ist Teil der gesetzlichen betrieblichen Interessenvertretungen, die aus unterschiedlichen Perspektiven gemeinsam die Interessen der Arbeitnehmer*innen vertreten. Wichtiger Unterschied: Die SBV ist auch für leitende Angestellte mit Behinderung zuständig.
Betriebs- und Personalräte entscheiden kollektiv, sie können als Kollektivgremium Aufgaben und spezielle Zuständigkeiten untereinander aufteilen, sie diskutieren, fällen Beschlüsse, und klären gemeinsam betriebliche und personalpolitische Probleme. Meinungen und Standpunkte

werden mitunter kontrovers und hart ausgetauscht, um Beschlüsse wird gerungen. Das stärkt die Position des Betriebs-/Personalrats nach außen und macht ihn durchsetzungsfähiger.
Die Schwerbehindertenvertretung kann – trotz der gestärkten Rechte der Stellvertreter*innen – und hoher betrieblicher Anforderungen nicht als Kollektivorgan handeln: Sie ist kein Gremium, kann keine Mehrheitsentscheidungen und Beschlüsse herbeiführen. Während schwerbehinderte Beschäftigte in einigen Bereichen einen starken rechtlichen Schutz erhalten, hat es der Gesetzgeber vermieden, ihre Vertretung mit starken Einfluss- und Durchsetzungsmöglichkeiten auszustatten.
Daher gilt pragmatisch: Die Schwerbehindertenvertretung kann nicht auf rechtliche Verbesserungen warten, sondern muss eigenverantwortlich handeln, sollte dabei auf die Unterstützung und Kooperation mit dem Betriebs-/Personalrat setzen. Dies ist auch im Sinne des Gesetzgebers, denn im Zuge des Bundesteilhabegesetzes wurde im BetrVG verankert, dass sich auch der Betriebsrat in Fragen der Eingliederung engagieren muss (vgl. die Regelungen in Kapitel III.1. und III.5 f.). Umgekehrt profitieren Betriebs- und Personalräte von einer zusätzlichen Kraft aufseiten der Interessenvertretungen, die vor allem soziale und Gesundheitskompetenzen für gute Arbeit, Prävention und Arbeitsschutz einbringt.

Praxistipp:
Ab dem Frühjahr 2026 neu gewählte Betriebsräte sowie amtierende Personalräte sollten darauf hinwirken, dass in allen Betrieben und Dienststellen, in denen es bisher keine Schwerbehindertenvertretung gibt und wo die Voraussetzungen gegeben sind, eine Wahl zur Schwerbehindertenvertretung stattfindet.

g. Steigende Bedeutung der Schwerbehindertenvertretung

Warum die rechtliche Besserstellung der Schwerbehindertenvertretung ab Ende 2016 überfällig war und warum sie auch weiterhin nötig ist, beschreiben Praxisberichte über die betriebliche SBV-Arbeit und über die Anforderungen im Amt. Mit dem Bundesteilhabegesetz wurde die wachsende Bedeutung und Arbeitsbelastung der SBV anerkannt und zumindest etwas Abhilfe geschaffen – etwa mit der erleichterten beruflichen vollen Freistellung (Schwellenwert ab 100 schwerbehinderten Arbeitnehmern/Gleichgestellten), der gestärkten Rechtsstellung der Stellvertreter*innen und dem Anspruch auf eine organisatorische Entlastung durch eine Bürokraft in erforderlichem Umfang (vgl. Kapitel VIII. zur Ausstattung der SBV).

Weitere rechtliche Aufwertungen in den nächsten Jahren sind wünschenswert und mit der Arbeitspraxis einer SBV gut begründbar: In der betrieblichen Praxis zeigt sich:

- Die SBV hat sich gemausert zum Prozess- oder Fallmanager in Fragen der Prävention, Gesundheit und Eingliederung.
- Ihre spezifischen Erfahrungen und Aufgaben weisen sie in der Regel als einzigartige und geschätzte »soziale Kompetenz« im Betrieb aus.
- Alternde Belegschaften im demografischen Wandel und extrem steigende Fallzahlen bei den psychischen Erkrankungen erhöhen den Arbeitsaufwand im Amt – auch weil oft eine ganzheitliche Betreuung und intensive (Langzeit-)Beratung der betroffenen Kolleg*innen notwendig ist.
- Das Betriebliche Eingliederungsmanagement (BEM) nach § 167 Abs. 2 SGB IX oder das Disability Management beruht in der Praxis maßgeblich auf den Kompetenzen der SBV, obwohl sie gesetzlich nicht einmal zu jedem Fall hinzugezogen werden muss (nur bei schwerbehinderten/gleichgestellten Beschäftigten). Faktisch steuern die Vertrauenspersonen beträchtliche Kapazitäten zum Gelingen des BEM bei (Fach- und Zeitressourcen). Dieser Bereich wurde mit dem Bundesteilhabegesetz nicht angetastet, obwohl mehrere Koalitionsverträge ab 2013 eine Verbesserung des BEM in Aussicht gestellt hatten (es kam nur die Vertrauensperson beim BEM hinzu, die Betroffene als Begleitung im BEM-Verfahren zusätzlich benennen können, vgl. das Kapitel IV.15. zum BEM).
- Im Sinne ihres Präventionsauftrags kann und muss die SBV – angesichts sich wandelnder Arbeitskulturen in der »Turbo-Arbeitsgesellschaft« (Digitalisierung, Transformation) im Arbeitsschutz wichtige Aufgaben übernehmen: Sie kann mit Initiativen die Arbeitsgestaltung (etwa mit Erkenntnissen aus dem BEM-Verfahren) verbessern, Menschen können mit konkreten Maßnahmen vor Überlastung und Überforderung geschützt werden.
- Aufgrund des Präventionsauftrags berät und betreut die SBV nicht nur schwerbehinderte (gleichgestellte) Beschäftigte, sondern auch Langzeiterkrankte, chronisch Kranke, Ältere mit Leistungswandlungen etc., die von Behinderung bedroht sind/sein können.
- Die Vertrauenspersonen sind als »Netzwerker*innen« aktiv; oft mobilisieren sie umfassende Hilfen, Unterstützung und Finanzmittel externer Stellen für ihre Betriebe zur Prävention, Rehabilitation und Eingliederung. Das verlangt Zeit und Einsatz.
- In vielen Betrieben spielen die Themen Gesundheit und Prävention eine zunehmend größere Rolle; es wurden Gesundheitstage, Gesund-

heitszirkel, Betriebliche Gesundheitsförderung oder ein Betriebliches Gesundheitsmanagement initiiert, wobei die Mitarbeit der SBV in der Regel gefragt ist und zum Erfolg beiträgt.

- SBV-Arbeit – vor allem die individuelle Beratung und Betreuung – ist vielseitig und anregend, bisweilen aber auch – menschlich und fachlich – fordernd und belastend. Für die Betreuung ihrer Klientel ist die SBV auf soziale und kommunikative Kompetenzen angewiesen, die einen erhöhten Fortbildungsbedarf verursachen.
- Die SBV hat es in der modernen Arbeitswelt mit (neuen) Suchtproblemen, Mobbing, Verhaltensauffälligkeiten, Gewalt und Übergriffen am Arbeitsplatz sowie weiteren Arbeitsplatzkonflikten und sozialen Problemen zu tun (wie Scheidung, Überschuldung etc.).

All diese Faktoren haben das Tätigkeitsprofil der SBV verändert und erweitert. Daher fordern die Gewerkschaften seit geraumer Zeit z. B. diese (gesetzlichen) Korrekturen:

- Verbindliche Beteiligung der SBV an allen BEM-Fällen.
- Stärkung des BEM: Verpflichtend für den Arbeitgeber, individueller Rechtsanspruch der Betroffenen, bessere Verankerung in der Fläche, Qualitätsstandards für die Durchführung.
- Durchsetzung der Standards und Normen der Behindertenrechtskonvention in der Arbeitswelt, bessere Teilhabechancen durch verstärkten Einfluss der SBV auf eine inklusive Personalpolitik.

Was im Betrieb/in der Dienststelle an Eingliederung und Inklusion erreicht wird, beruht in der Regel auf einem engmaschigen Netz von Individual-, Mitwirkungs- und Mitbestimmungsrechten.

h. Getragen werden: Die Schwerbehindertenvertretung und ihre Zielgruppe

Für die (neuen) Schwerbehindertenvertretungen ist die Einstiegsphase in eine neue Wahlperiode ein günstiger Zeitraum, um Pflöcke einzuschlagen. Neben der Kooperation mit dem Betriebs-/Personalrat ist die regelmäßige Rückkopplung mit der Zielgruppe unverzichtbar: mit den Beschäftigten mit Behinderungen oder den von Behinderung bedrohten Menschen. Aus dem Rückhalt und der Unterstützung ihrer »Basis«, den Wählerinnen und Wählern, schöpft jede Interessenvertretung Sicherheit und Kraft. Außerdem sind Rückmeldungen über die Qualität und die Akzeptanz der Vertretungsarbeit hilfreich. Das gilt vor allem für vollständig freigestellte Schwerbehindertenvertretungen; sie tun gut daran, Kontakte zu den Kolleg*innen zu pflegen.

i. Stärke durch betriebsinterne Netzwerke

Neben der engagierten Amtsführung ist der Aufbau kooperativer Strukturen im Betrieb wichtig: Die SBV kann damit Schwächen ihrer Rechtsstellung teilweise ausgleichen und gewinnt an Stärke. Vernetzung verbessert ihre Erfolgschancen durch die informelle Anbindung; das erleichtert den Erwerb von Kompetenzen, vermittelt zusätzliche Erfahrungen und sichert die Unterstützung von Partner*innen.
Die Regeln im Umgang miteinander, die soziale Struktur/Kultur und die Betriebsabläufe können von Unternehmen zu Unternehmen (oder in den Verwaltungen) erheblich variieren. Jede Schwerbehindertenvertretung muss das Feld »Bündnisse« – abgesehen vom Betriebs-/Personalrat und ihrer Klientel – eigenständig bearbeiten, da gibt es kein Patentrezept:

- Mit wem kann ich mich über die Vertretungsarbeit der Schwerbehindertenvertretung (fachlich) austauschen? Gibt es geeignete Kooperationspartner*innen im Betrieb oder muss ich auf externe Kontakte setzen?
- Wer ist für ein bestimmtes Verfahren im Unternehmen zuständig, mit wem bearbeitete oder bewältige ich eine konkrete Aufgabe am besten (vgl. auch »Checkliste SBV-Amtsantritt«, Kapitel III.3.b.)?
- Mit wem stimme ich Einzelfälle oder mein Vorgehen ab?
- Wer kann mich in Fragen der strategischen Umsetzung und der Verhandlungstaktik beraten?
- Wer unterstützt meine Initiativen auf betrieblicher Ebene?
- Wie ist der Draht zur Betriebsmedizin, zur Fachkraft für Arbeitssicherheit?
- Wer ist kompetent, hat ein Gefühl für meine Amtsaufgaben: ein Betriebsratsmitglied, die Betriebsmedizin, eine Fachkraft für Arbeitssicherheit, das Disability Management, der Inklusionsbeauftragte des Arbeitgebers (§ 181 SGB IX)?

6. Zeit und Geld: Ausstattung und Ressourcen

Zur Übernahme des SBV-Amts gehört die Aufgabenklärung: Was muss die Schwerbehindertenvertretung leisten? Was darf sie tun? Woran ist sie regelmäßig zu beteiligen? Wann ist sie zu informieren und zu Rate zu ziehen (vgl. Kapitel VI.)? Am günstigsten gestaltet sich der Start, wenn ein Vorgänger oder eine Vorgängerin mit Rat und Tat zur Verfügung steht.

Das ist aber aufgrund von Verrentungen, einer beruflichen Umorientierung oder aus anderen Gründen nicht immer möglich.
Der Betriebsrat, der Arbeitgeber oder sein Inklusionsbeauftragter und die Personalabteilung sind wichtige Ansprechpartner der SBV, wenn ein Wechsel vollzogen wird. Im Interesse einer reibungslosen Fortsetzung der Amtsgeschäfte sollten die genannten Stellen über den Stand der Schwerbehindertenvertretungsarbeit, über anstehende Aufgaben und betriebliche Besonderheiten (etwa Rehabilitations-Begleitung, Kooperationen mit Kliniken und Fachärzten, Gesundheitsmanagement etc.) informieren.
Aufgabenklarheit vermitteln außerdem das für den Betrieb zuständige Integrationsamt, das SGB IX als gesetzliche Grundlage, einführende Broschüren und das vorliegende Buch. Weiter unten (siehe Kapitel VI.) wird das Thema »Aufgaben der Schwerbehindertenvertretung« strukturiert dargestellt; eine Übersicht vermitteln außerdem der Leitfaden »Programm für die ersten 100 Tage im Amt« (siehe Kapitel III.10.), die »Checkliste SBV-Amtsantritt« (siehe Kapitel III.3.b.) und Kapitel III.4.c. »Freistellung«.
Die Bestandsaufnahme der Aufgaben ist schwieriger, wenn in einem Betrieb oder einer Dienststelle **zum ersten Mal eine SBV** gewählt wurde – ein Anknüpfen an bereits bestehende Arbeits- und Gesprächsstrukturen ist dann nicht möglich.
Die SBV als neuer Akteur hat aber auch Chancen: Sie kann Arbeitsgrundlagen und Rahmenbedingungen erstmals aushandeln. Eine durchdachte Verhandlungsstrategie ist dabei wichtig. Neben schriftlichen Informationen hilft vor allem der Austausch mit erfahrenen Praktikern und Praktikerinnen:

- Kontakt zu Amtskollegen*innen im Nachbarbetrieb oder in der Branche aufnehmen;
- die Branchengewerkschaft um Unterstützung und Kontaktvermittlung bitten;
- beim DGB und der zuständigen Branchengewerkschaft nach regionalen Arbeitskreisen fragen;
- das zuständige Integrationsamt um Starthilfe oder Arbeitskreiskontakte bitten.

a. Ressourcen für den Start

Der Spruch »ohne Moos nix los« gilt auch für die Arbeit der SBV. Der Arbeitgeber hat für die angemessene und erforderliche Ausstattung zu sorgen. Der Anspruch darauf ergibt sich im Wesentlichen aus dem SGB IX – vor allem aus § 179 Abs. 8 SGB IX; die Rechtsprechung konkretisiert die Rechtsansprüche. Hierzu – und zu den Fragen der Büroorganisation und des Zeitmanagements – liefert Kapitel VIII. grundlegende bzw. ergänzende Informationen.

b. Zeitplanung und Freistellung von den beruflichen Arbeitsaufgaben

Die SBV benötigt Zeit für ihre Aufgaben und hat gesetzlichen Anspruch auf die dafür notwendige Freistellung. Zur Erfüllung der Amtspflichten ist sie (nach § 179 Abs. 4 SGB IX) von ihren beruflichen Pflichten freizustellen, die SBV-Arbeit findet während der Arbeitszeit statt.
Wann, zu welchem Zweck und wie häufig die SBV freigestellt werden muss, entscheidet sie selbst: Sie ist in ihrem Amt nicht weisungsgebunden und muss ihr Amt unabhängig im gesetzlichen Rahmen ausführen können! Dazu genügt z. B. einfaches Abmelden beim Vorgesetzten: »Ich bin jetzt in Angelegenheiten der Schwerbehindertenvertretung unterwegs.«
In Betrieben oder Dienststellen, in denen die SBV mindestens 100 schwerbehinderte/gleichgestellte Beschäftigte betreut, ist sie voll von ihrer sonstigen Berufstätigkeit freizustellen (vgl. Kapitel III.5.c.). In einigen Unternehmen stimmen Arbeitgeber bereits unter der 100er-Grenze der vollen Freistellung zu, wenn das Arbeitsaufkommen im Amt sonst nicht zu bewältigen ist. Dies sollte die Vertrauensperson – nach Bedarf und betrieblicher Situation – mit dem Arbeitgeber verhandeln – z. B. auch mit Unterstützung des Betriebs-/Personalrats.

c. Ausstattung: Büroraum und Besprechungszimmer

Damit die SBV ihre Amtspflichten erfüllen kann, hat sie (nach § 179 Abs. 8 SGB IX) Anspruch auf sogenannte Sachmittel. Im SGB IX wird davon ausgegangen, dass der Geschäftsbedarf und die Räume, die dem Betriebs- oder Personalrat für dessen Sitzungen, Sprechstunden und laufende Geschäftsführung zur Verfügung stehen, für die gleichen Zwecke auch von der Schwerbehindertenvertretung benutzt werden können. Dies ist nicht mehr zeitgemäß – auch in Bezug auf die Verbesserungen durch das Bundesteilhabegesetz und den Datenschutz.
Angesichts des eigenständigen gesetzlichen Anspruchs der SBV auf Unterstützung durch eine Bürokraft (§ 179 Abs. 8 Satz 3 SGB IX) zur organisatorischen Entlastung liegt es auf der Hand, dass die Vertrauensperson und die SBV-Mitglieder über eigene Räumlichkeiten verfügen können. Die engere Abstimmung und Kommunikation mit den Stellvertreter*innen erfordert ebenfalls Zugriff auf einen separaten Raum oder

mehrere Räumlichkeiten (je nach Größe des Betriebs und der vertretenen Zielgruppe).
Nicht zuletzt müssen Besprechungen mit schwerbehinderten Beschäftigten in vertraulicher Atmosphäre stattfinden können, zumal nicht selten hochsensible Informationen zur Sprache kommen, die unter den besonderen Schutz der Gesundheitsdaten fallen. Dies gilt auch für die Verwahrung der Akten und Unterlagen im SBV-Büro (mehr im Kapitel VIII.). Es liegt also nahe, dass eigene Räumlichkeiten unverzichtbar sind.

d. »Hardware«: Möbel, PC und mehr

Grundlegend sind natürlich die üblichen Arbeitsmittel wie Schreibtisch, Telefon, ein verschließbarer Aktenschrank (Datenschutz!), der PC, ein Tablet oder Diensthandy (möglichst nicht vernetzt oder mit Zugangssperre für Unbefugte) und andere Büroutensilien.

e. Kompetenzaufbau: Literatur und Seminare

Zum Einarbeiten, zum Erhalt und Erweitern ihrer Kompetenzen benötigt die Schwerbehindertenvertretung aktuelle Fachliteratur (vgl. »Checkliste SBV-Amtsantritt« im Kapitel III.3.b.) und ist regelmäßig auf den Besuch von Seminaren, Lehrgängen und Bildungsveranstaltungen mit entsprechender Arbeitsbefreiung (nach § 179 Abs. 4 SGB IX) angewiesen. Das gilt nun gesetzlich auch für die Stellvertreter*innen (vgl. Kapitel III.5.a.–d.).
Zu den erforderlichen Seminaren, die die SBV für ihre Amtsführung benötigt, zählen neben Angeboten, die Kenntnisse im Behinderten- und Teilhaberecht vermitteln auch Seminare zu Grundzügen des Betriebsverfassungs- oder Personalvertretungsrechts. Daneben ist Grundlagenwissen im Tarifrecht und in der Arbeitsmedizin sowie in allen weiteren Bereichen erforderlich, die im Einzelnen für die Betreuungs- und Beratungsarbeit notwendig sind (etwa Betriebliches Eingliederungsmanagement, Arbeitsschutzgesetz, Präventionsgesetz, Allgemeines Gleichbehandlungsgesetz etc.). Die Kosten trägt der Arbeitgeber (vgl. hierzu genauer Kapitel VIII.2., z. B. Bildungsplan aufstellen).

f. Medien, aktuelle Information, Periodika

Um bei den Entwicklungen in Recht und Praxis auf dem Laufenden zu bleiben, sind einschlägige Fachzeitschriften (im Abonnement) unverzichtbar. Der Verweis auf (kostenfreie) Internetangebote durch den Arbeitgeber ist nicht zielführend und bindend. Die SBV ist auf eine ein-

ordnende Darstellung aktueller Urteile und Teilhabetrends angewiesen, dazu gehören Hinweise zur Umsetzung in der Praxis. »Wildwüchsige« Darstellungen und Informationen im Internet sind in der Regel keine verlässliche Informationsquelle für ein Wahlamt.
Die Zeitschrift »Gute Arbeit« (Bund-Verlag, *www.gutearbeit-online.de*) beinhaltet regelmäßig eine Rubrik für die Schwerbehindertenvertretung: »Prävention und Teilhabe«. Die Fachzeitschrift informiert zudem über Arbeits- und Gesundheitsschutz, Präventionsansätze, alter(n)sgerechte Arbeit, Gefährdungsbeurteilung, Betriebliches Eingliederungsmanagement (s. auch Kapitel IV.15.) und bietet Beispiele guter Praxis.
Ausschließlich über die Arbeit der SBV, über spezifische Teilhaberechte und das Durchsetzen der Mitwirkungsrechte informiert der Informationsdienst »Schwerbehindertenrecht und Inklusion« (Bund-Verlag, *www.sui-web.de*).

7. Teilhabe gestalten: Konflikte im Job und im Amt

Über 80 % aller Schwerbehindertenvertretungen sind in kleinen und mittleren Betrieben oder Dienststellen tätig. Ohne vollständige berufliche Freistellung ergibt sich früher oder später die Frage der Freistellung für Amtsaufgaben (vgl. Kapitel III.4.c.).
Rechtsansprüche sind keine »Selbstläufer«, das Recht auf Arbeitsbefreiung (§ 179 Abs. 4 SGB IX) muss in der Praxis durchgesetzt werden. Dies gilt auch für die Freiräume in der Amtsführung der Schwerbehindertenvertretung. Die Tätigkeit als betriebliche Interessenvertretung provoziert Abgrenzungskonflikte zwischen Job und Mandat. Die Schwerbehindertenvertretung darf nicht zur »getriebenen« Person werden. Sie muss als treibende, gestaltende Kraft im Betrieb oder in der Dienststelle agieren können. Dazu gehören die Definition ihres Selbstverständnisses und die Klärung von Zielen im Amt:

- Wie kann ich meine Position umfassend nutzen und festigen, den Handlungsauftrag aus § 178 SGB IX (Aufgaben der Schwerbehindertenvertretung) möglichst gut umsetzen?
- Wie kann ich die Beschäftigungsbedingungen und -chancen für Menschen mit Behinderungen verbessern?
- Welche Ziele kann ich strategisch (langfristig) anpeilen: Rehabilitationsberatung, ein Gesundheitsmanagement, Stärkung der Prävention, alter(n)sgerechte Arbeitsgestaltung, ein besseres Betriebliches Eingliederungsmanagement, eine Inklusionsvereinbarung (§ 166 SGB IX, zu

der jetzt auch der Betriebsrat initiativ werden und einen Beitrag leisten kann [§ 80 Abs. 1 Nr. 4 BetrVG] oder – im Sinne der UN-BRK – einen Aktionsplan entwickeln, der Ziele wie Inklusion behinderter Auszubildender (mit Quote/Mindestanzahl pro Jahr) verbindlich regelt?

Die Rahmenbedingungen dafür sind in vielen Betrieben und Dienststellen schwierig: Die Zahl der Arbeitsplätze, die für ältere, gesundheitlich beeinträchtigte und behinderte Menschen geeignet sind, sinkt eher. Daher steigen die Anforderungen an eine maßgeschneiderte Einzel-Arbeitsplatzgestaltung.

Verschärft wird dies im Globalisierungs- und Rationalisierungsdruck durch Leistungsverdichtung bei gleichzeitigem Personalabbau oder Personalmangel. Das unterstreichen die Ergebnisse der Repräsentativbefragungen der Beschäftigten nach dem **DGB-Index Gute Arbeit** seit 2007 (vgl. *www.dgb-index-gute-arbeit.de*). Der allgemeine Leistungsdruck macht vor Beschäftigten mit (attestierten) Leistungsminderungen und Behinderungen nicht Halt. Die meisten Betroffenen haben erst im Laufe ihres Erwerbslebens eine Behinderung erworben oder sind von Behinderung bedroht.

In dieser Ausgangslage sind die Widerstände oft groß, externe (schwer-) behinderte, arbeitslose Menschen wieder ins Arbeitsleben zu integrieren oder jungen Leuten mit Behinderungen zum Berufsstart im ersten Arbeitsmarkt zu verhelfen – daran werden zunächst auch das **Budget für Arbeit** (§ 61 SGB IX) und das neue **Budget für Ausbildung** (§ 61a SGB IX) nichts ändern. Bis heute schafft es nur ein geringer Anteil der jungen Leute mit Behinderungen, einen betrieblichen Ausbildungsplatz zu ergattern.

Entsprechend muss die Schwerbehindertenvertretung innerbetrieblich Überzeugungsarbeit leisten und Verbündete suchen, damit sie (bedrohte) Arbeitsverhältnisse sichern und Beschäftigung für benachteiligte Gruppen auf dem Arbeitsmarkt schaffen kann – gleichsam als Türöffner für die Interessen behinderter Menschen.

Hinweis:

- Die Schwerbehindertenvertretung sollte sich im Betrieb auskennen, Arbeitsplätze begehen und Beschäftigungsmöglichkeiten ausloten, um Beschäftigungssicherung praktizieren zu können.
- Gleiche Chancen für Menschen mit Behinderungen sind im Betrieb oder in der Dienststelle nur zu gestalten, wenn Arbeitsprozesse und das Arbeitsumfeld sich (möglichst barrierefrei) an deren Bedürfnissen orientieren.

- Die Schwerbehindertenvertretung muss die Organisations- und Personalentwicklung im Auge haben und möglichst (mit dem Betriebs- oder Personalrat) beeinflussen, damit die Bedürfnisse der älteren und der Arbeitnehmer*innen mit Behinderungen von vornherein beachtet werden.
- Zur besseren Integration externer Menschen mit Behinderungen benötigt die Schwerbehindertenvertretung einen guten Überblick über den Arbeitsmarkt und über das Profil (arbeitsloser) potenzieller Bewerber*innen.
- Kontakte zu den Arbeitsagenturen, den Integrationsämtern und den jeweiligen Sachbearbeiter*innen sind nötig.
- Kontakte zu Förder- und Sonderschulen, zu Werkstätten für behinderte Menschen sowie zu Berufsbildungs- und Berufsförderungswerken in der Region helfen dabei, passende Bewerber*innen zu finden.

a. Voraussetzung zur Wahl der Schwerbehindertenvertretung – Rechte und Pflichten im Amt

Die Schwerbehindertenvertretung ist die Interessenvertretung (schwer-) behinderter Menschen im Berufsleben; sie fördert deren Eingliederung, steht ihnen beratend und helfend zur Seite (§ 178 Abs. 1 SGB IX) und wirkt in privaten Betrieben und Dienststellen der öffentlichen Verwaltung, sobald sie gewählt wurde. Das kann in Betrieben oder Dienststellen geschehen, in denen mindestens fünf schwerbehinderte (oder ihnen gleichgestellte) Menschen beschäftigt sind (§ 177 Abs. 1 Satz 1 SGB IX). Wahlberechtigt sind alle schwerbehinderten und ihnen gleichgestellte Menschen (§ 177 Abs. 2 SGB IX). Wählbar ist grundsätzlich jede*r Beschäftigte ab sechs Monaten Betriebszugehörigkeit, der*die das 18. Lebensjahr vollendet hat (§ 177 Abs. 3 SGB IX).

Aus dieser rechtlichen Konstellation ergibt sich die enge Verbindung der Schwerbehindertenvertretung mit ihrer Zielgruppe: Sie vertritt sowohl die individuellen Interessen einzelner behinderter Beschäftigter als auch die Gruppeninteressen der behinderten Menschen eines Betriebs oder einer Dienststelle insgesamt.

Ihr Mandat räumt der Schwerbehindertenvertretung die Möglichkeit ein, **auf alle Angelegenheiten und Entscheidungen im Betrieb oder in der Dienststelle Einfluss zu nehmen**, die das Interesse behinderter Menschen berühren: In diesen Fällen muss der Arbeitgeber die Schwerbehindertenvertretung vor Entscheidungen umfassend **unterrichten** und **anhören** (§ 178 Abs. 2 SGB IX).

Das heißt im Klartext: Die Schwerbehindertenvertretung nimmt regelmäßig auch zu personalpolitischen und wirtschaftlichen Grundsatzent-

scheidungen des Unternehmens oder der Verwaltung Stellung, wenn die Interessen der gesundheitlich beeinträchtigten und behinderten Beschäftigten verletzt oder berührt werden, sich die Personalpolitik als inklusionsfeindlich und diskriminierungsanfällig erweist.
Ende 2016 wurde das gesetzliche Informations- und Anhörungsrecht der **SBV deutlich gestärkt**. Seither muss der Arbeitgeber die Schwerbehindertenvertretung vor der Kündigung eines schwerbehinderten Beschäftigten unverzüglich (rechtzeitig!) informieren und anhören, sonst ist die Kündigung infolge eines Klageverfahrens unwirksam. Das Arbeitsgericht Darmstadt hatte bereits Ende 2017 entsprechend geurteilt (ArbG Darmstadt 14.11.2017 – 9 Ca 249/17).
Es ist entscheidend, dass die SBV gegenüber dem Arbeitgeber auf ihre Information und das Anhörungsrecht pocht, die Missachtung ihrer Beteiligungsrechte thematisiert und ggf. weitere Schritte einleitet (z. B. Aussetzung einer Entscheidung, s. auch Kapitel VII.4.a.). Nur so kann die SBV sich als eigenständige Interessenvertretung behaupten und durchsetzen. Damit steht sie im Konfliktfeld um das (soziale) Leitbild eines Betriebs oder einer Dienststelle, um die **grundlegende personalpolitische Orientierung**: Geht es um Inklusion und soziale Verantwortung? Oder stehen Ausgrenzung und Verantwortungslosigkeit im Vordergrund?

Wichtig: Hauptstränge der SBV-Arbeit

- Die Schwerbehindertenvertretung nimmt übergreifende Aufgaben im Sinne der Eingliederung von Menschen mit Behinderungen in das Berufsleben wahr und zielt darauf ab, die Personalpolitik durch intensive Mitwirkung und Ausschöpfung aller rechtlichen Möglichkeiten integrativ (inklusiv) zu beeinflussen und zu gestalten.
- Sie nimmt sich der Einzelfälle an, berät behinderte Menschen und leistet individuelle Unterstützung bei der Bewältigung von Problemen und Fragen im Arbeitsleben, die im Zusammenhang mit der Behinderung auftreten. Sie klärt über Rechte und Ansprüche auf und hilft bei deren Durchsetzung (Hilfe bei Anträgen, im Umgang mit Vorgesetzten, Behörden etc.).
- Seit der Reform des SGB IX nimmt die Schwerbehindertenvertretung außerdem vorbeugende Aufgaben im Sinne des Gesundheits- und Arbeitsschutzes wahr, denn das SGB IX zielt seit 2001 auch auf die Zielgruppe der **von Behinderung bedrohten Menschen** ab. Die Schwerbehindertenvertretung nimmt auch jene Beschäftigten in den Fokus, die durch (chronische) Erkrankungen, arbeitsbedingten Verschleiß und/oder Alter (vor-)geschädigt sind und denen ohne präventive Maßnahmen Behinderungen drohen.

- Seit der Novelle des SGB IX im Jahr 2004 enthält das Gesetz die Regelung des **Betrieblichen Eingliederungsmanagements** (BEM, § 167 Abs. 2 SGB IX): Arbeitgeber müssen länger Erkrankten (in den letzten zwölf Monaten mindestens sechs Wochen unterbrochen oder an einem Stück arbeitsunfähig) ein BEM anbieten. Mit geeigneten (Arbeitsplatz-)Maßnahmen ist die Arbeitsunfähigkeit möglichst zu überwinden, erneuter Arbeitsunfähigkeit vorzubeugen und die Wiedereingliederung am Arbeitsplatz zu fördern. Das Verfahren dient dem Ziel der beruflichen Teilhabe und des Arbeitsplatzerhalts, also des Vermeidens beruflicher Ausgrenzung z. B. durch krankheitsbedingte Kündigung. Auch an diesem Verfahren ist die Schwerbehindertenvertretung regelmäßig zu beteiligen, wenn länger Erkrankte (schwer-)behindert sind. In vielen Betrieben/Dienststellen wird die Schwerbehindertenvertretung grundsätzlich aufgrund ihrer Eingliederungs- und Gesundheitskompetenz hinzugezogen – oder sie gehört dem eigens eingesetzten Eingliederungsteam für das BEM an (vgl. Kapitel IV.15.). Zudem kann sie sich den vom BEM Betroffenen als Vertrauensperson anbieten, die sie durch das BEM-Verfahren kompetent begleitet.

Die grundlegenden Ziele der Arbeit der Schwerbehindertenvertretung sind: Menschen mit Behinderungen im Betrieb oder in der Dienststelle dürfen nicht benachteiligt werden, sondern sind den nichtbehinderten Kolleginnen und Kollegen gleichzustellen. Dies geschieht vor allem durch:
- Erhalt und Verbesserung der Gesundheit (mit technischen Hilfen/ Arbeitsplatzgestaltung, Umsetzung auf einen geeigneten Arbeitsplatz, Förderung der medizinischen/beruflichen Rehabilitation),
- Erhalt des Arbeitsplatzes und umfassende Teilhabe an den Qualifizierungs- und Aufstiegsmöglichkeiten, um gleichwertige soziale Chancen und gesellschaftliche Teilhabe zu erreichen.

b. Der erste Auftritt im Betrieb: Das Einrichten einer Sprechstunde

Sprechstunden gehören zum Einmaleins der Arbeit der Schwerbehindertenvertretung: Sie sind das grundlegende Instrument der alltäglichen Kontaktpflege, der Beratungs- und Betreuungsarbeit. Menschen mit Behinderungen müssen wissen, wer für sie zuständig ist, wann und wo sie ihre Interessenvertretung erreichen.
Je nach Betriebsgröße und Bedarf können **flexible Sprechzeiten** nach Vereinbarung und/oder **feste Sprechstunden** wöchentlich oder monatlich eingerichtet werden. Es ist wichtig, darauf zu achten, dass alle Beschäftigten grundsätzlich die Chance erhalten, ihre Schwerbehinder-

tenvertretung zu erreichen, auch wenn sie im Außendienst, in Teilzeit, Schichtarbeit oder einer Außenstelle tätig sind.
Die Ankündigung der Sprechzeiten ist ein erstes »Hallo« der neu gewählten Schwerbehindertenvertretung und sollte auf allen betriebsüblichen Kommunikationswegen kurz und bündig angekündigt werden (vgl. Kapitel V., Betriebliche Kommunikation und Öffentlichkeitsarbeit).

Wichtig: Vorteile der Sprechstunde
- Die Schwerbehindertenvertretung ist betriebsöffentlich präsent und zeigt Engagement.
- Neben der Mitarbeit in Ausschüssen, Gremien und dem Besuch der Betriebs- oder Personalratssitzung (Teilnahmerecht ohne Stimmrecht) erhält die Arbeit der Schwerbehindertenvertretung ein weiteres Gerüst.
- Sie kommt regelmäßig mit ihrer Klientel in Kontakt und erfährt, wo es Probleme gibt, was im Betrieb passiert.
- Sie zeigt sich der Belegschaft als zuverlässige Beratungs- und Informationsstelle.
- Sie schafft sich einen verlässlichen Zeitrahmen zum Erledigen von Routinepflichten.
- Die Sprechstunde erleichtert die Arbeit als Interessenvertretung: Bei zufälligen Gesprächskontakten kann sie auf die Beratung in den Sprechstunden verweisen.

c. Aufgaben, Erwartungen und Selbstschutz

Ein flapsiger Spruch aus der Praxis beschreibt das Spannungsfeld, in dem viele Vertrauenspersonen stehen: Die Schwerbehindertenvertretung denkt an alles, nur nicht an sich selbst. Oder anders ausgedrückt: Die Erwartungen an die Schwerbehindertenvertretung sind hoch, die Aufgaben vielfältig, ihre soziale Kompetenz bei der Beratung und Interessenvertretung behinderter Menschen bringt ihr den Ruf des »sozialen Mädchens für alles« ein: Die Schwerbehindertenvertretung kümmert sich darum – als freundliche*r Helfer*in, sachkundige*r Ratgeber*in, allgegenwärtige*r Ansprechpartner*in, streitbares Sprachrohr, psychosoziale Anlaufstation, harte*r Verhandlungspartner*in. Zusammen betrachtet ist das eine deutliche Überforderung!
Im Alltag wird die SBV auf unterschiedliche Themen, Probleme und Konflikte angesprochen. Die Bandbreite verlangt ihr einerseits Flexibilität ab, andererseits die Fähigkeit zur Distanzierung. Denn trotz hoher sozialer Verantwortung und Aufgabentreue darf sich die Schwerbehindertenver-

tretung nicht als universeller Kummerkasten für alle Schwierigkeiten verstehen.
Im Gegenteil: Wenn sich bestimmte Problemlagen am Arbeitsplatz häufen, die an sie herangetragen werden, ist der Arbeitgeber gefordert, für Abhilfe zu sorgen – etwa in Form zusätzlicher Beratungsangebote (Sozialberatung, Suchtberatung etc.). An dieser Schnittstelle sollten Schwerbehindertenvertretung und Betriebs- oder Personalrat kooperieren und bei Bedarf mit der SBV initiativ werden.
Vertrauenspersonen berichten z. B. von stark zunehmenden (modernen) Konflikten, die nur speziell ausgebildete Fachkräfte bewältigen können: Konfliktberatung und Mediation bei Mobbing und Stalking, Suchtprobleme, psychische (Langzeit-)Erkrankungen, Partner- und Scheidungskonflikte, Überschuldung und vieles mehr. Ohne Frage gibt es im Arbeitsleben heutzutage einen steigenden Bedarf, diesen Problemen zu begegnen, denn sie werden am Werkstor oder am Eingang der Dienststelle von den Beschäftigten nicht abgestreift, sondern wirken in der Arbeitswelt nach, beeinträchtigen deren Leistungsfähigkeit und psychische Stabilität.

d. Distanz wahren, nicht überfordern lassen

Neu gewählte SBV-Mitglieder stehen oft ratlos vor diesen teils sehr persönlichen Problemen ihrer Klientel. Wichtig ist Rollenklarheit: Was kann ich als Schwerbehindertenvertretung ausrichten? Was kann ich eindeutig nicht leisten? Die Konzentration auf die gesetzlichen Aufgaben ist zentral (s. o.). Bei aller Empathie ist das Einüben einer freundlichen Distanz nötig: Dein Problem ist und bleibt dein Problem! Ich kann und will dazu beitragen, dass Lösungen erarbeitet und erreicht werden, aber mehr geht nicht! Unterstützung gibt es nur bei Problemlagen, die rechtlich abgedeckt sind; ansonsten ist eine betriebliche Sozialberatung oder eine externe Stelle einzuschalten.
Vertrauenspersonen sollten ihre emotionale Belastbarkeit nicht überschätzen und haben sensibel persönliche Grenzen im Auge zu behalten. Zur Einarbeitung und zum Kompetenzerhalt ist nicht nur für neue Vertrauenspersonen und Stellvertreter*innen der **Besuch von Seminarangeboten** erforderlich, die neben Rechtsgrundlagen und Praxistipps auch Kenntnisse über die Rolle und das Selbstverständnis der Schwerbehindertenvertretung vermitteln.

e. Antennen für Diskriminierungen entwickeln

Bis heute geistern unrealistische Vorstellungen von Behinderungen durch die Arbeitswelt und die Gesellschaft. Der Rollstuhl prägt als Symbol das Wahrnehmungsmuster von Behinderung in der Öffentlichkeit. Nur ein geringer Anteil von Menschen mit Behinderungen ist querschnittsgelähmt oder stark gehbehindert, blind, gehörlos, amputiert oder geistig behindert.

Die Zielgruppe der SBV-Vertretungsarbeit setzt sich anders zusammen: Während rund 5 % der Behinderungen angeboren sind, werden sie in etwa 95 % der Fälle erst im Laufe des (Arbeits-)Lebens erworben. Die häufigsten Ursachen sind organische (chronische) Erkrankungen, Unfälle und körperlicher Verschleiß, die so starke Spuren hinterlassen, dass sie zu langfristigen oder dauerhaften Beeinträchtigungen der Gesundheit führen. Oft sind in der Folge die Bewegungsfähigkeit, die Belastbarkeit und die Leistungsfähigkeit hinsichtlich bestimmter Bereiche und Tätigkeiten (stark) gemindert. Neben körperlichen Behinderungen spielen seelische Beeinträchtigungen eine wachsende Rolle.

Zu den schwerbehinderten Menschen im Betrieb oder in der Dienststelle zählen Arbeiter*innen, Angestellte und Auszubildende, Beschäftigte aller Hierarchieebenen und Altersgruppen sowie aller sozialen Milieus. Betroffene sind Frauen, Männer oder diverse Personen, sie sind unterschiedlich religiös und weltanschaulich geprägt. Zur möglichen Diskriminierung aufgrund einer Behinderung gesellen sich demnach möglicherweise weitere Merkmale, die als Diskriminierungstatbestände wirken können.

Um diesem Phänomen gerecht zu werden, brauchen Vertrauenspersonen neben Kenntnissen über das SGB IX, das u. a. die Schutzrechte und Leistungsansprüche behinderter Menschen regelt, auch Antennen für (Mehrfach-)Diskriminierungen: Also ein Gespür für Benachteiligung oder Ausgrenzungsrisiken aufgrund mehrerer Merkmale. In diesem Zusammenhang sind Grundkenntnisse über das Allgemeine Gleichbehandlungsgesetz (AGG) erforderlich, das Diskriminierungen aufgrund mehrerer Merkmale (Geschlecht, Alter, Behinderung, Rasse oder Herkunft, sexuelle Orientierung, Weltanschauung und Religion) im Arbeitsleben eindämmen soll.

f. Behinderungen und betriebliche Aufgaben

Trotz der beschriebenen Vielfalt unter den Menschen mit Behinderungen gibt es für die Schwerbehindertenvertretung drei Merkmale, die über die

Zugehörigkeit zur betrieblichen Zielgruppe entscheiden: die Schwerbehindertenvertretung vertritt die Interessen der Menschen,

- die **schwerbehindert** sind, bei denen also ein Grad der Behinderung (GdB) von mindestens 50 festgestellt wurde (nach Feststellungsantrag und -bescheid des Versorgungsamts oder der zuständigen kommunalen Behörde),
- die mit schwerbehinderten Arbeitnehmer*innen **gleichgestellt** wurden (nach Antrag bei der Arbeitsagentur), bei denen ein GdB von mindestens 30 und weniger als 50 festgestellt wurde,
- die von **Behinderung bedroht** sind, wobei das Merkmal weniger eindeutig ist (längere Erkrankung, z. B. ein BEM-Fall als Indiz).

Mit Bezug auf die Beschäftigungspflicht der Arbeitgeber, die Personal- und Rehabilitationsplanung der Betriebe oder Dienststellen, erwähnt das Gesetz darüber hinaus als besondere Zielgruppen:

- schwerbehinderte Menschen, die nach Art oder Schwere ihrer Behinderung im Arbeitsleben besonders betroffen sind (§ 155 Abs. 1 SGB IX),
- ältere schwerbehinderte Menschen über 50 Jahre (§ 155 Abs. 1 SGB IX),
- schwerbehinderte Auszubildende (§ 155 Abs. 2 SGB IX),
- schwerbehinderter Frauen (§ 155 Abs. 1 und § 166 Abs. 1 SGB IX),
- schwerbehinderte Menschen, bei deren Beschäftigung betriebsbedingte Schwierigkeiten, Probleme, Konflikte auftreten, die das Arbeitsverhältnis bedrohen können (§ 167 Abs. 1 SGB IX),
- langzeiterkrankte schwerbehinderte Menschen (§ 167 Abs. 2 SGB IX).

Die Aufzählung und der Blick auf die krankheits- und verschleißbedingten Behinderungsursachen sowie besondere Benachteiligungen (z. B. wegen des Alters, wegen besonders schwerer Behinderung) zeigen, dass Menschen mit Behinderungen keine einheitliche Gruppe sind. Das Berücksichtigen der individuellen Faktoren der Betroffenen erfordert Fingerspitzengefühl bzw. eine soziale Sensorik. Das Vorliegen der Schwerbehinderteneigenschaft sagt wenig aus über den konkreten Unterstützungs- und Eingliederungsbedarf im Einzelfall.

g. Teilhaberisiko Ausgrenzung: Behinderung und Alter

Über 80 % aller Behinderungen sind nicht sichtbar. Dies widerspricht dem erwähnten gesellschaftlichen »Behinderungsbild« und den Wahrnehmungsmustern. Das soziale Umfeld, der Kollegenkreis und Außenstehende reagieren nicht selten ablehnend auf das Engagement im Interesse behinderter Menschen, weil sie eine ungerechtfertigte »Bevorzugung«

unterstellen. Das stark erhöhte Behinderungsrisiko »Alter« wird unterschätzt oder infrage gestellt, das Problembewusstsein – auch hinsichtlich einer notwendigen besseren Prävention arbeitsbedingter Erkrankungen – ist unterentwickelt.

Der Schwerbehindertenvertretung fällt die Aufgabe zu – in Kooperation mit anderen betrieblichen und strategischen Partnern –, für das gesamte Aufgabenfeld Überzeugungsarbeit zu leisten und betriebsöffentlich zu sensibilisieren (vgl. Kapitel V., Betriebliche Öffentlichkeitsarbeit und Kommunikation). Das kann sie u.a. über ihre Mitarbeit im Arbeitsschutzausschuss (ASA) erreichen: Das Arbeitsschutzgesetz (ArbSchG) verpflichtet Arbeitgeber, bei den Maßnahmen des Arbeitsschutzes spezielle Gefahren für besonders schutzbedürftige Beschäftigtengruppen zu berücksichtigen (§ 4 Satz 6 ArbSchG), also auch für Menschen mit Behinderungen (s. Nationale Arbeitsschutzkonferenz: Leitlinie Gefährdungsbeurteilung vom 15.12.2011 – Anhang 1, Abschnitt 4; Gefährdungsbeurteilung nach § 5 ArbSchG).

Bei der betrieblichen Bewältigung des demografischen Wandels kann die Arbeit der Schwerbehindertenvertretung Pionierarbeit leisten: Der Faktor Prävention (Arbeits- und Gesundheitsschutz, Gestaltung guter Arbeitsbedingungen), Vermeidung von arbeitsbedingten Erkrankungen, Unfällen und Behinderungen sowie das betriebliche Engagement für von Behinderung bedrohte Beschäftigte sind in diesem Zusammenhang bedeutsam. Immer mehr Menschen sind zu längerer Erwerbsarbeit verpflichtet, weil Regelungen für den Vorruhestand entfallen sind und das sinkende Rentenniveau bei einem früheren Berufsausstieg aufgrund hoher Abschläge existenziell riskant ist. Zudem steigt das Renteneintrittsalter stufenweise auf 67 Jahre an, obwohl viele Beschäftigte schon viel früher erwerbsgemindert aus dem Arbeitsleben ausscheiden: Eine erworbene Schwerbehinderung ist für jede*n vierte*n Beschäftigte*n der »normale« Endpunkt des Erwerbslebens.

Solange die sozialen Schutz- und Ausgleichsmechanismen des SGB IX auf der betrieblichen Ebene greifen und berufliche Ausgrenzung verhindern, ist Behinderung im Alter zwar eine Herausforderung für mehr Gesundheitsschutz im Arbeitsleben; sie wäre aber keine individuelle Katastrophe mit Existenznöten, sondern markierte eine Entwicklung, die mit sozialen Maßnahmen ausgeglichen und flankiert werden kann.

Faktisch ist die moderne Arbeitswelt jedoch wenig »inklusiv«: (längere) Erkrankungen, Behinderungen und das Alter sind große Beschäftigungs- und Existenzrisiken. Sogenannte Bagatellkündigungen (»Maultaschen-«, »Pfand-Bon-Kündigung«) haben oft ältere, langjährige Beschäftigte betroffen, es wird von Arbeitgeberseite teils gezielt nach Kündigungsgründen »gefahndet«. Der DGB schätzt, dass es trotz des Betrieblichen Eingliederungsmanagements (BEM, § 167 Abs. 2 SGB IX) bis heute zu rund 500 000 krankheitsbedingten Kündigungen im Jahr kommt – das ist etwa ein Drittel der arbeitgeberseitigen Kündigungen.

Wie intensiv der Arbeitgeber nach Vorwänden sucht, um ältere Beschäftigte auszugrenzen, zeigt ein Urteil des Bundesarbeitsgerichts (BAG 9.4.2014 – 10 AZR 637/13): Eine seit 1983 bei einem Krankenhausbetreiber beschäftigte Krankenschwester, die aus gesundheitlichen Gründen keine Nachtschichten mehr leisten konnte, wurde vom Pflegedirektor für »arbeitsunfähig« erklärt und nicht weiterbeschäftigt; sie erhielt zunächst Entgeltfortzahlung, dann Arbeitslosengeld. Obwohl die bis zum BAG erfolgreiche Klägerin ihre vertraglich geschuldete Arbeitsleistung – bis auf die Nachtdienste – explizit angeboten hatte, wurde sie ausgegliedert. Das BAG schob dieser diskriminierenden Praxis einen Riegel vor, bekräftigte den Anspruch der Klägerin auf Beschäftigung und Vergütungsnachzahlung. Das Krankenhaus müsse bei der Schichteinteilung auf gesundheitliche Probleme und Leistungseinschränkungen Rücksicht nehmen!

Auch das Kündigen unter Ausschaltung der Interessenvertretungen, das »Anbieten« von Aufhebungsverträgen mit Abfindung (teils mit Nötigung, also der unterschwelligen Drohung, lieber anzunehmen) ist eine wenig erforschte Grauzone. Ohne engagierte Interessenvertretungen und deren Aufklärung, ohne Betriebsrat und die verpflichtende Beteiligung und Anhörung der Schwerbehindertenvertretung, würden diese Risiken noch stärker als bisher auf dem Rücken der Betroffen ausgetragen. Die personalpolitischen Herausforderungen im demografischen Wandel und in der modernen Arbeitswelt, die sozialen und rechtlichen Untiefen, sind ein nachhaltiges Plädoyer für die Stärkung der SBV und der gesetzlichen Interessenvertretungen.

8. Kontakte pflegen, Netzwerke aufbauen

Als betriebliche Lobby der Menschen mit Behinderungen ist die Schwerbehindertenvertretung auf (strategische) Partnerschaften und Netzwerke angewiesen, das wurde bereits am Beispiel erläutert. Nach der SBV-Wahl ist es wichtig, die (neu) gewählte Schwerbehindertenvertretung und ihre Mitglieder im Betrieb und bei den entscheidenden externen Stellen vorzustellen (vgl. »Checkliste SBV-Amtsantritt« in Kapitel III.3.b.).

Warum ist externe Vernetzung bedeutsam? Über außerbetriebliche Partner mobilisiert die SBV nicht nur Unterstützung und Kompetenzgewinn für ihre betriebliche Aufgaben. Sie kann auch praktische und materielle Hilfen für das einzelne Fallmanagement und die Rehabilitation generieren. Netzwerke, Austausch und intensive Zusammenarbeit gehören zum grundlegenden Instrumentarium der Schwerbehindertenvertretung. Die (Rück-)Meldung nach der Wahl bei Behörden und Sozialversicherungsträgern sowie der zuständigen Branchengewerkschaft und dem DGB sind daher bedeutend.

Hinweis: Für externe Partner relevante Informationen
- Wer wurde als Vertrauensperson und als Stellvertreter*in gewählt?
- Wie lauten die Kontaktdaten?
- Gibt es besondere Interessen, Informationsdefizite der neu Gewählten?
- Sind bereits neue Arbeitsschwerpunkte geplant?

Zwar ist es eine Arbeitgeberpflicht, die entsprechende Meldung an das zuständige Integrations-/Inklusionsamt und die Agentur für Arbeit zu veranlassen, doch darauf sollte sich keine Schwerbehindertenvertretung verlassen, sondern selbst initiativ werden und sich bekannt machen. Die externen Partner verfügen in der Regel über Daten von Arbeitskreisen der Schwerbehindertenvertretungen, vermitteln Basiswissen und bieten Schulungen und Einführungsveranstaltungen an. Bei der Teilnahme lernt die Schwerbehindertenvertretung mit der Zeit wichtige Ansprechpartner*innen kennen.

a. Hilfe im Einzelfall: Netzwerkarbeit als Erfolgsfaktor

Was ist zu tun, wenn eine Behinderung vorliegen könnte, eintritt oder sich verschlimmert, wenn sie lange Arbeitsunfähigkeitszeiten verursacht und der Arbeitsplatz in Gefahr gerät? Die Rolle der Schwerbehindertenvertretung entwickelt sich in dieser Situation zum Netzwerkknoten. Nur wer über die erforderlichen Kontakte und Kompetenzen verfügt, kann planvoll und wirksam im Interesse der behinderten Beschäftigten handeln.

Mit umsichtiger Umgestaltung des Arbeitsplatzes und der Arbeitsorganisation, mit rechtlichen Verfahren des SGB IX (z. B. nach § 167 Abs. 1 SGB IX, Präventionsverfahren, oder § 167 Abs. 2 SGB IX, Betriebliches Eingliederungsmanagement), mit technischen Hilfen und Barrierefreiheit sind Behinderungen und Leistungsminderungen in vielen Fällen auszugleichen, sodass einer weiteren Erwerbsarbeit nichts im Wege steht. Unter

Umständen ist die Versetzung an einen geeigneten (Alternativ-)Arbeitsplatz oder eine Umschulung (berufliche Rehabilitation) notwendig.

Wichtig: Externe Unterstützung einholen
Die Schwerbehindertenvertretung steht bei der Bewältigung von Beschäftigungskrisen und bei der Erarbeitung von Lösungen nicht allein da. Sie greift auf ein innerbetriebliches und externes Beratungsnetzwerk zu, dessen Akteur*innen sie mit der Zeit kennen lernt, und das sie bei Bedarf aktiviert:

- Der Schwerbehindertenvertretung stehen betriebsintern bei Bedarf zur Seite: die Betriebsmedizin, Fachkräfte für Arbeitssicherheit, der Betriebs- oder Personalrat, der*die Inklusionsbeauftragte für die Belange schwerbehinderter Menschen des Arbeitgebers, die Personalabteilung und beteiligte Vorgesetzte. Auch ein Integrationsteam, das für das BEM oder (schwer-)behinderte Menschen zuständig ist, tritt in Aktion.
- Wichtig ist die Beteiligung der externen Sozialleistungsträger und Verwaltungen, die den Arbeitsplatzumbau oder den Erhalt des Arbeitsverhältnisses finanziell fördern können, wenn sie unmittelbar zuständig sind. Als Unterstützer kommen in Betracht: Inklusions- oder Integrationsämter sowie Integrationsfachdienste (Einzelfallbegleitung), die Reha-Berater*innen der Rentenversicherung, der Krankenversicherung oder der Berufsgenossenschaft und die örtliche Arbeitsagentur. Ideal ist es, wenn Vertrauenspersonen in externen regionalen Arbeitskreisen der Schwerbehindertenvertretung mitwirken, in denen die beschriebene Unterstützungsinfrastruktur der Sozialversicherungsträger ebenfalls vertreten ist, oder wenn sie Kontakt zur Reha-Beratung der Sozialversicherungsträger pflegt. Arbeitskreise fördern mit dem Austausch über Betriebsbeispiele die Eingliederungs- und Fachkompetenz der SBV-Mitglieder.

b. Wichtige Anlaufstellen: Der DGB und seine Gewerkschaften

Die Gewerkschaften haben in der Regel hauptamtliche Ansprechpartner*innen für Vertrauenspersonen und Teilhabepolitik, sie koordinieren Arbeitskreise der Schwerbehindertenvertretungen für unterschiedliche Branchen oder Regionen, beraten über die Rechte und Pflichten als betriebliche Interessenvertretung, informieren und helfen bei Konflikten oder bieten Weiterbildungsangebote sowie Informationsmaterial an.
Die Mitglieder der DGB-Gewerkschaften genießen den individuellen **Sozialrechtsschutz** (DGB-Rechtsschutzstellen unter *www.dgbrechtsschutz.de*): Juristische Beratung und Vertretung bei Widersprüchen und Klagen, wenn es um die Rechte rund um den Arbeitsplatz und um die Anerken-

nung einer (Schwer-)Behinderung oder um eine Berufskrankheit/eines Arbeitsunfalls geht. Das ist auch für Beschäftigte mit Behinderungen wichtig zu wissen und sollte im Betrieb bekannt gemacht werden.

c. Das Integrations- oder Inklusionsamt

Je nach Bundesland wird das Amt unterschiedlich bezeichnet: Es bietet Unterstützung für Menschen mit Behinderungen und ist herausragender Partner der Schwerbehindertenvertretung: Es berät Vertrauenspersonen, schwerbehinderte Menschen und die Arbeitgeber, überwacht den besonderen Kündigungsschutz schwerbehinderter und gleichgestellter Beschäftigter, erbringt die begleitende Hilfe im Arbeitsleben (finanzielle und praktische sowie technische Eingliederungshilfe, Arbeitsplatzgestaltung) und schult das betriebliche Integrationsteam (Schwerbehindertenvertretung und Partner – auch in allen Fragen des Betrieblichen Eingliederungsmanagements).
Die Schwerbehindertenvertretung ist die Instanz, die das Integrations- oder Inklusionsamt veranlasst, im Betrieb oder in der Dienststelle im Einzelfall oder für Gruppen tätig zu werden. Seit dem Bundesteilhabegesetz (2016) gilt das auch beim Aushandeln einer betrieblichen Inklusionsvereinbarung (§ 166 SGB IX): Geraten die betrieblichen Verhandlungen mit dem Arbeitgeber über die Inklusionsziele ins Stocken oder verweigert sich der Arbeitgeber einer Vereinbarung, kann das Integrations- oder Inklusionsamt beratend und vermittelnd hinzugezogen werden. Es soll auch bei Konflikten schlichten.
Das Amt wird eingeschaltet, wenn Arbeitsplätze behinderungsgerecht umgestaltet und ausgestattet werden müssen. Es koordiniert Hilfen, auch wenn es um die betriebliche Nutzung und Umsetzung des neuen Budgets für Arbeit geht oder des Budgets für Ausbildung geht (§§ 61 und 61a SGB IX). Die Ämter informieren auch über Sonderprogramme zur Förderung der beruflichen Teilhabe in den Bundesländern.

d. Der Integrationsfachdienst

Nach Art und Schwere besonders betroffene Menschen mit Behinderungen werden vom Integrationsfachdienst (IFD) in Arbeit und Ausbildung vermittelt und wenn nötig intensiv begleitet. Eine wichtige Rolle spielt der IFD auch bei der betrieblichen Beratung, Betreuung und Eingliederung psychischer erkrankter Menschen, auch wenn z. B. das Budget für Arbeit oder das neue Budget für Ausbildung (§§ 61 und 61a SGB IX) im Betrieb genutzt wird.

Der IFD informiert über Leistungen (Zuschüsse, Hilfen), ist eng verzahnt mit dem Integrationsamt und kooperiert mit den Arbeitgebern. Die Schwerbehindertenvertretung spielt für den IFD eine Schlüsselrolle: Sie kann ihm Türen in den Betrieb öffnen, wenn ein Arbeitsplatz nicht mehr geeignet oder ein Arbeitsverhältnis gefährdet ist (vgl. Präventionsverfahren nach § 167 Abs. 1 SGB IX). Außerdem soll der IFD externe behinderte Menschen in Arbeit vermitteln, die Schwerbehindertenvertretung kann ihm dabei den Weg für Gespräche ebnen und betriebsintern Überzeugungsarbeit für die Einstellung behinderter Menschen leisten.

e. Die Agentur für Arbeit

Sie gewährt Lohnkosten- oder Ausbildungszuschüsse bei Beschäftigung oder Einstellung von Menschen mit Behinderungen (u. a. beim Budget für Arbeit, beim Budget für Ausbildung etc.) und ist für deren Gleichstellung mit schwerbehinderten Beschäftigten zuständig (Antragsverfahren). Um Arbeitgeber mit den Förderwegen vertraut zu machen, ist ein allgemeines Informationsgespräch mit einer Fachkraft der Agentur für Arbeit, der Schwerbehindertenvertretung und dem Arbeitgeber sinnvoll – z. B. regelmäßig jährlich oder alle zwei Jahre. Die Arbeitsagentur verfügt über Daten von Bewerber*innen mit Behinderungen und ist über geplante Neueinstellungen zu informieren; nur so kann sie tätig werden und arbeitssuchende Menschen mit Behinderungen vermitteln (vgl. Arbeitgeberpflichten nach § 164 Abs. 1 SGB IX).

f. Das Versorgungsamt und kommunale Behörden

Versorgungsämter oder vergleichbare Behörden (Stellen bei Kommunen) stellen fest, ob eine Behinderung vorliegt und wie hoch der Grad der Behinderung (GdB) ist. Ab einem GdB von 50 liegt eine Schwerbehinderung vor. In den meisten Bundesländern sind die Versorgungsämter für das sog. **Anerkennungsverfahren** zuständig; in einigen Ländern wurden die Aufgaben kommunalisiert, also kommunalen Behörden übertragen (z. B. in Baden-Württemberg und Nordrhein-Westfalen). Die Anerkennung einer (Schwer-)Behinderung ist die Voraussetzung für das Geltendmachen von Schutzrechten, Nachteilsausgleichen und anderen Ansprüchen im Arbeits- und Privatleben.

Die Schwerbehindertenvertretung steht den Beschäftigten im Anerkennungsverfahren mit Rat und Tat zur Seite, das gehört zu ihrem Kerngeschäft. Deshalb ist es sinnvoll, mit den zuständigen Sachbearbeiter*innen Kontakt zu halten. Da die Ämter in einigen Bundesländern und Regionen überlastet sind und die Feststellung einer Behinderung sich (zu) lange hinziehen kann, sollte mit den Zuständigen auch über Fristen und die Verfahrensdauer gesprochen werden.

g. Weitere Sozialleistungsträger

Nach und nach (oder auf den Einzelfall bezogen) werden Kontakte zu den Trägern der gesetzlichen Krankenversicherung oder der Betriebskrankenkasse, der Rentenversicherung sowie der zuständigen Berufsgenossenschaft aufgenommen. Auch diese Zweige der Sozialversicherung – neben den Arbeitsagenturen – erbringen Leistungen für behinderte Menschen im Arbeitsleben, zur beruflichen und medizinischen Rehabilitation, sie unterstützen die Prävention, den Gesundheitsschutz und die Wiedereingliederung in das Arbeitsleben nach längerer Erkrankung oder einem (Arbeits-)Unfall.

h. Wichtige Informationen für die Schwerbehindertenvertretung im Internet

- *www.arbeitsagentur.de*
- *www.bmas.de*
- *www.bundesarbeitsgericht.de*
- *www.bundessozialgericht.de*
- *www.delegs.com*
- *www.dgb.de*
- *www.dguv.de*
- *www.evg-online.org*
- *www.faw-biha.de*
- *www.gdp.de*
- *www.gew.de*
- *www.hamburg.arbeitundleben.de/handicap*
- *www.igbau.de*
- *www.igbce.de*
- *www.igmetall.de*
- *www.integrationsaemter.de*
- *www.kobinet.de*
- *www.ngg.net*
- *www.reha-recht.de*
- *www.rehadat-statistik.de*
- *www.verdi.de*

9. Kompetenzen aufbauen, Arbeitsmethoden aneignen

Klappern gehört zum Handwerk: Die Schwerbehindertenvertretung muss wie jede Interessenvertretung im Betrieb oder in der Dienststelle präsent sein. Erfolg im Amt hängt davon ab, ob die Belegschaft die Schwerbehindertenvertretung als Interessenvertretung der behinderten Menschen kennt und wahrnimmt. Taten sprechen für sich: Es gibt nichts Gutes, außer man tut es. Geschehen diese guten Taten in aller Stille, dann können sie nicht wirken und das Betriebsklima nicht nachhaltig verändern. Initiativen und Erfolge brauchen Öffentlichkeit, es muss darüber gesprochen werden. Bescheidenheit ist also unangebracht, auch wenn die Rolle der »öffentlichen Person« im Betrieb, das Auftreten als Mandatsträger*in, für Neueinsteiger ungewohnt ist und eingeübt werden muss.
Öffentlichkeitsarbeit als ein Erfolgsfaktor wird im Kapitel »Betriebliche Öffentlichkeit und Kommunikation« (s. Kapitel V.) noch ausführlicher behandelt. Grundsätzlich gilt: Transparenz bei der Arbeit, sich von anderen in die Karten schauen lassen, kann mobilisierend wirken und der Schwerbehindertenvertretung den Rücken stärken. Vor allem bei Konfliktthemen kommt es darauf an, die Aufmerksamkeit der Beschäftigten zu gewinnen, die Ziele der Interessenvertretungspolitik darzustellen, die Belegschaft zu überzeugen und die Öffentlichkeit als Forum der Auseinandersetzung mit dem Arbeitgeber zu nutzen. Das gilt auch bei Routineaufgaben wie den Sprechstunden, der Versammlung schwerbehinderter Menschen und anderen Gelegenheiten, bei denen die Schwerbehindertenvertretung sichtbar ist und das Wort ergreift.

a. Vertrauen und Kompetenz: Gut vorbereitet in die Sprechstunde

Informieren, Rat geben, Konflikte lösen, neue Perspektiven aufzeigen: Die persönliche Beratungs- und Betreuungsarbeit der Schwerbehindertenvertretung ist eine wichtige Aufgabe und zugleich eine Vertrauenssache, die Empathie und Sachkompetenz erfordert. Nur wer sich auf Gesprächspartner*innen einlässt und gut informiert ist, kann Boden gewinnen. Dabei steht die Schwerbehindertenvertretung in jedem Gespräch und Einzelfall vor anderen Anforderungen: je nachdem, ob eine einfache Auskunft, Informationsgespräche, intensive arbeits- und sozialrechtliche Beratungen und Unterstützung in Konflikten mit Vorgesetzten oder im Kollegenkreis gefragt sind (vgl. Kapitel III.7.b., Sprechstunde).

Gut ist, vorab zu klären, was in der Sprechstunde ansteht. Das kann eine Bürokraft schon vorab klären und notieren (Anspruch nach § 179 Abs. 8 Satz 3 SGB IX, mehr im Kapitel VIII.1.b.), die die SBV bei organisatorischen Aufgaben unterstützt. Dann wird die nötige Sprechzeit ermittelt und besser genutzt. Und die Vertrauensperson hat die Chance, sich inhaltlich vorzubereiten, Rechtsgrundlagen zu klären, evtl. Informationen und Adressen zu beschaffen. Auch bei dieser Vorarbeit, der Recherche von Informationen und dem Beschaffen von Unterlagen etc. kann die Bürokraft helfen und vorarbeiten, denn Mandatsaufgaben haben Vorrang vor Büroarbeit. Gute Vorbereitung signalisiert, dass die Schwerbehindertenvertretung ihre Klientel mit ihrem Anliegen ernst nimmt.

- **Das Gesprächsklima**

Eine herzliche Begrüßung bricht das Eis; ein vertrauliches Gesprächsklima ohne Störungen (Telefon etc.) ist so wichtig wie die ungeteilte Aufmerksamkeit für die*den Beschäftigte*n. Auch für die Gefühlslage des Gegenübers sollte man Antennen haben: Ist die Person unsicher und aufgeregt? Dann lieber erst über ein unverfängliches Thema wie das Wetter oder den Urlaub sprechen. In jedem Gespräch hat übrigens die Körpersprache große Bedeutung: Passt das Gesagte zur Mimik, Gestik und Haltung, wirkt man kompetent, glaubwürdig und kommt authentisch rüber.

- **Formales klären**

Wenn sich die Gesprächspartner*innen bisher nicht kennen, sollte sich die Vertrauensperson Zeit für eine kurze Vorstellung nehmen (Person, Art und Umfang der Aufgaben der Schwerbehindertenvertretung, Hinweis auf die Schweigepflicht). Auch der Gesprächsablauf wird geklärt: Zum Beispiel ist eine Übereinkunft über eine notwendige Mitschrift zu treffen, um das Gespräch zu dokumentieren. Protokolle kann die Bürokraft anfertigen, die ebenfalls der Schweigepflicht unterliegt (an die notwendige Belehrung denken; eine aktuelle Datenschutzerklärung muss unterschrieben werden, die am besten mit dem betrieblichen oder dienstlichen Datenschutzbeauftragten abgestimmt wird).

Im Gespräch lässt man sich gegenseitig ausreden, das versteht sich von selbst. Mit Fragen zum Sachverhalt werden zunächst alle Fakten ermittelt. Danach sind Widersprüche, Ziele und strategische Fragen zu klären und das weitere Vorgehen abzustimmen: Wird jemand informiert und hinzugezogen? Ist weitere Beratung einzuholen? Welche Maßnahmen sind nötig?

- **Gut beraten**

Viele (behinderte) Beschäftigte sind verunsichert, wenn sie in die Sprechstunde kommen: Es geht nicht selten um ihren Job und die nackte Existenz, um eine Perspektive, wie es weitergeht. Deshalb ist eine angstfreie

Gesprächssituation wichtig, die sich aus Neutralität und Wertschätzung für das Gegenüber speist. Die Vertrauensperson muss sich möglichst vorbehaltlos auf die Sachlage einlassen, persönliche Erfahrungen und Vorurteile ausblenden und auf bewertende Bemerkungen verzichten. Ratsuchende fühlen sich verstanden, wenn sie ihren subjektiven Standpunkt darlegen dürfen. Eine gelungene Beratung deckt Interessen auf, liefert Orientierung und leistet einen Beitrag, Konflikte mit neutralen Kriterien zu entflechten.

b. Versammlung der schwerbehinderten Menschen

Bei der Versammlung der schwerbehinderten Menschen im Betrieb oder in der Dienststelle besteht mindestens einmal im Jahr die Möglichkeit, die Belegschaft über die Arbeitsbilanz der Schwerbehindertenvertretung, über aktuelle Entwicklungen und Auseinandersetzungen mit der Geschäftsleitung oder dem Arbeitgeber zu informieren (§ 178 Abs. 6 SGB IX). Stehen im Unternehmen oder in der Verwaltung bedeutende Veränderungen an oder treten wichtige Gesetzesänderungen in Kraft kann eine außerordentliche Versammlung der schwerbehinderten Menschen im Betrieb einberufen werden.

Die Versammlung ist ein Instrument, die Beschäftigten zu informieren, die eigene Arbeit vorzustellen, Rechenschaft abzulegen und die Verhandlungsposition der SBV zu stärken, wenn sie dem Arbeitgeber ein Bild über die Stimmung im Betrieb oder in der Dienststelle und über die Bereitschaft der Belegschaft zur Auseinandersetzung vermittelt. In den Versammlungen besteht auch die Möglichkeit, politische Themen zu behandeln und gewerkschaftliche Positionen und Strategien zu verdeutlichen, etwa zur Bewältigung betrieblicher Krisen, zur Beschäftigungssicherung, zur alter(n)sgerechten Arbeitsgestaltung und zur Stärkung des solidarischen Zusammenhalts der Belegschaft, der betrieblichen Interessenvertretungen und der Gewerkschaft.

Die Versammlung findet während der Arbeitszeit statt; Versammlungs- und Wegstreckenzeit sind bezahlte Arbeitszeiten. Die Sitzungsleitung hat die Schwerbehindertenvertretung (Vertrauensperson, im Verhinderungsfall der*die Stellvertreter*in): Sie legt die Tagesordnung fest, plant den Ablauf und die Redebeiträge (Dauer). Auf ihren Tätigkeitsbericht folgen weitere Redner*innen, wie Vertreter*innen des Personal- oder Betriebsrats, des Arbeitgebers (Inklusionsbeauftragte*r), der Gewerkschaften usw. Nicht nur die Bilanz der Schwerbehindertenvertretung wird lebendiger, wenn zum Vortrag Daten und Fakten optisch aufgearbeitet präsentiert werden.

Für aktuelle (sozialrechtliche) Themen können Referent*innen des externen SBV-Netzwerks eingeladen werden: aus dem Integrations- oder Inklusionsamt, dem Versorgungsamt, der Agentur für Arbeit, der Kranken-, Renten- und Unfallversicherung, der Arbeits- und Sozialgerichtsbarkeit, der Gewerkschaften und der Fachverbände etc. Mit Neuigkeiten aus der Behinderten- und Sozialpolitik oder dem Sozialrecht (etwa Informationen über neues Recht in der Kranken- und Rentenversicherung) wird die Versammlung rund.
Der Termin ist vor allem in großen Betrieben (Raumreservierung, Technik) frühzeitig mit dem Arbeitgeber abzustimmen, z. B. wenn der Transport von Beschäftigten anderer Standorte zum Versammlungsort zu regeln ist. Die Barrierefreiheit des Versammlungsraums, der Veranstaltungstechnik und der Wegstrecke sowie des Zugangs sind zu beachten.

c. Themen und Organisation der Schwerbehindertenversammlung

- Die Schwerbehindertenvertretung hat nach SGB IX (§ 178 Abs. 6 SGB IX) das Recht, mindestens einmal jährlich die Versammlung schwerbehinderter Menschen im Betrieb oder in der Dienststelle einzuberufen; falls erforderlich sind weitere Versammlungen möglich.
- Im Mittelpunkt steht der Bericht der Schwerbehindertenvertretung, zu dem eine Aussprache stattfinden soll (Aktivitäten, Sprechstunden, Mitwirkung in Gremien, Arbeitsplatzbegehungen, Prävention etc.). Die schwerbehinderten Beschäftigten haben das Recht, umfassend informiert zu werden. Die Schwerbehindertenvertretung erleichtert sich die Berichtspflicht, indem sie alle Aktivitäten über das Jahr (in einem Kalender) sorgfältig notiert und dokumentiert.
- Neues aus dem Sozialrecht und betriebliche statistische Daten (Zahl schwerbehinderter/gleichgestellter Menschen, Auszubildende, Entwicklung der Beschäftigungsquote etc.) sollten nicht fehlen; diese können auch vom Arbeitgeber angefordert oder mit Arbeitgeberdaten ergänzt werden.
- Die Perspektive auf künftige Vorhaben ist wichtig: Initiativen, geplante und anlaufende Projekte zur besseren Teilhabe und andere Aktivitäten werden vorgestellt.
- Der Arbeitgeber (oder Inklusionsbeauftragte*r) ist verpflichtet (§ 181 SGB IX), bei der Versammlung über den Stand und alle Angelegenheiten im Zusammenhang mit der Eingliederung schwerbehinderter Menschen zu berichten.

- Die Einladung mit Tagesordnung soll vier bis sechs Wochen vor der Versammlung verschickt werden. Einzuladen sind: schwerbehinderte und gleichgestellte Beschäftigte des Betriebes oder der Dienststelle, der Arbeitgeber, sein*e Inklusionsbeauftragte*r, Vertreter*innen des Betriebs- oder Personalrats, die Frauenbeauftragte, Vertreter*innen der Gewerkschaften, Referent*innen und außerbetriebliche Stellen (s. o.).
- Laut Betriebsverfassungsgesetz (§ 42 Abs. 1 BetrVG) und dem Bundespersonalvertretungsgesetz (§ 38 Abs. 1 BPersVG) ist die Sitzung nicht öffentlich. Erörtert werden können alle Fragen, die zum Aufgabengebiet der Schwerbehindertenvertretung gehören und das Verhältnis zwischen Arbeitgeber und Arbeitnehmer*innen betreffen.
- Wünschen mindestens ein Viertel der wahlberechtigten schwerbehinderten Beschäftigten oder der Arbeitgeber eine Versammlung zu einem bestimmten Thema, ist die Schwerbehindertenvertretung zur Einberufung mit dem beantragten Beratungsgegenstand verpflichtet (nach § 43 Abs. 3 BetrVG oder § 59 BPersVG und entsprechende Regelungen der Landesgesetze).

d. Zeitplanung für die Schwerbehindertenversammlung

Wichtig:
Damit die Schwerbehindertenversammlung mit der notwendigen Sorgfalt vorbereitet werden kann, empfiehlt sich folgende Zeitplanung:

Sechs Monate vorher:	Mit dem*der Stellvertreter*in den Termin abstimmen, Personal-/Betriebsrat, Arbeitgeber (Inklusionsbeauftragte*n) informieren, Raum beantragen und reservieren.
Vier Monate vorher:	Material/Zitate für den Tätigkeitsbericht sammeln, Versammlung inhaltlich planen, (Schwerpunkt-) Themen planen und Referent*innen einladen.
Zwei Monate vorher:	Inhaltliche und zeitliche Planung abschließen, Tagesordnung festlegen. Veranstaltungstechnik mit Akteur*innen abstimmen und bestellen (Beamer, Laptop, Lautsprecheranlage, Rednerpult, Podium).
Sechs Wochen vorher:	Mit dem Tätigkeitsbericht anfangen, Einladung verfassen und versenden, aushängen, ins Intranet stellen etc., Infomaterial bestellen.
Vier Wochen vorher:	Entwurf des Tätigkeitsberichts mit den Stellvertreter*innen abstimmen.
Eine Woche vorher:	Tätigkeitsbericht beenden, Raum und Technik bestätigen, Erinnerung an Akteur*innen, Material sichten.

e. Sicher Auftreten: Persönliche Stärken und Kompetenzen erweitern

Zum Auftritt im Amt und zur öffentlichen Präsentation der SBV-Arbeit gehören neben schriftlichen und medialen Darstellungsformen auch die soziale und die persönliche Kompetenz der Vertrauensperson. Jeder Auftritt hinterlässt eine Wirkung, das sollte genutzt werden. Im Betriebsalltag bieten sich viele Gelegenheiten, als Mandatsträger*in aufzutreten, bei denen ganz unterschiedliche persönliche Ressourcen gefragt sind.
Die Schwerbehindertenvertretung

- meldet sich in Sitzungen und bei Veranstaltungen spontan zu Wort,
- spricht anlässlich der Betriebs- und Personalversammlung, bereitet eine Wortmeldung oder ein Grußwort vor,
- spricht auf der Versammlung der schwerbehinderten Menschen im Betrieb oder in der Dienststelle,
- stellt einen Rechenschaftsbericht oder Arbeitsbilanzen zusammen,
- übernimmt in Gremien die Sitzungsleitung,
- moderiert ein Gespräch,
- führt Verhandlungen mit dem Arbeitgeber,
- bereitet ein größeres Projekt oder eine Kampagne vor und benötigt Unterstützung.

All diese Anlässe bieten der Schwerbehindertenvertretung »eine Bühne«, ihr Amt, das Aufgabengebiet und die eigene Persönlichkeit in die Waagschale zu werfen. Es gibt eine Reihe praktischer Tipps, die dabei helfen, jeden Auftritt wirkungsvoll zu nutzen. Aber niemand soll sich verbiegen und eine unglaubwürdige Rolle spielen, das wird in der Regel durchschaut und ist nicht von Erfolg gekrönt.

f. Arbeitsmethoden für die Praxis

aa. Frei reden: Die Schwerbehindertenvertretung hat das Wort

Keine Angst vorm freien Reden! Niemand kommt als Redner*in auf die Welt. Vor Publikum das Wort zu ergreifen, kostet am Anfang Überwindung, das fällt nicht nur neu gewählten Vertrauenspersonen schwer; auch Profis haben oft Magendrücken und weiche Knie. Ein bisschen Aufregung schadet nicht, das stärkt die Konzentration.
Wer glaubt, die anderen seien Profi-Rhetoriker*innen, irrt sich: Glänzende Redner*innen sind selbst in der Politik rar. Mit Fremdwörtern gespicktes Gelehrtendeutsch oder weitschweifiges Geschwafel sind keine Indizien für Könner. Wer sich treu bleibt, authentisch und bildhaft

spricht, macht sich am Rednerpult gut. Wichtig ist, die Sache, für die man eintritt, engagiert und ehrlich zu vertreten.
Und beim Reden gilt: In der Kürze liegt die Würze! Das betrifft sowohl die Satzlänge, die kurz und nicht verschachtelt sein sollte. Der gesamte Vortrag darf eine »angemessene« Länge nicht überschreiten; je nach Anlass sind zwei, fünf oder zehn Minuten die Obergrenze, beim Sachreferat reichen in der Regel 20 Minuten; es sollte Zeit bleiben für Diskussionen und Nachfragen.
Mit einer Rede will man überzeugen, um Vertrauen werben, zum Nachdenken anregen, Problemlösungen vorschlagen oder Widerspruch zu anderen Positionen formulieren. Deshalb ist es wichtig, die Botschaft logisch und klar zu gliedern.

Übersicht: Erste Hilfe für eine kurze Rede: das 3-Schritt-System

1.	Zwecksatz formulieren:	Was will ich erreichen? Zum Beispiel: »Wir müssen mehr Jugendliche mit Behinderung ausbilden.« Dieser Satz ist später am Anfang und als Schlussbotschaft einer Rede zu formulieren. Der Satz ist zugleich die Initialzündung zum Nachdenken und zum Recherchieren von Material.
2.	Brainstorming:	Erst einmal ungeordnet die stichhaltigen Fakten und Argumente sammeln, die den Zwecksatz stützen. Karteikarten oder den PC dafür nutzen. Erst später werden die Argumente als Kette in eine sinnvolle Reihenfolge gebracht.
3.	Kurz vor der Rede oder im Versammlungsraum:	Es ist ein (flotter) Texteinstieg zu finden, der die Situation oder die Stimmung im Saal aufgreift: Vielleicht eine rhetorische Frage stellen, den Praxisbezug zum aktuellen betrieblichen Geschehen herstellen oder eine provozierende Behauptung aufstellen.

Am besten wird die Rede mithilfe von Stichpunkten frei vorgetragen. Ein vorformulierter Redetext verführt Ungeübte zum Herunterleiern ohne Pausen. Die Notizen können auf Blättern oder Karteikarten notiert werden, aber leserlich! Groß und deutlich schreiben, den Hauptpunkt links, rechts die Unterpunkte. Füllwörter wie »eigentlich« und »irgendwie« stehen auf der Giftliste. Zwischendurch gönnt man sich und dem Publikum Redepausen und sucht während des Vortrags den Blickkontakt mit dem Publikum. Der Stand ist stabil, die Gestik locker, die Augen wandern ruhig und suchen Fixpunkte im ganzen Saal. Der Aufbau kann sich an diesem Schema orientieren:

- Lage: Was ist, was war?
- Folgen: Wozu führt dies?
- Ziel: Was sollte sein?
- Weg: Wie ist das zu erreichen?

Am Ende einer Rede holt man das Publikum ins Boot: Der Zwecksatz (s. o.) soll als Appell oder Botschaft ankommen. Gut geeignet sind konkrete Vorschläge, Anträge oder griffige Zusammenfassungen. Der Schluss muss kein Paukenschlag sein, doch er soll das Thema abrunden. Auch Zitate – kurz und knackig – sind ein schöner Schlusspunkt.

Gute Redner*innen stellen sich auf die soziale Zusammensetzung des Publikums und den Anlass ein. Die Einleitung führt zum Thema hin, stellt eine Beziehung zwischen dem Publikum und dem Thema her.

Anders sieht es aus beim **Sachreferat**: Es will informieren, belehren, zum Mitdenken anregen, ist faktenreich und sachorientiert. Je nach Thema ist der Aufbau z. B.

- chronologisch, orientiert am Zeitablauf,
- kausal, Zusammenstellung nach Ursachen, Gründen
- oder es werden W-Fragen beantwortet: Wer, was, wann, warum, wozu?

In der Betriebsversammlung auftreten und eine **Meinungsrede** halten, damit will man überzeugen und andere aktivieren. Sie zielt strategisch darauf ab, Menschen auf die eigene Seite zu ziehen. Das geschieht auch mit Taktik: mit Emotionen, Psychologie, guten Fakten, aktuellen Bezügen und Argumenten! Aber aufgepasst: Wer übertreibt, erreicht das Gegenteil.

Die **Gelegenheitsrede** in einer Sitzung oder Versammlung ergibt sich spontan, sie ist gesellig, persönlich und kurz. Ein launiger Einstieg ist immer gut, dem Kerngedanken folgt – wenn man möchte: eine Pointe für den Abschluss-Lacher oder ein passendes Schlusswort/Zitat.

bb. Strategie und Taktik: Erfolg am Verhandlungstisch

- **Die Strategie**

Die Strategie ist der große Plan, das langfristige Anstreben einer vorteilhaften Lage, das Verwirklichen eines wichtigen Projekts. Zum Beispiel: Was kann ich für behinderte Menschen im Betrieb erreichen, wie kann ich Entscheidungen in meinem Sinne beeinflussen, wie setze ich eine Inklusionsvereinbarung um (mit dem Betriebs- oder Personalrat), wie

kann ich eine gute Betriebsvereinbarung (etwa zum Betrieblichen Eingliederungsmanagement) mit auf den Weg bringen?
Ohne Plan oder Strategie, wie ein Ziel zu erreichen ist, liefert sich die Schwerbehindertenvertretung dem Zufall oder der Laune anderer aus. Die Vertrauensperson weiß, dass ihre Arbeit rechtlich abgesichert ist. Mit einer guten Strategie kann sie über den gesetzlichen Rahmen hinaus Dinge bewegen. Dazu muss sie Mitstreiter*innen gewinnen, Veranstaltungen planen, Informationen lancieren, Themen setzen und Personen (in verantwortlicher Position) überzeugen.

- **Die Taktik**

Bei der Taktik geht es eher um kurzfristige Ziele, um die Frage, wie ich in die nächste Runde gehe: das bevorstehende Gespräch vorbereite, den nächsten Schritt plane oder ein Etappenziel erreiche. Stimme ich mich erst mit anderen ab, welches Argument ist stichhaltig, konfrontiere ich jemanden mit dem Gesetz, mit Zahlen und Fakten? Auch Psychologie gehört dazu: Wer überzeugen und jemanden für sich einnehmen will, muss an den Interessen des Gegenübers anknüpfen. Auch die andere Seite muss bei einem Vorhaben gut wegkommen oder davon profitieren. Wer Beteiligte anklagt und ihnen Defizite vorwirft, schadet sich langfristig. Es ist gut, wenn die andere Seite einen Teil des Lobs für sich verbuchen kann!

- **Langfristig denken**

Wer andere überrumpelt und über den Tisch zieht, wird als Interessenvertretung auf Dauer nicht erfolgreich sein oder zumindest auf Widerstände stoßen. Das gilt umgekehrt auch für die beliebte Arbeitgeberstrategie, die Interessenvertretung kurzfristig unter Druck zu setzen, etwa nach dem bekannten Muster: Die Entscheidung muss jetzt gefällt werden, für Aufschub haben wir keine Zeit! Dem sollte die Schwerbehindertenvertretung nicht nachgeben. Steht eine Sachentscheidung an oder hat sich eine neue Situation ergeben, ist auf angemessene Zeit zur Einarbeitung und Befassung zu pochen. Erst sachkundig machen, dann verhandeln, lautet die Regel. Dabei setzen SBV-Mitglieder auf ihr Netzwerk verlässlicher Personen und kompetenter Kolleginnen und Kollegen.

- **Bündnisse schließen**

Dabei halten Interessenvertretungen nach möglichen Bündnispartner*innen Ausschau, besprechen Probleme, formulieren gemeinsame Ziele und planen deren Durchsetzung. Grundsätzlich gehört es bei wichtigen Verhandlungen zur Gesamtstrategie, in Vorverhandlungen durchsetzungsfähige, einflussreiche Partnerinnen und Partner ins Boot zu holen. Allein gegen den Widerstand starker Gruppen ein Ziel zu verfolgen, ist meist aussichtslos! Betriebs- oder Personalrat sind die wichtigsten internen

Verbündeten, auf deren Unterstützung die Schwerbehindertenvertretung zuerst setzen sollte.

- **Verhandlungsgespräche**

Stehen Verhandlungsgespräch an, ist ein aussichtsreiches Verhandlungsteam auf die Beine zu stellen, das unterschiedliche Typen und beide Geschlechter vereinen sollte. Versierte Fachleute, Diplomaten und kämpferische Personen, die Ziele ohne Konfliktscheue hartnäckig vortragen, gehören dazu. Und die Beteiligten müssen sich in ihren Stärken gegenseitig respektieren und stützen. Man kann Rollen aufteilen: Wer stellt rechtliche Aspekte dar, wer bringt Sachargumente ein, wer macht praktische Vorschläge? Auch ein*e gute*r Protokollant*in ist wichtig, der oder die den Stand der Verhandlungen und die Ergebnisse zutreffend festhält.

- **Psychologie**

Psychologie spielt trotz Sachorientierung eine große Rolle. Wer in einer Verhandlung von vornherein glaubt, in der schwächeren Position zu sein, schwächt sich selbst. Wer sich motiviert, an seine Aufgabe glaubt und von deren Bedeutung überzeugt ist, wertet sich auf und gewinnt an Stärke. Auch das klappt am besten mit Partner*innen und Netzwerken sowie in der Überzeugung: Das Gesetz ist auf meiner Seite, es stützt mein Amt und schützt Menschen mit Behinderungen. Die Schwerbehindertenvertretung tritt in Verhandlungen nicht als abhängige Beschäftigte auf, sondern nimmt qua Wahl eine gesetzlich normierte Funktion als Interessenvertretung und Mandatsträger*in ein.

- **Öffentlichkeitsarbeit**

Öffentlichkeitsarbeit ist für Erfolgsstrategien eine nicht zu unterschätzende Begleitmusik: Interessenvertretungen können viele Möglichkeiten nutzen, ihre Ziele und Aufgaben in (betriebsinternen) Medien, Arbeitskreisen, Gremien und bei anderen Gelegenheiten darzustellen. In der Betriebsversammlung kann die Schwerbehindertenvertretung ihre Themen großen Teilen der Belegschaft schmackhaft und sich als Person bekannt machen. Sie schärft ihr Profil und erwirbt auf lange Sicht mehr Zustimmung.

- **Kompromisse und Ausgleich der Interessen**

Erfolg beinhaltet immer ein Geben und ein Nehmen – ein Teil des Erfolgs gehört der anderen Seite. Die Schwerbehindertenvertretung setzt sich z. B. für Integration, für den Erhalt von Beschäftigungsverhältnissen, für Prävention und gesunde Arbeitsbedingungen ein. Die Arbeitgeberseite will, salopp gesagt, dass der Laden läuft und die Kosten gering bleiben. Beide Interessen sind legitim. Doch man muss darüber streiten, wie ein Ausgleich der Interessen erreicht wird. Konsens um jeden Preis ist nicht sachgerecht. Das gemeinsame Ziel, dass der Laden gut läuft, ist hin und wieder neu zu justieren. Wichtig ist, dass man nach Streit wieder zur Tagesordnung zurückkehren kann.

cc. Moderation: Mit den Zügeln in der Hand

Schwerbehindertenvertretungen sind in der Regel in ein Geflecht von Gremien eingebunden. Ihr Amt sowie die Beteiligung am betrieblichen Eingliederungs- oder Gesundheitsmanagement, die Mitarbeit im BEM-Team und im Arbeitsschutzausschuss etc. gehen mit der Teilnahme an Sitzungen, Gesprächskreisen und weiteren Aufgaben einher. Damit ist beispielsweise das Übernehmen von Sitzungsleitungen und Moderationen verbunden.

> **Beispiel: Eingliederungsgespräch**
> Unter Umständen kommen Beschäftigte, Vorgesetzte, die Betriebsmedizin, ein Mitglied des Betriebs- oder Personalrats, eine Person der Personalabteilung und andere Beteiligte zusammen. Bei der Gesprächsleitung durch die Vertrauensperson ist vor allem Moderation gefragt: Alle kommen zu Wort und suchen gemeinsam nach der besten Lösung.

Schon der Treffpunkt beeinflusst die Atmosphäre oder den Ausgang eines Gesprächs: Das Büro der Schwerbehindertenvertretung oder ein neutraler Sitzungsraum sind besser geeignet als das Besprechungszimmer der Personalabteilung. Es geht darum, für die betroffenen behinderten Menschen eine vertrauensvolle Umgebung zu finden.
Auch Rollenklarheit der*des Moderator*in ist zentral: Sie übernehmen Verantwortung dafür, dass die Gruppe methodisch und ergebnisorientiert arbeitet. Die Moderation muss hierfür die erforderliche Unterstützung leisten, das Gespräch strukturieren, den Informations-, Meinungsbildungs- sowie den Entscheidungsprozess fördern. Dabei hält sie die Zügel straff in der Hand,

- damit das Thema nicht verloren geht,
- die Arbeitsschritte sich nicht vermischen,
- Klarheit über den jeweiligen Ergebnisstand besteht,
- notwendige Maßnahmen geplant
- und die Entscheidungen dokumentiert werden.

Moderator*innen tragen die Verantwortung dafür, dass sich alle Beteiligten in den Informationsfluss einbringen können, sie bremsen Vielredner*innen aus und sorgen dafür, dass die Stilleren zu Wort kommen. Sie halten sich mit Bewertungen zurück, sammeln Ideen und Informationen, formulieren Oberbegriffe und Zwischenergebnisse und schlagen weitere

Arbeitsschritte zur Lösungsfindung vor. Praktische Unterstützung bietet ein Flipchart, dann haben die Beteiligten die wichtigsten Stichpunkte und den Stand der Dinge im Blick. Visualisierte Informationen können zudem besser aufgenommen werden.
Bei der Vorbereitung eines Gesprächs oder einer Sitzung ist der Zeitfaktor zu beachten: Wie lange stehen die Beteiligten zur Verfügung, wie viel Zeit ist mindestens erforderlich? Inhaltlich müssen Moderator*innen keine Expert*innen sein, doch sie sollten mit dem Thema oder dem konkreten Fall vertraut sein. Schließlich müssen sie dafür sorgen, dass die Beteiligten ihre Kompetenzen einbringen können.

Was ist Moderation, was Sitzungsleitung?	
Der Begriff »moderatio« kommt aus dem Lateinischen und bedeutet das »rechte Maß«, Moderation heißt »Mäßigung«. Im Bereich der Gruppentherapie bedeutet Moderation, den Teilnehmerinnen und Teilnehmern durch Fragen zu helfen, das Ziel zu erreichen. Allerdings kann sich die Schwerbehindertenvertretung als Interessenvertretung auch in der Rolle des Moderators bzw. der Moderatorin nicht völlig neutral verhalten, sondern wird – je nach Anlass – für die Seite der betroffenen Menschen mit Behinderungen und der Beschäftigten eintreten und deren Bedürfnis stärker zur Geltung bringen. In der Praxis verschwimmen die Grenzen zwischen Moderation und Sitzungsleitung.	
Position und Haltung Moderator*in	**Position und Haltung Sitzungsleitung**
Inhaltlich unabhängig, neutral, Aussagen werden gleichwertig betrachtet.	Inhaltlich und formal am Thema beteiligt, Diskussionsbeiträge werden bewertet.
Schwerpunkt liegt auf der Anwendung von Methoden und Verfahren.	Weniger an inhaltlichen und formalen Vorgängen orientiert als am Thema.
Die Willensbildung und der Arbeitsprozess der Gruppe sollen unterstützt werden.	Vermittelt Prioritäten, will Vorstellungen durchsetzen, die Mehrheit mobilisieren.
Verantwortung, dass die Gruppe zum gemeinsamen Ziel findet.	Steht oft in der Hierarchie höher, gibt selbst Ziele und Orientierungen vor.

dd. Projektmanagement: Mit Übersicht und Zeit

Neben dem Alltagsgeschäft wie Beratung und Vertretung behinderter Beschäftigter verfolgt jede Schwerbehindertenvertretung auch größere Arbeits- und Etappenziele. Tipps zum Projektmanagement helfen dabei, die Pflicht und die Kür der Schwerbehindertenvertretungsarbeit besser zu meistern. Oft geht es darum, mit dem Arbeitgeber eine wegweisende Inklusionsvereinbarung (§ 166 SGB IX) zu verhandeln oder unter SBV-Beteiligung mit dem Betriebs- oder Personalrat eine Vereinbarung auf den Weg zu bringen: zur Gefährdungsbeurteilung der Arbeitsplätze (nach § 5 ArbSchG) oder zum Betrieblichen Eingliederungsmanagement (BEM, § 167 Abs. 2 SGB IX). Auch der Betriebsrat kann übrigens seit 2016 eine Initiative für die Inklusionsvereinbarung starten – mit der SBV –, wenn es eine gibt (vgl. § 80 Abs. 1 Satz 4 BetrVG).

Solche Vorhaben gehören nicht zu den Routineaufgaben, sie werden nicht nebenbei erledigt, sondern erfordern: eine Zielstrategie, sorgfältige Planung, gute Ideen, Gespräche, Geduld und einen Zeitplan. Je nach Ziel und Ausgangslage sind die Projektphasen unterschiedlich lang. Im ungünstigsten Fall fängt die Schwerbehindertenvertretung bei Null an: Sie kann auf keinerlei Vorarbeit zurückgreifen. Alles dauert länger, wenn ein Projekt auf starke Widerstände stößt oder unter den beteiligten Parteien Konflikte ausbrechen. Das ist von vornherein einzuplanen. Jedes Projekt gliedert sich in mindestens fünf Phasen.

Die 5 Projektphasen		
Phase 1	**Ideensammlung:**	Die Schwerbehindertenvertretung führt möglichst eine nach Themen gegliederte Ideendatenbank. Sie archiviert Informationsmaterial für besondere Projekte, die nach und nach umgesetzt werden können. Dazu gehört Hintergrundmaterial aller Art mit den Fundstellen und Ansprechpartner*innen. Auch Argumente werden gesammelt: Welche positiven Wirkungen kann ein Projekt erzeugen, wer profitiert? Geht das Projekt in eine konkrete Planungsphase, steht eine intensive Materialrecherche (Internet, Literatur, Betriebsbeispiele) an, es werden u. U. (externe) Personen mit Projekterfahrung und Fachleute befragt, Rechtsauskünfte eingeholt. Ein Projektteam ist zu benennen.

Phase 2	**Zeitplanung:**	Projektverantwortliche/das Team stellen einen Zeitplan auf, der alle notwendigen Schritte und Zwischenschritte enthält: Teambesprechungen (im Wochen- oder Monatstakt), Hintergrundgespräche (Recherche) und strategische Gespräche zum Argumentieren und Überzeugen der Verhandlungspartner*innen. Das Anfertigen der Projektbeschreibung (Arbeitsverteilung, Redaktionstermine, Endredaktion) wird geplant, Aufgaben und Verantwortlichkeiten werden verteilt.
Phase 3	**Konzeption:**	Die Projektbeteiligten treffen sich regelmäßig zur Ziel- und Konzeptdiskussion: Wie ist der Projektstand (Fortschritte, Ergebnisse), wie lauten die Projektziele, passt der Projektstand zu den angesteuerten Zielen, wie sind die Rahmenbedingungen? Die Projektleitung überwacht die Zeitplanung und die Konzeption. Je nach Ergebnisstand werden weitere Akteure beteiligt und externer Sachverstand einbezogen (Integrationsamt, Gewerkschaft, andere Schwerbehindertenvertretungen).
Phase 4	**Kommunikation:**	Überzeugungsarbeit gehört zum Projektmanagement, das gilt nicht nur für das Gegenüber, die andere Verhandlungsseite. Die Phasen drei (Konzeption) und vier (Kommunikation) überschneiden sich. Über ein Projekt, seine Ziele und das Konzept muss informiert werden, mangelhafte Transparenz gefährdet den Erfolg ebenso wie fehlende Motivation der Beteiligten und anderer Akteure. Die Rückkopplung mit der Belegschaft oder den behinderten Beschäftigten als hauptsächlich betroffene Zielgruppe ist mit (Betriebs-)Versammlungen von vornherein einzuplanen.

Phase 5	**Verabschiedung:**	Das Projektteam ist über den Berg, es folgt die Feinabstimmung oder der Projektabschluss. Das Team trifft sich zur Endredaktion oder zur abschließenden Bewertung, Verabschiedung und Unterzeichnung. Eine sechste Phase schließt sich an, wenn ein Projekt, wie z.B. ein Weiterbildungsangebot, fortlaufend begleitet und in seiner Wirkung bewertet wird (Evaluation).

10. Ein Hundert-Tage-Programm für die Schwerbehindertenvertretung

Für manche Schwerbehindertenvertretung ist die erste intensive Lektüre des SGB IX buchstäblich ein Aha-Erlebnis. Während sich die einen aufgrund der Fülle von Rechten und Möglichkeiten in ihrer Kandidatur bestätigt fühlen, denken andere mit Sorge an die eng begrenzten Möglichkeiten im Unternehmen oder in der Dienststelle, diese Rechte auszuschöpfen.

Fest steht: Man kann nicht alles auf einmal (an-)packen. Die Arbeit der Schwerbehindertenvertretung steht vor allem am Anfang unter der Devise, die anstehenden Aufgaben systematisch anzugehen, zu planen und Prioritäten zu setzen.

Nicht immer kann es sich die Schwerbehindertenvertretung allerdings aussuchen, womit sie anfängt, meistens liegt schon ein akutes Problem oder Thema auf dem Tisch: So hat beispielsweise die Geschäftsleitung Umstrukturierungen im Betrieb angekündigt. Die Folge sind Sorgen und Ängste, was dies für die Beschäftigten mit Behinderungen bedeuten kann. Die Schwerbehindertenvertretung muss in einer solchen Situation zunächst Fakten sammeln: in Erfahrung bringen, welche Pläne wie konkret sind und mit welchen Auswirkungen auf (schwer-)behinderte Beschäftigte zu rechnen ist. Sie pocht dabei gegenüber dem Arbeitgeber auf ihre Informations- und Anhörungsrechte (§ 178 Abs. 2 SGB IX). Am besten richtet sie eine verbindliche, schriftliche Anfrage an die Geschäftsleitung, nimmt parallel Kontakt zum*zur Inklusionsbeauftragten und dem Betriebs- oder Personalrat auf.

Eventuell empfiehlt es sich, projektbezogen zu handeln (vgl. Kapitel III.9.f.dd.), wenn ein Problem nicht kurzfristig erledigt sein wird, eine

Angelegenheit über Wochen oder Monate verfolgt und bearbeitet werden muss, d. h.: Die Zusammenarbeit im Betrieb organisieren, Fragen klären, Gespräche planen und führen, Gegenvorschläge oder Konzepte erarbeiten und unterbreiten.

Egal, ob der Start durch aktuelle Probleme geprägt ist oder das Amt in Ruhe übergeben wird: Es geht zunächst um das Knüpfen von Kontakten und das Einholen von Informationen, Gesprächspartner*innen sind kennenzulernen, man muss Arbeitsgrundlagen und die Ausstattung beschaffen.

Wir nennen dies das Hundert-Tage-Programm, weil jede neue Schwerbehindertenvertretung Zeit benötigt, sich mit den Anforderungen, den Abläufen und der alltäglichen Routine vertraut zu machen. Wir schlagen für das Hundert-Tage-Programm der Schwerbehindertenvertretung folgende Punkte vor:

Übersicht: Am Start – Programm der ersten hundert Tage

1. **Kontakt zur Klientel herstellen**
   - Vom Arbeitgeber das Verzeichnis (nach § 163 Abs. 2 SGB IX) aller schwerbehinderten und gleichgestellten Beschäftigten anfordern.
   - Kartei der schwerbehinderten und gleichgestellten Menschen anlegen und fortlaufend aktualisieren (vgl. Kapitel VIII.1.e.).
   - Ein Gespräch mit den gewählten Stellvertreterinnen und Stellvertretern ansetzen.
   - Aushang am Schwarzen Brett, Info im Intranet: Die neue Schwerbehindertenvertretung ist im Amt, Personen, Kontaktdaten und Aufgaben (eventuell Sprechzeiten ankündigen, vgl. Kapitel III.7.b).
   - In einem Begrüßungsanschreiben an die (schwer-)behinderten Kolleg*innen oder an alle Mitarbeiter*innen (per E-Mail) über den Wahlausgang informieren, außerdem Kontaktdaten der SBV, Sprechstunden, Aufgaben und besondere Ziele benennen.
   - Begrüßungsschreiben an die internen und externen Netzwerke (s. u.) vorbereiten und versenden.
   - Notiz für die Betriebs- oder Dienststellenzeitung vorbereiten.
   - Einen Rundgang zu den Arbeitsplätzen der Beschäftigten mit Behinderungen planen.
   - Bei der Fachkraft für Arbeitssicherheit den Zeitpunkt der nächsten Arbeitsplatzbegehung (§ 6 Arbeitssicherheitsgesetz – ASiG) erfragen und die Teilnahme der Schwerbehindertenvertretung anmelden. Mitarbeit im Arbeitsschutzausschuss anmelden.
2. **Arbeitsstruktur entwickeln**
   - Sprechstunde festsetzen.

- Sitzungsteilnahme: Wann tagen der Betriebs- oder Personalrat, wann findet das Monatsgespräch mit dem Arbeitgeber statt, wann tagen das Eingliederungsteam und andere wichtige Gremien oder Ausschüsse wie der Arbeitsschutzausschuss, wer lädt dazu ein?
- Wann habe ich Ruhe für die Schreibtischarbeit? Zur Vor- und Nachbearbeitung von Terminen, Aktenbearbeitung, zum Lesen?

3. **Ansprechpartner*innen im betrieblichen und außerbetrieblichen Netzwerk klären**
   - Einen Gesprächstermin mit der*dem Vorsitzenden des Betriebs- oder Personalrats vereinbaren.
   - Wer ist die*der Inklusionsbeauftragte des Arbeitgebers für die Angelegenheiten schwerbehinderter Menschen? Termin vereinbaren.
   - Sonstige Kooperationspartner*innen: Wer ist Betriebsarzt oder -ärztin, Fachkraft für Arbeitssicherheit, wer leitet den Ausbildungsbereich, wer ist für die betriebliche Sozialberatung zuständig, welche Vertreter*innen der Personalabteilung sind für mich zuständig oder wichtig?
   - Erste externe Kontakte knüpfen: Integrationssamt und Agentur für Arbeit über die Neuwahl informieren, falls noch nicht geschehen: Die Niederschrift des Wahlergebnisses an die Agentur für Arbeit und das Integrationsamt senden (§ 163 Abs. 8 SGB IX).
4. **Arbeitsgrundlagen sichern**
   - Arbeitsmittel beschaffen, die für die Tätigkeit der Schwerbehindertenvertretung erforderlich sind, wenn noch nicht vorhanden: SGB IX mit Kommentar, Betriebsverfassungsgesetz oder Personalvertretungsgesetz mit Kommentar, Gesetzessammlung im Arbeits- und Sozialrecht, Fachzeitschriften, Handbücher, Ratgeber und Informationsmaterial (vgl. auch Checkliste Amtsantritt, Kapitel III.3.b.).
   - Geschäftsbedarf für die Büroarbeit, die Aktenführung und Verwaltungsarbeit (gem. § 179 Abs. 8 und 9 SGB IX, vgl. auch Kapitel VIII. Arbeitsorganisation und Arbeitsmittel).
   - Verwaltungs- und Schreibkraft zur Erledigung der Korrespondenz und sonstiger Schreibaufträge anfragen und/oder beauftragen (Anspruch nach § 179 Abs. 8 Satz 3 SGB IX, vgl. Kapitel VIII.).
   - Klären, in welchem Raum ungestörte Gespräche mit Beschäftigten mit Behinderungen geführt werden können.
5. **Arbeitsbefreiung bzw. Freistellung klären**
   - Mit der*dem Vorgesetzten und der Personalabteilung werden die Modalitäten der Arbeitsbefreiung bzw. Freistellung bei Erledigung von Aufgaben der Schwerbehindertenvertretung im Betrieb oder

in der Dienststelle und bei Abwesenheit wegen Erledigungen auf Ämtern besprochen.

6. **Beteiligung an der Inklusionspolitik vereinbaren**
   - Von der*dem Inklusionsbeauftragten erläutern lassen, wie die Verfahrensabläufe bei Stellenbesetzungen, Versetzungen (Personalmaßnahmen) etc. sind, und die Beteiligung festlegen (§ 164 SGB IX).
   - In Erfahrung bringen, ob es bereits eine Integrations- bzw. Inklusionsvereinbarung (§ 166 SGB IX) und ein betriebliches Integrations- oder BEM-Team gibt etc.
   - Wenn dies nicht der Fall ist, Schritte zu deren Schaffung einleiten.
7. **Schulungen und Seminare besuchen**
   - Die Seminarangebote der zuständigen Gewerkschaft und des Integrationsamts erfragen. Die Seminarpläne wichtiger Bildungsträger (Arbeit und Leben e. V., DGB-Bildungswerk etc.) besorgen.
   - Einen Bildungsplan für das laufende Jahr erstellen, sich baldmöglichst für ein Grundlagenseminar anmelden.
8. **Betriebs- oder Personalversammlung zur Vorstellung nutzen**
   - Einen kurzen Beitrag für die nächste Betriebs- oder Personalversammlung vorbereiten und sich dort vorstellen.
   - Gegebenenfalls Informationsmaterial bei der Betriebs- oder Personalversammlung auslegen.
9. **Versammlung schwerbehinderter Menschen planen**
   - Die Versammlung schwerbehinderter Menschen im Betrieb oder in der Dienststelle langfristig vorbereiten (vgl. Kapitel III.9.b.).
   - Mit den Stellvertreter*innen eine Besprechung zu diesem Thema führen und gemeinsam einen Termin festlegen.
10. **Dokumentation der Arbeit beginnen**
    - Ein Arbeitsbuch anlegen, die Tätigkeiten und Einsatzzeiten der Schwerbehindertenvertretung regelmäßig eintragen.
    (Vgl. auch »Checkliste SBV-Amtsantritt«, Kapitel III.3.b.)

IV. Schwerpunkte der Interessenvertretungsarbeit

1. Beratungs- und Betreuungsfelder

Die individuelle Beratung und Betreuung behinderter Beschäftigter – ihrer Klientel – zählt zum Kernbereich der Arbeit der Schwerbehindertenvertretung (SBV). Neben fundiertem Wissen ist hier vor allem Sozialkompetenz gefragt. Im Beratungsgespräch lässt sich etwas bewegen, wenn die Schwerbehindertenvertretung das Anliegen von Rat Suchenden ernst nimmt und dabei zugleich persönlichen Abstand wahrt.

Hinweis:
Damit sich Beratung und Betreuung entfalten können, ist Folgendes notwendig:

Bekanntheit schaffen	Die Schwerbehindertenvertretung muss ihr Angebot im Betrieb/in der Dienststelle bekannt machen, damit es im Bedarfsfall auch wahrgenommen wird. Ein ständiger Aushang am Informationsbrett sollte die Termine der Sprechstunden aufführen, allgemeine Rundschreiben sollten sowohl die Sprechstunden als auch die Telefonnummern der Schwerbehindertenvertretung und deren Stellvertretung bekannt geben. Es sollten jeweils spezifische Möglichkeiten der betrieblichen Information wiederholt und kreativ genutzt werden
Informieren	Die Schwerbehindertenvertretung soll Betroffene informieren, d. h., die Arbeitnehmer mit Behinderung über Möglichkeiten, Probleme und Aussichten aufklären, damit sie eine Entscheidungsgrundlage haben. Auch dies muss oft wiederholt werden, z. B. in den regelmäßig stattfinden Schwerbehindertenversammlungen, zugleich aber auch zwischendurch.

Beraten	Die Schwerbehindertenvertretung soll Betroffene beraten, d.h., ihnen zu einer rechtlich aussichtsreichen Entscheidung verhelfen, die von den Betroffenen akzeptiert wird. Auf dieser Basis sollen konkrete Maßnahmen eingeleitet werden können.
Kontakt pflegen	Die Schwerbehindertenvertretung muss die Beziehung zu ihren Klient*innen aktiv pflegen.
Grenzen wahren	Die Schwerbehindertenvertretung sollte dabei gegenüber ihren Klient*innen auch die eigenen Grenzen offen legen, damit diese erkennen, inwieweit sie sich selbst helfen müssen oder inwieweit es nötig ist, andere Stellen zur Betreuung hinzuzuziehen.

Schwerbehindertenvertretungen, Betriebs- und Personalräte haben im SGB IX und Personalvertretungsrecht vielfältige Möglichkeiten zur Interessenvertretung der schwerbehinderten Menschen in ihren Betrieben. Dies gilt für mehrere wichtige Antragsverfahren nach dem SGB IX und für die Inanspruchnahme diverser Nachteilsausgleiche nach anderen Gesetzen.
In der nachstehenden Übersicht werden diese Beratungs- und Betreuungsfelder mit den Rechtsgrundlagen des Beratungs- und Betreuungsfeldes (Spalte 2) genannt. In Spalte 3 wird die Rechtsgrundlage für das Tätigwerden der Schwerbehindertenvertretung genannt. Teilweise ist die Handlungsmöglichkeit der Schwerbehindertenvertretung auf Beratung beschränkt. In den Bereichen besonderer Kündigungsschutz (§§ 168ff. SGB IX) und Gleichstellung (§ 151 Abs. 3 i.V.m. § 2 Abs. 3 SGB IX) sind allerdings förmliche Stellungnahmen der Schwerbehindertenvertretung und des Betriebs-/Personalrats gesetzlich vorgesehen (Spalte 4). Auch wenn die Bescheid erteilende Stelle sich bei weitem nicht immer an diesen Stellungnahmen orientiert, kann der Schwerbehindertenvertretung/dem Betriebsrat/dem Personalrat nur dringend ans Herz gelegt werden, diese Aufgabe engagiert und sorgfältig vorzunehmen. Zur wirksamen Stellungnahme gehört auch eine genaue Kenntnis der Verfahrensregeln. Leider ist dies gerade im Gleichstellungsverfahren ein bisschen schwieriger als es auf den ersten Blick erscheint. Im entsprechenden Teil unten wird versucht, auch hierfür ein paar einfache Regeln zu benennen. Teils formlose, teils schriftliche Beteiligung erfolgt im Rahmen der begleitenden Hilfe.
In Spalte 5 der Übersicht werden als Hilfsmittel einschlägige Internetseiten genannt. Zu Fragen der Rentenversicherung wird zusätzlich das Servicetelefon genannt, das bei individuellen Fragen unmittelbare Rechtsauskünfte gibt.

Übersicht: Beratungs- und Betreuungsfelder

Beratungs- und Betreuungsfelder	Rechtsgrundlage des Themas	Rechtsgrundlage der Beratung für die SBV	Stellungnahme der SBV gegenüber …	Hilfsmittel
1	2	3	4	5
Anerkennungsverfahren	§ 152 SGB IX, SchwbAV, VersMedV	§ 178 Abs. 1 Satz 3 SGB IX	nein	*https://www.anhaltspunkte.de*
besonderer Kündigungsschutz	§§ 168–175 SGB IX	§ 178 Abs. 1 Satz 1 SGB IX	Integrationsamt nach § 87 Abs. 2 SGB IX Beachten: Beteiligung der SBV vor Ausspruch der Kündigung notwendig, § 178 Abs. 2 Satz 3 SGB IX (Rechtsänderung durch das BTHG)	*www.integrationsaemter.de*
Gleichstellung	§ 151 Abs. 3 i.V.m. § 2 Abs. 3 SGB IX	§ 178 Abs. 1 Satz 3 SGB IX	Agentur für Arbeit auf Basis interner Regelungen	*www.arbeitsagentur.de* (Suchwort: Gleichstellung)
Begleitende Hilfe incl. Arbeitsassistenz	§ 185 SGB IX	§ 178 Abs. 1 Satz 2 Nr. 2 SGB IX	§ 178 Abs. 1 Satz 3 SGB IX gegenüber Integrationsamt und Reha-Trägern	*www.integrationsaemter.de*
Nachteilsausgleiche	Div. Rechtsgrundlagen – auch außerhalb des SGB IX	§ 178 Abs. 1 Satz 1 SGB IX	nein	*www.integrationsaemter.de*
Teilrente, befristete Rente, Weiterbeschäftigung	Div. Regelungen des SGB VI, insbesondere §§ 37, 42 SGB VI	§ 178 Abs. 1 Satz 1 SGB IX	nein	*www.deutsche-rentenversicherung-bund.de (Servicetelefon 0800100048070)*

Die Rolle der Schwerbehindertenvertretung ist in den aufgezählten Beratungs- und Betreuungsfeldern unterschiedlich. Die Beteiligung besteht teilweise nur in einer durch die Norm des § 178 SGB IX (Rechte und Pflichten der Schwerbehindertenvertretungen) geregelte bzw. gesetzlich ermöglichte oder verlangte Beratungstätigkeit – typischerweise bei den diversen Nachteilsausgleichen. Mit diesen Beratungsangeboten können Sie bei Ihren Kolleginnen und Kollegen gute Akzeptanz erreichen.

2. Das Anerkennungsverfahren

a. Das Versorgungsamt oder die nach Landesrecht zuständige Stelle für die Feststellung der Schwerbehinderung

Das Versorgungsamt oder eine vom Land benannte Stelle für die Feststellung der Schwerbehinderteneigenschaft hat folgende Aufgaben:

- die Feststellung einer Behinderung und des Grades bzw. Gesamt-Grades der Behinderung (GdB),
- die Anerkennung weiterer gesundheitlicher Merkmale (Kasten Merkzeichen, s. u. d.),
- die Ausstellung eines Schwerbehindertenausweises für die Inanspruchnahme von Rechten und Nachteilsausgleichen, die schwerbehinderten Menschen nach dem SGB IX oder teilweise auch nach anderen Vorschriften zustehen,
- die Ausstellung einer Bescheinigung für einen Menschen mit Behinderungen mit einem GdB bis 40 zur Vorlage beim Finanzamt (zwecks Eintragung eines Pauschbetrags auf der Lohnsteuerkarte) oder bei der Agentur für Arbeit (bei einem Antrag auf Gleichstellung).

Alle 141 zuständigen Stellen für Anträge auf Feststellung der Schwerbehinderteneigenschaft nach Bundesländern werden mit Adresse ausgewiesen unter: *https://www.rehadat-adressen.de/adressen/interessenvertretung-dachverbaende-und-rehatraeger/versorgungsaemter-und-schwerbehindertenausweis.*

b. Der Antrag beim Versorgungsamt

Zur Feststellung der Behinderung, des GdB, der Anerkennung gesundheitlicher Merkmale und der Ausstellung eines Ausweises ist es erforderlich, einen Antrag beim Versorgungsamt zu stellen; die Schwerbehindertenvertretung darf hierbei unterstützen.

> **Unterstützung von Antragstellern nach § 178 Abs. 1 Satz 3 SGB IX**
> *»Die Schwerbehindertenvertretung unterstützt Beschäftigte auch bei Anträgen an die nach § 152 Absatz 1 zuständigen Behörden auf Feststellung einer Behinderung, ihres Grades und einer Schwerbehinderung sowie bei Anträgen auf Gleichstellung an die Agentur für Arbeit.«*

Der Antrag ist grundsätzlich bei dem für den Wohnsitz zuständigen Versorgungsamt bzw. der landesspezifischen Stelle zu stellen. Der Antrag ist persönlich bzw. durch einen Bevollmächtigten zu stellen. Die Schwerbehindertenvertretung ist berechtigt, bei der Antragstellung behilflich zu sein. Aufgrund des Antrags wird das Versorgungsamt einen Bescheid erstellen, wenn mindestens ein GdB von 20 festgestellt wird.
Bevor ein Antrag beim Versorgungsamt gestellt wird, ist anzuraten, mit den Ärzten zu sprechen, die man im Antrag als behandelnden Arzt oder Facharzt angibt.

> **Hinweis:**
> Wenn Sie als Schwerbehindertenvertretung einen Antrag auf Feststellung der Schwerbehinderteneigenschaft stellen (oder einen Änderungsantrag), werden vom zuständigen Versorgungsamt Informationen und Unterlagen für die Entscheidung über Ihren Antrag benötigt. Deren Aussagekraft ist sehr wichtig für die Chancen Ihres Antrags.
> 1. Gemeinsam mit dem Antragsteller können Sie eine Liste seiner Behinderungen und Gesundheitsbeeinträchtigungen zusammenstellen.
> 2. Sehen Sie in den Versorgungsmedizinischen Grundsätzen nach, wie diese Behinderungen dort bewertet werden.

Unerlässlich dazu ist ausreichendes Hintergrundwissen. Die meisten Integrationsämter bieten entsprechende Grundschulungen an. Besonders bei den vielen Behinderungen mit GdB-Zuweisung »leicht – mittel – schwer« ist es ratsam, mit dem Arzt über die Einordnung der Erkrankung/Behinderung zu sprechen.

> **Tipp:**
> In diesen Einzelschritten bereiten Sie einen Antrag auf Schwerbehinderung vor:
> 1. Liste der Behinderungen erstellen.
> 2. In den Versorgungsmedizinischen Grundsätzen versuchen, die Behinderungen entsprechend den dortigen Tabellen zuzuordnen.
> 3. Feststellen, für welche Behinderung welcher Nachweis erbracht werden kann.
> 4. Besprechen mit Hausarzt und evtl. Facharzt.

Beim Durchsprechen der vorliegenden Behinderungen mit dem Antragsteller ist ein systematisches Abfragen nach aller Erfahrung effektiver als die schlichte Frage »Was haben wir denn so an Einschränkungen?«. Wenig beachtete Leiden oder schon länger vorliegende Einschränkungen werden bei diesem schlichten Verfahren gerne übersehen.
Bewährt hat es sich, die verschiedenen Behinderungen entlang der Gliederung des Teils B der Versorgungsmedizinischen Grundsätze abzufragen.

Hinweis:
Grad der Schädigungsfolgen (GdS-Tabelle der Versorgungsmedizinischen Grundsätze)

1. Allgemeine Hinweise zur GdS-Tabelle
2. Kopf und Gesicht
3. Nervensystem und Psyche
4. Sehorgan
5. Hör und Gleichgewichtsorgan
6. Nase
7. Mundhöhle, Rachenraum und obere Luftwege
8. Brustkorb, tiefere Atemwege und Lungen
9. Herz und Kreislauf
10. Verdauungsorgane
11. Brüche (Hernien)
12. Harnorgane
13. Männliche Geschlechtsorgane
14. Weibliche Geschlechtsorgane
15. Stoffwechsel, innere Sekretion
16. Blut, blutbildende Organe, Immunsystem
17. Haut
18. Haltungs- und Bewegungsorgane, rheumatische Krankheiten

In jedem Fall sollten Sie sich beim Bundesministerium für Arbeit und Soziales (*www.bmas.de*) eine gedruckte Fassung der »Versorgungsmedizinverordnung« mit dem Anhang »Versorgungsmedizinische Grundsätze« bestellen. Dies ist per E-Mail möglich. Der Text findet sich auf der Homepage des Bundesministeriums für Arbeit und Soziales auch als Download. Bei Zusendung der Papierfassung wird in der Regel auch eine Kopie mit den seit Verabschiedung der Versorgungsmedizinverordnung erfolgten Änderungsverordnungen beigefügt.

c. Die Beratung

Mit gemeinsamer Betrachtung dieser Skelett-Skizze können Sie systematisch alle Möglichkeiten einer orthopädischen Behinderung prüfen.

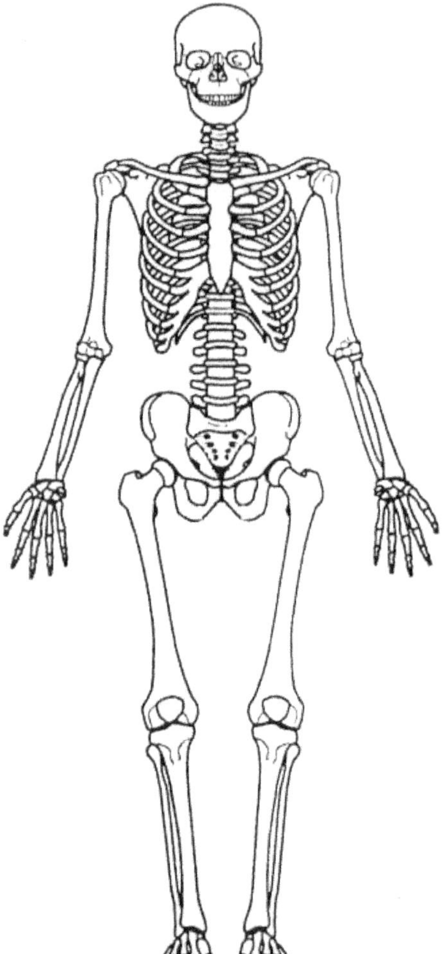

Muster-Ergebnisprotokoll eines Beratungsgesprächs »Orthopädische Behinderungen«

Ordnungsnummer der Versorgungsmedizinischen Grundsätze	Organ	Bezeichnung	Auswirkung	GdS-Schätzung
18., insb. 18.9	Hals-Wirbelsäule (HWS)	Bandscheibenvorfall im Halswirbelbereich	Blockade der Beweglichkeit des Kopfes bei unter 45 Grad; Schwindel bei Kopfneigung	Mittelgradige, eventuell schwere funktionelle Auswirkungen in einem Wirbelsäulenabschnitt: 20, eventuell 30
18., insb. 18.13	Schultergelenk links	Z. n. Sturz im Jahr 2005.	Bewegungseinschränkungen im Schultergelenk	10–20
18.13	Fingergelenke beider Hände	Arthrose in fortgeschrittenem Stadium an allen Fingergelenken	Erhebliche Einschränkung feinmechanischer Tätigkeiten, bereits Schleife binden sehr erschwert, Einfädeln von Fäden in Nähnadel oft nicht möglich, auch grobmechanisches Greifen deutlich eingeschränkt (fehlende Handkraft)	Entzündlich-rheumatische Krankheiten mit geringen Auswirkungen: 20–40
18.14	Kniegelenke beidseitig	Arthrose beidseitig	Schmerzen, Gehbeschränkungen, Streckung/Beugung 0–10–90 beidseitig	40
Eine Schwerbehinderung könnte hier allein bereits auf Basis der gelisteten orthopädischen Behinderungen als Gesamt-GdB möglich sein. Restunsicherheiten bleiben allerdings. In der Beratung sollte deswegen geprüft werden, ob in anderen Bereichen gegebenenfalls weitere Behinderungen vorliegen. Bei z. B. einer inneren Erkrankung wie mittelschwerem Bluthochdruck (Ziff. 9.3) wäre sicher von einer Schwerbehinderung als Gesamt-GdB auszugehen.				

Mit der Unterschrift auf dem Antrag ist eine Einverständniserklärung verbunden, dass das Versorgungsamt die erforderlichen ärztlichen Auskünfte einholen darf und dass die Ärzte von ihrer Schweigepflicht entbunden sind. Soll eine bestimmte Behinderung bei der Feststellung der Behinderung nicht berücksichtigt werden, ist die Einverständniserklärung insofern einzuschränken.

Unterlagen im Besitz des Antragstellers, die als Nachweis über das Vorliegen von Behinderungen und deren Art und Ausmaß gelten können, sollten dem Antrag beigegeben werden. Das beschleunigt in der Regel die Bearbeitung.

Für erwerbstätige Antragsteller sind mehrwöchige (in der Regel drei bis sieben Wochen) Bearbeitungsfristen einzuhalten, im Gegenzug sind die Antragsteller aber ausdrücklich zur Mitwirkung verpflichtet (§ 152 Abs. 1 Satz 3 SGB IX). Das heißt vor allem, dass angeforderte Auskünfte und Unterlagen zeitnah beizubringen sind, die Antragsformulare sind vollständig auszufüllen. Bei fehlender Mitwirkung kann dies zum vollständigen Wegfall des besonderen Kündigungsschutzes nach dem SGB IX in der Phase der Antragstellung und vor Erteilung des Bescheids führen. Der besondere Kündigungsschutz greift nach der Rechtsprechung des Bundesarbeitsgerichts (BAG 20.1.2005 – 2 AZR 675/03) erst drei Wochen nach Antragstellung.

Das Versorgungsamt ist auch zuständig für die Ausstellung des Schwerbehindertenausweises auf Antrag. Nur wenn ein GdB von wenigstens 50 festgestellt wird, erhält der Antragsteller vom Versorgungsamt einen Ausweis. Der Ausweis wird erstmalig in der Regel längstens für fünf Jahre ausgestellt. Unbefristete Ausweise sind möglich. Hierfür müssen jedoch entsprechende behinderungsseitige Voraussetzungen erfüllt sein.

Der Ausweis dient dem Nachweis der Schwerbehinderteneigenschaft, des GdB und der Merkzeichen, der Verwirklichung der Rechte nach dem SGB IX oder nach anderen Vorschriften, z. B. bei der Antragstellung auf Rente als schwerbehinderter Mensch.

Der Ausweis dient u. a. als Nachweis gegenüber:

- Arbeitgeber, Integrationsamt und Bundesagentur für Arbeit,
- Finanzamt, Straßenverkehrsbehörde, Sozialamt, Post/Fernmeldeamt, Deutscher Bahn, Haftpflichtversicherung,
- Rentenversicherung, insbesondere bei der Beantragung einer Rente als schwerbehinderter Mensch.

Bei Rechtsstreitigkeiten ist der Rechtsweg zu den Sozialgerichten gegeben. Vor Erhebung der Klage muss zunächst das Widerspruchsverfahren gegen die Entscheidung des zuständigen Versorgungsamts durchgeführt werden.

d. Bedeutung der Merkzeichen auf dem Ausweis und ihre gesundheitlichen Voraussetzungen

Als Merkzeichen können auf dem Ausweis die folgenden Buchstaben eingetragen sein: »G, aG, B, Bl, Gl, H, RF, 1. Kl, TBl«. Welche gesundheitlichen Voraussetzungen hierzu notwendig sind, zeigt die nachstehende Übersicht

Übersicht: ausgewählte Merkzeichen nach Schwerbehindertenausweisverordnung (SchwbAV)

G	**Bedeutung:** Erhebliche Beeinträchtigung der Bewegungsfähigkeit im Straßenverkehr/erhebliche Gehbehinderung/Geh- und Stehbehinderung. Das Merkzeichen hat u. a. Bedeutung für die unentgeltliche Beförderung im öffentlichen Personenverkehr und für Nachteilsausgleiche bei der Steuer. **Gesundheitliche Voraussetzungen:** In seiner Bewegungsfähigkeit im Straßenverkehr erheblich beeinträchtigt (inhaltsgleich mit erheblicher Gehbehinderung, Geh- und Stehbehinderung) ist, wer infolge einer Einschränkung des Gehvermögens (auch durch innere Leiden) oder infolge von Anfällen oder von Störungen der Orientierungsfähigkeit nicht ohne erhebliche Schwierigkeiten oder nicht ohne Gefahren für sich oder andere Wegstrecken im Ortsverkehr zurückzulegen vermag, die üblicherweise noch zu Fuß zurückgelegt werden.
aG	**Bedeutung:** außergewöhnlich gehbehindert. Das Merkzeichen erhält, wer sich wegen der Schwere seines Leidens dauernd nur mit fremder Hilfe oder nur mit großer Anstrengung außerhalb seines Kraftfahrzeugs bewegen kann. **Gesundheitliche Voraussetzungen:** z. B. querschnittsgelähmte Menschen, doppelbeinamputierte Menschen.
Gl	**Bedeutung:** gehörlos **Gesundheitliche Voraussetzungen:** Gehörlos ist ein Mensch mit Taubheit beiderseits oder mit einer an Taubheit grenzenden Schwerhörigkeit beiderseits, wenn daneben schwere Sprachstörungen vorliegen.
H	**Bedeutung:** Hilflosigkeit. Das Merkzeichen hat vor allem Bedeutung für die unentgeltliche Beförderung im öffentlichen Personenverkehr und für Nachteilsausgleiche bei der Steuer. **Gesundheitliche Voraussetzungen:** Hilflos ist der Schwerbehinderte, der infolge der Behinderung nicht nur vorübergehend für die gewöhnlichen und regelmäßig wiederkehrenden Verrichtungen im Ablauf des täglichen Lebens in erheblichem Umfang fremder Hilfe

	dauernd bedarf. Bei bestimmten Behinderungen (z. B. Querschnittslähmung, Verlust mehrerer Gliedmaßen, schwere Hirnschäden mit einem GdB von 100 usw.) wird die Hilflosigkeit stets oder in der Regel unterstellt.
Bl	**Bedeutung:** Das Merkzeichen Bl steht für »blind«. Es wird im Schwerbehindertenausweis eingetragen, wenn der schwerbehinderte Mensch blind im Sinne des § 72 Abs. 5 SGB XII oder entsprechender Vorschriften ist.
TBl	**Bedeutung:** Das Merkzeichen TBl als Abkürzung für »Taubblind« wurde erst am 30. 12. 2016 eingeführt. Es wird eingetragen, »wenn der schwerbehinderte Mensch wegen einer Störung der Hörfunktion mindestens einen Grad der Behinderung von 70 und wegen einer Störung des Sehvermögens einen Grad der Behinderung von 100 hat.«
B	**Bedeutung:** Das Merkzeichen B steht für »Begleitperson«. Wenn ein schwerbehinderter Mensch zur Mitnahme einer Begleitperson im Sinne von § 146 Abs. 2 SGB IX berechtigt ist, wird im Schwerbehindertenausweis das Merkzeichen B eingetragen. Außerdem der Satz: »Die Berechtigung zur Mitnahme einer Begleitperson ist nachgewiesen.« Der schwerbehinderte Mensch ist berechtigt, eine Begleitperson dabei zu haben, aber dazu nicht verpflichtet!
RF	**Bedeutung:** Bei Vorliegen der gesundheitlichen Voraussetzungen können Personen, denen das Merkzeichen RF zuerkannt wurde, beim »ARD ZDF Deutschlandradio Beitragsservice« (früher GEZ) eine **Ermäßigung** des Rundfunkbeitrags beantragen. Sie zahlen einen reduzierten Beitrag. Taubblinde Menschen oder Empfänger von Blindenhilfe nach § 72 SGB XII werden auf Antrag von der Rundfunkbeitragspflicht befreit. **Gesundheitliche Voraussetzungen:** Die Voraussetzungen erfüllen u. a. • Sonderfürsorgeberechtigte nach § 27e BVG, • Blinde oder nicht nur vorübergehend wesentlich Sehbehinderte mit einem Behinderungsgrad ab 60 allein wegen der Sehbehinderung, • Hörgeschädigte, die gehörlos sind oder denen eine ausreichende Verständigung über das Gehör auch mit Hörhilfen nicht möglich ist, • Behinderte ab einem Behinderungsgrad von mindestens 80, die wegen ihres Leidens an öffentlichen Veranstaltungen ständig nicht teilnehmen können (weder im Freien noch in geschlossenen Räumen), auch nicht mit Hilfsmitteln (z. B. Rollstuhl) oder mit Begleitperson.

Checkliste: Antrag auf Anerkennung der Schwerbehinderteneigenschaft

1.	**Gespräch mit dem/ der Antrag-steller*in**	☐	Sämtliche (!) Leiden zusammentragen.		
		☐	Namen und Anschriften der behandelnden Haus-, Fach- und Betriebsärzte angeben.		
		☐	Die Facharztbefunde dem/der Hausarzt/-ärztin zugänglich machen (der/die Betroffene wird aktiv!).		
		☐	Krankenhausaufenthalte, -zeiten, -anschriften vermerken.		
		☐	Kurbehandlungsaufenthalte, -zeiten, Kostenträger festhalten.		
		☐	Ärzte bzw. Ärztinnen auf Antragstellung hinweisen und um Unterstützung bitten.		
2.	**Unterlagen zusammen-stellen**	☐	Atteste und Befundunterlagen der behandelnden Ärzte bzw. Ärztinnen.		
		☐	Anerkennungsbescheide der Berufsgenossenschaft.		
		☐	Es kommt zum Teil darauf an, dass Berichte zum richtigen Zeitpunkt erstellt sind; unzutreffende optimistische Prognosen kurz nach der Behandlung oder Kur erfüllen in der Regel dieses Kriterium nicht.		

3.	**Auswirkungen der Behinderung in einem Beiblatt zum Antrag beschreiben**		Folgende Leitfragen systematisch durchgehen: (Es hat sich in der Praxis auch bewährt, mit dem Antragsteller die Listen der Versorgungsmedizinischen Grundsätze an den einschlägigen Stellen systematisch durchzusehen.)	☐	Welche Schädigungen liegen vor (Stellen, Organe)?
				☐	Wann bin ich dadurch beeinträchtigt (Zeitpunkt/-raum)?
				☐	Wie stark bin ich beeinträchtigt (Intensität, Art, Dauer)? In welcher Weise und welchem Umfang ist meine Teilhabe am Leben und an
				☐	der Arbeit beeinträchtigt? Wie wirken sich die Schäden aus (Folgen, Konsequenzen)?
				☐	Woher kommen die Schäden (Ursache)?
				☐	Bei Hauterkrankungen o. Ä. ein Foto mit einreichen.
4.	**Antrag stellen**	☐	Die Antragsstellung erfolgt durch den/die Betroffene/n selbst oder eine/n Bevollmächtigte/n beim zuständigen Versorgungsamt bzw. bei der zuständigen Stelle je nach Land.		

		☐	Persönliche Daten mittels beigelegter Kopie von Personalausweis oder Pass nachweisen.		
		☐	Ausländische Arbeitnehmer*innen müssen eine Aufenthalts- bzw. Arbeitsbescheinigung vorlegen.		
			Dem Antrag sollten in Kopie beigefügt werden:	☐	Bereits vorliegende Bescheide anderer Stellen zu Behinderungen und GdB.
				☐	Eine Beschreibung der Behinderungen und ihre Auswirkungen (Beiblatt, s. o.).
				☐	Die Angabe der behandelnden Krankenhäuser, Kurkliniken, Fach- und Hausärzte bzw. -innen.
				☐	Ein Passbild ist ab einem GdB von 50 zur Ausstellung eines Ausweises erforderlich, kann aber auch nachgereicht werden.
			Beantragung stets ab 1.1. des aktuellen Jahres, um für Steuerermäßigung und Zusatzurlaub eine rückwirkende Anerkennung zu erreichen; dies gilt nicht bei Eintritt der Schwerbehinderteneigenschaft innerhalb		

			des Jahres (zum Beispiel nach Herzinfarkt, Unfall, Operation usw.).		
		☐	Unterschrift des Antragstellers/der Antragstellerin nicht vergessen. Mit dieser Unterschrift werden im Übrigen auch die behandelnden Ärzte bzw. Ärztinnen von der Schweigepflicht entbunden		
5.	**Dokumentieren**	☐	Vom Antrag und sämtlichen eingesandten Unterlagen Kopien anfertigen.		
			Die Kopien werden auf folgende Ablagen verteilt:	☐	Akte der Schwerbehindertenvertretung.
				☐	Akte des Antragstellers/der Antragstellerin.
6.	**Zusatzurlaub beantragen**				

e. Versorgungsmedizinische Grundsätze

Seit dem 1. 1. 2009 gilt die Versorgungsmedizin-Verordnung (*https://www.bmas.de/DE/Soziales/Versorgungsmedizin/versorgungsmedizin.htm; https://www.bmas.de/DE/Service/Publikationen/Broschueren/k710-anhaltspunkte-fuer-die-aerztliche-gutachtertaetigkeit.html*) mit den Versorgungsmedizinischen Grundsätzen.

In den Versorgungsmedizinischen Grundsätzen sind die Bewertungen der einzelnen Behinderungen gelistet (früher oft »Knochentaxe« genannt).

Die »Versorgungsmedizinischen Grundsätze« werden auf Grundlage des aktuellen Stands der medizinischen Wissenschaft unter Anwendung der Grundsätze der evidenzbasierten Medizin fortentwickelt. Basis hierfür sind die Beschlüsse des unabhängigen Ärztlichen Sachverständigenbeirats Versorgungsmedizin, der das Bundesministerium für Arbeit und Soziales zu allen versorgungsärztlichen Angelegenheiten berät und die Fortentwicklung vorbereitet. Die Umsetzung erfolgt durch Verordnungen zur Änderung der VersMedV. Die Versorgungsmedizinischen Grundsätze wurden seit Einführung durch fünf Änderungsverordnungen weiterentwickelt.

3. Der besondere Kündigungsschutz

Der Kündigungsschutz nach dem Schwerbehindertengesetz (§ 168 SGB IX und folgende) besteht kurz gefasst darin, dass schwerbehinderte Menschen nur mit vorheriger Zustimmung des zuständigen Integrationsamts gekündigt werden können. Erst nachdem dieses zugestimmt hat, darf der Arbeitgeber die Kündigung erklären. Eine ohne vorherige Zustimmung des Integrationsamts ausgesprochene Kündigung ist unwirksam. Diese Unwirksamkeit muss aber vom Arbeitsgericht auf Antrag festgestellt werden.

> **Hinweis:**
> Seit dem 30.12.2016 ist außerdem eine Kündigung eines schwerbehinderten Menschen, die der Arbeitgeber **ohne Beteiligung der Schwerbehindertenvertretung** ausspricht, **unwirksam.**

Dieser besondere Kündigungsschutz gilt für alle Arbeitnehmer*innen, die

- schwerbehindert sind,
- diesen gleichgestellt sind (vgl. Kapitel IV.4.) oder
- die mindestens drei Wochen vor dem Zeitpunkt der Kündigung bereits einen Antrag auf Anerkennung als schwerbehinderte Menschen beim Versorgungsamt bzw. der nach Landesrecht zuständigen Stelle – meist dem Landkreis – oder einen Antrag auf Gleichstellung bei der Agentur für Arbeit gestellt haben (und später eine Anerkennung bzw. Gleichstellung erhalten).

Grundsätzlich sind alle Arten von Kündigung zustimmungspflichtig, d. h.

- ordentliche/fristgemäße Kündigungen,
- außerordentliche/fristlose Kündigungen,
- Änderungskündigungen,

- Kündigungen aufgrund einer Betriebsstilllegung oder Betriebseinschränkung.
- Auch die Beendigung eines Arbeitsverhältnisses im Falle einer (vollen oder teilweisen) Erwerbsminderung sowie bei Berufsunfähigkeit bedarf einer Zustimmung des Integrationsamts (§ 175 SGB IX).

Die Schwerbehindertenvertretung hat die Aufgabe, die betroffenen Beschäftigten während des Verfahrens zu betreuen und zu beraten. Dazu muss sie zunächst zusammen mit den Betroffenen die Sachlage klären.
Im Anschluss daran ist es wichtig, die Betroffenen über den Ablauf und die eigenen Möglichkeiten gründlich zu informieren – vielfach kennen sie ihre eigenen Rechte nur ungenügend.
Daneben sollten weitere Gespräche etwa mit der/dem unmittelbaren Vorgesetzten, der Abteilungsleitung und dem/der Betriebsarzt/-ärztin geführt werden. In den meisten Fällen liegt die entscheidende Chance, eine Kündigung abzuwenden, bei den Beteiligten im Betrieb/in der Dienststelle. Sie sollten zunächst versuchen, eine Lösung zu finden, die ein Kündigungsverfahren vermeiden hilft und die am besten die Ausgliederung ganz verhindert.

Ausgliederung durch Aufhebungsvertrag im Vorfeld vermeiden
Vielfach wird versucht, Arbeitnehmer*innen statt per Kündigung mittels eines Aufhebungsvertrags auf »kalten Weg« auszugliedern. Auch hier müssen die Einflussmöglichkeiten auf die Weiterbeschäftigung der Betroffenen genutzt werden. Das umfasst folgende Schritte:

- Im Gespräch mit Beschäftigten, Vorgesetzten und Personalabteilung darauf drängen, das Arbeitsverhältnis bestehen zu lassen; die Betroffenen zum Personalgespräch begleiten.
- Die Unterstützung des Integrationsamts anfordern – dieses beauftragt eventuell zur Unterstützung betrieblicher Lösungen einen Integrationsfachdienst (IFD), vor allem in den Fällen einer psychischen Behinderung.
- Regelungen der bestehenden tariflichen Alterssicherung prüfen (Beginn, Höhe der Leistungen, Verfallbarkeit).
- Die Beschäftigten des Betriebs/der Dienststelle öffentlich über die Folgen und Nachteile eines solchen Vertrags aufklären; sie auffordern, zuerst mit der Interessenvertretung zu sprechen, wenn sich ein Aufhebungsvertrag abzeichnet.

Hinweis:
Wenn ein Aufhebungsvertrag als unumgehbar erscheint, sollte man die Bedingungen (Beendigung vor Ablauf der Kündigungsfrist, Abfindung) abklären, damit durch Arbeitslosigkeit so wenige Nachteile wie möglich entstehen. Vor allem ist auch zu prüfen, wie weit Steuern und Sozialversicherungsbeiträge für die (Brutto-)Abfindungssumme anfallen. Das hängt zum Teil auch von der professionellen Gestaltung des Abfindungsvertrags ab. Also: Rechtschutz beteiligen oder Fachleute der Gewerkschaften vor Abschluss des Aufhebungsvertrags einbeziehen.

a. Anhörungsrechte ausschöpfen

Vor der Kündigung eines/einer schwerbehinderten Beschäftigten ist die Anhörung des Betriebs-/Personalrats zwingend erforderlich (§ 102 Abs. 1 BetrVG). Daneben muss die Schwerbehindertenvertretung gesondert gehört werden (§ 178 Abs. 2 SGB IX). **Mit der Änderung durch das BTHG in § 178 Abs. 2 Satz 3 SGB IX ist vor der Kündigung eines schwerbehinderten Arbeitnehmers auch die Beteiligung der Schwerbehindertenvertretung erforderlich; eine Kündigung ohne Beteiligung ist seit dem 30. 12. 2016 unwirksam.** Betriebs-/Personalrat und Schwerbehindertenvertretung müssen vom Arbeitgeber verlangen, dass er ihnen die Gründe für die Kündigung im Einzelnen und eingehend darlegt. Im Übrigen sollten die Interessenvertretungsgremien die Argumente des Arbeitgebers mit protokollieren und unmissverständlich deutlich machen, dass er nicht mit ihrer Zustimmung rechnen kann.

Kündigungsschutzverfahren	
Das Kündigungsschutzverfahren bei ordentlichen, fristlosen und Änderungskündigungen im Überblick:	
Der Arbeitgeber	• beteiligt vorab die Schwerbehindertenvertretung, • beteiligt vorab den Betriebs-/Personalrat, • beantragt Zustimmung zur Kündigung beim Integrationsamt.
Das Integrationsamt stellt den Sachverhalt fest und hört dazu	• die betroffene Person, • die Schwerbehindertenvertretung, • den Betriebs-/Personalrat, • die Agentur für Arbeit.

Das Integrationsamt führt bei Bedarf mit den Beteiligten eine mündliche Kündigungsverhandlung durch, um	• eine gütliche Einigung zu erreichen, • den Arbeitsplatz zu erhalten, • den Besitzstand des schwerbehinderten Menschen zu wahren, • den Sachverhalt zur Vorbereitung einer sachgerechten Entscheidung des Integrationsamts aufzuklären.
Das Integrationsamt schaltet, falls erforderlich, Fachleute ein, beispielsweise	• den Technischen Beratungsdienst, • den psychosozialen Fachdienst bzw. den Integrationsfachdienst (IFD).
Sofern eine gütliche Einigung nicht zustande kommt, entscheidet das Integrationsamt in den Grenzen des ihm zustehenden Ermessens unter Abwägung der Interessen … … des behinderten Menschen an der Erhaltung des Arbeitsverhältnisses, … des Arbeitgebers an der wirtschaftlichen Ausnutzung des Arbeitsplatzes über die Zustimmung oder Ablehnung zum Kündigungsantrag. Gegen die Entscheidung können beide Seiten Widerspruch und Klage erheben.	

b. Der Kündigung widersprechen

Der schriftliche Widerspruch muss sich fristgerecht auf die in § 102 BetrVG genannten Gründe beziehen. Damit ist gewährleistet, dass Betroffene bei einer Kündigungsschutzklage vorläufig weiter zu beschäftigen sind. Elemente eines solchen Widerspruchs sind:

- Argumente dafür nennen, dass der Arbeitgeber versäumt hat, ausreichend präventive Maßnahmen (§ 167 SGB IX) zu ergreifen.
- Aufzeigen, dass die Entlassung aus persönlichen oder aus Gründen der Arbeitsmarktlage zu einer unverhältnismäßigen sozialen Härte führt.
- Möglichkeiten für wirtschaftlich vertretbare Anpassungsmaßnahmen vorschlagen, die die Arbeit wieder ausführbar machen.
- Versetzung und Weiterbeschäftigung auf einem gleichwertigen, behinderungsgerechten Arbeitsplatz vorschlagen.
- Umschulungs- und Fortbildungsmaßnahmen berücksichtigen; dabei auf Unterstützungsangebote des Integrations- und Arbeitsamts hinweisen.

Ist keine Anpassung, Versetzung oder Qualifizierung möglich, sollte man mit den Betroffenen besprechen, ob sie mit einer Änderungskündigung einverstanden sind.

Eine aussagefähige Stellungnahme formulieren
Je genauer die Kündigungsgründe unter die Lupe genommen werden und je mehr geeignete Argumente man findet, desto größeres Gewicht hat die Stellungnahme für die Entscheidung des Integrationsamts.
Sie können Ihre Stellungnahme entlang der folgenden Prüfpunkte aufbauen:

Checkliste: »Stellungnahme«

Fragen	Ja	Nein
Hängen die Fehlzeiten und Leistungsprobleme auch mit falschem Arbeitseinsatz und mangelnder Arbeitsgestaltung zusammen?		
Weichen Häufigkeit und Dauer von Fehlzeiten von denjenigen in der Gesamtbelegschaft ab?		
Wären nach Änderung des Arbeitsplatzes oder -ablaufs, nach einer Umsetzung oder nach einer Qualifizierungsmaßnahme Möglichkeiten der Weiterbeschäftigung vorhanden?		
Wäre die Einschaltung von Fachpersonal (technische Berater, Arbeitsmediziner, Psychologen) sinnvoll? Falls ja, mit welcher konkreten Fragestellung?		
Sind besondere soziale und berufliche Gesichtspunkte in der Stellungnahme zu betonen (Betriebszugehörigkeitsdauer, wirtschaftliche, persönliche und familiäre Situation)?		
Wird vom Arbeitgeber die Pflichtquote erfüllt?		
Ist die wirtschaftliche Lage des Unternehmens günstig?		
Unternimmt der Arbeitgeber insgesamt ausreichende Anstrengungen zur Beschäftigungssicherung schwerbehinderter Menschen?		
Nehmen Sie bei allen Fragen, die Sie mit »Ja« beantworten, konstruktive Vorschläge in die eigene Stellungnahme auf. Bei den letzten 3 Fragen tun Sie das, wenn Sie mit »Nein« antworten.		

(Quelle: Die Schwerbehindertenvertretung; Sonderheft »Kündigungsschutz«, März 2013, S. 8)

c. Die Weiterbeschäftigung auf dem Gerichtsweg absichern

Auch wenn das Integrationsamt der Kündigung zunächst zustimmt, können juristische Mittel die Weiterbeschäftigung sichern. Die Betroffenen brauchen besonders in dieser Lage die Unterstützung ihrer Interessenvertretung, damit sie nicht resignieren, zumal sie in Rechtsangelegenheiten oft nicht kundig sind. Die Schwerbehindertenvertretung sollte die neue Situation mit den Betroffenen erörtern und sie auffordern, einen Antrag auf Gewährung von Rechtsschutz bei der Gewerkschaft zu stellen. Es sollten weitere Argumente gesammelt und Widerspruch gegen die Zustimmung des Integrationsamts eingelegt werden. Gegebenenfalls kann im nächsten Schritt Klage vor dem Verwaltungsgericht erhoben werden. In Kündigungsfällen, in denen der Arbeitgeber die Zustimmung des Integrationsamts nicht eingeholt hat, ist es wichtig, die Betroffenen zur Kündigungsschutzklage anzuhalten, um die vorläufige Weiterbeschäftigung abzusichern.
Die kurzen Fristen zur Einlegung solcher Rechtsmittel sind unbedingt zu beachten – teilweise betragen sie nur drei Wochen.

d. Bei Aufhebungsvertrag: Keine Anhörung der Schwerbehindertenvertretung

Mit einem Aufhebungsvertrag können Streitigkeiten vor den Arbeitsgerichten vermieden werden. Das Vertragsverhältnis wird im gegenseitigen Einvernehmen beendet. Ein solcher Vertrag ist aber **nur wirksam**, wenn er schriftlich abgeschlossen wird. Gegen Ihren betroffenen Kollegen wird allerdings in aller Regel bei Abschluss eines solchen Vertrags eine **Sperrfrist** beim Bezug des Arbeitslosengeldes verhängt werden.

e. Die Beteiligungsrechte

Ihr Arbeitgeber muss Sie als Schwerbehindertenvertretung grundsätzlich bei allen Angelegenheiten, die einen schwerbehinderten Menschen betreffen, unterrichten und vor seiner Entscheidung auch anhören (§ 178 Abs. 2 Satz 1 SGB IX).
Im Fall eines Aufhebungsvertrags – so das Bundesarbeitsgericht (14.3. 2012 – 7 ABV 67/10) – gilt diese Anhörungspflicht allerdings nicht. Hier muss der Arbeitgeber die Schwerbehindertenvertretung nur informieren.

Vorsicht:
Es reicht aus, wenn Ihr Arbeitgeber Sie erst nach Abschluss des Aufhebungsvertrags unterrichtet. Da auch der Betriebsrat vom Arbeitgeber nicht angehört werden muss, ist der schwerbehinderte Kollege einer besonderen Gefahr ausgesetzt.
Weisen Sie Ihre Kollegen auf die Gefahr der Sperrzeit bei der Agentur für Arbeit hin.

4. Gleichstellung auf Antrag gem. § 151 Abs. 3 SGB IX

Personen mit einem GdB von weniger als 50, aber wenigstens 30 können bei der für ihren Wohnort zuständigen **Agentur für Arbeit** einen Antrag auf Gleichstellung stellen (§ 151 Abs. 3 SGB IX). Der Antrag ist vom Behinderten selbst zu stellen, es sei denn, dass er einen Dritten bevollmächtigt.
Es gehört zu den ausdrücklichen gesetzlichen Aufgaben der Schwerbehindertenvertretung, Antragsteller auf Gleichstellung zu unterstützen (§ 178 Abs. 1 Satz 3 SGB IX).
Die Aufgabe ist auch rein zahlenmäßig durchaus wichtig. Insbesondere steigt seit Jahren die Zahl der gleichgestellten Menschen bei beschäftigungspflichtigen Arbeitgebern. Ihre Aktivitäten als Schwerbehindertenvertretung in diesem Aufgabenbereich sollten Sie breit gestreut im Unternehmen kommunizieren. Nur so können die Antragsteller zuverlässig den Weg zu Ihrer Unterstützung finden. Insbesondere sollten Sie regelmäßig über diesbezügliche Aktivitäten auf Sitzungen des Betriebsrats/Personalrats Informationen geben. Der Antrag auf Gleichstellung kann auch im Kontext eines Betrieblichen Eingliederungsmanagements (BEM) nach § 167 Abs. 2 SGB IX bedeutsam sein.

a. Voraussetzungen für die Antragstellung

1. Ein **Feststellungsbescheid über einen GdB von 30 oder 40** (Landessozialgericht Baden-Württemberg, 19.11.2013 – L 13 AL 2601/13);
2. Der Antragsteller bzw. die Antragstellerin kann infolge der Behinderung ohne die Gleichstellung einen **geeigneten Arbeitsplatz** im Sinne des § 156 SGB IX »**nicht erlangen oder nicht behalten**«.

Mit Ausnahme des Zusatzurlaubs und der unentgeltlichen Beförderung schwerbehinderter Menschen im öffentlichen Personenverkehr gelten alle übrigen Regelungen des SGB IX auch für Gleichgestellte nach § 151 Abs. 3 SGB IX.

Eine ausgesprochene Gleichstellung wird mit Bescheidzugang rückwirkend ab dem Tag des Antragseingangs bei der Agentur für Arbeit wirksam. Für den Schutz durch den besonderen Kündigungsschutz muss entsprechend der Rechtsprechung des Bundesarbeitsgerichts allerdings eine Wartezeit von drei Wochen nach Antrag erfüllt sein. Lehnt die Agentur für Arbeit die Gleichstellung ab, kann der Antragssteller oder sein Bevollmächtigter gegen die Entscheidung innerhalb eines Monats Widerspruch einlegen. Wird dem Widerspruch nicht stattgegeben, kann der Behinderte Klage beim Sozialgericht erheben. Die Gewerkschaften und die großen Behindertenverbände gewähren ihren Mitgliedern Rechtsschutz im Widerspruchs- und Klageverfahren. Der Arbeitgeber hat nach der Rechtsprechung des Bundessozialgerichts kein Widerspruchsrecht gegen den Gleichstellungsbescheid.

b. Rechtsprechung zur Gleichstellung

Einschlägige **Rechtsprechung** zur Gleichstellung liegt in nennenswertem Umfang vor. (Eine Vielzahl von Urteilen wird auch in der allgemein zugänglichen Rechtsprechungsdatenbank »rehadat« dokumentiert [*www.rehadat.de, Menüpunkt: Urteile und Gesetze*].)

- **BAG 23.11.2023 – 8 AZR 212/22** (NZA 2024,184): Es geht eigentlich um eine Klage um Entschädigung wegen Diskriminierung wegen der Behinderung. Hiermit hatte der Kläger keinen Erfolg. Das BAG klärt aber einige Fragen, wie weit bereits der Antrag auf Gleichstellung den Antragsteller schwerbehindertenrechtlich schützt. Wie bereits im Urteil des BAG vom 22.1.2020 (7/ABR 18/18, NZA 2020/783) muss der Arbeitgeber die Schwerbehindertenvertretung erst mit positiver Entscheidung des Gleichstellungsantrages beteiligen. Der alleinige Antrag ist keine Grundlage für diese Beteiligung nach § 178 SGB IX und auch nicht für die Arbeitgeberpflichten nach § 164 Abs. 4 SGB IX. Das Urteil stellt aber klar, dass auch Praktikanten vom Diskriminierungsverbote nach AGG geschützt sind. Nach Inhalt und Zielsetzung der RL 2000/78/EG soll jeder »in Beschäftigung und Beruf« gleichbehandelt werden, also auch Praktikanten und Volontäre.
- **BSG 2.3.2000 – B 7 AL 46/99 R:** Das BSG lehnt in diesem Urteil die bis dahin mehrheitlich vertretene Auffassung ab, »dass eine Gleichstellung nach der 1. Alternative des § 2 Abs. 1 Satz 1 SchwbG ein **konkretes Arbeitsplatzangebot** voraussetzt, also eine Gleichstellung nur mit Rücksicht auf die Erlangung eines konkreten Arbeitsplatzes möglich

sei.« Das BSG verweist in diesem Urteil auf den Wortlaut der Norm. Es begründet aber auch mit dem Sinn und Zweck der Regelung, deren historischen Entwicklung und der systematischen Stellung im Rahmen des damaligen Schwerbehindertengesetzes (SchwbG).

- **BSG 19.12.2001 – B 11 AL 57/01 R:** Das BSG lehnte das bis dahin übliche **Widerspruchsrecht des Arbeitgebers** als nicht gesetzeskonform ab. Die BA hat dieses Urteil zur verneinten Anfechtungsbefugnis des Arbeitgebers bei Gleichstellung von Behinderten zügig umgesetzt.
- **BSG 1.3.2011 – B 7 AL 6/10 R:** Das BSG hat klargestellt, dass bei Vorliegen besonderer Umstände auch **Beamte** gleichgestellt werden können.
- **BAG 1.3.2007 – 2 AZR 217/06** (zum **Zeitpunkt der Wirksamkeit eines Gleichstellungsantrages bei Kündigung**)**:** Grundsätzlich wirkt eine Gleichstellung bereits mit dem Tag, an dem der Antrag bei der Arbeitsagentur eingeht. Dies gilt nach der Rechtsprechung des BAG zu § 173 Abs. 3 SGB IX mit einer wichtigen Ausnahme. Demnach greift der besondere Kündigungsschutz Gleichgestellter analog zur Auslegung des BAG von § 173 Abs. 3 SGB IX nur dann, wenn der Arbeitnehmer einen Antrag auf Gleichstellung mindestens drei Wochen vor Zugang der Kündigung gestellt hat.
- **Landessozialgericht Darmstadt 16.7.2013 – L 6 AL 116/12:** Das Gericht hat den Anspruch eines behinderten Lehrers auf **Gleichstellung zur Erlangung einer Lebenszeitverbeamtung** bestätigt. Es folgte damit dem Urteil der Vorinstanz (Sozialgericht Kassel, 10.9.2012). Die Klage auf Gleichstellung war von einem Lehrer angestrengt worden, der an Multipler Sklerose erkrankt war und einen GdB 30 hat. Der Dienstherr wollte den behinderten Lehrer wegen der Behinderung nicht verbeamten und bot ihm stattdessen die Beschäftigung als Tarifangestellter an. Der Lehrer klagte vor dem Sozialgericht erfolgreich auf Gleichstellung zur Lebenszeitverbeamtung.

  Die Zurückweisung der Berufung der Bundesagentur als durchführender Behörde für das Gleichstellungsverfahren ist als Schritt zur Festigung einer Rechtsprechung zu werten, die einen Arbeitsplatzbegriff zugrunde legt, der auch rechtlich funktionale Elemente aufweist. Das, was als Arbeitsplatz anzusehen ist, ist nicht gegenständlich-räumlich im Sinne von Beschäftigungsort, Beschäftigungsplatz oder Beschäftigungsstelle definiert, sondern rechtlich-funktional: **Arbeitsplatz** ist diejenige Stelle (Anstellung), in deren Rahmen eine bestimmte Tätigkeit auf der Grundlage eines Arbeits-, Dienst- oder Ausbildungsverhältnisses mit allen sich daraus ergebenen Rechten und Pflichten vollzogen wird (vgl. Trenk-Hinterberger in Lachwitz/Schellhorn/

Welti, HK-SGB IX, 3. Auflage, 2010, § 73 Rn. 5 m. w. N. aus der Rechtsprechung des BVerwG). Im Klartext bedeutet diese rechtlich-funktionale Orientierung des Arbeitsplatzbegriffs: **Wenn fast alle in einer bestimmten Tätigkeit als Beamte beschäftigt werden, ist das arbeitgeberseitige Angebot auf Tarifanstellung nicht diskriminierungsfrei.** Das LSG verweist dafür – bereits im Leitsatz – ausdrücklich auf die Charta der Grundrechte der Europäischen Union 2007/C 303/01 und weiteres Europarecht sowie die §§ 7, 8, 24 AGG.

- **BSG 6. 8. 2014 – B 11 AL 6/14 R:** Dem Anspruch auf **Gleichstellung** mit einem schwerbehinderten Menschen zur Erlangung eines Arbeitsplatzes steht nicht entgegen, dass ein Antragsteller einen geeigneten Arbeitsplatz innehat.
  Die Gleichstellung ist mithin auch zur **Förderung des beruflichen Aufstiegs anzuerkennen**. Für eine Gleichstellung zum Erhalt des Arbeitsplatzes ist eine konkrete Kündigungsandrohung nicht erforderlich.
  Das Urteil hat wegen der moderaten Anforderungen an den Nachweis der behinderungsbedingten Gefährdung des Arbeitsplatzes große praktische Bedeutung. Die Landessozialgerichte urteilten in der Vergangenheit nicht einheitlich. Teilweise wurden völlig unrealistische Gefährdungsnachweise verlangt – sowohl von einem Teil der Gerichte als auch von Teilen der Agenturen für Arbeit. Eine konkrete Kündigungsandrohung – wie manchmal gefordert – werden die meisten Arbeitgeber eben nicht aussprechen. Mit Kündigungen wird selten gedroht, viel öfter wird bei behinderten Menschen mit Gleichstellungsoption tatsächlich gleich gekündigt. Jeder rechtskundige Arbeitgeber wird bei einem behinderten Arbeitnehmer die Drohung schon deswegen vermeiden, weil er weiß, dass dies die Gleichstellung fördert. Und ein gleichgestellter Arbeitnehmer ist eben schwerer zu kündigen.

Gleichstellung im Lichte höherrangigen Rechts

Das Urteil stellt fest, dass die gesetzliche Vorschrift zur Gleichstellung in Zusammenhang mit anderen, oftmals höherrangigen Rechtsvorschriften ausgelegt werden muss.

Ausdrücklich genannt werden Art. 27 Abs. 1 Satz 2 Buchstabe a und e der UN-Behindertenrechtskonvention und Art. 12 Abs. 1 GG, der die Berufswahlfreiheit sicherstellt.

Wörtlich stellte das Gericht fest, dass »tatsächlich eine größere Zahl an Gleichstellungen erfolgen könnte als in der Vergangenheit«. Dies sei eine »zwingende Folge der nach nationalem und supranationalem Recht geforderten Beseitigung der Diskriminierung behinderter Menschen.«

Nach der UN-Behindertenrechtskonvention sind nicht nur schwerbehinderte, sondern alle behinderten Menschen im nötigen Umfang vor Diskriminierung wegen der Behinderung zu schützen.

Ein Beispiel aus der Praxis: Justizfachangestellte will Diplom-Finanzangestellte werden:
Die Lage des Falls zu dem Urteil des BSG vom 6.8.2014 stellt sich folgendermaßen dar: Die im Jahr 1982 geborene Klägerin leidet an einer chronisch-entzündlichen Darmerkrankung (Colitis ulcerosa). Es wurde ein GdB 30 hierfür festgestellt.
Die Klägerin ist als Justizfachangestellte im Angestelltenverhältnis (mittlerer Dienst) vollzeitbeschäftigt. Das Beschäftigungsverhältnis ist unbefristet, ungekündigt und nach Angaben der Klägerin im Bestand nicht gefährdet. Diese Tätigkeit kann ohne Einschränkung ausgeübt werden. Der Arbeitsplatz ist für sie behinderungsgerecht.
Am 24.9.2010 beantragte die Klägerin bei der Beklagten die Gleichstellung mit einem schwerbehinderten Menschen. In der Antragsbegründung führte sie aus, dass sie die Gleichstellung benötige, um ihre Vermittlungschancen zu erhöhen. Sie habe dann die Aussicht auf ein neues Arbeitsverhältnis bzw. einen neuen Ausbildungsplatz. Sie könne diesen geeigneten Arbeitsplatz bzw. Ausbildungsplatz ohne die Gleichstellung nicht erlangen.

Trotz bestandener Eignungsprüfung kein Zugang:
Tatsächlich hatte sie zuvor die Eignungsprüfung für die Ausbildung zur Diplom-Finanzwirtin (gehobener Dienst) bestanden. Diese Ausbildung erfolgte als »Beamtin auf Widerruf«. Die dafür auch nötige gesundheitliche Prüfung führte wegen ihrer Behinderung allerdings zur Ablehnung.
Da für schwerbehinderte Bewerber diese gesundheitlichen Voraussetzungen abgesenkt sind, wollte die Klägerin gleichgestellt werden. Sie könnte dann als Beamtin auf Widerruf eingestellt werden.

Ablehnung der Gleichstellung auch im Widerspruchsverfahren:
Sowohl die Agentur für Arbeit als auch der Widerspruchsausschuss bei der Regionaldirektion lehnten die Gleichstellung ab, weil weder der aktuelle Arbeitsplatz gefährdet sei noch Arbeitslosigkeit vorliege.

Anspruch auf Gleichstellung zum beruflichen Aufstieg nach UN-BRK:
Das Urteil leitet den Anspruch auf Gleichstellung zum Zwecke des beruflichen Aufstiegs aus der Methode her, dass andere Vorschriften bei der Gleichstellungsentscheidung stets mitzudenken sind. **Genannt wird die UN-Konvention, die nicht nur Diskriminierung auch beim beruflichen**

Aufstieg verbietet (Art. 27 Abs. 1 lit. a), sondern vielmehr die Förderung des beruflichen Aufstiegs verlangt (Art. 27 Abs. 1 lit. e).
Dieses Ziel der UN-Behindertenrechtskonvention ist im Übrigen bereits seit 1974 im deutschen Schwerbehindertenrecht – heute in § 164 Abs. 4 Satz 1 Ziff. 1 bis 3 SGB IX – gesetzlich geregelt. Arbeitgeber haben danach bei schwerbehinderten Menschen auch den vollwertigen beruflichen Einsatz und dessen Förderung durch Weiterbildung sicher zu stellen. Die Bundesagentur für Arbeit und das Integrationsamt unterstützten dies nötigenfalls (§ 164 Abs. 4 Satz 2 SGB IX).

Aufstiegsperspektive muss konkret sein:
Das Gericht grenzt allerdings den Anspruch auf aufstiegsbezogene Gleichstellung auch ein. Es formuliert dazu, dass die Prüfung des Gleichstellungsanspruchs im Rahmen der Erlangensalternative des § 2 Abs. 3 SGB IX nach den dortigen Tatbestandsvoraussetzungen erfolgt. Sie ist somit niemals abstrakt, sondern knüpft an einen bestimmten Arbeitsplatz an, dessen Geeignetheit schließlich festzustellen ist. Im Klartext: Die Gleichstellung kommt nur in Frage, wenn die Aufstiegsposition konkret benannt werden kann – wie hier z.B. der mit dem erfolgreichen Abschluss der Fortbildung verbundene Laufbahnwechsel.

Was können Sie als Schwerbehindertenvertretung für Tarifangestellte tun?
Das Urteil bezieht sich wesentlich darauf, dass behinderten Menschen wegen ihrer Behinderung im Rahmen der beamtenrechtlich vorgesehenen Gesundheitsprüfung der Zugang zum Aufstieg verwehrt wird.
Ein solch klarer Zusammenhang zwischen Behinderung und Förderung des beruflichen Aufstiegs gibt es in Form rechtlicher Regelungen zunächst einmal nur im Beamtenrecht.
Allerdings ist vorstellbar, dass Sie in Ihrer Inklusionsvereinbarung nach § 166 SGB IX in betrieblichen Regelungen Einzelheiten vereinbaren zur Umsetzung der besonderen Vorschriften für schwerbehinderte Menschen, die möglicherweise eine ähnliche Wirkung entfalten könnten wie die genannten beamtenrechtlichen Regelungen.

Sie können versuchen, in der Inklusionsvereinbarung die Frage der Berücksichtigung schwerbehinderter Menschen in der Personalplanung näher zu regeln.

Hinweise: Musterformulierungen für Bausteine einer Inklusionsvereinbarung »Einbeziehung schwerbehinderter Menschen in der Personalplanung und Personalförderung:

1. Schwerbehinderte Menschen haben nach § 164 Abs. 4 Nr. 1–3 SGB IX gegenüber ihrem Arbeitgeber Anspruch auf eine Beschäftigung, bei der sie ihre Fähigkeiten und Kenntnisse möglichst voll verwerten und weiterentwickeln können und auf eine gewisse Bevorzugung bei betrieblicher Fort- und Weiterbildung.
2. Dies umfasst die bevorzugte Berücksichtigung bei innerbetrieblichen Maßnahmen der beruflichen Bildung zur Förderung ihres beruflichen Fortkommens.
3. Bei außerbetrieblichen Maßnahmen der beruflichen Bildung werden Erleichterungen in zumutbarem Umfang gewährleistet.
4. Die bevorzugte Berücksichtigung bei innerbetrieblichen Maßnahmen wird sichergestellt:
   a. Indem alle Vorgesetzten einmal im Jahr schriftlich über diese Regelung von der Personalabteilung in Abstimmung mit der Schwerbehindertenvertretung informiert werden. Sie werden in diesem Schreiben aufgefordert, gegenüber den schwerbehinderten Menschen in ihrem Bereich aktiv dieses Angebot zu unterstützen.
   b. Die innerbetriebliche Fortbildung wird einmal im Jahr über die Beteiligung schwerbehinderter Menschen berichten. Der Arbeitgeber nimmt diesen Punkt regelmäßig in seinen jährlichen Bericht auf der Versammlung schwerbehinderter Menschen (§ 167 Abs. 3 SGB IX) auf.
5. Gegebenenfalls notwendige gesundheitliche Voraussetzung für eine Fortbildung und/oder die Übernahme einer Tätigkeit sind bei schwerbehinderten Menschen gegebenenfalls unter Beteiligung des Betriebsarztes so zu modifizieren, dass sie in vertretbarem Umfang angepasst werden.
6. Zumutbare Erleichterungen bei der Inanspruchnahme außerbetrieblicher Fortbildungsmaßnahmen werden regelmäßig von Vorgesetzten und Personalstelle geprüft. Falls im Einzelfall festgestellt wird, dass eine gewünschte Maßnahme für den Arbeitgeber nicht zumutbar, so ist davon unter Erläuterung der Gründe die Schwerbehindertenvertretung unverzüglich in Kenntnis zu setzen. Die Gründe sind gegebenenfalls mit ihr zu erörtern mit dem Ziel, gegebenenfalls über Mobilisierung externer Förderung die Maßnahme doch noch zu ermöglichen.

Erläuterung: Mit dieser oder ähnlicher Formulierung haben Sie vermutlich bei einem Gleichstellungsantrag zumindest gewisse Chancen, dass der Fall der Gleichstellung wegen angestrebten beruflichen Aufstiegs anerkannt wird. Dazu ist Ihr Verweis in Ihrer Stellungnahme an die Agentur für Arbeit wichtig: Sie könnten als Schwerbehindertenvertretung z. B. schreiben:

> *»Die beantragte Gleichstellung ist notwendig, damit der behinderte Antragsteller mit Hilfe der besonderen betrieblichen Regelungen in unserer Inklusionsvereinbarung bevorzugten Zugang zu betrieblichen Fortbildungen erhält. Diese Fortbildungen sind Voraussetzung für den angestrebten beruflichen Aufstieg, der heute bereits konkret benannt werden kann. Der Antragsteller strebt eine Position als (konkret benennen) an. Der Antragsteller erfüllt anerkanntermaßen die fachliche Voraussetzung, ist aber aufgrund seiner Behinderung im Wettbewerb um eine solche Fortbildung und spätere entsprechende Beförderung auf die Gelichstellung unbedingt angewiesen.«*

Konkretheit der Arbeitsplatzgefährdung
Im Hinblick auf das Behalten können des Arbeitsplatzes reicht es aus, dass mittels einer Gleichstellung der Arbeitsplatz (z. B. durch den besonderen Kündigungsschutz) sicherer gemacht werden kann (vgl. BSG 2. 3. 2000 – B 7 AL 46/99 R). Eine darüber hinausgehende konkrete Gefährdung des Arbeitsplatzes durch eine bereits im Raum stehende oder zumindest angedrohte Kündigung des Arbeitgebers ist nicht zu fordern. Das hat das BSG am 6. 8. 2014 bestätigt.

Das Urteil hilft im normalen Leben vielen gewerblichen Kollegen! Setzen Sie sich dafür ein, dass es wirklich so umgesetzt wird!
Diesem Urteil liegt endlich kein Sonderfall der Gleichstellung zugrunde wie bei der Lebenszeitverbeamtung oder beim beruflichen Aufstieg.
Diesmal war genau eine solche Situation zu entscheiden, wie sie in Ihrem Alltag als Schwerbehindertenvertretung wirklich öfters vorkommt! Diesmal wurde ein ganz normaler Fall aus dem Leben vieler gewerblicher behinderter Arbeitnehmer entschieden.
Im laufenden Beschäftigungsverhältnis hat sich die Behinderung so entwickelt, dass die an sich geeignete Tätigkeit ohne Risiko für die Gesundheit nur noch bedingt ausgeübt werden kann. Die volle Eignung des Arbeitsplatzes kann durch Hilfemittel und Arbeitsplatzgestaltung wieder hergestellt werden. Dazu ist die Gleichstellung notwendig und wehrt eine behinderungsbedingte Arbeitsplatzgefährdung ab.

> **Hinweis:**
> Auf dieses Urteil des Bundessozialgerichts können Sie sich in Ihrer betrieblichen Praxis sicherlich öfters berufen.
> Zwei zentrale Begriffe des Gleichstellungsrechts zu § 2 Abs. 3 SGB IX werden höchstrichterlich klargestellt: Was ist ein **geeigneter Arbeitsplatz** und wie konkret muss die Gefährdung des **Arbeitsplatzes** belegt werden.

Wichtig:
Die Grundsätze im Gleichstellungsverfahren:
- Der Antrag bei der Agentur für Arbeit muss durch die/den behinderte/n Beschäftigte/n selbst gestellt werden.
- Besonderer Kündigungsschutz besteht ab drei Wochen nach der Antragsstellung, wenn das Arbeitsverhältnis seit mindestens sechs Monaten besteht.
- Es muss ein für die (Weiter-)Beschäftigung geeigneter Arbeitsplatz vorhanden sein bzw. infolge der Gleichstellung hergestellt werden können.
- Der jetzige Arbeitsplatz muss konkret gefährdet sein. Die Gefährdung muss auf die Behinderung und keine anderen persönlichen, betrieblichen oder wirtschaftlichen Gründe zurückgehen.

c. Der Antrag auf Gleichstellung

aa. Übersicht

Gespräch mit Antragsteller*in

Voraussetzungen der Antragsstellung prüfen:
- Feststellungsbescheid mit GdB 30–40.
- Liegt eine Gefährdung des Arbeitsplatzes wegen der Behinderung vor? Für einen erfolgreichen Antrag müssen die Gefährdungen des Arbeitsplatzes ausschließlich oder ganz überwiegend von der Behinderung herrühren. Weitere Gefährdungsgründe dürfen nicht wesentlich sein.
- Antragsziel klären: Antrag auf Erhalt oder Erlangung eines geeigneten Arbeitsplatzes?

Antrag ausfüllen
- Antragsbegründung abgeben.
- Kopie des Feststellungsbescheids beilegen.
- Beweiskräftige Unterlage beifügen, z. B. Kopien von Schreiben des Arbeitgebers über die Höhe der Fehlzeiten, Personalgespräche, Krankenrückkehrgespräche usw.

Stellungnahme der Schwerbehindertenvertretung
- Beschreibung der Tätigkeit und des Arbeitsplatzes des/der Beschäftigten.
- Beschreibung der Behinderung und deren Auswirkungen auf die Tätigkeit.
- Liegt eine Einschränkung des Leistungs-vermögens infolge der Behinderung vor? Wenn ja, ist der/die Betroffene in der Ausübung der derzeitigen beruflichen Tätigkeit gegenüber vergleichbaren, voll leistungsfähigen Arbeitnehmer*innen noch wettbewerbsfähig?
- Ist der Arbeitsplatz wegen der Behinderung zum gegenwärtigen Zeitpunkt gefährdet? Lassen sich diese Gefährdungen durch geeignete

Maßnahmen (Arbeitsplatzgestaltung, organisatorische Änderungen, Qualifizierungsmaßnahmen, Leistungen des Integrationsamts oder der Reha-Träger) abwenden?
- Ist der Arbeitsplatz hinsichtlich der Behinderung grundsätzlich – ggf. auch nach geeigneten Änderungen und Maßnahmen – geeignet, d.h. wird durch die weitere Ausübung der Tätigkeit keine Verschlimmerung der Behinderung herbeigeführt?
- Welche Ausfallzeiten sind durch behinderungsbedingte Krankheiten (einschließlich Kuren) aufgetreten? Erwächst daraus eine Arbeitsplatzgefährdung?
- Ist der/die Betroffene den Arbeitsplatzanforderungen gewachsen oder müssen diesbezügliche Leistungsminderungen infolge der Behinderung hingenommen werden?
- Welcher Kündigungsschutz besteht? Liegt Unkündbarkeit vor? Aufgrund welcher gesetzlichen oder tariflichen Bestimmungen?
- Ist der derzeitige Arbeitsplatz behinderungsgerecht? Gegebenenfalls Hinweis, dass der Arbeitsplatz als Ergebnis der Gleichstellung umgestaltet oder mit geeigneten technischen Hilfsmitteln ausgerüstet werden soll.
- Ist eine innerbetriebliche Umsetzung auf einen behinderungsgerechten Arbeitsplatz erforderlich bzw. möglich?
- Sind vorhandene behinderungsgerechte Arbeitsplätze schwerbehinderten und gleichgestellten Beschäftigten vorbehalten?
- Liegt eine Inklusionsvereinbarung im Betrieb/in der Dienststelle vor?
- Nennen Sie einschlägige betriebliche oder tarifvertragliche Regelungen zugunsten schwerbehinderter Menschen!

Stellungnahme des Betriebs- oder Personalrats
Inhaltliche Übereinstimmung mit der Stellungnahme der Schwerbehindertenvertretung, kann ggf. gemeinsam unterschrieben werden.

Unterlagen dokumentieren
Von Antrag und beigefügten Unterlagen drei Kopien anfertigen zur Ablage in:
- Akten der Schwerbehindertenvertretung,
- Akten des Antragstellers/der Antragstellerin,
- Akten des Betriebs-/Personalrats.

bb. Voraussetzung der Gleichstellung

Behinderte Menschen mit einem GdB von 30 oder 40 können die besonderen Hilfen zur Teilhabe am Arbeitsleben nach SGB IX Teil 3 nur erhalten, wenn sie im Rahmen einer konkreten Betrachtung der beruflichen Teilhabebeschränkungen **wegen ihrer individuellen Behinderung**

besonders schutzwürdig und deshalb schwerbehinderten Menschen gleichzustellen sind, d.h. »wenn sie infolge ihrer Behinderung ohne die Gleichstellung einen geeigneten Arbeitsplatz im Sinne des § 156 SGB IX nicht erlangen oder nicht behalten können« (§ 2 Abs. 3 SGB IX).
Die Agenturen für Arbeit haben eine doppelte Prüfungspflicht. Wenn der bisherige Arbeitsplatz nicht mehr geeignet ist, muss die Gleichstellung zur Erlangung eines geeigneten Arbeitsplatzes beim gleichen oder einem anderen Arbeitgeber geprüft werden. Entscheidendes Kriterium ist die mangelnde Konkurrenzfähigkeit des Behinderten wegen seiner Behinderung auf dem Arbeitsmarkt, und zwar auf dem Arbeitsmarkt insgesamt, nicht etwa nur bezogen auf einen bestimmten Arbeitsplatz. Bei arbeitslosen behinderten Menschen soll die Wettbewerbsfähigkeit in der Konkurrenz um freie Arbeitsplätze verbessert werden. Die Gleichstellung kann hier als Vermittlungshilfe dienen. Durch die Gleichstellung werden besondere Förderleistungen im Rahmen der begleitenden Hilfe im Arbeitsleben eröffnet. Bei beschäftigten behinderten Menschen soll das Beschäftigungsverhältnis erhalten bleiben. Hierzu gehört in erster Line, dass das bestehende Arbeitsverhältnis gesichert und gefestigt wird. Falls dies nicht möglich ist, soll durch eine Umsetzung ein neuer Arbeitsplatz beim gleichen Arbeitgeber erlangt werden.
Für die Prognose über das Behalten können des Arbeitsplatzes oder die Erlangung eines Arbeitsplatzes ist keine absolute Sicherheit erforderlich.

Hinweis:
Betriebliches Eingliederungsmanagement und Gleichstellung:
Mit dem Gesetz zur Förderung der Ausbildung und Beschäftigung schwerbehinderter Menschen wurde das betriebliche Eingliederungsmanagement (§ 167 Abs. 2 SGB IX) im Sinne von »Rehabilitation statt Entlassung« ausgebaut. Im Rahmen des zum 1.5.2004 gesetzlich eingeführten **betrieblichen Eingliederungsmanagements** nach § 167 Abs. 2 SGB IX kann so die Gleichstellung einen zusätzlichen neuen Anwendungsbereich finden. Praktisch wird diese Möglichkeit bisher jedoch nur sehr selten genutzt. Es wäre aber vor allem die Aufgabe des Betriebsrats/Personalrats im betrieblichen Eingliederungsmanagements nach § 167 Abs. 2 SGB IX bei aus gesundheitlichen Gründen gefährdeten Arbeitsplätzen die Gleichstellung vorzuschlagen. Hierzu ist es allerdings notwendig, dass die Gefährdung des Arbeitsplatzes praktisch ausschließlich aus behinderungsbedingten Gründen eingetreten ist. Wenn der wegen der Behinderung gefährdete, grundsätzlich aber geeignete Arbeitsplatz erhalten werden soll, ist darzulegen, welche Rechte und Hilfen für gleichgestellte Menschen in diesem konkreten Fall zum Erhalt des Arbeitsplatzes beitragen können. Soll durch das betriebliche Eingliederungsmanagement ein innerbetrieblicher Arbeitsplatzwechsel

> auf einen anderen geeigneten Arbeitsplatz vorgeschlagen werden, ist im Gleichstellungsverfahren darzustellen, welche konkreten betrieblichen oder gesetzlichen Regelungen dem behinderten Menschen zu einem konkret geeigneten Arbeitsplatz verhelfen können. Der Begriff des geeigneten Arbeitsplatzes, der in § 2 Abs. 3 SGB IX als Gleichstellungsvoraussetzung genannt wird, ist bei allen Stellungnahmen mit in die Überlegungen und Stellungnahmen einzubeziehen.

Die Schwierigkeiten zur Erlangung oder Erhaltung eines geeigneten Arbeitsplatzes müssen bei wertender Betrachtung in der Behinderung, also gerade in ihrer Art und Schwere liegen. Umstände, die nicht kausal auf die Behinderung zurückzuführen sind, können eine Gleichstellung nicht begründen. **Nicht zu berücksichtigen sind deshalb betriebsbedingte Umstände** wie Produktionsänderungen, Teilstilllegungen, Betriebseinstellungen, Rationalisierungsmaßnahmen oder Auftragsmangel oder persönliche Umstände wie höheres Alter, Defizite im Sozialverhalten, fehlende Qualifikation **oder eine allgemein schwierige und ungünstige Arbeitsmarktlage**.
Wenn die Konkurrenzfähigkeit am Arbeitsmarkt auch aus anderen Gründen gefährdet ist, müssen die behinderungsbedingten Gründe wesentlich Ursache sein. Eine Gleichstellung kommt nur in Bezug auf einen geeigneten Arbeitsplatz im Sinne des § 156 Abs. 1 SGB IX in Betracht. Mit dem Verweis auf diese Regelung werden auch nur die Teilzeitplätze erreicht, auf denen der behinderte Mensch mindestens 18 Stunden tätig ist. Geeignet ist ein Arbeitsplatz nur, wenn der behinderte Mensch unter Berücksichtigung von Art und Schwere seiner Behinderung die Tätigkeit auf diesem Arbeitsplatz auf Dauer ausüben kann. Geringfügigere behinderungsbedingte Beeinträchtigungen/Einschränkungen der Aktionsfähigkeit am Arbeitsplatz schließen die **Eignung des Arbeitsplatzes** nicht aus. Nicht geeignet ist ein Arbeitsplatz immer dann, wenn bei einer Beschäftigung oder Weiterbeschäftigung die Behinderung sich wegen der Belastungen an diesem Arbeitsplatz zu verschlechtern droht.

> **Beispielhaft** kann hierfür der Busfahrer mit Rückleiden genannt werden; der Verbleib auf einen Fahrerarbeitsplatz wird regelmäßig nicht behinderungsgerecht herzustellen sein, somit wird in der Regel die Eignung des Arbeitsplatzes verneint und die Gleichstellung zum Erhalt nicht ausgesprochen.

Die Darlegung der Notwendigkeit der Gleichstellung zur Erlangung eines geeigneten Arbeitsplatzes beim gleichen Arbeitgeber würde dann eine Chance auf Gleichstellung eröffnen. Eine solche ähnlich gelagerte Entscheidung wird gelegentlich getroffen.

Beispielsweise wurde im Widerspruchsverfahren ein Schlosser und Produktionsmitarbeiter mit einem GdB nach einer Herzoperation gleichgestellt, um im Beschäftigungsunternehmen – einem größeren Baustoffhändler – einen geeigneten Arbeitsplatz zu erlangen, den er benannte, dem ihm der Arbeitgeber aber ohne Gleichstellung nicht zuweisen wollte.

Bei arbeitslosen behinderten Menschen muss die Agentur für Arbeit prüfen, ob die Gleichstellung zur Erlangung eines geeigneten Arbeitsplatzes notwendig ist. Bei behinderten Menschen, die eine Ausbildungsstelle suchen, gelten gleiche Maßstäbe, sofern nicht die gesetzliche Regelung des § 151 Abs. 4 SGB IX ausreicht. Bei einem arbeitslosen behinderten Menschen ist für eine Gleichstellung nach der Rechtsprechung des Bundessozialgerichts ein konkretes Arbeitsplatzangebot nicht erforderlich (BSG vom 2.3.2000 – B 7 AL 46/99 R).
Gleichzeitige andere Arbeitsplatzgefährdungsgründe als Ablehnungsgrund der Gleichstellung sind schwierig. Sobald der Gleichstellungsantrag mit weiteren Gründen – z.B. Abwehr von wirtschaftlich begründeten Gefährdungen des Arbeitsplatzes oder bessere Lebensqualität wegen eines kürzeren Arbeitswegs zu einem bestimmten Arbeitsplatz usw. – »gestützt« wird aus dem Vortrag des Antragstellers, sinken die Chancen der Gleichstellung. In der Verwaltungspraxis wird sehr strikt auf die Begrenzung der Gleichstellung auf praktisch **ausschließlich behinderungsbedingte Gefährdungs- und Benachteiligungslagen** abgestellt. Allein das Vorhandensein weiterer Gefährdungsumstände kann in der Entscheidungspraxis der Agentur für Arbeit und der Widerspruchsausschüsse (§ 203 SGB IX) zur Ablehnung beitragen, weil dann oftmals angenommen wird, dass die Rolle der Behinderung für die Gefährdung des Arbeitsverhältnisses nachrangig sei.

d. Stellungnahme der Interessenvertretung

Die Stellungnahme nutzt dem Ziel der Gleichstellung in der Regel nur, wenn sie die behinderungsbedingte Gefährdung eines geeigneten Arbeitsplatzes beschreibt oder zeigt, dass die Gleichstellung zur Erlangung eines anderen geeigneten Arbeitsplatzes notwendig ist (siehe Beispiel unten).

Zur Begründung der behinderungsbedingten Gefährdung des Arbeitsplatzes reichen lediglich allgemeine Ausführungen nicht aus. Die Erwähnung von weiteren Gefährdungsursachen ist in der Regel dem Erfolg des Antrags eher abträglich. Oft ist allein die Erwähnung weiterer Gefährdungsgründe schädlich, weil dann vermutet wird, die wesentliche Gefährdung entstehe nicht durch die Auswirkungen der Behinderung. Diese behinderungsbedingten Gründe müssen die alleinigen oder ganz deutlich wesentlichen Gefährdungsursachen sein.

Beispielhaft für nicht ausreichende Darlegungen sind zu nennen:

- Gleichstellung als Ausgleich von allgemeinen Wettbewerbsnachteilen gegenüber Nichtbehinderten,
- Produktionsänderungen, Rationalisierungsmaßnahmen, Teilstilllegungen, Betriebseinstellungen sowie ähnliche Maßnahmen, von denen behinderte und nichtbehinderte Menschen in gleicher Weise betroffen sind,
- geplante Umstrukturierungen,
- befürchtete Verschlimmerungen des Leidens,
- allgemeine Erleichterungen für die Integration in das Arbeitsleben bzw. im bestehenden Beschäftigungsverhältnis.

Anhaltspunkte für Arbeitsplatzgefährdung: Als Anhaltspunkte für eine behinderungsbedingte Gefährdung sieht die Arbeitsverwaltung vor allem

- wiederholte bzw. häufige behinderungsbedingte Fehlzeiten,
- verminderte Arbeitsleistung, auch bei behinderungsbedingt ausgestattetem Arbeitsplatz,
- dauernde verminderte Belastbarkeit,
- Abmahnungen oder Abfindungsangebote im Zusammenhang mit behinderungsbedingt verminderter Leistungsfähigkeit,
- auf Dauer notwendige Hilfeleistungen anderer Mitarbeiter und
- eingeschränkte berufliche und/oder regionale Mobilität aufgrund der Behinderung.

Im Antrag sollten derartige Sachverhalte – sofern sie im Einzelfall vorliegen – nachvollziehbar vorgetragen werden.

Wichtig ist auch, dass der Antrag auf Gleichstellung darlegt, dass der vorhandene oder konkret **angestrebte Arbeitsplatz** hinsichtlich der gesundheitlichen Anforderungen für den Antragsteller **unter Bezug auf seine Behinderung geeignet ist**.

Einer besonderen Prüfung bedarf es bei Personengruppen mit einem »sicheren Arbeitsplatz«. Hierzu gehören vor allem **Beamte und Richter auf Lebenszeit** sowie Arbeitnehmer mit besonderem Kündigungsschutz aufgrund von Gesetz, Tarifvertrag oder einzelvertraglicher Regelung. Bei Beamten bezieht sich die Gleichstellung allerdings nicht auf den Arbeitsplatz, sondern auf das Dienstverhältnis und die Wahrung von Rahmenbedingungen wie der Erfüllung der Fürsorgepflicht und den Anspruch auf adäquate Beschäftigung.

Beispielhaft könne folgende Konstellationen genannt werden, die eine Gleichstellung begründen können:

- Die drohende Versetzung eines Beamten bei Auflösung seiner Dienststelle in ein anders Amt derselben oder einer gleichwertigen Laufbahn mit geringerem Endgrundgehalt, wenn dadurch der bisherige Status erhalten werden kann.
- Die drohende Versetzung aus behinderungsbedingten Gründen auf einen anderen nicht gleichwertigen oder der Behinderung entsprechenden Arbeitsplatz.
- Die drohende außerordentliche Kündigung aufgrund wiederholter bzw. häufiger Fehlzeiten.
- Die drohende Kündigung aus behinderungsbedingten Gründen bei unkündbaren Angestellten zum Zweck der Herabgruppierung.

Gerade im Bereich des öffentlichen Dienstes und in Großbetrieben mit entwickeltem internem Regelwerk (Inklusionsvereinbarung nach § 166 SGB IX, Betriebsvereinbarungen, Dienstanweisungen o. Ä.) eröffnet die Gleichstellung oft deutlich verbesserte Möglichkeiten zur Erlangung und zum Erhalt eines geeigneten Arbeitsplatzes. Damit diese jeweils betriebs- oder dienststellenspezifischen Möglichkeiten im Gleichstellungsverfahren angemessen wirken können, müssen sie vom Antragssteller und/oder in den Stellungnahmen des Personalrats/Betriebsrats/der Schwerbehindertenvertretung vorgetragen werden.

Bevor die Bundesagentur für Arbeit die Gleichstellung ausspricht und einen Gleichstellungsbescheid erteilt, wird sie den **Arbeitgeber** zur Stellungnahme auffordern. Darüber hinaus wird sie zur Findung eines objektiven Meinungsbildes auch den **Betriebsrat/Personalrat** und die **Schwerbehindertenvertretung** um Stellungnahme bitten. Deshalb ist es für den behinderten Arbeitnehmer wichtig, vor seiner Antragstellung diese in Kenntnis zu setzen und ihren Rat zu berücksichtigen.

Ein Antrag auf Gleichstellung kann auch in Betracht kommen, wenn ein Arbeitgeber durch Änderungskündigung konkret beabsichtigt, einen behinderten Arbeitnehmer **wegen dessen Behinderung** auf einem schlechter bezahlten Platz einzusetzen. Die Gleichstellung wird nur ausgesprochen, wenn die Ursache der Arbeitsplatzgefährdung die Behinderung und nicht z. B. die wirtschaftliche Lage des Betriebes ist.

Beispiel:
Ein Beamter der Bundespolizei kann seine bisherige Dienstaufgabe im Streifendienst behinderungsbedingt nicht mehr ausüben. Es droht die – durch den Dienstherrn veranlasste – Überprüfung der Polizeidiensttauglichkeit, was bei negativem Ergebnis zur Versetzung in den vorzeitigen Ruhestand führen kann. Ein geeigneter Innendienstposten wird zeitgleich frei und soll nachbesetzt werden. Dieser geeignete Arbeitsplatz ist aufgrund der klar geregelten Verfahren hinsichtlich der vorrangigen Berücksichtigung von schwerbehinderten und gleichgestellten Bewerbern mit Hilfe einer Gleichstellung zu erreichen. Durch entsprechende Stellungnahme der Schwerbehindertenvertretung kann im Widerspruchsverfahren der Nachweis geführt werden, dass auch für den behinderten Beamten auf Lebenszeit zur Erlangung eines geeigneten Arbeitsplatzes die Gleichstellung notwendig ist. Nur so kann der behinderte Beamte sich im Lichte des bundespolizeiinternen Regelwerks und mit Unterstützung der Schwerbehindertenvertretung bei der Stellenbesetzung durchsetzen. Damit wird die zwangsweise Versetzung in den vorzeitigen Ruhestand, die mit erheblichen Einkommenseinbußen verbunden wäre, abgewehrt und ein neuer, geeigneter Arbeitsplatz erlangt.

5. Begleitende Hilfe inkl. Arbeitsassistenz (Schnittstelle Integrationsamt/Reha)

Die begleitende Hilfe ist in § 185 Abs. 2 SGB IX als Aufgabe des **Integrationsamts** festgeschrieben. Hierunter sind alle Maßnahmen zu verstehen, die dem Ziel dienen,

- schwerbehinderte Menschen in ihrer sozialen Stellung nicht absinken zu lassen,
- auf Arbeitsplätzen zu beschäftigen, auf denen sie ihre Fähigkeiten und Kenntnisse voll verwerten und weiterentwickeln können sowie
- durch Leistungen der Rehabilitationsträger und Maßnahmen der **Arbeitgeber** zu befähigen, sich am Arbeitsplatz und im Wettbewerb mit nichtbehinderten Menschen zu behaupten.

Die begleitende Hilfe ist auch als eine vorbeugende Maßnahme zum **Kündigungsschutz** zu sehen. Mit ihrer Hilfe sollen die Arbeitsplätze der schwerbehinderten Arbeitnehmerinnen und Arbeitnehmer möglichst dauerhaft gesichert und ihre Ausgliederung verhindert werden. Ob dies gelingt, hängt entscheidend davon ab, dass die begleitende Hilfe bereits dann eingeleitet wird, wenn bei der Beschäftigung erste Schwierigkeiten erkennbar werden. Da schwerbehinderte Beschäftigte häufig lange zögern, bevor sie sich mit ihren Schwierigkeiten am Arbeitsplatz an die

Interessenvertretung oder an ihre Vorgesetzten wenden, ist der ständige Kontakt mit den Kolleginnen und Kollegen an ihren Arbeitsplätzen sinnvoll.
Die **Integrationsämter** können im Rahmen ihrer Zuständigkeit für die begleitende Hilfe im Arbeits- und Berufsleben folgende Leistungen erbringen (siehe ausführlich: *www.integrationsaemter.de*):
- Beratung und finanzielle Hilfen an schwerbehinderte Beschäftigte,
- Beratung und finanzielle Hilfen an Arbeitgeber.

Für welche Zwecke diese persönlichen und finanziellen Hilfen gewährt werden, ist in § 185 Abs. 3 SGB IX und in §§ 17–27 SchwbAV festgelegt. Danach können an schwerbehinderte und gleichgestellte Menschen Leistungen u. a. ergehen für:
- Technische Arbeitshilfen,
- Hilfen zum Erreichen des Arbeitsplatzes,
- Hilfen zur Beschaffung und Erhaltung einer behindertengerechten Wohnung,
- Hilfen zur Teilnahme an Maßnahmen zur Erhaltung und Erweiterung beruflicher Kenntnisse und Fertigkeiten,
- Hilfen in besonderen behinderungsbedingten Lebenslagen.

Arbeitgeber können Leistungen erhalten als
- Hilfen zur behinderungsgerechten Einrichtung von Arbeits- und Ausbildungsplätzen,
- Leistungen bei außergewöhnlichen Belastungen (worunter befristete Minderleistungsausgleiche, Kosten für Hilfskräfte/Betreuungskräfte fallen).

Zusätzlich können von Menschen mit Behinderung selbst auf Rechtsgrundlage des § 185 Abs. 5 SGB IX die Kosten für eine notwendige Arbeitsassistenz beantragt werden.
Unter notwendiger Arbeitsassistenz sind alle Formen der Unterstützung am Arbeitsplatz zu verstehen, die erforderlich sind, damit ein wirtschaftlich produktiver Einsatz der behinderten Person möglich ist. Arbeitsassistenz ist die über gelegentliche Handreichungen hinausgehende Unterstützung bei der Arbeitsausführung. Eine Arbeitsassistenz erbringt also Hilfstätigkeiten, damit der schwerbehinderte Beschäftigte wiederum seine arbeitsvertraglich/dienstrechtlich geschuldete Arbeitsaufgabe erbringen kann. Der persönliche Arbeitsassistent darf aber nicht Arbeiten erledigen, die zu den vertraglich vereinbarten Aufgaben des behinderten Arbeitnehmers gehören (siehe Einzelheiten z. B. bei *www.bag-ub.de*). Relativ häufig werden gehörlose oder blinde Menschen arbeitsplatznah von Arbeitsassistenten – Gebärdendolmetschern oder Vorlesekräften – unterstützt (siehe dazu ausführlicher Kapitel IV.17.) Darüber hinaus kann

auch für mobilitätsbeeinträchtigte, geistig bzw. erheblich lernbehinderten Menschen ein Bedarf nach einer persönlichen Arbeitsassistenz gegeben sein.

Die Organisation der Arbeitsassistenz liegt in der Form der »selbstorganisierten Arbeitsassistenz« nach § 185 Abs. 5 SGB IX weitestgehend in der Hand der schwerbehinderten Person selbst. Der schwerbehinderte Arbeitnehmer tritt dabei selbst als Arbeitgeber der Arbeitsassistenz auf und leitet persönlich die Arbeitsplatzassistenz bei der Erbringung der Hilfstätigkeiten an. Die Assistenznehmer treten damit auch als Arbeitgeber gegenüber dem Assistenzgeber auf und übernehmen damit auch Verpflichtungen hinsichtlich Finanzamt, Sozialversicherung und Berufsgenossenschaft. Der Rechtsanspruch auf Arbeitsassistenz schafft somit Voraussetzungen dafür, dass der Assistenznehmer in allen Bereichen der Organisations-, Anleitungs- und Finanzkompetenz ein Höchstmaß an Selbstbestimmung erreicht.

Die Einführung eines Rechtsanspruchs auf Arbeitsassistenz ist Teil einer Behindertenpolitik zur Umsetzung des Art. 3 GG. Arbeitsassistenz soll zur gesellschaftlichen Teilhabe und Selbstbestimmung behinderter Menschen im täglichen Leben beitragen.

Bei Arbeitsassistenz besteht nach § 185 Abs. 5 SGB IX schon seit längerem der Anspruch auf vollständige Übernahme der notwendigen Kosten durch das Integrationsamt bzw. in wenigen Fällen durch den zuständigen Rehabilitationsträger. Seit 1. 1. 2024 wurde zudem im neu eingefügten § 185 Abs. 9 SGB IX festgelegt, dass bei einem vollständig gestellten Antrag nach sechs Wochen die Leistung als bewilligt gilt, wenn bis dahin das Integrationsamt nicht über den Antrag entschieden hat. Die beantragte Leistung muss nach Art und Umfang vollständig beschrieben sein. Die Inanspruchnahme dieser »fiktiven« Bewilligung sollte aber stets von einer sachkundigen Stelle – also zum Beispiel einer kompetenten Rechtsberatung – begleitet werden damit die Ansprüche wirklich gegenüber dem Integrationsamt durchgesetzt werden können. Man könnte auch schon im Antrag eine vorschüssige monatliche Mittelbereitstellung beantragen. Damit müssten dann keine Kosten der Arbeitsassistenz vom Antragsteller vorgelegt werden. Bei Eintritt der Fiktion könnte der Antragsteller sofort die erste vorschüssige Rate beantragen. Wenn diese gezahlt wird, ist auch risikofrei für den Antragsteller klar, dass die Fiktion vom Integrationsamt akzeptiert ist.

6. Nachteilsausgleiche

Nachteilsausgleiche für behinderte Menschen finden sich in einer beachtlichen Zahl von Rechtsvorschriften (neben dem SGB IX und den Rechtsverordnungen zum SGB IX vor allem in Bereichen des Steuerrechts oder des Straßenverkehrsrechts). Die Nachteilsausgleiche werden sowohl von staatlichen wie teilweise von nichtstaatlichen Stellen eingeräumt.

Beispiele:
Einige Verbände – z.B. auch der ADAC – geben schwerbehinderten Menschen auf bestimmte Leistungen oder den Mitgliedsbeitrag einen Nachlass. Auch in Schwimmbädern oder Kultureinrichtungen liegen solche Rabatte oft vor. Wichtiger Nachteilsausgleich von privater Seite sind z.B. Neuwagenrabatte für schwerbehinderte Menschen, die von der Mehrzahl der Autohersteller auf die Listenpreise ihrer Fahrzeuge eingeräumt werden.

a. Besonderheiten des Behinderungsbegriffs im Bereich der Nachteilsausgleiche

Der Behinderungsbegriff im Bereich der Nachteilsausgleiche ist nicht zwingend identisch mit dem Begriff des schwerbehinderten Menschen im Sinne des § 2 Abs. 2 SGB IX, sondern er kann in Abhängigkeit von dem konkreten jeweiligen Nachteilsausgleich bezüglich des GdB wie auch bezüglich der territorialen Voraussetzungen des § 2 Abs. 2 SGB IX abweichen. Teilweise beziehen sich Nachteilsausgleiche auch auf das Merkzeichen im Ausweis.
Die Liste der Nachteilsausgleiche ist relativ lang und über eine Vielzahl von Rechtsgebieten und Lebensbereiche gestreut. Es wird nachfolgend nur eine Auswahl wichtiger Nachteilsausgleiche mit Rechtsquellen benannt. Es wird auf die Broschüre der Integrationsämter verwiesen.

b. Zusatzurlaub

Menschen mit einer für das ganze Kalenderjahr anerkannten Schwerbehinderung erhalten einen Zusatzurlaub von fünf Tagen (§ 208 Abs. 1 SGB IX). Die Urlaubstage treten zu dem Grundurlaub hinzu. Der schwerbehinderte Beschäftigte erhält also den Urlaub aus dem Arbeits- oder Tarifvertrag bzw. den Urlaub nach den gesetzlichen Bestimmungen, der allen auch nicht behinderten Arbeitnehmern zusteht. Zusätzlich erhält er darüber hinaus noch den schwerbehindertenrechtlichen Zusatzurlaub.

Besonderheiten regelt § 208 Abs. 2 SGB IX. Wenn die Schwerbehinderteneigenschaft nicht während des gesamten Kalenderjahres besteht, hat der schwerbehinderte Mensch für jeden vollen Monat der im Beschäftigungsverhältnis vorliegenden Schwerbehinderteneigenschaft einen Anspruch auf ein Zwölftel des regelhaften Zusatzurlaubs.
Grundsätzlich unterliegt der Zusatzurlaub jeweils dem Schicksal des Mindesturlaubs. Dies gilt insbesondere für Urlaubsübertragung, Erlöschen des Anspruchs und Abgeltung.
Urlaubsübertragung: Die Geltendmachung beim Arbeitgeber ist in der Regel vorsorglich dann vorzunehmen, wenn der Schwerbehindertenstatus am Jahresende noch nicht festgestellt ist. Wird dieser dann rückwirkend für das Vorjahr festgestellt, ist für den Urlaubsanspruch des Vorjahres die vorsorgliche Geltendmachung Voraussetzung.
Das Ansammeln von Urlaubsansprüchen bei langfristiger Erkrankung über mehrere Jahre darf nach einer Entscheidung des Europäischen Gerichtshofes (EuGH vom 22.11.2011 - C-214/10 [KHS]) nationalstaatlich unter bestimmten Voraussetzungen angeordnet werden. Der BGH hat entschieden, dass § 7 Abs. 3 Satz 3 BUrlG unionsrechtskonform so ausgelegt werden darf, dass die Urlaubsansprüche krankheitsbedingt arbeitsunfähiger Arbeitnehmer 15 Monate nach Ende des jeweiligen Urlaubsjahres verfallen (BAG 7.8.2012 - 9 AZ 353/10).
Zusatzurlaub löst Entgelt bzw. Besoldungsansprüche aus.
Zu unterscheiden davon ist das sogenannte **Urlaubsgeld**, auf das kein gesetzlicher Anspruch besteht. Urlaubsgeld wird nach unterschiedlichen Regelungen auf rein tariflicher Basis gezahlt. Wird Urlaubsgeld pauschal als Gratifikation für den gesamten Urlaub gezahlt, so löst der Zusatzurlaub keinerlei zusätzliche Ansprüche aus.

c. Einkommensteuerrecht

Behinderten und insbesondere schwerbehinderten Menschen wird bei der Einkommen- und Lohnsteuer ein pauschaler Freibetrag wegen der Behinderung eingeräumt. Dieser pauschale Freibetrag muss beim Finanzamt beantragt werden. Er wird dann in der elektronischen Lohnsteuerkarte eingetragen. Bei einem Grad der Behinderung (GdB) von wenigstens 25, aber unter 50 wird der Pauschbetrag nur gewährt, wenn

- dem behinderten Menschen wegen seiner Behinderung nach den gesetzlichen Vorschriften Renten oder andere laufende Bezüge zustehen (auch wenn das Recht auf die Bezüge ruht oder der Anspruch auf die Bezüge durch eine Kapitalabfindung abgefunden worden ist) oder

- die Behinderung zu einer dauernden Einbuße der körperlichen Beweglichkeit (z. B. auch als Folge innerer Krankheiten, einer Seh- oder Hörschädigung) geführt hat (Nachweis durch Bescheid des Versorgungsamtes bzw. der nach Landesrecht zuständigen Behörde) bzw.
- die Behinderung auf einer typischen Berufskrankheit beruht.

d. Übersicht über GdB-abhängige Nachteilsausgleiche

Nachteilsausgleiche bei GdB 20/30/40	Gleichstellung (dadurch besonderer Kündigungsschutz) Steuerfreibetrag bei GdB 20: 384 Euro Steuerfreibetrag bei GdB 30: 620 Euro Steuerfreibetrag bei GdB 40: 860 Euro
Nachteilsausgleiche bei GdB 50	Schwerbehindertenausweis Steuerfreibetrag: 1140 Euro
	Besonderer Kündigungsschutz
	Zusatzurlaub
	Freistellung von Mehrarbeit
	Begleitende Hilfe im Arbeitsleben
	Stundenermäßigung bei Lehrer*innen (bundeslandabhängig)
	Vorgezogene Altersrente bzw. Pensionierung von Beamten
	Freibetrag beim Wohngeld bei Pflegebedürftigkeit (gestaffelt je nach Höhe des GdB)
	Bei Merkzeichen G und aG wahlweise bei der Steuer absetzbar: Entfernungskostenpauschale oder die tatsächlichen Aufwendungen für den Weg zur Arbeit
	Pflegepersonen können Pflegepauschbetrag absetzen
	Preisnachlass bei mehreren Festnetz- und Mobilfunkbetreibern
	Ermäßigung oder Befreiung bei Kurtaxen (je nach Ortssatzung)
	Beitragsermäßigung bei Automobilclubs, z. B. ADAC, AvD (je nach Clubsatzung)
Nachteilsausgleiche bei GdB 60	Steuerfreibetrag:1440 Euro

Nachteilsausgleiche bei GdB 70	Steuerfreibetrag: 1780 Euro
	Wahlweise bei der Steuer absetzbar: Entfernungskostenpauschale oder die tatsächlichen Aufwendungen für den Weg zur Arbeit
	Bei Merkzeichen »G«: Privatfahrten können steuerlich abgesetzt werden
	Ermäßigte BahnCard
Nachteilsausgleiche bei GdB 80	Steuerfreibetrag: 2120 Euro
	Freibetrag beim Wohngeld bei Pflegebedürftigkeit (gestaffelt je nach Höhe des GdB)
	Privatfahrten können steuerlich abgesetzt werden
	Ermäßigter Rundfunkbeitrag, wenn keine Teilnahme an öffentlichen Veranstaltungen möglich ist
Nachteilsausgleiche bei GdB 90	Steuerfreibetrag: 2460 Euro
	Sozialtarif bei der Telekom bei Blindheit, Gehörlosigkeit oder Sprachbehinderung
Nachteilsausgleiche bei GdB 100	Steuerfreibetrag: 2840 Euro
	Freibetrag beim Wohngeld
	Ggf. Freibetrag bei der Erbschafts- und Schenkungssteuer
	Vorzeitige Verfügung über Bausparkassen- bzw. Sparbeträge
	Freibetrag beim Wohngeld bei Pflegebedürftigkeit (gestaffelt je nach Höhe des GdB)
	Hundesteuerermäßigung für ausgebildete Hunde (zum Teil auch bei niedrigerem GdB) in vielen Kommunen

Quelle: REHADAT

e. Nutzungsmöglichkeiten der unentgeltlichen Beförderung durch öffentliche Verkehrsmittel und der Kraftfahrzeugsteuer

Schwerbehinderte Menschen mit den **Merkzeichen G, Gl, aG oder H** erfüllen die **Voraussetzungen**, um die unentgeltliche Beförderung im öffentlichen Personenverkehr in Anspruch nehmen zu können. Dazu wird das **Beiblatt mit Wertmarke** benötigt.
Schwerbehinderte Menschen mit den **Merkzeichen G oder Gl** können **Alternativ** die Kraftfahrzeugsteuerermäßigung in Anspruch nehmen. Liegt das **Merkzeichen aG oder H** vor, kann die Kraftfahrzeugsteuerbefreiung **zusätzlich** in Anspruch genommen werden.
Kriegsbeschädigte und andere Versorgungsberechtigte (Merkzeichen EB oder VB) mit einem MdE der GdS von 70 bzw. von mindestens 50 mit dem Merkzeichen G, die am 1. Oktober 1979 bereits die Berechtigung hatten, erhalten die Wertmarke für die unentgeltliche Beförderung kostenfrei.
Wesentliche Rechtsgrundlagen für Nachteilsausgleiche bei öffentlichen Verkehrsmitteln sind §§ 228ff. SGB IX.

Merkzeichen	Werkmarke für die Freifahrt mit Bus und Bahn		Kraftfahrzeugsteuer
G (Gehbehindert)	bezahlen 104 Euro pro Jahr (bzw. 53 Euro pro Halbjahr)	oder	Ermäßigung 50 %
Gl (Gehörlos)	bezahlen 104 Euro pro Jahr (bzw. 53 Euro pro Halbjahr)	oder	Ermäßigung 50 %
aG (Außergewöhnlich Gehbehindert)	bezahlen 104 Euro pro Jahr (bzw. 53 Euro pro Halbjahr)	und	Befreiung 100 %
H (Hilflosigkeit)	kostenfrei	und	Befreiung 100 %
Bl (Blindheit)	kostenfrei	und	Befreiung 100 %
Kriegsbeschädigt	kostenfrei	und	Befreiung 100 %
Entschädigungsberechtigt + GdS > 70			
(oder Entschädigungsberechtigt + Gehbehindert + GdS > 50)	kostenfrei	und	Befreiung 100 %

Merkzeichen	Werkmarke für die Freifahrt mit Bus und Bahn		Kraftfahrzeugsteuer
Versorgungsberechtigt + GdS > 70			
(oder Versorgungsberechtigt + Gehbehindert + GdS > 50)	kostenfrei	und	Befreiung 100 %

Quelle: *www.schwerbehindertenausweis.de.*

f. Rentenrechtlicher Nachteilsausgleich

Im Rentenrecht bestehen Nachteilsausgleiche für schwerbehinderte Menschen, die an das Vorliegen einer Schwerbehinderung, an versicherungsrechtliche und an altersmäßige Voraussetzungen gebunden sind (vgl. Anlage 22 SGB VI, §§ 37 und 236a SGB VI). Der frühest mögliche Renteneintritt kann mit dem Rentenbeginnrechner auf der Homepage der Deutschen Rentenversicherung selbst berechnet werden (*www.deutsche-rentenversicherung.de* (Suchworte: rentenbeginnrechner der deutschen rentenversicherung)). Es werden dort sowohl vorgezogene Rentenmöglichkeiten (mit jeweiligem Abschlag) als auch reguläre, abschlagsfreie Rentenmöglichkeiten aufgezeigt. Angesichts der jährlichen, vom Geburtsjahr abhängigen Veränderungen des Renteneintrittalters ist die Nutzung dieses online-Service der Deutschen Rentenversicherung unbedingt zu empfehlen.

7. Rente für schwerbehinderte Menschen[1]

a. Altersrente für schwerbehinderte Menschen

In den vergangenen Jahren sind die Altersgrenzen für Altersrenten schrittweise angehoben worden. Für schwerbehinderte Menschen bestehen hinsichtlich des Eintrittsalters in Altersrente auch nach all den seit

1 Siehe auch: *www.deutsche-rentenversicherung-bund.de:* Mit diversen Funktionalitäten wie einem Rentenbeginnrechner, einem Lexikon der wichtigen rentenrechtlichen Begriffe usw. Als praxisorientierte Zusammenfassung des Themas ist auch die ausführlichere Darstellung zu empfehlen »Altersrente für schwerbehinderte Menschen und Renten wegen Erwerbsminderung« von *Ingo Schäfer* in Feldes u. a,

1992 in mehreren Stufen durchgeführten Rentenreformen besondere Regelungen.
Versicherte können grundsätzlich weiterhin bestimmte Altersrenten vor dem Erreichen der regulären Altersgrenze in Anspruch zu nehmen. Wer die Rente früher beziehen will, muss in der Regel Abschläge in Kauf nehmen. Die Deutsche Rentenversicherung stellt auf ihrer Website einen »Rentenbeginnrechner« zur Verfügung (*www.deutsche-rentenversicherung-bund.de*). Über diesen Rentenbeginnrechner kann der frühestmögliche und der reguläre Rentenbeginn der Altersrente ermittelt werden. Hierzu ist lediglich die Angabe des Geburtsdatums erforderlich. Falls es bei der jeweiligen Rentenart Vertrauensschutzregeln gibt, werden diese ebenfalls berücksichtigt. Gleichzeitig wird der prozentuale Abschlag, mit dem bei der vorzeitigen Inanspruchnahme der Altersrente gerechnet werden muss, angezeigt. Das System kann als individuelle Hilfe bei der Rentenplanung neben den Beratungsangeboten genutzt werden.

aa. Voraussetzungen

Eine Altersrente für schwerbehinderte Menschen erhält, wer
1. das maßgebende Lebensalter erreicht hat,
2. bei Beginn der Rente als schwerbehinderter Mensch anerkannt ist und
3. die Wartezeit von 35 Jahren erfüllt hat.

Hinzuverdienst
Wer als schwerbehinderter Mensch zur Altersrente etwas dazuverdienen möchte, kann das bis zu einem gewissen Betrag tun. Wer bereits die Regelaltersgrenze erreicht hat, kann unbegrenzt hinzuverdienen. Für die Hinzuverdienstgrenze für vorgezogene Altersrenten und Erwerbsminderungsrenten wird auf den Beitrag von Ingo Schäfer (Fußnote am Anfang dieses Abschnitts) verwiesen.

bb. Nachweis der Schwerbehinderung

Als Nachweis für den Rentenversicherungsträger gilt der Schwerbehindertenausweis oder der Leistungsbescheid des Versorgungsamtes.
Die Schwerbehinderung muss bei Beginn der Altersrente vorliegen.
Wenn sich eine schwere Behinderung nach dem Rentenbeginn bessert, fällt die Altersrente deswegen nicht weg. Aber wenn erst nach Renten-

---

Praxis der Schwerbehindertenvertretung von A bis Z, Das Lexikon für die Interessenvertretung von Menschen mit Behinderungen, 2026.

beginn der Nachweis der Schwerbehinderung für den Zeitpunkt des Rentenbeginns vorgelegt wird, wird die Rente nicht rückwirkend korrigiert.

cc. Wartezeit

Auf die **Wartezeit** (Mindestversicherungszeit) von 35 Jahren werden alle rentenrechtlichen Zeiten angerechnet, auch Berücksichtigungszeiten (zum Beispiel wegen Kindererziehung) und Anrechnungszeiten.

b. Erwerbsminderungsrente[2]

Wer wegen Krankheit oder Behinderung gar nicht mehr oder nicht mehr in vollem Umfang arbeiten kann, erhält unter bestimmten Voraussetzungen eine Rente wegen voller oder teilweiser Erwerbsminderung.
Für den Anspruch auf eine Erwerbsminderungsrente kommt es grundsätzlich auf das verbliebene Leistungsvermögen für alle Tätigkeiten auf dem allgemeinen Arbeitsmarkt an. Allgemeiner Arbeitsmarkt bedeutet, dass sämtliche Beschäftigungsmöglichkeiten berücksichtigt werden!

> **Beispiel:**
> Wer zum Beispiel aus gesundheitlichen Gründen seine bisherige Tätigkeit als Bäcker nicht mehr ausüben, aber noch vollschichtig als Bürokraft arbeiten kann, erhält keine Rente.

> **Wichtig:**
> Der bisherige Beruf spielt nur noch für diejenigen eine Rolle, die vor dem 2. Januar 1961 geboren sind.

Das Leistungsvermögen wird durch den Sozialmedizinischen Dienst des Rentenversicherungsträgers festgestellt und in täglichen Arbeitsstunden, die auf dem allgemeinen Arbeitsmarkt noch geleistet werden können, bemessen.

2 Als praxisorientierte Zusammenfassung des Themas ist die ausführlichere Darstellung zu empfehlen »Altersrente für schwerbehinderte Menschen und Renten wegen Erwerbsminderung« von *Ingo Schäfer* in Feldes u. a., Praxis der Schwerbehindertenvertretung von A bis Z, Das Lexikon für die Interessenvertretung von Menschen mit Behinderungen, 2026.

Voraussetzungen:

Eine Erwerbsminderungsrente erhält, wer

- die Regelaltersgrenze noch nicht erreicht hat,
- voll oder teilweise erwerbsgemindert ist,
- die allgemeine Wartezeit von fünf Jahren erfüllt oder vorzeitig erfüllt (zum Beispiel durch einen Arbeitsunfall) und
- in den letzten fünf Jahren vor Eintritt der Erwerbsminderung drei Jahre Pflichtbeiträge für eine versicherte Beschäftigung oder Tätigkeit gezahlt hat

oder

- bereits vor dem 1. Januar 1984 die allgemeine Wartezeit von fünf Jahren erfüllt hat und jeder Monat seit Januar 1984 bis zum Eintritt der Erwerbsminderung mit Anwartschaftserhaltungszeiten belegt ist.

> **Hinweis:**
> Auf die allgemeine Wartezeit werden Monate angerechnet, in denen Sie rentenversicherungspflichtig beschäftigt waren, in denen wegen des Bezugs von Sozialleistungen Pflichtbeiträge gezahlt wurden oder Sie freiwillige Beiträge gezahlt haben. Auch Monate mit Kindererziehungszeiten und aus einem Versorgungsausgleich zählen mit.

Die Rente wegen **voller Erwerbsminderung** erhält, wer wegen Krankheit oder Behinderung unter den üblichen Bedingungen des allgemeinen Arbeitsmarktes auf nicht absehbare Zeit weniger als drei Stunden täglich arbeiten kann.
Wer noch mehr als drei, aber weniger als sechs Stunden täglich arbeiten kann, bekommt die Rente wegen **teilweiser Erwerbsminderung**.
Diese ist nur halb so hoch wie die Rente wegen voller Erwerbsminderung. Wer teilweise erwerbsgemindert ist und keinen seiner Erwerbsfähigkeit entsprechenden Teilzeitarbeitsplatz hat, erhält eine Rente wegen voller Erwerbsminderung aufgrund des verschlossenen Teilzeitarbeitsmarktes (zu den Einzelheiten siehe *Ingo Schäfer* – Fundstelle in vorheriger Fußnote).

8. Teilzeitanspruch

Schwerbehinderten Menschen steht zusätzlich in § 164 Abs. 5 SGB IX ein **eigenständiger schwerbehindertenrechtlicher Teilzeitanspruch** zur Verfügung, sofern dies wegen der Behinderung notwendig ist. An even-

tuelle entgegenstehende betriebliche Gründe gegen die Reduktion der Arbeitszeit werden im Verhältnis zu § 8 TzBfG höhere Ansprüche gestellt. Ein Anspruch auf behinderungsbedingt notwendige Teilzeitarbeit besteht nicht, soweit seine Erfüllung für den Arbeitgeber nicht zumutbar oder mit unverhältnismäßigen Aufwendungen verbunden wäre oder soweit die staatlichen oder berufsgenossenschaftlichen Arbeitsschutzvorschriften oder beamtenrechtlichen Regelungen entgegenstehen.
§ 164 Abs. 5 SGB IX lautet: »*Die Arbeitgeber fördern die Einrichtung von Teilzeitarbeitsplätzen. Sie werden dabei von den Integrationsämtern unterstützt. Schwerbehinderte Menschen haben einen Anspruch auf Teilzeitbeschäftigung, wenn die kürzere Arbeitszeit wegen Art oder Schwere der Behinderung notwendig ist …*«.

9. Beschäftigung fördern – Beschäftigungsfähigkeit erhalten: Korrektive und präventive Arbeitsgestaltung

Immer mehr, immer schneller mit immer weniger Arbeitnehmer*innen und mit immer weniger Sicherheit ist eine Entwicklung, die heutzutage für viele Beschäftigte zur Alltagserfahrung gehört. In den vorherrschenden marktorientierten Fertigungs- oder Dienstleistungskonzepten spielen zumutbare Leistungsgrenzen für die Beschäftigten nur eine sehr untergeordnete Rolle. Die Leistungsregulierung in den zunehmend digitalisierten Arbeits- und Verwaltungsprozessen funktioniert vielmehr als ein flexibles System aus engen kundenorientierten Vertriebs- und Produktionskennzahlen (z. B. Pro-Kopf-Umsatzziele, Preise, Fertigungszeiten pro Fahrzeug), Null-Fehler-Ideologie, Leistungsvorgaben und Personalbemessung, das sich ständig an die sich verändernden Marktsituationen des Unternehmens oder der Abteilung anpasst.
Die Mehrheit der Beschäftigten erfährt solche Kennziffernsysteme als ein Leistungsregime, in dem sie immer mehr in der gleichen Zeit leisten müssen, aber die Balance zwischen arbeitsbedingter Belastung und Erholung nicht stimmt. Mehr als die Hälfte aller Beschäftigten empfinden sich bei der Arbeit sehr häufig oder oft gehetzt (DGB-Index 2019). 80 Prozent aller befragten Arbeitnehmer*innen und Arbeitnehmer schildern, dass die Arbeitsmenge in der zur Verfügung stehenden Arbeitszeit kaum zu bewältigen ist. Zugleich verschwimmen besonders für Beschäftigte, die in sehr hohem Maße mit **digitalen Mitteln** arbeiten, die Grenzen zwischen

Arbeit und Freizeit. Die Mehrbelastung von digital Arbeitenden hängt zu einem beträchtlichen Teil mit der Anforderung zusammen, ständig für den Arbeitgeber erreichbar zu sein. Digital Arbeitende, die aber Einfluss auf ihre Arbeitsmenge nehmen können, sehen sich deutlich weniger belastet und gehetzt. Laut DGB-Index 2022 liegt der Anteil der Beschäftigten, die gar keinen Einfluss auf die Digitalisierung ihrer Arbeit haben, bei 44 Prozent und damit doppelt so hoch wie der Anteil der Gruppe mit sehr hohen Einflussmöglichkeiten (22 Prozent). Ein deutliches Plädoyer dafür, Arbeit beteiligungsintensiv und gesundheitsförderlich zu gestalten.

Was bedeutet Arbeitsintensität?

- Starker Termin- oder Leistungsdruck bei der Arbeit.
- Verschiedenes gleichzeitig tun, also die Notwendigkeit, parallel verschiedene Aufgaben oder Vorgänge im Blick zu haben.
- Sehr schnell arbeiten müssen.
- Unterbrechungen und Störungen bei der Arbeit, z.B. durch Kollegen, schlechtes Material, Maschinenstörungen oder Telefonate.
- Beim Arbeiten bis an die Grenze der Leistungsfähigkeit gehen.

Quelle: BAuA-Erwerbstätigenbefragungen 2018/baua: Fakten: Zeitdruck und Co – Wird Arbeiten immer intensiver und belastender?

Was ist in der betrieblichen Praxis davon vorzufinden? Obwohl in den vergangenen Jahren der Anteil behinderter Beschäftigter mit dem Anstieg der Erwerbsquoten der 55- bis 64-Jährigen kontinuierlich wächst, bleiben Bemühungen um eine besondere Ausstattung des Arbeitsplatzes, eine Anpassung der Leistungsanforderungen oder eine behinderungs- bzw. alternsgerechte Arbeitsorganisation – trotz vieler guter Einzelbeispiele – deutlich hinter dem Bedarf zurück.

Besonders in Zeiten, die von Personalabbau und Umstrukturierung geprägt sind, müssen behinderte, gesundheitlich eingeschränkte und ältere Beschäftigte immer wieder befürchten, dass sie – trotz Fachkräftemangel – als »überflüssig« oder gar als »Belastung« angesehen werden. Wenn es personalpolitisch darum geht, wem zugetraut wird, Veränderungsprozesse mitzutragen, dann haben behinderte und einsatzeingeschränkte Beschäftigte hierbei zunächst einmal die »schlechteren Karten«. Pauschale **Vorurteile zum Leistungsvermögen** behinderter Menschen (»Wer behindert ist, wird häufiger krank sein«, »Behinderte können doch nicht die volle Leistung bringen«) prägen nach wie vor viele Personalentscheidungen.

Dabei sind die zugrundeliegenden Probleme »hausgemacht«. Wenn Beschäftigte mit Behinderungen weniger leistungsfähig sind, gesundheitliche Probleme bei ihrer Arbeit haben oder ihre Qualifikation nicht auf dem geforderten Stand ist, dann ist in der Regel über längere Zeiträume ihrer Beschäftigung etwas »schiefgelaufen«. Vielfach bleiben **Beschäftigungsprobleme** unbeachtet, solange sie keine massiven Beeinträchtigungen bei der Arbeit verursachen. Muss aber mit dauerhaft eingeschränkter Leistungsfähigkeit oder gehäuften Fehlzeiten gerechnet werden, wird allzu gerne auf fehlende Einsatzmöglichkeiten hingewiesen und Beschäftigungssicherungsmaßnahmen als aussichtslos erklärt.
Um Betroffene vor den skizzierten Entwicklungen zu schützen, ist es erforderlich, den Ursachen frühzeitig entgegenzutreten. Es geht hierbei vor allem darum, die Beschäftigungsfähigkeit von Arbeitnehmer*innen mit Behinderungen zu erhalten und zu fördern. Die Entwicklung der Beschäftigungsfähigkeit hängt eng mit den Arbeits- und Qualifikationsbedingungen zusammen. Um die Arbeits- und Leistungsfähigkeit der Beschäftigten zu erhalten und nötigenfalls nachhaltig zu verbessern, rückt die Gestaltung der Arbeits- und Beschäftigungsfähigkeit (Arbeitsprozess, Arbeitsorganisation, Arbeitseinsatz) in den Vordergrund. Mit alterns- und behinderungsgerechter Gestaltung von Arbeit und Qualifikation ist es möglich, Beschäftigung für die Dauer des Erwerbslebens zu sichern und die Gesundheit bis ins Rentenalter zu erhalten. Sie verhindert den vorzeitigen Verschleiß für alle Beschäftigten, ob jünger oder älter, ob behindert oder nicht behindert.

- Eine alternsgerechte Arbeitsgestaltung hat das Ziel, die Leistungs- und Beschäftigungsfähigkeit für die gesamte Dauer des Erwerbslebens zu erhalten und zu fördern. Es gilt Über-, aber auch Unterforderung sowie dauerhafte Leistungseinbußen zu vermeiden. Und es ist sicherzustellen, dass auch Ältere produktiv und innovativ bleiben. Der Ansatz der alternsgerechten Arbeitsgestaltung ist daher ein präventiver.
- Mit altersgerechter Arbeitsgestaltung ist ein kompensatorischer Ansatz gemeint. Es geht darum, den besonderen Wandel der physischen und psychischen Leistungsvoraussetzungen bei älteren Arbeitnehmer*innen zu berücksichtigen. Ältere sind in der Regel nicht weniger, sondern anders leistungsfähig als Jüngere. Die Arbeitsanforderungen und das gewandelte Leistungsvermögen sind durch gezielte Maßnahmen aneinander anzupassen.
- Behinderungsgerechte Arbeitsgestaltung stellt darauf ab, dass Arbeitsplatz, Arbeitsumgebung und Art der Tätigkeit den individuellen gesundheitlichen Einschränkungen des behinderten Arbeitnehmers ent-

sprechen. Je nach Behinderungs- und Beeinträchtigungsart bedeutet das:
- korrektive Arbeitsgestaltung durch Ausgleich der funktionellen Einschränkung oder
- präventive Arbeitsgestaltung durch Entlastung von bestimmten Anforderungen oder Belastungen.

Leistungswandel – Faktoren menschlicher Leistungsfähigkeit …		
die im Alter eher abnehmen	**die im Alter eher konstant bleiben**	**die im Alter eher zunehmen**
• Muskelstärke/-kraft	• Konzentrationsfähigkeit	• Lebens- und Berufserfahrung
• Bewegungsgeschwindigkeit	• Fähigkeiten zur Informationsaufnahme und -verarbeitung	• Berufliche Routine und Geübtheit
• Seh- und Hörvermögen	• Sprachkompetenz und -wissen	• Verantwortungs- und Pflichtbewusstsein
• Geschwindigkeit der Informationsaufnahme		• Genauigkeit und Zuverlässigkeit
• Reaktionsgeschwindigkeit	• Bearbeitung sprach- und wissensgebundener Aufgaben	• Fähigkeit zum Perspektivwechsel
• Dauer- und Höchstleistungsfähigkeit		• Fähigkeit zur realistischen Selbsteinschätzung
• Vitalkapazität		
		• Beurteilungsvermögen

(Quelle: BAuA 2010)

Zum Erhalt der Leistungsfähigkeit von behinderten Beschäftigten und zur Förderung ihrer Beschäftigungsfähigkeit sollte die Interessenvertretung darauf achten, dass die Bedingungen an den Arbeitsplätzen sowie die Qualifikationsmöglichkeiten zur Sicherung und ggf. Verbesserung ihrer betrieblichen Lage beitragen. Für den Betriebsrat und die Schwerbehindertenvertretung (SBV) bedeutet das, rechtzeitig Anzeichen für gesundheitliche oder auch qualifikations- und arbeitseinsatzbezogene Schwierigkeiten Betroffener zu erkennen und auf Abhilfe zu dringen.

Wichtig: Arbeitsgestaltung ist gesundheitsförderlich und behinderungsgerecht, wenn
- sie technisch sicher ist und dem Stand der Technik entspricht,
- sie ergonomisch gestaltet ist,
- sie lernförderlich ist und persönliche Entwicklungsperspektive bietet,
- ihre Zusammenhänge im Betriebsablauf transparent sind und der Beitrag zu Produktgestaltung und Wertschöpfung deutlich wird,
- Entscheidungs- und Gestaltungsspielräume gegeben sind,
- Routine, Kreativität und Motorik angemessen gefordert werden,
- materielle und immaterielle Anreize vorhersehbar und beeinflussbar sind und als gerecht empfunden werden,
- sie in einem Klima der gegenseitigen Unterstützung und des Vertrauens vermittelt werden kann.

Betriebsrat und Schwerbehindertenvertretungen müssen dazu eine grundsätzlich inklusive Haltung der Unternehmensleitung einfordern: Nicht alle Belegschaftsmitglieder bleiben, noch dazu über das gesamte Berufsleben hinweg, in gleichem Maße fit und leistungsfähig. Zur betrieblichen Wirklichkeit gehört es, dass Rücksichtnahme nötig ist und gewährt werden muss. Wer dauerhaft gesundheitlich beeinträchtigt ist oder wessen Fähigkeitsspektrum nicht ständige Höchstleistung ermöglicht, kann trotzdem in den allermeisten Fällen die geforderte Arbeitsleistung erbringen. Zum Ausgleich einer verringerten Leistungsfähigkeit werden öffentliche Mittel bereitgestellt, um es den Unternehmen zu erleichtern, Arbeitnehmer/innen auch in diesen Fällen zu beschäftigen (Leistungen der Integrationsämter bei außergewöhnlichen Belastungen bzw. zur Beschäftigung einer Arbeitsassistenz nach § 185 SGB IX). Dazu bedarf es allerdings der Bereitschaft, sich um integrative Lösungen zu bemühen.
Ebenso müssen aber auch die behinderten Beschäftigten selbst aufmerksam sein für veränderte Anforderungen am Arbeitsplatz, für Über- oder Unterforderungen aus der Tätigkeit. Sie müssen sich aktiv daran beteiligen, ihre Gesundheit und Arbeitsfähigkeit zu erhalten, Präventions- und Entwicklungsangebote fordern und die angebotenen Möglichkeiten nutzen, um einer Verschlechterung ihrer betrieblichen Situation vorzubeugen.

a. Die wichtigsten gesetzlichen Gestaltungsmöglichkeiten im Handlungsfeld »Arbeits- und Arbeitszeitgestaltung«

§ 5 ArbSchG	Gefährdungsbeurteilung
§ 16 ArbSchG	Überlastungsanzeige
§ 17 ArbSchG	Vorschläge der Beschäftigten zum Gesundheitsschutz
§§ 3 und 9 Abs. 3 ASIG	Tätigkeit des Betriebsarztes
§ 80 BetrVG	Abschluss einer Inklusionsvereinbarung
§ 88 BetrVG	Freiwillige Betriebsvereinbarung über Maßnahmen zur Eingliederung schwerbehinderter Menschen
§ 87 Abs. 1 Ziff. 7 BetrVG	Alterns- und gesundheitsrechte Arbeitsgestaltung
§ 87 Abs. 1 Ziff. 8 BetrVG	Sozialeinrichtung
§ 87 Abs. 1 Ziff. 13 BetrVG	Alternsgerechte Gruppenarbeit
§§ 90, 91 BetrVG	Arbeitsgestaltung; Eingliederung schwerbehinderter Menschen bei der Personalplanung
§ 87 Abs. 1 Ziff. 2 BetrVG	Lage und Verteilung der Arbeitszeit
§ 164 Abs. 4 SGB IX	Behinderungsgerechte Arbeitsgestaltung
§ 164 Abs. 5 SGB IX	Förderung von Teilzeit für schwerbehinderte Beschäftigte
§ 6 ArbZG	Umsetzung auf Tagesarbeitsplatz

b. Rechtsprechung zu behinderungsgerechter Arbeitsgestaltung

- **LAG Hamburg – 21.2.2024 – 7 Sa 53/23**
  Pflicht des Arbeitgebers zur Rücksichtnahme auf Beschäftigte mit Behinderungen: Bei der Ausübung seines Direktionsrechts hat der Arbeitgeber nach § 106 Satz 3 Gewerbeordnung (GewO) »auch auf die Behinderungen eines Arbeitnehmers Rücksicht zu nehmen«. Diese Pflicht zur Rücksichtnahme greift bereits bei einer »einfachen Behinderung« (im konkreten Fall GdB 20) ein und setzt keine Schwerbehinderung voraus, gilt aber natürlich erst recht bei Weisungen gegenüber schwerbehinderten Beschäftigten.
- **LAG Rheinland-Pfalz – 4.7.2023 – 8 Sa 60/23**
  Bevor ein Arbeitgeber eine Kündigung ausspricht, muss er einem schwerbehinderten oder gleichgestellten Arbeitnehmer eine behin-

derungsgerechte Tätigkeit auf einem freien Arbeitsplatz anbieten. Das gilt, wenn Arbeitnehmende wegen ihrer Behinderung nicht mehr in der Lage sind, die im Arbeitsvertrag vereinbarte Tätigkeit auszuüben. Dies regelt § 164 Abs. 4 Satz 1 Nr. 1 SGB IX.

- **LAG Berlin-Brandenburg – 11.12.2021 – 21 Ta 1158/21**
  Nach § 241 Absatz 2 BGB ist der Arbeitgeber aufgrund der arbeitgeberseitigen Rücksichtnahmepflicht verpflichtet, einem Arbeitnehmer, der aus gesundheitlichen Gründen nicht mehr in der Lage ist, die im Sinne des § 294 BGB zu bewirkende Arbeitsleistung zu erbringen, im Rahmen des rechtlich Möglichen und Zumutbaren einschließlich einer gegebenenfalls erforderlichen Vertragsanpassung eine den gesundheitlichen Einschränkungen des Arbeitnehmers entsprechende Tätigkeit zuzuweisen.
- **LAG Rheinland-Pfalz – 25.8.2020 – 8 Sa 427/19**
  Der Arbeitnehmer, der eine leidens- und behindertengerechte Beschäftigung begehrt, muss nicht etwa einen konkreten, für leidensgerecht gehaltenen Arbeitsplatz benennen, sondern im Antrag lediglich die Art der begehrten Beschäftigung mit dem Berufsbild oder die begehrte Tätigkeit in sonstiger Weise konkret bezeichnen.
- **LAG Frankfurt – 20.5.2020 – 18 Sa 170/19**
  Schwerbehinderte Beschäftigte sind nicht verpflichtet, minderwertige Tätigkeiten als behinderungsgerechte Beschäftigung zu akzeptieren.
- **LAG Baden-Württemberg – 2.1.2020 – 3 Sa 47/19**
  Ein Arbeitgeber hat die Pflicht, Rücksicht zu nehmen, wenn ein Arbeitnehmer unter anderem aus gesundheitlichen Gründen seine bisherige Tätigkeit nicht mehr verrichten kann. Er hat dann die Tätigkeit seines Arbeitnehmers neu zu bestimmen. Der Arbeitnehmer braucht dazu nur zu verlangen, dass er auf einen leidensgerechten Arbeitsplatz umgesetzt wird und muss dabei mitteilen, wie er sich seine weitere Beschäftigung vorstellt. Diesem Verlangen muss der Arbeitgeber regelmäßig entsprechen, wenn es ihm möglich und zumutbar ist.
- **BAG – 28.6.2017 – 5 AZR 263/16**
  Die Verpflichtung zur Schaffung eines leidensgerechten Arbeitsplatzes, die bereits zur Vermeidung einer krankheitsbedingten Kündigung besteht, besteht erst recht gegenüber einem schwerbehinderten Menschen.
- **LAG Hessen – 2.11.2015 – 16 Sa 473/15**
  Schwerbehinderte Menschen haben u.a. Anspruch auf eine Beschäftigung, bei der sie ihre Fähigkeiten und Kenntnisse möglichst voll verwerten und weiterentwickeln können. Es gibt keinen Grundsatz, dass eine behinderungsgerechte Beschäftigung nur in der ursprünglichen Entgeltgruppe erfolgen kann. Ein Arbeitgeber kann verpflichtet sein,

den schwerbehinderten Menschen bei entsprechender Eignung und Qualifizierung auch an einem höher eingruppierten Arbeitsplatz zu beschäftigen.

- **Verwaltungsgericht Trier – 11.4.2014 – 1 L 93/14.TR**
  In einem Eilverfahren hat das Verwaltungsgericht der Deutschen Telekom AG aufgegeben, vorläufig den bestehenden Telearbeitsplatz einer bei ihr beschäftigten schwerbehinderten Beamtin zu erhalten. Die schwerbehinderte Beamtin wohnt in Koblenz, ist aber eine Dienststelle in Trier zugewiesen. Im Jahr 2011 wurde ihr aus gesundheitlichen Gründen ein Telearbeitsplatz genehmigt.
- **LAG Niedersachsen – 6.12.2012 – 112 Sa 860/10**
  Der Anspruch auf behinderungsgerechte Beschäftigung nach § 164 Abs. 4 Satz 1 Nr. 1 SGB IX hat weitreichende arbeitsrechtliche Konsequenzen. Soweit der laufende Arbeitsvertrag eines schwerbehinderten Menschen einen solchen Arbeitseinsatz nicht abdeckt, hat der schwerbehinderte Mensch im Rahmen der Zumutbarkeitsgrenzen des § 164 Abs. 4 Satz 3 SGB IX einen Anspruch auf entsprechende Änderung des Arbeitsvertrages. Dies kann im Einzelfall auch Telearbeit umfassen – sofern berufliche Aufgabe und handelnde Akteure die dafür notwendigen Voraussetzungen erfüllen.
- **LAG Rheinland-Pfalz – 16.1.2013 – 8 Sa 333/12**
  Macht ein schwerbehinderter Arbeitnehmer einen Beschäftigungsanspruch nach § 164 Abs. 4 Satz 1 Nr. 1 SGB IX geltend, so hat er nach den allgemeinen Regeln grundsätzlich die Darlegungs- und Beweislast für die anspruchsbegründenden Voraussetzungen.
- **LAG Hessen – 5.11.2012 – 21 Sa 593/10**
  Mit der Verpflichtung eines Arbeitgebers, gemäß Art. 5 EGRL 78/200 i. V. m. § 164 Abs. 4 Satz 1 Nr. 1 SGB IX, geeignete und im konkreten Fall erforderliche Maßnahmen zu ergreifen, um Menschen mit Behinderungen die Ausübung eines Berufes zu ermöglichen, bei der sie ihre Fähigkeiten und Kenntnisse möglichst voll verwerten und weiterentwickeln können, ist es nicht zu vereinbaren, wenn Arbeitsplätze, die dauerhaft mit Leiharbeitnehmern besetzt sind, nicht als frei im Sinne des behinderungsgerechten Beschäftigungsanspruches anzusehen sind.
- **LAG Schleswig-Holstein – 19.6.2012 – 1 Sa 225e/11**
  Ein Beschäftigungsanspruch des schwerbehinderten Arbeitnehmers nach § 164 Abs. 4 Satz 1 Nr. 1 SGB IX kann auch dann bestehen, wenn er nicht alle an einem Arbeitsplatz anfallenden Tätigkeiten ausüben kann. Entscheidend ist, ob dem Arbeitgeber die anderweitige Verteilung der anfallenden Arbeit zumutbar ist.

- **LAG Köln – 16. 5. 2011 – 2 Sa 1276/10**
  Kann ein Arbeitnehmer seinen ursprünglichen Arbeitsplatz personenbedingt nicht mehr ausüben, ist der Arbeitgeber verpflichtet, das Direktionsrecht neu auszuüben und soweit vorhanden und möglich einen anderen, behindertengerechten Arbeitsplatz zuzuweisen. Der Arbeitnehmer kann den Anspruch auf Ausübung des Direktionsrechts in die Form eines Beschäftigungsanspruchs auf von ihm vorgeschlagene Arbeitsplätze kleiden.
- **LAG Hannover – 6. 12. 2010 – 12 Sa 860/10**
  Eine behinderungsgerechte Beschäftigung kann auch in der Veränderung des Arbeitsortes bestehen. Es kann zur behinderungsgerechten Beschäftigung auch die Verpflichtung gehören, einen alternierenden Telearbeitsplatz einzurichten bzw. aufrecht zu erhalten, damit ein schwerbehinderter Beschäftigter medizinisch zwingend erforderliche Maßnahmen durchführen kann.
- **LAG Hessen – 19. 1. 2010 – 13 Sa 1599/09**
  Der Anspruch aus § 164 Abs. 4 Satz 1 Nr. 1 SGB IX zielt auf einen leidensgerechten Arbeitsplatz, nicht auf einen leidensgerechteren.
- **LAG Köln – 19. 6. 2008 – 13 Sa 1540/07**
  Auch wenn die schwerbehinderte Arbeitnehmerin ihre vertraglich geschuldete Tätigkeit (hier: Kinderpflegerin) nicht mehr ausüben kann, rechtfertigt dies keine personenbedingte Kündigung, wenn der Arbeitgeber ihr eine behinderungsgerechte Beschäftigung nach § 164 Abs. 4 Satz 1 Nr. 1 SGB IX anbieten kann.
- **BAG – 12. 7. 2007 – 2 AZR 716/06**
  Der Arbeitgeber hat vor Ausspruch einer Kündigung zu prüfen, ob durch eine Änderung der Arbeitsorganisation und Arbeitsabläufe oder durch Versetzung auf einen fähigkeitsgerechten freien Arbeitsplatz eine Fortsetzung des Arbeitsverhältnisses möglich ist.
- **BAG – 14. 3. 2006 – 9 AZR 411/05; BAG – 4. 10. 2005 – 9 AZR 632/04**
  Schwerbehinderte Menschen haben grundsätzlich einen Anspruch darauf, dass Arbeitsabläufe behinderungsgerecht umgestaltet und umorganisiert werden. Dies kann z. B. durch eine andere Verteilung der Arbeitsaufgaben geschehen.
- **BAG – 14. 3. 2006 – 9 AZR 411/05**
  Unter Umständen ist zum Zweck der behinderungsgerechten Umgestaltung der Arbeitsabläufe auch eine für einen schwerbehinderten Beschäftigten belastende betriebliche Umstrukturierung rückgängig zu machen (vorgehend LAG Baden-Württemberg – 22. 6. 2005 – 2 SA 11/05).

- **BAG – 14.3.2006 – 9 AZR 411/05; BAG – 4.10.2005 – 9 AZR 632/04**
  Der klagende schwerbehinderte Mensch trägt nach allgemeinen prozessrechtlichen Grundsätzen die Beweislast für die seinen Anspruch begründenden Tatsachen. Der Arbeitgeber muss demgegenüber die anspruchshindernden Umstände (Unzumutbarkeit, Unverhältnismäßigkeit der Aufwendungen) darlegen und im Bestreitensfalle beweisen.
- **BAG – 10.5.2005 – 9 AZR 230/04; BAG – 4.10.2005 – 9 AZR 632/04**
  Der Arbeitgeber hat darzulegen und ggf. zu beweisen, dass auch nach fachkundiger Prüfung eine behinderungsgerechte Beschäftigung nicht möglich ist.
- **LAG Baden-Württemberg – 19.5.2004 – 17 Sa 71/03**
  Die Kündigung eines Arbeitnehmers ist sozial ungerechtfertigt, wenn der Arbeitgeber den Arbeitnehmer auf einem freien, leidensgerechten und zumutbaren Arbeitsplatz weiterbeschäftigen kann. Bei einem Schwerbehinderten ist dem Arbeitgeber, wenn der Betriebsrat die Zustimmung zur Versetzung verweigert, grundsätzlich auch die Durchführung eines Zustimmungsersetzungsverfahrens gem. § 99 Abs. 4 BetrVG zumutbar.

c. Arbeit teilhabegerecht gestalten: Gestaltungstipps

Arbeitsbedingungen und Belastungsfaktoren	Teilhabekritische Wirkungen	Arbeitsgestaltung
Vielseitigkeit der Tätigkeit • verschiedene Kenntnisse, Fertigkeiten und Fähigkeiten nutzen können • durch die Arbeit Neues lernen	Folgen abwechslungsarmer und körperlich einseitiger Tätigkeiten • Fehlbelastung durch Monotonie • Erhöhtes Frühverschleißrisiko durch einseitige (Dauer-) Belastung	• Tätigkeitswechsel mit unterschiedlichen körperlichen und geistigen Anforderungen • Erhaltung der intellektuellen Flexibilität
Ganzheitlichkeit der Arbeitsaufgabe • den Anteil der geleisteten Arbeit am Gesamtprodukt erkennen können • die Qualität des Arbeitsergebnisses beurteilen können	Folgen mangelnder Ganzheitlichkeit • Monotonie (Überforderung der Aufmerksamkeit, Ermüdung) • Überdruss und Abneigung gegenüber der Tätigkeit	• Reduzierung des mit dem Alter und der Behinderung zunehmenden Stresserlebens • Einsatz von Erfahrung beim Organisieren von Aufgaben und

Arbeitsbedingungen und Belastungsfaktoren	Teilhabekritische Wirkungen	Arbeitsgestaltung
	• Demotivation und ineffizientes Handeln	beim Umgang mit komplexen ganzheitlichen Sachverhalten
Handlungsspielraum • eigene Entscheidungen in Bezug auf Arbeitsverfahren, Verwendung von Arbeitsmitteln und die zeitliche Organisation der Arbeit treffen können	Folgen geringen Handlungsspielraums • schlechtere Stresskompensation bei Zeitdruck und hohen Anforderungen • psychische Ermüdung und geringere Effektivität • Demotivation • »Verlernen« von Planen und Zielsetzungen	• freie Zeiteinteilung begünstigt eine gleichmäßige Belastung, hohe Leistungserbringung, Arbeitsmotivation • Steigerung der Belastbarkeit, Zufriedenheit und des Selbstwerts • Förderung der Identifikation mit der Arbeit und der Organisation/dem Unternehmen
Regulationsbedingungen • eine Arbeitstätigkeit reibungslos, ohne Zeitdruck und Unterbrechungen ausführen können • zur Erledigung der Arbeitsaufgabe sind die benötigte Technik und die benötigten Informationen vorhanden • andere Personen müssen die Ausführung ihrer Arbeitstätigkeit nicht unterbrechen	• steigende Beanspruchung bei Arbeit unter Zeitdruck • Zeitdruck beeinträchtigt die Geschwindigkeit der Informationsaufnahme und Handlungsausführung und reduziert das Leistungs- und Entscheidungstempo • Behinderte/ältere Beschäftige werden eher durch Störungen abgelenkt • Abkürzungen, Fehler und erhöhter Zeitaufwand in der Aufgabenausführung	• flexibleres und anforderungsgerechteres Arbeiten • schnellere Wirksamkeit betrieblicher Planungen • Reduzierung unnötiger Wartezeiten • höhere Qualität der Arbeitsergebnisse

Arbeitsbedingungen und Belastungsfaktoren	Teilhabekritische Wirkungen	Arbeitsgestaltung
Aufmerksamkeit • die für die Aufgabenerledigung notwendigen Informationen herausfiltern können • einen Prozess dauerhaft aufmerksam beobachten können • Notwendige Handlungen vorhersehen können	• Behinderungs- und altersbedingt verschlechtert sich oft die Fähigkeit, die Aufmerksamkeit aufrechtzuerhalten • Daueraufmerksamkeit führt schneller zur Ermüdung	• Verringerung von Fehlern und Fehlhandlungen • Aufrechterhaltung der Leistungsfähigkeit • geringere Ermüdung • erhöhte Leistungsbereitschaft (spontanes Reagieren auf unerwartete Ereignisse möglich)
Wissen und Lernen • Vorhandenes Wissen für die Arbeitsaufgabe anwenden und Neues dazulernen können • die Tätigkeit dauerhaft anforderungsgerecht erfüllen können • Angebote zur Weiterbildung nutzen können	Folgen mangelnder Lernförderung • vorhandenes Wissen der Beschäftigten wird nicht genutzt • Leistungseinbußen und Erhöhung von Stress • Arbeitsunzufriedenheit • Erhöhung von Fluktuation	• Lernmöglichkeiten reduzieren Stress, stärken die Fähigkeiten zur Bewältigung sich wandelnder Arbeitsanforderungen und fördern die intellektuelle Fähigkeit zum Weiterlernen
Informationen und Mitsprache • Über die erforderlichen Informationen zur Auftragsausführung verfügen können • Geschäftsleitung und Vorgesetzte informieren ausreichend • Ideen und Vorschläge der Beschäftigten werden bei der Gestaltung von Arbeitsablauf und Arbeitsorganisation berücksichtigt	Folgen mangelnder Information und Mitsprache • Erhöhung von Angst, Unsicherheit und Hilflosigkeit • Zweifel an dem Sinn der Tätigkeit • Widerstand bei Veränderungen • Arbeitsunzufriedenheit • die Angst vor Versagen oder fehlerhaftem Arbeiten	• Erfahrungs- und Expertenwissen langjährig Beschäftigter können im Unternehmen intensiv genutzt werden • Verbesserung der Qualität von Entscheidungen • schnelleres Wirksamwerden von betrieblichen Planungen

Arbeitsbedingungen und Belastungsfaktoren	Teilhabekritische Wirkungen	Arbeitsgestaltung
	nimmt mit dem Alter zu	• Erhöhung der Motivation und des Vertrauens von Mitarbeitern/Mitarbeiterinnen
Zusammenarbeit • mit anderen Beschäftigten im Unternehmen rechtzeitig kommunizieren und ausreichend kooperieren können • Kommunikationsmöglichkeiten über dienstliche und private Dinge nutzen können • Eine angemessene, zeitnahe und detaillierte Rückmeldung über die Güte der Arbeit erhalten können	• Folgen mangelhafter Zusammenarbeit/fehlender Rückmeldung • Zunahme von Fehlern, Fehlschlüssen und Unsicherheit • ineffiziente Arbeitsabläufe • unterdurchschnittliche Leistung und geringere Effektivität und Produktivität • der Mangel an Respekt, Wertschätzung und Anerkennung ist einer der schwerwiegendsten Gründe für den Verlust der Arbeitsfähigkeit	• Behinderte Beschäftigte entwickeln für Teams hilfreiche Kompetenzen (Toleranz, Empathie, Verständnis, Beratung) • Korrektur der Fehler in Echtzeit • Stolz über eigene Leistungen • Zunahme des Selbstwertgefühls • Verbesserung des Betriebsklimas
Soziale Unterstützung • sich bei Schwierigkeiten auf Kolleginnen und Kollegen und auf Vorgesetzte verlassen und um Rat fragen können • Verhalten untereinander, das nicht ausgegrenzt und ein »Wir-Gefühl« entwickelt	Folgen geringer sozialer Unterstützung • Demotivierung • Erhöhung von Beanspruchung • Stress und sinkende Produktivität • Arbeitsunzufriedenheit	• soziale Unterstützung hilft bei der Bewältigung anderer Belastungen am Arbeitsplatz • Erhaltung der Leistungsfähigkeit und der Motivation • Verringerung von Gereiztheit, arbeitsbezogener Angst und Burnout-Risiko • Verringerung von Fluktuation

Arbeitsbedingungen und Belastungsfaktoren	Teilhabekritische Wirkungen	Arbeitsgestaltung
Arbeitszeit • eine Arbeitsorganisation, die individuelle Wahlmöglichkeiten bzgl. Arbeitszeitgestaltung bietet • den Bedarf an individuellen Erholzeiten (Lage, Dauer und Häufigkeit) beeinflussen können	Folgen von Arbeitszeitbelastungen aus Schicht- und Nachtarbeit, Überstunden und unregelmäßigen Arbeitszeiten • Die extensive Arbeitszeitausdehnung ist generell als Gesundheitsrisiko zu bewerten • Bei gleicher Arbeitszeitbelastung sind behinderte Beschäftigte in ihrer Erholungsfähigkeit und ihrem psychosozialen Wohlbefinden stärker beeinträchtigt	• Je nach Art und Ausmaß der Behinderung steigt der Bedarf an kürzeren Arbeitszeiten und Erholzeiten • Das physische und psychische Leistungspotenzial bleibt bei entsprechender Zeitautonomie und Gestaltungsspielräumen erhalten • Altersflexible Arbeitszeitwünsche (Arbeitszeitreduzierung, flexible Ausstiegsmöglichkeiten) erhöhen die Arbeitszufriedenheit

Mehr Gestaltungstipps finden sich auf: *www.ergo-online.de, www.inqa.de, www.baua.de*

10. Betriebliche Weiterbildung

Der beschleunigte technologische Wandel und die daraus folgenden beruflichen Anforderungen führen zu einem deutlich höheren Stellenwert von Wissen und Kompetenzen. Sowohl in technisch-fachlicher wie auch in prozessorientierter Hinsicht. Gleiches gilt auch für die sozialen Fähigkeiten, die für die Zusammenarbeit im Team, für die Kommunikation und Konfliktbewältigung gebraucht werden. Beides prägt zunehmend die Wissensinhalte für die Beschäftigten und die Wissensbasis der Unternehmen. Wie gut, wie qualifiziert und wie rechtzeitig Fachkräfte aus- und weitergebildet sind, ist also eine zentrale Frage der betrieblichen

Wettbewerbsfähigkeit, gleichzeitig sind Bildung und Qualifikation ein Schlüssel für die Inklusion in das Beschäftigungssystem.
Aber noch deutlich zu wenige Unternehmen betrachten berufsbegleitende Weiterbildungsangebote allerdings als unternehmerische Kernkompetenz und Daueraufgabe. Überwiegend ist in den Unternehmen eine deutliche Zurückhaltung auf dem Feld von Weiterbildung und Personalentwicklung festzustellen. Selbst die sehr weitgehend von der Bundesagentur für Arbeit geförderten Maßnahmen »Qualifizierung statt Kurzarbeit« wurden während der Strukturkrise 2008–2010 nur von 13 Prozent der Betriebe genutzt. Die Bereitschaft der Unternehmen, Angebote zur beruflichen Weiterbildung zu machen, hat nicht zugenommen, sondern eher nachgelassen. Nach der Wirtschafts- und Finanzkrise nahm das Weiterbildungsengagement der Betriebe wieder erheblich an Fahrt auf und stabilisierte sich dann auf einem deutlich höheren Niveau als vor der Krise.
Im ersten Pandemiejahr 2020 sank die betriebliche Weiterbildung jedoch erneut – und zwar deutlich stärker als während der Wirtschafts- und Finanzkrise: Im Jahr 2020 bildeten nur 34 Prozent der Betriebe in Deutschland ihre Beschäftigten weiter und lediglich 15 Prozent der Beschäftigten nahmen an betrieblichen Weiterbildungsmaßnahmen teil. Die Zahl der Betriebe, die Weiterbildung anboten, sank damit gegenüber dem Vorjahr um fast 40 Prozent, die Weiterbildungsbeteiligung der Beschäftigten nahm sogar um nahezu 60 Prozent ab.[3]
Von Beschäftigten wird gefordert, dass sie sich weiterbilden, ihre Einsatzmöglichkeiten erweitern und sich dadurch den beruflichen Anschluss erhalten. Tatsächlich werden aber die Gruppen, die Weiterbildung am notwendigsten hätten, am wenigsten angesprochen. Die berufliche Position und das vorhandene Qualifikationsniveau entscheiden hauptsächlich über die Chancen für die Teilhabe an Weiterqualifizierung. Im Jahr 2019 haben 45 Prozent der Beschäftigten mit abgeschlossener Berufsausbildung oder Hochschulabschluss an Weiterbildungsmaßnahmen teilgenommen. Von den Beschäftigten mit einfachen Tätigkeiten waren es dagegen nur 22 Prozent (IAB-Betriebspanel).
Die Lernchancen von gering Qualifizierten, Frauen, Migrantinnen und auch Älteren werden also zu wenig beachtet. Es sind vor allem Beschäftigte aus diesen Gruppen, die nach Jahrzehnten verschleißintensiver

3 Vgl. *Jost, R., Leber, U.* (2021): Die betriebliche Weiterbildung ist in der Corona-Krise massiv eingebrochen, in: IAB-Forum 10. Dezember 2021, *https://www.iab-forum.de/die-betriebliche-weiterbildung-ist-in-der-corona-krise-massiv-eingebrochen/*.

Arbeit und bei oft verengter Qualifikation gesundheitsbedingt das Beschäftigungssystem verlassen müssen. Qualifikationsstillstand und Dequalifizierung bedeuten vorzeitiges Altern und zusätzliche Risiken am Arbeitsmarkt.
Damit zählen eine gute berufliche Qualifizierung und kontinuierliche Weiterbildung zu den wichtigsten Voraussetzungen für den längerfristigen Verbleib auf dem Arbeitsmarkt. Wenn Benachteiligungen bei der Arbeits- und Beschäftigungsfähigkeit durch Zugang zu beruflicher Weiterentwicklung abgebaut werden sollen, um auch den Leistungswandel im Erwerbsverlauf produktiv nutzen zu können, müssen jedoch betrieblich und überbetrieblich Voraussetzungen für Lernmöglichkeiten und -zugänge geschaffen werden. Die Weiterbildungsbeteiligung muss unabhängig vom vorhandenen Qualifikationsniveau werden.
Qualifizierte Personalentwicklung verfolgt dabei zum einen die Absicht, die Einsatzbreite und Einsatzflexibilität zu verbessern, damit ein Wechsel in andere/neue Tätigkeitsfelder, berufliche Aufstiegsmöglichkeiten oder ein Übergang in Berufe mit geringeren Belastungen im Erwerbsverlauf möglich werden. Zum anderen geht es darum, in Unternehmen eine systematische und berufsbegleitende Qualifizierungs- und Personalentwicklung herzustellen: vom Einstellungsverfahren über den planvollen Wechsel im Verlauf des Arbeitslebens bis hin zur Eröffnung alters- und behinderungsgerechter Berufswege.

a. Berufsbegleitende Qualifizierung

Für Erhalt und Sicherung der Beschäftigung behinderter Arbeitnehmer/innen kommt es entscheidend darauf an, ihre Leistungsfähigkeit dauerhaft zu erhalten und dazu auch ihre Qualifikationen auf den jeweils aktuellen Stand zu bringen. Die Interessenvertretung sollte sich daher dafür einsetzen, behinderte Beschäftigte in wenigstens gleichem Maße, wenn erforderlich auch bevorzugt, an Weiterbildungen und Qualifizierungsmaßnahmen zu beteiligen (siehe dazu § 164 Abs. 4 SGB IX). Eine betriebliche Bestandsaufnahme des Qualifizierungsbedarfes macht deutlich, wie Teilhabe durch gezielte Förderung berufsbegleitender Qualifizierung zu erreichen ist. Das Betriebsverfassungsgesetz und das Bundespersonalvertretungsgesetz benennen die folgenden Grundlagen zur Ermittlung des betrieblichen Qualifikationsbedarfs auf Verlangen des Betriebs- bzw. Personalrats.

b. Gesetzliche Gestaltungsmöglichkeiten im Handlungsfeld »Betriebliche Weiterbildung«

§ 92 BetrVG	Personalentwicklungsplan
§ 96 Abs. 1 BetrVG	Förderung der Berufsbildung
§ 96 Abs. 2 Satz 2 BetrVG	Teilnahme an betrieblichen und außerbetrieblichen Maßnahmen der Berufsbildung
§ 97 Abs. 2 BetrVG	Anpassungs- und Umqualifizierung
§ 98 BetrVG	Durchführung betrieblicher Bildungsmaßnahmen
§ 76 BPersVG	Auswahl der Teilnehmer an Fortbildungsveranstaltungen für Arbeitnehmer
§ 78 Abs. 1 BPersVG	Allgemeine Fragen der Fortbildung der Beschäftigten
§ 164 Abs. 4 SGB IX	Förderung von Bildungsmaßnahmen

c. Ermittlung des Qualifikationsbedarfs in drei Schritten

Bei der Ermittlung des Qualifikationsbedarfs geht es um einen Vergleich zwischen aktuellen und zukünftig notwendigen Qualifikationen (Soll) und dem derzeitigen Bestand an Qualifikationen (Ist) der Beschäftigten. Alle Beschäftigungsgruppen sollten einbezogen werden, damit die Unterschiede bei den Bildungsbedarfen differenziert nach Alter, Geschlecht, Behinderung, etc. herausgearbeitet werden können.

Zunächst werden die auszuführenden Tätigkeiten am Arbeitsplatz aufgelistet, sei es für einzelne Beschäftigte, sei es für ein ganzes Team. Wichtig ist eine Erfassung aller Tätigkeitselemente, um ein vollständiges Abbild der mit der Tätigkeit verbundenen Anforderungen zu erhalten. Das heißt, neben den direkten fertigungsbezogenen Arbeitsaufgaben (fachliche Kompetenz) sind auch andere Anforderungen, die für die Erfüllung des Arbeitsauftrags erforderlich sind zu erfassen, wie die Fähigkeit zur Kommunikation (Sozialkompetenz) und planende sowie Qualität sichernde Elemente (Methodenkompetenz).

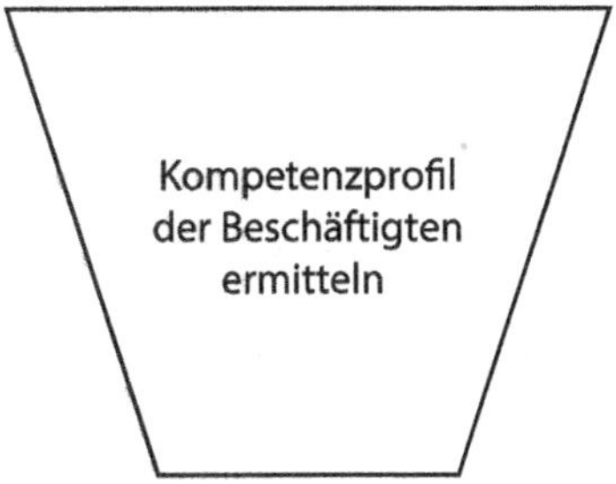

Als nächstes geht es um das Qualifikations- und Kompetenzprofil des Beschäftigten. Es ist zu ermitteln, welche Aufgaben ausgeführt werden können und welche zusätzlichen Qualifikationen vorhanden sind, die bisher nicht abgefragt wurden. Dieses erstellte Qualifikations- bzw. Kompetenzprofil ist sinnvollerweise in persönlichen Gesprächen zwischen Führungskraft, Personalabteilung und den Beschäftigten abzugleichen, um Einigkeit über das Profil zu erhalten, aber auch, um mögliche, bei den Beschäftigten vorhandene, weitere Kompetenzen zu erkennen. Wichtig ist, dass den Beschäftigten aus den Ergebnissen des Vergleichs keine Nachteile entstehen. Deshalb sind Betriebsrat und Schwerbehindertenvertretung frühzeitig einzubeziehen und zu beteiligen.

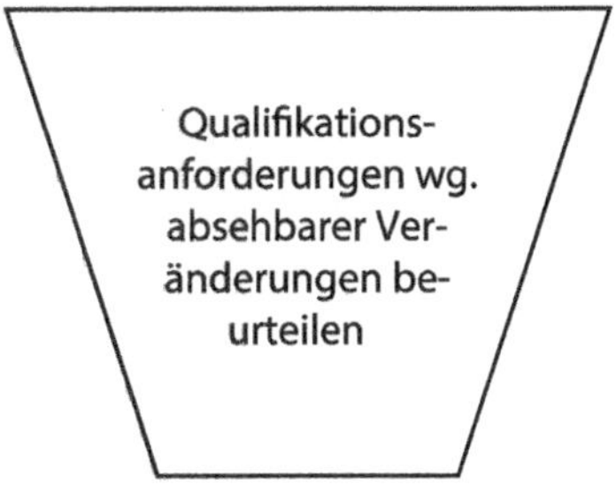

Abschließend erfolgt eine Abschätzung der Zukunftsentwicklung. Dazu ist es notwendig die geplanten betrieblichen Veränderungen in den Geschäftsfeldern und auf den Bereichs-/Abteilungsebenen zu kennen. Dadurch lässt sich beurteilen, welches Wissen heute und zukünftig benötigt wird. Zu klären ist auch, wie die Wissenssicherung so rechtzeitig eingeleitet werden kann, dass mit dem Ausscheiden von älteren Beschäftigten kein wichtiges Erfahrungswissen für den Betrieb verloren geht und in einem Qualifizierungsplan das Erfahrungswissen der ausscheidenden Beschäftigten für das Unternehmen gesichert werden kann.

d. Betriebliche Fort- und Weiterbildungsmaßnahmen

- **Einsatz von Personalentwicklungsinstrumenten**: Personalfragebogen, Qualifikationsstruktur, Tätigkeits- und Qualifikationsprofil, Stellenbeschreibungen, Qualifikationsmatrix, Konzept für Personalentwicklungsgespräch
- **Weiterbildungscoaching**: Betriebsinterne Weiterbildungsberatung und Schulungsangebote unabhängig vom Alter

- **Abschätzung des Qualifizierungsbedarfs wegen technologischer, methodischer und organisatorischer Veränderungen**: Betriebliche Qualifizierungspläne für alle Altersgruppen
- **Individueller Entwicklungs- und Qualifizierungsplan**: Qualifizierungsinhalt, -form und -zeitraum gemeinsam mit Beschäftigten festlegen
- **Gezielte Fort- und Weiterbildung:** Anpassungs- und Erhaltungsqualifizierung und Arbeitserprobungen zur Eignung älterer Beschäftigter an neuen Anlagen, Arbeitsplätzen, in der Fertigung neuer Produkte
- **Berufsbegleitende Umschulung/Qualifizierung nach langjähriger Berufstätigkeit:**
  - in zukunftsbezogene Berufe/Tätigkeitsbereiche
  - auf reservierte (vorgehaltene), altersstabile Arbeitsplätze
  - vom Un- und Angelernten zum Facharbeiter
  - beruflicher Neuanfang durch Nutzung betriebsinterner Stellenbörse
- **Bildung von regionalen Netzwerken zur systematischen Personalentwicklung**:
  - Beteiligung außerbetrieblicher Weiterbildungsträger (z. B. BFW) bei der Entwicklung von betrieblichen Qualifizierungsplänen und bei der Durchführung von Weiterbildungsmaßnahmen
  - Verstärkte Nutzung von Branchenfonds

e. Matrix zur Ermittlung des Qualifikationsstandes in einer Produktionsabteilung

Name	Alter	Funktion	Putzen	Montage Putzen	Putzen QS	BMD-Strahlhaus	Schlick u. Blasstman	Schweißer/Brenner	Anschläger/Verladen	Heller/Irle	Armada	Manipulator	Lackierer	Kranführer
	51													
	48	Vorarbeiter							x	x	x			x
	63	Putzer		x										
	51	Putzer		x		x								
	35	Putzer		x	x	x								
	51	Kranführer							x					x

Name	Alter	Funktion	Putzen	Montage Putzen	Putzen QS	BMD-Strahlhaus	Schlick u. Blasstman	Schweißer/Brenner	Anschläger/Verladen	Heller/Irle	Armada	Manipulator	Lackierer	Kranführer
	53	Bearbeitung/ Putzer								x	x			
	47	Putzer	x		x									
	46	Vorarbeiter						x	x					x
	48	Strahler	x				x							
	32	Strahler	x				x							
	34	Strahler					x							
	52	Meister												
	56	Putzer		x		x	x							
	47	Putzer	x		x									
	42	Putzer	x		x									
	54	Anschläger				x			x					
	39	Manipulator				x			x		x	x	x	
	28	Anstreicher							x				x	

f. Tätigkeitswechsel und Personalentwicklung

Nachhaltig beschäftigungs- und gesundheitssichernd wirken solche Qualifizierungsansätze, die Lernförderung, Kompetenzentwicklung und Arbeitsplatzgestaltung miteinander in Verbindung bringen. Dazu sollten die Lernmöglichkeiten am Arbeitsplatz untersucht und gemeinsam mit den Beschäftigten und Vorgesetzten abteilungsbezogene Maßnahmen der Weiterbildung entwickelt werden.

Vor allem bereits langjährig beschäftigten behinderten Arbeitnehmer*innen sollte ein Arbeitsplatzwechsel ermöglicht werden, um sie mit neuen Techniken und Verfahren vertraut zu machen. Damit sind sie leichter an zukunftsfähigen Arbeitsplätzen einsetzbar. Häufig sind gerade sie noch in Arbeitsbereichen verblieben, die von der Entwicklung abgekoppelt und von Abbau bedroht sind (teils sogar noch verbunden mit besonders schweren Arbeitsbedingungen).

Maßnahmen zu Tätigkeitswechsel und Personalentwicklungswegen
- Bei langfristig nicht beeinträchtigungsadäquaten Arbeitsplätzen die Verweildauer an einem Arbeitsplatz reduzieren – systematischen Arbeitsplatz- und Belastungswechsel organisieren
- Arbeitseinsatzsteuerung: Geringere Verweildauer durch präventive Um- und Versetzung
- Konzepte zur Rotation und zum Stellenwechsel durch unterschiedliche Fertigungs- und Dienstleistungsbereiche zur Kompetenzerweiterung
- Zeitweise Qualifizierung und befristeter Einsatz in anderen Arbeitsbereichen für Beschäftigte: Lerninsel, geplanter Einsatz in Projekten, Hospitationen, Praktika
- Alternative Karrierewege für »Mittelalte« (Leitung von Gremien, Beratung, Auftragsakquise …)
- Personalentwicklungsgespräche: Mitarbeiter- und Beratungsgespräche zur persönlichen Entwicklungsplanung
- Qualifizierungsverträge und Gespräche im Verlauf des Qualifizierungsprozesses

g. Wissenstransfer

Mit der raschen Alterung der Belegschaften verlassen in den nächsten Jahren ältere Beschäftigte oft blockweise die Unternehmen in Richtung Rente. Deutlicher als sonst wird dadurch die Abhängigkeit eines Unternehmens von einzelnen Mitarbeiter*innen mit Schlüsselkompetenzen erkennbar. Mit jeder Rentenentscheidung kann wertvolles Wissen verloren gehen. Damit ist ein Rückgriff auf das Wissen und den Erfahrungsschatz – das sogenannte implizite Wissen – insbesondere von Beschäftigten mit langjähriger Betriebszugehörigkeit und mit Schlüsselqualifikationen enorm wichtig.

> **Hinweis: Implizites Wissen**
> Implizites Wissen wird auch Erfahrungswissen genannt. Es ist in der Regel nicht dokumentiert und lässt sich häufig nur verbal oder bildhaft beschreiben. Implizites Wissen umfasst Erfahrungen, Erlebnisse, Gefühle, Intuition, Wissen über Personen, Teamstrukturen, Leistungsträger, Gruppen, Netzwerke, spezielle Ereignisse, ungeschriebene Gesetze, Konfliktpotenziale.

Die Personalverantwortlichen und Personalentwickler*innen in den Unternehmen sollten deshalb der Thematik Wissensmanagement und Wissenstransfer besondere Aufmerksamkeit schenken. Wissensmanagement und Wissenstransfer bilden einen kritischen Erfolgsfaktor für die Wettbewerbs- und Innovationsfähigkeit von Unternehmen, weil sie die Lernfähigkeit und das Innovationspotential sichern oder im negativen Fall aufs Spiel setzen.
Hauptsächlich geht es um den Transfer von Wissen innerhalb eines Unternehmens (interner Wissenstransfer), also um die zielgerichtete Übertragung von erfolgskritischem Wissen von einem Transferpartner zu einem anderen Transferpartner. Die strategische Aufgabe in den Wissenstransferprozessen liegt darin:

- Wissensbestände, Wissensträger und Risikowissen zu identifizieren,
- die Wissensbedarfe transparent zu machen,
- das berufliche Wissen einer alternden Generation für Nachfolger im Betrieb nutzbar zu machen,
- und den Wissenstransfer systematisch mit der Nachfolgeplanung zu verbinden.

Zu bedenken ist auch, dass der Wissenstransfer nicht auf Knopfdruck und selbstverständlich passiert. Ein erfolgreicher Wissenstransfer hängt in hohem Maß von der Bereitschaft der Beschäftigten ab, Wissen zu teilen und weiterzugeben. Sensibles Vorgehen und Fingerspitzengefühl sind also dabei wichtig.

Wissensbestände in Unternehmen

Fachwissen	Methodenwissen	Verfahrenswissen	Beziehungswissen	Führungswissen
• Handwerklich-technisches Können • Fachqualifikationen • Informationsquellen	• Verfahren • Techniken	• Unternehmensorganisation • Unternehmensprozesse • Ablage von Dokumenten/Dateien	• Interne/externe Ansprechpartner • Kommunikationswege	• Führungserfahrung • Stil und Methoden • Befugnisse

Maßnahmen und Methoden des Wissenstransfers

- Tandem-Modell: (Temporäre) Zusammenarbeit von jüngeren und älteren Beschäftigten – Sicherung des Erfahrungswissens in Tandemteams und Patenschaften; Wissensgeber und Wissensnehmer arbeiten während einer gewissen Zeitspanne zusammen.
- Wissens-Communities: Mitarbeiter mit ähnlichen Aufgaben und Interessen schließen sich zu informellen Netzwerken (»Wissens-Com-

munities«) zusammen, um sich in ihrem Fachgebiet auszutauschen und gegenseitig zu unterstützen.
- Story-Telling: Wissensträger erzählen Geschichten aus ihrem Arbeitsalltag und teilen verbal und nonverbal implizite Hintergrund-Informationen mit.
- Wissenslandkarte: grafische Verzeichnisse zur Identifizierung von Wissensträgern, Wissensbeständen, Wissensquellen und Wissensstrukturen, um einen strukturierten Überblick über im Unternehmen vorhandene Wissensbestände zu schaffen.
- Altersgemischte Teams: Übertragung von Erfahrungswissen auf Dauer oder auf Zeit.
- Mentoring: Unter Mentoring versteht man die Unterstützung von beruflich Unerfahrenen durch Erfahrene.
- Triadengespräche: Moderierte Übergabegespräche zwischen Wissensgeber und Wissensnehmer.
- Kollegiale Beratung, Coaching-Angebote und Schulung in Gruppen zur Förderung des Lerntransfers.

Beispiel: Unternehmen Miele in Lehrte: Wissen rechtzeitig weitergeben
Vorsicht ist die Mutter der Porzellankiste, sagte sich der Betriebsrat von Miele in Lehrte. Kommen die starken Jahrgänge ins Rentenalter, dann sind die Wissenslücken nicht einfach zu schließen. Wenn die Nachfolge nicht gut vorbereitet ist, laufen Stundenkonten über und es gibt jede Menge Fragen, die keiner beantworten kann.
Dass Beschäftigte in die Altersteilzeit gehen, ist keine Überraschung. Das weiß der Betriebsrat schon drei Jahre im Voraus. Es ist also genügend Zeit, die Aufgaben und das Wissen zu übergeben. Und so geht man bei Miele vor: Für jeden Altersteilzeitler wird ein Nachfolger bestimmt. Ein Pate, der Altersteilzeitler und der Nachfolger setzen sich zusammen und erstellen eine Liste von Aufgaben, die der Nachfolger in Zukunft übernimmt. Drei Monate bevor der Altersteilzeitler ausscheidet, übergibt er seine Aufgaben an den Nachfolger und steht dann nur noch beratend zur Seite. Das System hat sich bewährt und wird immer dann angewendet, wenn ein Kollege oder eine Kollegin ausscheidet, nicht erst, wenn wieder ein Zehntel der Belegschaft den Betrieb verlässt.

11. Die Inklusionsvereinbarung

Mit einer Inklusionsvereinbarung, zu der die Arbeitgeber nach § 166 SGB IX verpflichtet sind, eröffnen sich für die Interessenvertretung – über den Einzelfall hinaus – Einflussmöglichkeiten auf die Personalpolitik, auf

die Gestaltung der Beschäftigungsverhältnisse behinderter Arbeitnehmer*innen und auf deren konkrete Arbeitsplatzsituation. Die Vorschrift nennt verschiedene, nicht abschließende Regelungsinhalte einer solchen Vereinbarung: Personalplanung, Gestaltung von Arbeitsumfeld, Arbeitsorganisation und Arbeitszeit, Gestaltung inklusiver Rahmenbedingungen von Anfang an, Teilzeitarbeit, Gesundheitsförderung. Ebenso ist die Durchführung im Betrieb zu regeln.
In diesem Sinne ist die Inklusionsvereinbarung umfassendes Regelungs- und Gestaltungsinstrument und Handlungsgrundlage für eine integrative Unternehmenspolitik. Sie ist ein mehrseitiger kollektivrechtlicher Vertrag eigener Art (LAG Hessen 17.1.2012 – 15 Sa 549/11). Dabei steht die Steuerung dieser Entwicklung über Zielvereinbarungen im Mittelpunkt. Damit entstehen angesichts der demografischen Entwicklung für die Betriebe viele Vorteile. Die wichtigsten Vorzüge von Inklusionsvereinbarungen sind nämlich Planungssicherheit, Nachhaltigkeit und Wirtschaftlichkeit. Die Unternehmen können ihre Inklusionsaufgaben für eine zunehmende Zahl behinderter Beschäftigter in Abstimmung mit den Betriebszielen bringen. Eine gut funktionierende Inklusionsvereinbarung ist eine wichtige Ressource für eine vorausschauende Personalplanung und wirkt obendrein Kosten senkend.

a. Die Inklusionsvereinbarung als Zielvereinbarung

Mit der Inklusionsvereinbarung sollen verbindliche Maßnahmenpläne für die Inklusion schwerbehinderter Menschen, für die Rehabilitation behinderter und von Behinderung bedrohter Menschen sowie für die Prävention geschaffen werden. Mit einer Inklusionsvereinbarung legen sich die betriebliche Organisation und ihre Entscheidungsträger/innen auf klar verständliche und messbar formulierte Ziele und auf einzelne Schritte zu ihrer Umsetzung fest.
Im Mittelpunkt der Vereinbarung stehen Handlungsziele, die der verbesserten Inklusion behinderter Menschen im Unternehmen dienen und die im Unternehmen auch tatsächlich umgesetzt werden können. Es geht vorwiegend

- um die Verbesserung der Arbeits- und Beschäftigungsbedingungen,
- um eine integrative Beschäftigungs- und Personalpolitik und
- um eine gezielte Personalentwicklung für das behinderte Personal.

Anders als Maßnahmen zur Unterstützung in Einzelfällen sollen die Vereinbarungsregelungen

- sich auf eine größere Zahl oder die Gesamtgruppe schwerbehinderter Beschäftigter beziehen,

- systematische Vorgehensweisen und Abläufe unterstützen und
- möglichst präventiv ausgerichtet sein.

Inwieweit die Einführung einer solchen zielorientierten betrieblichen Inklusionsplanung aber entscheidend zur Lösung der Beschäftigungsprobleme schwerbehinderter, behinderter und rehabilitationsbedürftiger Beschäftigter beitragen kann, hängt von drei Bedingungen ab:

- von der Akzeptanz und der konkreten betrieblichen Umsetzung der Inklusionsvereinbarung,
- von der Bereitschaft der Arbeitgeber, die Beschäftigung behinderter Arbeitnehmer*innen zu fördern und zusätzliche behinderungsgerechte Arbeitsplätze zu schaffen,
- schließlich davon, ob die Inklusionsziele in der Inklusionsvereinbarung selbst ausreichend klar, eindeutig und kontrollierbar formuliert sind.

b. Rechtliche Stellung der Inklusionsvereinbarung

Betriebsrat und Schwerbehindertenvertretung können auf die Vereinbarung Einfluss nehmen. Ihnen stehen Initiativrechte zur Aufnahme der Verhandlungen zu. Der Wortlaut des § 166 Abs. 1 Satz 1 SGB IX »Die Arbeitgeber treffen (…) eine verbindliche Inklusionsvereinbarung« verpflichtet die Arbeitgeber, auf Antrag der Schwerbehindertenvertretung (ersatzweise des Betriebsrats) eine Vereinbarung zu treffen. Die Pflicht zum Abschluss einer Inklusionsvereinbarung kann, sollte es erforderlich sein, auch im arbeitsgerichtlichen Beschlussverfahren gem. § 2a Abs. 1 Nr. 3a ArbGG durchgesetzt werden. Vor Gericht geht es um den Abschluss einer Inklusionsvereinbarung überhaupt; ein Vereinbarungsabschluss mit einem bestimmten Inhalt ist – bei der gegenwärtigen Rechtslage – nicht erzwingbar.

Darüber hinaus können einige Regelungsinhalte der Inklusionsvereinbarung von vornherein der Mitbestimmung des Betriebsrats/Personenrats unterliegen – so z. B. die Regelung des betrieblichen Eingliederungsmanagements gem. § 87 Abs. 1 Nr. 7 BetrVG/§ 80 Abs. 1 Nr. 16 und 17 BPersVG. Das gilt auch für einen Großteil der in § 166 Abs. 2 SGB IX aufgeführten Inhalte wie die der Arbeitszeit, Arbeitsorganisation und Arbeitsplatzgestaltung; sie gehören grundsätzlich zu den mitbestimmungspflichtigen Angelegenheiten des Betriebsrats. Ein geeigneter Weg die genannten Durchsetzungslücken zu schließen, ist die Kombination mitbestimmungsfreier mit mitbestimmungspflichtigen Regelungsinhalte und deren Umsetzung in sog. teilmitbestimmten Betriebs-/Dienstvereinbarungen. Eine Inklusionsvereinbarung ist also in Form dieser (freiwilligen) Betriebsvereinbarung/Dienstvereinbarung umsetzbar. Die in

Abs. 2 genannten Kerninhalte einer Inklusionsvereinbarung fallen gem. § 87 Abs. 1 Nr. 1, 2, 3, 7 und 13 BetrVG, § 91 BetrVG und § 95 BetrVG unter die erzwingbaren Themen der Mitbestimmung. Regelungen und Maßnahmen zu diesen Mitbestimmungsgegenständen sind daher nur mit Zustimmung des Betriebsrats bzw. Personalrats wirksam.

c. Regelungsgegenstände einer Inklusionsvereinbarung

- Eingliederung schwerbehinderter Menschen – Beschäftigung vor allem schwerbehinderter Frauen (§ 154 Abs. 1 SGB IX)
- Beschäftigung besonders betroffener schwerbehinderter Menschen (§ 155 SGB IX)
- Ausbildung schwerbehinderter Jugendlicher (§ 155 Abs. 2 SGB IX)
- Besetzung freier Arbeitsplätze mit schwerbehinderten Menschen (§ 164 Abs. 1 SGB IX)
- Verhinderung von Benachteiligungen aufgrund der Behinderung (§ 164 Abs. 2 SGB IX)
- Einhalten der Beschäftigungsquote (§ 164 Abs. 3 SGB IX)
- Beschäftigungsförderung durch Qualifikation (§ 164 Abs. 4 Nr. 2 und 3 SGB IX)
- Behinderungsgerechte Arbeitsgestaltung von Anfang an (§ 164 Abs. 4 Nr. 4 und 5 SGB IX)
- Einrichtung von Teilzeitarbeitsplätzen (§ 164 Abs. 5 SGB IX)
- Maßnahmen der betrieblichen Gesundheitsförderung (§ 166 Abs. 3 SGB IX)
- Maßnahmen der Prävention (§ 167 SGB IX)

d. Wie vorgehen? Ziele ermitteln, Vereinbarung planen

Zur Formulierung ihrer Zielsetzungen sollte sich die Schwerbehindertenvertretung deshalb ausreichend Zeit nehmen und sich vor allem mit dem Betriebsrat abstimmen, der im Allgemeinen Erfahrungen in der Ausgestaltung von Betriebs-/Dienstvereinbarungen besitzt. Vor der Formulierung von Zielen ist zunächst die betriebliche Ausgangssituation – Stand und Qualität der Behinderungsgerechtigkeit – zu analysieren.

Es ist auch sinnvoll, eine Einschätzung der Rahmenbedingungen vorzunehmen, Klarheit über die Personalpolitik zu haben, wie mit behinderten Beschäftigten im Unternehmen umgegangen wird. Daraus werden die erforderlichen und durchsetzbaren Ziele erkennbar. Bei den Zielen gilt es Schwerpunkte zu setzen, und zwar so, dass zum jeweiligen Ziel auch ein Umsetzungsprozess und ein Maßnahmenplan vereinbart werden. Schließlich gehören zur Planung auch erste Überlegungen, wie die Umsetzung der Ziele dokumentiert und kontrolliert werden sollen.

12. Prävention – zur Förderung von Gesundheit und Beschäftigung

Eine Reihe arbeitsrechtlicher Bestimmungen und Verordnungen (SGB IX, Arbeitsschutzgesetz, Arbeitssicherheitsgesetz, Betriebsverfassungsgesetz, Verordnung Heben und Tragen etc.) machen die Gesundheitsprävention zu einem zentralen Handlungsprinzip der betrieblichen Vertretung behinderter Menschen.

Definition:
Allgemein werden unter **Prävention** alle medizinischen und sozialen Maßnahmen verstanden, welche die Arbeits- und Beschäftigungsfähigkeit von Arbeitnehmern/Arbeitnehmerinnen erhalten und fördern, Krankheiten in einem frühen Stadium erkennen, das Fortschreiten einer chronischen Erkrankung und Behinderung vermeiden helfen und dadurch krankheitsbedingten Kündigungen vorbeugen.

Aufgrund der Mitbestimmung und Mitwirkung beim Schutz der Gesundheit von behinderten Beschäftigten eröffnet sich für die Interessenvertretung ein Tätigkeitsbereich, der

- den Zusammenhängen zwischen bestimmten Belastungen am Arbeitsplatz und auftretenden Krankheiten nachgeht,
- die Bearbeitung individueller rehabilitativer und arbeitsgestalterischer Problemstellungen umfasst und
- in hohem Maße institutionalisierte Aufgabenfelder im betrieblichen Arbeits- und Gesundheitsschutz berührt.

a. Arbeitsbedingte Gesundheitsgefahren

Mit der Aufgabenstellung »Prävention« rückt das Wissen um arbeitsbedingte Gesundheitsgefahren in den Mittelpunkt der Interessenvertretungsarbeit. Nicht nur die alltäglichen Erfahrungen vieler Beschäftigter, auch zahlreiche Studien zeigen den krankmachenden Einfluss bestimmter Arbeits- und Leistungsbedingungen. Weit verbreitete Volkskrankheiten wie Herz-Kreislauf-Erkrankungen und Schädigungen des Stütz- und Bewegungsapparates haben auch arbeitsbedingte Ursachen. Prävention und Gesundheitsschutz müssen hier ansetzen. Vielfach lassen sich krankmachende Faktoren und schädigende Einflüsse in der Arbeit konkret identifizieren. Häufig müssen aber auch nähere Informationen von den Beschäftigten eingeholt werden (z. B. durch Belegschaftsbefragungen) oder es ist eine umfängliche betriebliche Untersuchung unter Mitwirkung von Expert*innen erforderlich, um Gefährdungen zu erfassen (Gefährdungsbeurteilung).
In der mangelnden Qualität der Arbeits- und Leistungsbedingungen liegt auch eine bedeutsame Ursache für die meisten Behinderungen. Knapp 90 Prozent aller Behinderungen resultieren aus schweren Erkrankungen, die sich über lange Zeiträume herausbilden, nach und nach verschlimmern und schließlich chronifizieren. Insofern hat es die Mehrzahl der behinderten Menschen im Erwerbsalter mit Schädigungen zu tun, die

nicht einmal und plötzlich eingetreten sind und dann unverändert bleiben, sondern die einen dynamischen Charakter aufweisen.
Dieser Verlauf hin zu einer chronisch-degenerativen Krankheit ist oft zu verhindern oder aufzuhalten, in manchen Fällen lässt sich diese Entwicklung noch umkehren und die gesundheitliche Lage sogar verbessern. Zumindest aber kann der Gesundheitszustand bei vielen Betroffenen langfristig stabil gehalten werden und braucht einer selbstbestimmten aktiven Lebensführung nicht im Wege zu stehen. Andererseits kann ohne entsprechende Maßnahmen des vorbeugenden Gesundheitsschutzes der Prozess chronischer Erkrankung zu einer weiteren Verschlechterung des Gesundheitszustandes führen. Zusätzliche gesundheitliche Schädigungen und Mehrfachbehinderung können die Folge sein, mit weitreichenden Konsequenzen für die Lebensqualität.

b. Belastungsentwicklung in den Unternehmen

In diesem Tätigkeitsfeld der betrieblichen Interessenvertretung geht es also auch um eine unmittelbare Gefahren- und Risikoabwehr. Das Risiko zusätzlicher Gesundheitsschädigungen, eines weiteren körperlichen Verschleißes, neu hinzutretender Erkrankungen und Beeinträchtigungen ist gerade bei einem vorgeschädigten Gesundheitszustand besonders groß. Jede weitere gesundheitliche Schädigung kann das Beschäftigungsrisiko Betroffener erhöhen. Deshalb sind Maßnahmen des Gesundheitsschutzes und der Prävention gerade für die behinderten Arbeitnehmer/innen von besonderer Bedeutung.

c. Ansatzpunkte für Prävention

Prävention setzt zunächst und zuerst bei der Reduzierung der arbeitsbedingten Belastungen an. An diesem Einstiegspunkt zu gesundheitsförderlichen Bedingungen innerhalb des Unternehmens und bei den Beschäftigten sollten die Schwerbehindertenvertretung, der Betriebs-/Personalrat und die Expert*innen im Arbeits- und Gesundheitsschutz konstruktiv zusammenwirken. Erhebliche Unterschiede wird es dabei zwischen den Bedingungen in größeren und kleineren Betrieben/Dienststellen geben. Während die Schwerbehindertenvertretung in Großbetrieben ein professionalisiertes und arbeitsteilig betriebenes Arbeitsschutzsystem für die Interessen der behinderten Beschäftigten nutzen kann, fehlen diese ausgeprägten Rahmenbedingungen in kleineren Betrieben sehr häufig. Gleichwohl kann sie dort neue oder erste Anstöße für die Beschäftigung mit Fragen des Gesundheitsschutzes geben. In beiden Situationen sollte sie darauf hinwirken, dass das Thema Gesundheitsschutz am Arbeitsplatz eine angemessene Aufmerksamkeit erhält.

d. Präventionsstrategien

Zugleich ergeben sich mit dem Recht behinderter Menschen wichtige Ansätze, bei denen Schwerbehindertenvertretung und Betriebs-/Personalrat gemeinsam für die Interessen langzeiterkrankter Beschäftigter tätig werden müssen. Unter der Überschrift »Prävention« legt § 167 SGB IX fest, dass die Interessenvertretung durch den Arbeitgeber einzuschalten ist, wenn Beschäftigungsprobleme zu erkennen sind oder wenn Beschäftigte länger als sechs Wochen arbeitsunfähig erkrankt sind. Auf der Grundlage dieser Bestimmung sollte die Interessenvertretung ein betriebliches Beschäftigungserhaltungs- und Eingliederungsmanagement mitgestaltend einfordern, das regelmäßig und frühzeitig die Hinweise aus dem Erkrankungsgeschehen aufnimmt und Maßnahmen zum Schutz der Betroffenen und zur Sicherung ihrer Arbeitsplätze in die Wege leitet.

13. Gefährdungsbeurteilung – Arbeits- und Gesundheitsschutz, Gesundheitsförderung

Die Arbeitswelt hat sich in den letzten drei Jahrzehnten auch im Zuge der Digitalisierung rasant verändert. Jetzt stehen weitere Modernisierungsschübe mit dem fortschreitenden Einsatz Künstlicher Intelligenz (KI) und in der Transformation der Wirtschaft bevor. Immer schnellere Innovationszyklen, der Einsatz moderner Technik, ständig neue IT-Anwendungen und Arbeitsverfahren, Arbeitsverdichtung nach Personalabbau und durch extremen Aufgabenzuwachs sowie auf Effizienz getrimmte Steuerungs- und Organisationsformen breiten sich aus. Zudem machen sich wirtschaftliche Krisen und der Fach- und Arbeitskräftemangel bemerkbar. Die Belegschaften altern, auch weil das Rentenrecht geändert wurde, die Beschäftigten länger im Arbeitsprozess stehen (müssen) und die Generation der Babyboomer (geboren bis Mitte der 1960er Jahre) aus dem Arbeitsleben ausscheidet.

Vielfach gehören Führungskräfte und das mittlere Management zum Heer der Getriebenen, die wiederum durch unzumutbare Leistungsvorgaben von den Beschäftigten Höchstleistungen einfordern.

Neben den nach wie vor hohen körperlichen Belastungen in weiten Bereichen der Industrie und der gewerblichen Wirtschaft nehmen in allen Berufen und Branchen die psychischen Belastungen auch durch die zunehmende Komplexität der Aufgaben und die eingangs geschilderte Arbeitsverdichtung zu. Das bestätigen seit Jahren kontinuierlich Untersuchungen und Studien der gesetzlichen Krankenkassen. Die Zuwächse bei den psychischen Diagnosen halten seit Jahren an. Spitzenreiter beim Belastungsgeschehen mit Stress und Überbeanspruchung sind u. a. Arbeitsplätze im Dienstleistungssektor, in den Pflegeberufen, den Sozial-

und Erziehungsberufen. Aber auch in der Produktion, am Band mit engen Taktzeiten, bei der Schichtarbeit und angesichts steigender Leistungsvorgaben nimmt der psychische Druck zu. Diese Entwicklungen erhöhen den Bedarf für proaktive betriebliche Präventionsstrategien.

Das fortschrittliche **Arbeitsschutzgesetz** (ArbSchG) verlangt seit 1996 von den Arbeitgebern verbindlich die Beurteilung der ergonomischen und körperlichen sowie der psychischen (Fehl-)Belastungen an jedem einzelnen Arbeitsplatz (§ 5 ArbSchG). Im Herbst 2013 wurde das ArbSchG in Bezug auf die Berücksichtigung der psychischen Belastungen nachgeschärft. Eine vom DGB und den Einzelgewerkschaften geforderte sog. Anti-Stress-Verordnung (zur Konkretisierung des Gesetzes für die Praxis) lässt noch auf sich warten, wird aber weiterhin verfolgt.

Längst belegen wissenschaftliche Studien einen Zusammenhang zwischen Überlastung, Stress-Strapazen und klassischen (arbeitsbedingten) Erkrankungen wie Herz-Kreislaufstörungen oder Krankheiten des Muskel- und Skelettapparats. Psychosomatische Erkrankungen und psychische Störungen sind ebenfalls deutlich auf dem Vormarsch: Kopfschmerzen und Migräne, Schlafstörungen, Bluthochdruck, Verdauungsbeschwerden, Schweißausbrüche, Angstzustände sowie das Burnout-Syndrom und Depressionen treten unter anderem häufiger auf, wenn die Anspannung und Arbeitsbelastungen überhand nehmen.

Während die Arbeitsunfähigkeitstage bei unterschiedlichen Krankheitsarten gesunken sind oder seit Jahren stagnieren, steigen die Krankheitstage aufgrund psychischer Störungen und Erkrankungen deutlich an, und das kassenübergreifend.

Die nachfolgende Tabelle (»Was krank machen kann«) stellt alltägliche Arbeitsbelastungen dar, die auch kerngesunde Menschen aus dem Lot der körperlichen und seelischen Balance bringen können. Das ist präventiv nur mit Entlastung zu verhindern. Liegt dann noch eine Behinderung vor – Diabetes oder eine schwere Herzerkrankung –, wird der Bogen von vornherein überspannt: Die Belastung passt nicht zum Leistungsvermögen, der Arbeitsplatz ist umzugestalten, umzuorganisieren oder eine Versetzung (oder Umschulung) steht an. Der moderne Arbeits- und Gesundheitsschutz sowie alternsgerechte Arbeit verlangen mehr Flexibilität und Qualifizierung, wenn es um den individuellen Arbeitseinsatz der Beschäftigten geht. Darauf müssen sich Arbeitgeber, Sozialleistungsträger und Interessenvertretungen einstellen.

Die **Gefährdungsbeurteilung** der Arbeitsplätze und die darauf basierenden entlastenden Schutzmaßnahmen sind wichtig: Sorgsam, fachgerecht und in regelmäßigen Abständen ausgeführt (mit den erforderlichen Maßnahmen und einer Wirksamkeitskontrolle) beugt sie arbeitsbedingten

Erkrankungen und Gesundheitsschäden vor. Zudem ergibt sie ein vollständiges Bild vom geforderten Leistungsprofil am einzelnen Arbeitsplatz. Das erleichtert den qualifikationsgerechten Personaleinsatz ohne Über- und Unterforderung oder deckt Qualifikationsbedarfe auf, die Entlastung bringen können.
Außerdem wird klar, was zur adäquaten Ausstattung (räumlicher Platz, Ausstattung, Arbeitsmittel, Weiterbildung, Beratung, Technik) und den Grundbedürfnissen eines Arbeitsplatzes gehört, welche ergonomischen Mängel abzustellen sind: Zu viel Überkopfarbeit, Anschaffung von Hebe- und Transporthilfen, höhenverstellbare Arbeitstische, Sitzgelegenheiten, Steharbeitsplätze im Büro, eine Klimaanlage, Sonnenschutz oder Sichtschutz zur räumlichen Trennung eines Arbeitsplatzes und dergleichen mehr.
Daneben ergeben sich Hinweise auf notwendige Entlastungsmaßnahmen bei der Arbeitsorganisation und im sozialen Umfeld: etwa Neuzuschnitt von Aufgaben und Zuständigkeiten, Personalaufstockung, Schaffung von Vertretungsregeln, Leitlinien zur Kommunikation, Eindämmung von Störungen, Teamanbindung oder Einzelarbeitsplatz, Sensibilisierung der Vorgesetzten und systematische Verbesserung des Führungsverhaltens durch Schulung und Coaching.

Was krank machen kann: Typische körperliche und psychische Belastungen sowie Fehlbelastungen in zwei Berufen. Ein zentraler Stressfaktor ist Zeitdruck!	
Monteure in der mobilen Wartung von Aufzug- und Transportsystemen	**Büroarbeitsplätze und Projektarbeit in der qualifizierten Sachbearbeitung**
Mobile Arbeit: Monteure sind den Belastungen im Straßenverkehr ausgesetzt: Fahrtzeiten sind zu kalkulieren, die Verkehrsteilnahme verlangt höchste Aufmerksamkeit, im Stau droht der Terminplan ins Rutschen zu kommen. Ständig gibt es neue Kunden und Anfahrtswege. Jeder Arbeitstag und Arbeitsplatz sieht anders aus, es gibt kaum Verlässliches: Stimmt das Licht, die Luft, der Platz?	**Schlechte Ausstattung:** Arbeit wird durch zu wenig Platz, durch schlechte Ausstattung, unergonomische Arbeitsmittel (auch Software), fehlende Technik und Besprechungszonen oder zu geringe Ablagefläche erschwert: EDV-Anwendungen stürzen ab, das Headset zum Telefonieren, Dokumentations- und Ablagesysteme fehlen. Insbesondere schlagen seit 2020 Mängel bei der Ausstattung im Homeoffice/bei mobiler Arbeit zu Buche. Die Digitalisierung bringt permanent

Körperliche Belastungen: Mobile Montage bedeutet auch, oft schweres Arbeitsgerät, Ersatzteile und Material zum Arbeitsort zu tragen. Wartung in schlecht zugänglichen Bereichen erfordert Arbeit im Knien, über Kopf, im Liegen oder in gebückter Haltung. Auch Hitze, Kälte, Nässe und andere widrige Umgebungsfaktoren wirken auf Arbeitskräfte ein.	neue Anwendungen/Software und KI-Formen hervor, wird oft unzureichend ohne Schulungen eingeführt. Die Arbeitsqualität, der Überblick und das Arbeitstempo leiden notgedrungen. Das Arbeitsplatzprofil, die tatsächliche Summe der Aufgaben und die Grundanforderungen am Arbeitsplatz sind den Vorgesetzten oft unklar oder werden ignoriert.
Umfassendes Expertenwissen: Monteure müssen heutzutage in der Regel nicht nur mit bekannten Eigenprodukten ihrer Firma umgehen können, sondern sind als Allrounder gefragt: Sie haben Service mit Fremdprodukten auszuführen. Die Sicherheitsrelevanz der Technik erhöht den Arbeitsdruck. Gleichzeitig werden nicht selten Qualifizierungsangebote eingespart. Das Missverhältnis kann zu chronischer Überforderung und damit zur Überbeanspruchung führen. Vermehrt Ärger mit Kund*innen entsteht durch Verzögerungen – etwa aufgrund von Lieferproblemen bei Ersatzteilen.	**Arbeitsorganisation:** Die kontinuierliche Arbeit an unterschiedlichen Projekten mit festen Laufzeiten und Fristen wird durch permanente Störungen, E-Mail-Anfragen, Kundengespräche und unvorhersehbare Zusatzaufträge erschwert oder unmöglich gemacht. Hinzu kommt eine Vielzahl kollaborativer Arbeitsplattformen/Tools, die zu beachten oder zu bearbeiten sind. Das Arbeitsaufkommen ist oft insgesamt zu hoch, Prioritäten sind unklar oder werden von Vorgesetzten nicht erkannt.
Eigenverantwortung: Monteure sind oft allein unterwegs, müssen alle Wartungen und Reparaturen auf sich gestellt meistern, sind für ihr Material, die Termine und ihren Wagen verantwortlich, schleppen schwere Werkzeuge und Ersatzteile zum Einsatzort. Der bürokratische Aufwand (Rechnungen, Wartungsaufträge, Checklisten, IT-Kompetenz) ist hoch und wird ihnen inzwischen – ausgestattet mit mobiler IT-Ausrüstung – zusätzlich abverlangt.	**Die Ergonomie:** Das Licht ist zu dunkel oder blendet, der Bildschirm, die Tastatur und der Stuhl (Arbeitshöhe) sind nicht aufeinander abgestimmt oder für sich mangelhaft. Es gibt zu wenig Zeit zum Aufstehen, für nötige Erholungspausen (Augen) und die Bewegung (Rücken etc.). Die Belastung durch (extraauralen) Lärm (Verkehrslärm, Sprachgewirr im Großraumbüro) ist groß; an Lärmprävention mit schallschluckenden Materialien und Wänden wurde nicht gedacht. Übrigens: Zur Beurteilung des Belastungsschemas

	und der Qualität des Arbeitsplatzes reicht die physikalische Messung nicht aus. Beim ganzheitlichen Blick sind Einzel-Arbeitsplatzbewertung und Hinweise der Beschäftigten selbst unerlässlich.
Ständig Neues: Die Monteure wissen nie, was auf sie zukommt. Ist der Ansprechpartner da? Komme ich ins Haus? Ist die Anlage zugänglich? An wen kann ich mich wenden, wenn etwas nicht klappt? In schwierigen Situationen kommt nicht nur der Monteur ins Schwitzen, sondern auch die koordinierende Arbeitskraft in der Zentrale.	
Kundenorientierung, Zeitdruck: Das Verhandeln mit Kunden gestaltet sich immer schwieriger, die Auseinandersetzung um Preise und Leistungen hat an Schärfe gewonnen. Die Kompetenz von Monteuren im Umgang mit Menschen wird in der Regel nicht anerkannt und nicht geschult (Interaktionsarbeit).	**Arbeitszeit, Mehrarbeit:** Überlange, gesundheitsgefährdende Arbeitszeiten sind weit verbreitet; wer das Projekt in der gesetzten Frist nicht schafft, arbeitet abends und am Wochenende weiter, auch aus Angst vor Arbeitsplatzverlust.
Hygienische Mängel: Monteure sind starker Verschmutzung ausgesetzt, z. B. durch Öle und Schmierstoffe. Bei vielen Kunden (Wohnhäuser, Apartmentanlagen) gibt es keinen Waschraum und keine Toilette. Die Arbeit muss unterbrochen werden, um eine öffentliche Toilette zu finden.	**Schlechte Führung:** Delegation von Aufgaben ohne solide Einarbeitung, neue Technik ohne Fortbildung, kaum überschaubare Arbeitsgebiete, keine Anerkennung und kein Lob, dafür massenweise Kritik und Fehlermeldungen. Das Fehlverhalten der Vorgesetzten verursacht Angst und Schrecken: Was kränkt macht krank!

a. Die Gefährdungsbeurteilung als Frühwarnsystem für effektive Erstprävention

Körper und Geist am Arbeitsplatz im Einklang, so lautet das idealtypische Ziel der Erstprävention und der Gefährdungsbeurteilung. Sie ist ein Frühwarnsystem erster Güte, um am Arbeitsplatz individuelle und kollektive Gesundheitsbelastungen aufzuspüren, sie zu bekämpfen und die sozialen und organisatorischen Ressourcen im Interesse der Beschäftigten zu stärken: Gesundheitsrisiken minimieren, Arbeitsbedingungen verbessern, zur Humanisierung der Arbeitswelt beitragen.

Für die **Gefährdungsbeurteilung** wurden bereits eine Reihe qualitätsgesicherter Instrumente entwickelt und in der Praxis erprobt, um das Verfahren handhabbar zu machen:

- Die körperlichen und seelischen Belastungen am einzelnen Arbeitsplatz messen, Befragungen durchführen, Begehungen und andere Ergebnisse analysieren und bewerten,
- aus den Erhebungsergebnissen (siehe Tabelle ab S. 230ff.) entlastende Maßnahmen ableiten, die Beschäftigten daran beteiligen,
- die Maßnahmen am Arbeitsplatz im Einklang mit den Beschäftigten umsetzen,
- nach drei bis sechs Monaten deren Wirksamkeit überprüfen (evaluieren),
- den Prozess mit regelmäßigem Controlling und der nächsten Gefährdungsbeurteilung nach zwei bis drei Jahren wiederholen (oder bei Bedarf anlassbezogen früher).

Einen verbindlichen Wiederholungsrhythmus für das Durchführen einer Gefährdungsbeurteilung empfehlen Expertinnen und Experten. Der Prozesscharakter des Verfahrens – einmal im Unternehmen verankert – bewirkt eine kontinuierliche Verbesserung der Arbeitsbedingungen.

Doch die systematische und ganzheitliche (physische und psychische) Gefährdungsbeurteilung aller Arbeitsplätze, praktiziert als zu wiederholender Prozess, ist bisher in der Arbeitswelt unzureichend verbreitet, nicht zuletzt, weil der Gesetzgeber bisher auf wirksame Sanktionen und Hebel verzichtet, dem Arbeitsschutzgesetz in allen Arbeitsstätten und Betrieben Geltung zu verschaffen. Deshalb sind engagierte Schwerbehindertenvertretungen und Betriebs- oder Personalräte als Motoren für die Prävention sowie bei der Mitbestimmung und Mitgestaltung des Arbeits- und Gesundheitsschutzes gefordert.

Die »inkludierte Gefährdungsbeurteilung«

Bei der Gefährdungsbeurteilung an Arbeitsplätzen, die von Menschen mit Behinderungen besetzt sind, entstehen besondere Aufgaben und

Herausforderungen bei der Bewertung der Arbeitsbedingungen und der Arbeitssicherheit. Auch Arbeitgeber stehen ratlos vor der Aufgabe, die Gefährdungsbeurteilung durchzuführen; manche fragen bei den Integrations- oder Inklusionsämtern nach.

Der Landschaftsverband Rheinland (LVR, Integrationsamt NRW in Köln) hatte mit dem Institut für Arbeitsmedizin, Sicherheitstechnik und Ergonomie e. V. (ASER, Universität Wuppertal) ein **Forschungsprojekt zur »inkludierten Gefährdungsbeurteilung«** initiiert (ASER Forschungsbericht Nr. 34): »Inkludierte Gefährdungsbeurteilung: Entwicklung einer Methodik und einer konkretisierenden Handlungshilfe am Beispiel der Behinderungsart Höreinschränkungen.«

Der **Projektbericht** steht als PDF und als E-Book bereit. Inzwischen sollen bundesweit alle Integrationsämter den Betrieben und Verwaltungen Begleitung und Unterstützung bei der Gefährdungsbeurteilung anbieten können, wenn es um Arbeitsplätze von Menschen mit Behinderungen geht. Schwerbehindertenvertretungen und Arbeitgeber sollten mit Verweis auf das Projekt bei ihrem Integrationsamt nachfragen (Forschungsbericht unter *www.lvr.de,* E-Book zum Download: *http://www.institut-aser.de/out.php?idart=1699*).

Worum geht es konkret? Bei der »inkludierten« oder »behinderungskritischen« Gefährdungsbeurteilung geht es darum, jene Gefährdungen (und Gefahren für die Arbeitssicherheit) zu ermitteln und zu bewerten, die auf eine physische und/oder psychische Einschränkung zurückzuführen sind und sich im Arbeitsleben nachteilig oder riskant auswirken können: auf die Teilhabesituation, die Intensität der Belastungen bzw. Beanspruchungen und die Arbeitssicherheit (z. B. nicht angepasste Alarmsysteme bei einer Hör- oder Sehbehinderung etc.). Die Ergebnisse der inkludierten Gefährdungsbeurteilung münden dann bei Bedarf in Gestaltungslösungen und Maßnahmen, um die Arbeitsbedingungen inklusiv zu gestalten. Wichtig zu wissen: Bei Beteiligung des Integrationsamts wird dieses in der Regel auch die Kosten für die Maßnahmen (anteilig) übernehmen.

Psychische Belastung: Das ist wichtig zu wissen!

Der Einwand vieler Arbeitgeber und Kritiker, psychische Belastungen seien ein individuelles Problem der subjektiven Wahrnehmung, Belastungsfähigkeit und Konstitution, geht fehl und ist vom Tisch. Psychische Arbeitsbelastungen wurden zur praktischen Handhabung im Arbeitsschutz anerkannt und normiert (siehe Übersicht »Ergonomie der psychischen Arbeitsbelastung – die Normenreihe DIN EN ISO 10075«).

Betriebsrätebefragungen (und Auswertungen der GDA) bestätigen immer wieder, dass nur in rund 50 Prozent der Betriebe Gefährdungsbeurteilungen durchgeführt werden, aber längst nicht an allen Arbeitsplätzen und nur zu einem verschwindend geringen Umfang ganzheitlich – inklusive der psychischen Belastungen (12–25 Prozent je nach Befragung). Der Aufwand und das »Unwissen« rufen in der betrieblichen Praxis Vorbehalte und Widerstände vor allem seitens der Arbeitgeber hervor. Immer scheint es im Unternehmen etwas Wichtigeres zu geben: Umorganisation, Restrukturierung, neue Sparvorgaben, Personalabbau etc.

Hinweis: Ergonomie der psychischen Arbeitsbelastung – die Normenreihe DIN EN ISO 10075
Die Norm wurde aus dem industriellen Bereich heraus entwickelt. Sie orientiert auf Fragen der Verhältnisprävention, also der Arbeitsgestaltung. Für Tätigkeiten im Bereich der personenbezogenen Dienstleistungen (z.B. Lehrkräfte, Therapeut*innen, Ärzt*innen, Pflegekräfte, Verkaufspersonal etc.) spielt die psychische Belastung durch mitmenschlichen Kontakt eine große Rolle (Stichwort »Interaktionsarbeit«). Dafür sind Maßnahmen auf dem Gebiet des »Umgangs mit dem Menschen« erforderlich. Das betrifft jedoch den Bereich der Verhaltensprävention, der nicht Gegenstand dieser dreiteiligen Norm ist.

- DIN EN ISO 10075-1: Ergonomische Grundlagen bezüglich psychischer Arbeitsbelastung – Allgemeines und Begriffe.
- DIN EN ISO 10075-2: Ergonomische Grundlagen bezüglich psychischer Arbeitsbelastung – Gestaltungsgrundsätze, Richtlinien zur Arbeitsgestaltung.
- DIN EN ISO 10075-3: Ergonomische Grundlagen bezüglich psychischer Arbeitsbelastung – Grundsätze und Anforderungen an Verfahren zur Messung und Erfassung psychischer Arbeitsbelastung.

Zum Weiterlesen der Überblick über die Normenreihe DIN EN ISO 10075 unter *www.baua.de/de/Themen-von-A-Z/Psychische-Fehlbelastung-Stress/ISO10075/FAQ/02/FAQ-02.html?_nnn=true.*

Bei den Arbeitsbedingungen in der modernen Arbeitswelt – mit komplexen Anforderungen, Zeitdruck, Multitasking und hoher Aufgabenmenge – hat der Arbeitsstress eine herausragende, wachsende Bedeutung. Interessenvertretungen können sich der Präventionsaufgabe, gute, menschengerechte Arbeit zu schaffen, nicht entziehen; erst recht nicht, wenn es um Beschäftigte mit Behinderungen geht. Sie müssen beim Arbeitgeber Initiativen anstoßen und auf Einhaltung des Arbeitsschutzrechts pochen. In der Prävention untätige Arbeitgeber haben es infolge zu hoher Belastung verstärkt mit arbeitsbedingten Erkrankungen, Berufskrankheiten und Behinderungen, Verschlimmerungen und attestierten Leistungseinschränkungen zu tun, der Krankenstand steigt. Dann ist es für die Prävention zu spät. Die schwierige Suche nach entlastenden Arbeitsplätzen beginnt, wenn die Kündigung verhindert werden soll.

Übersicht Gefährdungsbeurteilung behinderungsgerechter Arbeitsplätze

Analyse	Welche Arbeitsplätze und Tätigkeiten im Unternehmen sind für Menschen mit unterschiedlichen Behinderungen geeignet? Diese Arbeitsplätze sind am besten auf Grundlage einer aktuellen Gefährdungsbeurteilung systematisch zu ermitteln, um ein Arbeitsplatz-Kataster (eine Datenbank, s. u. Praxis bei Daimler, Mannheim) mit Einsatzmöglichkeiten anhand von Tätigkeitsmerkmalen zu erhalten, die den behinderungs- und qualifikationsgerechten Einsatz von Beschäftigten erlauben.
Einsatzplanung	Es ist zu beachten, welche Behinderungsarten mit den Anforderungen eines Arbeitsplatzes vereinbar sind, damit (schwer-)behinderte Beschäftigte nicht höheren Gesundheitsrisiken als andere Beschäftigte ausgesetzt sind (s. o.: inkludierte Gefährdungsbeurteilung). Das Verfahren kommt allen Beschäftigten zugute, da es leistungs-, qualifikations- und alternsgerechten Arbeitseinsatz fördert.
Arbeitsumgebung	Sie soll möglichst generell barrierefrei sein und über technische Ausstattungsmerkmale verfügen, die mobilitätsbehinderten, hörgeschädigten und sehbehinderten Menschen ideale Voraussetzungen bieten: Lifte, Rampen, Kontraststreifen an Stufen und Treppen, helle Beleuchtung, auffällige Beschriftung, erreichbare Lichtschalter und Bedienknöpfe, optische und akustische (Warn-)Signale, Behinderten-WCs, automatische Öffner an schweren Türen und vieles mehr. Die Einhaltung barrierefreier Standards erlaubt flexible Personaleinsätze ohne Nachrüstungen und erleichtert Besuchern von Arbeitsstätten den Aufenthalt und die Orientierung (vgl. Arbeitsstättenregel ASR V3a.2: Barrierefreie Gestaltung von Arbeitsstätten, *www.baua.de/asr*).

Kommunikation	Auch die technische Ausstattung mit barrierefreien Kommunikationsmitteln und Assistenzsystemen gehört zur Arbeitsplatzgestaltung: Hard- und Software mit Tools wie Spracheingabe, Braille-Keyboards, Headsets zum Telefonieren und vieles mehr (Beratung und Ausstattung mit dem Integrations- bzw. Inklusionsamt oder der Arbeitsagentur klären etc. klären).
Verbesserungen	Bei jedem Umbau, Neubau oder bei der Sanierung von Arbeitsstätten ist die barrierefreie Ausstattung der Arbeitsumwelt anzustreben.
Arbeitsorganisation	Nicht nur der Arbeitsplatz, auch die Arbeitsorganisation und Arbeitszeiten sind so zu gestalten, dass Menschen mit Behinderungen vollzeitig in den ersten Arbeitsmarkt integriert werden können (z. B. mit Homeoffice, weniger Pendelzeiten usw.). Einige Arbeitnehmer*innen mit Behinderungen sind z. B. nicht für Schichtarbeit und/oder den Einsatz am Band mit engen Taktzeiten geeignet, benötigen flexible Pausen für Therapien und Behandlungen etc. Psychische Belastungen am Arbeitsplatz und aufgrund einer vorliegenden Behinderung sind ebenso zu beachten wie mögliche Diskriminierung, Ausgrenzung und Mobbing.
Ressourcen	Im Mittelpunkt der Bewertung menschlicher Arbeitskraft müssen individuelle Fähigkeiten und Ressourcen stehen, nicht Behinderungen oder Leistungseinschränkungen. Gerade Menschen mit Behinderungen verfügen nicht selten über besondere Stärken, die in der Arbeitswelt zur Entfaltung kommen können. Gezielte Weiterbildungsangebote, eine gut aufgestellte betriebliche Personalentwicklung und eine positive Betriebskultur stärken Unternehmen oder Verwaltungen auch im Personalmangel und fördern die berufliche Teilhabe.
Beteiligung	Menschen mit Behinderungen sind oft Spezialist*innen in eigener Sache, deren Erfahrungen und Wünsche in den Prozess der Arbeitsgestaltung mit einzubeziehen sind. Auch Belegschafts- und Gesundheitsbefragungen sind wichtige Instrumente, um die Arbeitsumwelt kontinuierlich zu verbessern.

Vernetzung	Humanisierung und Gestaltung einer inklusiven Arbeitswelt beruht auf der Kooperation von Fachkräften. Alle betrieblichen und externen Akteure gehören bei Bedarf mit an einen Tisch: Interessenvertretungen, Beteiligte am Arbeits- und Gesundheitsschutz, Fachkräfte für Arbeitssicherheit, Vertreter*innen der Fachverbände, Rehabilitationsberatung der Sozialversicherungsträger, Gesundheitsförderung der Krankenkassen, Disability Manager und nicht zuletzt Schwerbehindertenvertretungen.

Beispiel Gute Praxis: Gefährdungsbeurteilung bei der Daimler AG Mannheim

Ein Kollege arbeitet am Fließband mit kurzer Taktung. Die Tätigkeit stellt hohe Anforderungen, denn im Fließtakt sind Qualitätsmängel zu beachten und ggf. zu beseitigen. Die Arbeitssituation beinhaltet eine extreme psychische Belastung, denn die geforderte Konzentration und hohe Anforderungen lassen kaum Handlungsspielraum.

Ein derartiger Arbeitsplatz kommt bei der Daimler AG Mannheim von vornherein für behinderte oder chronisch kranke Beschäftigte nicht in Frage. Zusätzlich zur Gefährdungsbeurteilung gibt es am Standort unterschiedliche Schutzsysteme, die Fehlbesetzungen verhindern und psychische Belastungen sowie die Art einer Behinderung oder Krankheit berücksichtigen.

Zum Beispiel werden Diabetiker von der Schichtarbeit befreit, stressige Tätigkeiten scheiden dann ebenfalls aus. Weniger Druck für den Einzelnen bei gleichzeitig hohem Handlungsspielraum erreicht man bei Daimler z. B. an bestimmten Gruppenarbeitsplätzen.

Der werksärztliche Dienst dokumentiert Einsatzbeschränkungen leistungsgewandelter Mitarbeiterinnen und Mitarbeiter und ermittelt daraus Kennziffern, die wiederum mit der Kennziffer passender Arbeitsplätze oder Tätigkeiten korrespondieren. Trotzdem verlässt man sich nicht technokratisch auf Schlüsselcodes. Wer krank oder behindert ist, kann probeweise an einem Arbeitsplatz eingesetzt werden. Nach Gesprächen wird passend gemacht, was nicht passt – oder die Suche nach einem geeigneten Arbeitsplatz neu gestartet. Wichtig ist dabei auch der Erhalt des sozialen Umfelds. Niemand wird wahllos versetzt und aus seinem vertrauten Umfeld herausgerissen, denn die Versetzung in eine neue Abteilung mit fremden Kolleg*innen und neuen Aufgaben setzt Betroffene zusätzlich unter Stress. Die alte Strategie der Problemverlagerung würde neue Probleme verursachen.

Handlungsspielraum und Arbeitsanforderungen sind zwei Schlüsselbegriffe des Daimler-Modells: Der Grad der Belastung einer Tätigkeit ergibt sich nicht zuletzt aus dem Verhältnis, in dem diese Faktoren zueinander stehen. Hohe Arbeits- und Qualitätsanforderungen allein verursachen keinen nega-

tiven Stress, solange Arbeitskräfte über ausreichend Handlungsspielraum und weitere stärkende Ressourcen verfügen (wie Unterstützung, Weiterbildung, Erfahrung, formale Qualifikation etc.).
Stressindikatoren sind: Komplexität der Aufgaben, Komplexität der Kommunikationsstrukturen, Zeitregime (frei oder eng, abhängig von anderen?), geringe Variabilität der Arbeitsabläufe (Reihenfolge autonom gestaltbar?), Umfang der Verantwortung, Rate der Arbeitsunterbrechungen, Konzentrations- und Kooperationserfordernisse.
Die Daimler-Interessenvertretungen wollen mit dem Arbeitsplatz-Kataster und der Gefährdungsbeurteilung inklusive der psychischen Belastungen die Arbeitsorganisation nachhaltig verbessern, mehr abwechslungsreiche Tätigkeiten und Raum für Regeneration schaffen. Gesündere und alternsgerechte Arbeitsbedingungen sollen entstehen. Präventiv wird etwas gegen chronische Erkrankungen oder drohende Behinderungen unternommen. Das Analyseteam (Gefährdungsbeurteilung) beschäftigt sich mit der systematischen Erfassung der Belastungen und der Ableitung von Maßnahmen zur Arbeitsumgestaltung. Der Prozess erfordert Geduld und Zeit.

b. Gefährdungsbeurteilung durchsetzen, darauf kommt es an

Angesichts der allgemeinen Arbeitsplatzrisiken (Gefahrstoffe, Witterung, mangelhafte Ergonomie, Gewichte heben und tragen, Elektrizität etc.) und des Leistungsdrucks (psychische Belastungen) ist das Arbeitsschutzgesetz ohne »Wenn und Aber« durchzusetzen. Die Interessenvertretungen sollten dabei an einem Strang ziehen. Der Betriebs- oder Personalrat ist federführend aktiv, da er über starke Mitbestimmungsrechte im Arbeitsschutz verfügt, auch um die ganzheitliche Gefährdungsbeurteilung zu initiieren und durchzusetzen. Dreh- und Angelpunkt sind § 87 Abs. 1 Nr. 7 BetrVG bzw. § 78 BPersVG (und Regelungen der Landespersonalvertretungsgesetze).

- Der Betriebsrat hat ein Initiativrecht bei der Umsetzung und dem Umfang der Gefährdungsbeurteilung. Lehnt der Arbeitgeber die ganzheitliche Gefährdungsbeurteilung – inklusive psychischer Belastungen – ab, kann sie über die Einigungsstelle oder das arbeitsgerichtliche Beschlussverfahren durchgesetzt werden.
- Die Rollenverteilung ist klar: Nach dem Arbeitsschutzgesetz ist die Gefährdungsbeurteilung eine Arbeitgeberpflicht. Interessenvertretungen agieren nicht als »Feuerwehr«, um Unzulänglichkeiten des Arbeitgebers ausgleichen, sondern überwachen die Einhaltung gesetzlicher Vorschriften zugunsten der Beschäftigten (§ 80 BetrVG) und entwickeln über die Mitbestimmung – als gestaltende Kraft – das Prozedere der Gefährdungsbeurteilung mit.

- Da das Arbeitsschutzgesetz nicht im Einzelnen ein Verfahren festlegt, nach dem die Gefährdungsbeurteilung vorzunehmen ist, kommt den Mitbestimmungsrechten der Interessenvertretung bei der Ausgestaltung eine Schlüsselrolle zu. Die gesetzliche Verpflichtung zur ganzheitlichen Gefährdungsbeurteilung – mit den psychischen Belastungen – wurde 2013 vom Gesetzgeber konkretisiert. In § 5 ArbSchG (Satz 3 Nr. 6) heißt es seither: »*(3) Eine Gefährdung kann sich insbesondere ergeben durch (…) psychische Belastungen bei der Arbeit.*«. Und § 4 Nr. 1 ArbSchG hält fest: »*Die Arbeit ist so zu gestalten, dass eine Gefährdung für das Leben sowie die physische und die psychische Gesundheit möglichst vermieden und die verbleibende Gefährdung möglichst gering gehalten wird.*«
- Der Betriebs- oder Personalrat wacht darüber, dass die Belegschaft über das Verfahren informiert wird, auf dem Laufenden bleibt und in Sachen Arbeitsschutz unterwiesen wird (§ 12 ArbSchG).
- Die Aufgaben, die Verantwortung und die intensive Beteiligung der Interessenvertretungen bei der Gefährdungsbeurteilung verlangen, dass sie sich vom Thema selbst ein Bild machen können. Deshalb haben sie Anspruch auf den Besuch geeigneter Fortbildungen, die ihr Knowhow fördern, und auf die Beschaffung von Informationsmaterialien (Fachbücher, Zeitschriften).
- Der Arbeitgeber kann seine Verpflichtung an fachkundige Personen delegieren. In einigen Bundesländern wirken die gesetzlichen Unfallkassen, in einigen Betrieben die Berufsgenossenschaften an der Gefährdungsbeurteilung mit; es gibt freie und gewerkschaftliche Beratungsstellen (TBS, die Technologie Beratungsstellen des DGB), die Unterstützung leisten, oder die wissenschaftliche Begleitung durch Hochschulen. Dann gilt: Delegiert der Arbeitgeber die Gefährdungsbeurteilung an fachkundige externe oder interne Personen, muss er dies schriftlich (nachvollziehbar) erledigen, die Gesamtverantwortung liegt bei ihm (§ 13 ArbSchG).

Mittlerweile sind viele Zweifelsfragen durch höchstrichterliche Rechtsprechung entschieden – und zwar in Bezug auf alle Prozessschritte der Gefährdungsbeurteilung. Soll die Gefährdungsbeurteilung als Prozess innerbetrieblich umgesetzt werden, ist aus der Erfahrung der Interessenvertretungen vieler Unternehmen und Dienststellen eine Regelung in einer Betriebs- bzw. Dienstvereinbarung unerlässlich.

Rechtsprechung: Das Bundesarbeitsgericht (BAG) hat u. a. die sieben Prozessschritte der Gefährdungsbeurteilung in einzelne abgetrennte Mitbestimmungsbereiche geordnet (BAG 19. 11. 2019 – 1 ABR 22/18). Diese sieben Schritte der Gefährdungsbeurteilung finden sich auch in der Leitlinie Gefährdungsbeurteilung der Gemeinsamen Deutschen Arbeitsschutzstrategie (GDA, *www.gda-portal.de*):

1. Das Festlegen von Arbeitsbereichen und Tätigkeiten, die beurteilt werden.
2. Das Ermitteln der Gefährdungen (z. B. mit Arbeitsplatzbegehungen, Prüfungen, Messungen, Befragungen, Gespräche mit den Beschäftigten etc.).
3. Das Beurteilen der Gefährdungen (z. B., welche Belastungsfaktoren zutage treten, wie sie auf Beschäftigte in welcher Intensität einwirken).
4. Das Entwickeln und Festlegen von Arbeitsschutzmaßnahmen nach dem Stand der Technik, der Hygiene, der arbeitswissenschaftlichen Erkenntnisse etc. Bei diesem Schritt ist die Rangfolge der Schutzmaßnahmen nach § 4 Arbeitsschutzgesetz (ArbSchG) zu beachten, das sog. TOP-Prinzip: zuerst Verhältnisprävention mit technischen, dann mit organisatorischen Maßnahmen, zuletzt persönliche Maßnahmen/Verhaltensprävention mit Persönlicher Schutzausrüstung (PSA) und dergleichen.
5. Das Umsetzen oder Durchführen der Maßnahmen.
6. Die Überprüfung der Wirksamkeit der Maßnahmen.
7. Die regelmäßige Wiederholung oder das Fortschreiben der Gefährdungsbeurteilung – etwa alle zwei bis vier Jahre. Die anlassbezogene Wiederholung im Falle geänderter betrieblicher Gegebenheiten nach § 3 ArbSchG ist Pflicht, etwa auch bei Leistungsänderung/-minderung bei den Beschäftigten durch eine Behinderung oder infolge einer Erkrankung.

Gibt es in einem Unternehmen keinen Betriebs- oder Personalrat, kann die Schwerbehindertenvertretung bei der Branchengewerkschaft Rat einholen. Auch die Berufsgenossenschaften (Zweig der Sozialversicherung und Arbeitsschutzinstanz der Sozialpartner [Arbeitgeber und Gewerkschaften]) sowie die Gewerbeaufsichtsämter oder Landesämter für Arbeitsschutz (staatliche Arbeitsschutzaufsicht) beraten auf Anfrage.

Die Gefährdungsbeurteilung kann individuell eingeklagt werden, z. B. weil die schlechten Arbeitsbedingungen gesundheitlichen Schaden verursacht haben oder ein Gesundheitsschaden droht; das BAG hat den Einzelanspruch von Beschäftigten auf eine Gefährdungsbeurteilung bejaht.

Die Gewerkschaften leisten seit geraumer Zeit mit Projekten, Aktionen und dem Entwickeln qualitätsgesicherter Verfahren zur ganzheitlichen Gefährdungsbeurteilung Beratungs- und Aufklärungsarbeit. Schwerbehindertenvertretungen und Betriebs- oder Personalräte erhalten bei ihrer Branchengewerkschaft »Erste Hilfe«. Zudem bieten die Gewerkschaften

Seminare und Fortbildungsveranstaltungen zum Thema – für Einsteiger ebenso wie für Fortgeschrittene an.

Beispiele und Unterstützung:
Vorbildlich war »Tatort Betrieb«, eine frühere Arbeitsschutz-Kampagne im IG-Metall-Bezirk Baden-Württemberg. Aus Aktionen und Projekten entstand u.a. das START-Verfahren zur Erfassung psychischer Belastungen. Die Handlungshilfe bietet Praxistipps zum Ablauf der Arbeitsschritte bei der Gefährdungsbeurteilung (Rolf Satzer: Gefährdungsbeurteilung mit dem START-Verfahren 2.0. Handlungshilfe für Betriebsräte, *www.bund-verlag.de*). Es gibt außerdem Praxishilfen unter *www.baua.de* und unter *www.gda-online.de*. Die Gewerkschaft ver.di bietet eine Online-Handlungshilfe zur Gefährdungsbeurteilung mit unterschiedlichen Modulen und Rechtshinweisen an (*www.verdi-gefährdungsbeurteilung.de*).
Die **Zeitschrift »Gute Arbeit«** (Bund-Verlag, *www.gutearbeit-online.de*) informiert regelmäßig über den Arbeits- und Gesundheitsschutz, über Präventionsansätze und die Praxis der Gefährdungsbeurteilung, Umsetzungsbeispiele, das betriebliche Eingliederungsmanagement (s. Kapitel IV.15.) und enthält die Rubrik »Prävention und Teilhabe« für Schwerbehindertenvertretungen. Hier finden Interessierte wertvolle Anregungen und Informationen, die sich mit den Handlungsmöglichkeiten der Prävention vertraut machen wollen.

c. Psychische Gefährdungen erheben, aber wie?

Bei der Analyse der psychischen Belastungsfaktoren werden unter Umständen auch sensible persönliche Daten und Angaben erhoben. Es ist deshalb inzwischen gängiges Verfahren, in einem **ersten Schritt** mit anonymen, qualitätsgesicherten Fragebögen zu arbeiten, um Arbeitsbelastungen zu erheben. Datenschutz und Freiwilligkeit erhöhen die Bereitschaft der Beschäftigten, sich zu beteiligen und sich offen zu äußern – ohne Rücksicht auf Vorgesetzte.
In einem **zweiten Ermittlungsschritt** schließen sich in der Regel Vor-Ort-Erhebungen an ausgewählten Arbeitsplätzen an, um die konkreten Arbeitsbedingungen in Augenschein zu nehmen. Wenn 70 Prozent der Befragten (aus einem Betriebsbeispiel) angeben, unter Zeitdruck und Überforderung zu leiden, dann ist unbedingt am Arbeitsplatz zu ermitteln, welche Rahmenbedingungen zu diesen Fehlbelastungen führen. Es wird beobachtet, Einzelgespräche werden mit auskunftsbereiten Beschäftigten geführt oder es finden Gesprächsrunden (Workshops) in einem geschützten Rahmen statt (Daten- und Persönlichkeitsschutz): ohne Vor-

gesetzte, ggf. unter Beteiligung externer Expert*innen und der Interessenvertretungen.
Im **dritten Schritt** ist mit dem Arbeitgeber über abzuleitende (Entlastungs-)Maßnahmen zu verhandeln. In der Regel kommt es dann zu harten Auseinandersetzungen, denn Maßnahmen der Umgestaltung von Arbeitsplätzen und der Arbeitsorganisation greifen in den Kernbereich unternehmerischer Entscheidungen ein. Biss und Hartnäckigkeit sind erforderlich, denn Verschleppungs- und Verhinderungsstrategien des Arbeitgebers sind weit verbreitete Strategie und nicht akzeptabel.
Zu gegebener Zeit werden rechtliche Schritte unumgänglich, um den Arbeitgeber zum Handeln zu bringen (Einigungsstelle, Arbeitsgericht). Betriebs- oder Personalrat und die übrigen gesetzlichen Interessenvertretungen müssen ihr Interesse verfolgen, dass den Worten Taten folgen.

Hinweise für die Praxis:
Fast immer fangen im Arbeits- und Gesundheitsschutz die Probleme nach der Ermittlung von Belastungen und Gesundheitsrisiken erst richtig an.

- Deshalb sind geregelte Abläufe (Betriebs-/Dienstvereinbarung im Vorfeld abschließen) wichtig: z. B. das verbindliche Ansiedeln der Zuständigkeit für die Gefährdungsbeurteilung bei einer betrieblichen/dienstlichen Instanz, beispielsweise bei einer paritätisch besetzten Kommission (etwa je zwei oder drei Arbeitgeber- und Arbeitnehmervertreter*innen) oder beim Arbeitsschutzausschuss (in kleineren Unternehmen).
- Ein verlässliches Finanzbudget für die Kosten ist nötig – für externe Unterstützung, für die Maßnahmenumsetzung, für die Qualifizierung der beteiligten Akteure, für Sachmittel etc.
- Wichtig ist ein pragmatisches Vorgehen. In einem Betrieb mit rund 500 Beschäftigten erhalten Interessenvertretungen eine Vielzahl von Ergebnissen, unterschiedliche Maßnahmen sind abzuleiten. Es ist wichtig, nicht gleichzeitig an mehreren Baustellen anzufangen.

Die Interessenvertretung darf nicht zulassen, dass Problembereiche auf lange Sicht ausgeklammert oder die Wirksamkeitskontrollen verschleppt werden. Die Impulse zur steten Verbesserung der Arbeitsbedingungen dürfen nicht verschenkt werden, demografiefeste und gesund erhaltende Arbeitsplätze gibt es nicht zum Nulltarif.

d. Regelkreis Gefährdungsbeurteilung

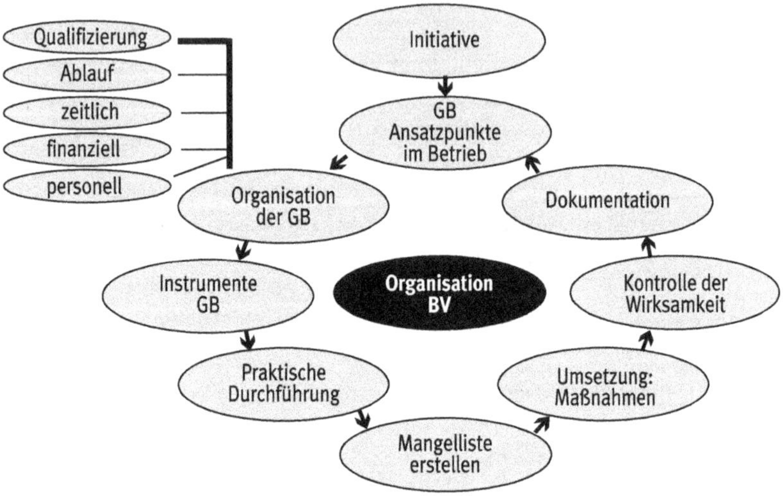

e. Handlungsleitfaden: Mit der Gefährdungsbeurteilung auf dem richtigen Weg

Die Tabelle ist als Orientierungshilfe für Einsteiger und Fortgeschrittene gedacht.		
✓	**Ist-Zustand mithilfe des Regelkreises (siehe Abbildung) bestimmen:**	Hier steht der Betrieb/die Dienststelle zurzeit – z. B.: • in der Initiativ- und Orientierungsphase oder bereits in der Organisationsphase, • bei der Erhebung von Gefährdungen (Durchführung), • in der Auswertung, • beim Ableiten von Maßnahmen, • bei der Wirksamkeitskontrolle. Davon ausgehend sind weitere Schritte zu planen.

✓	**Initiativ werden:**	Die Interessenvertretung gibt eine Anfrage zum Stand der (ganzheitlichen) Gefährdungsbeurteilung beim Arbeitgeber ab oder mahnt diesen an bzw. fordert ihn zu Gesprächen auf – am besten schriftlich mit einer Fristsetzung.
✓	**Wenn es von vorne losgeht:**	Die Belegschaft wird für das Thema sensibilisiert, über alle Schritte auf dem Laufenden gehalten, aber es sollten keine »Wunder« versprochen werden.
✓	**Ansatzpunkte im Betrieb finden:**	Gesundheitsdaten beim Arbeitgeber anfordern, z. B. Unfallberichte, (anonyme) Arbeitsunfähigkeitsstatistiken, Jahresbericht der Betriebsärzt*innen oder des externen Dienstes, Befragungen und bisherige Dokumentationen von Gefährdungsbeurteilungen – soweit vorhanden.
✓	**Aufgabenverteilung durch die Interessenvertretung:**	Betriebs- bzw. Personalrat • verteilt Zuständigkeiten, • benennt Verantwortliche in den eigenen Reihen und • stellt interne und externe Kooperationspartner zusammen, die einbezogen werden können: Schwerbehindertenvertretung, Frauen-/Gleichstellungsbeauftragte, Fachkraft für Arbeitssicherheit, Betriebsmedizin, die Branchengewerkschaft vor Ort, die bundesweit vertretenen TBS-Beratungsstellen des DGB (*www.tbs-netz.de*), sonstige Expert*innen (z. B. Institut DGB-Index Gute Arbeit).

✓	**Qualitätsgesicherte Fragebögen verwenden:**	Qualitätsgesicherte Instrumente (Fragebogen) zur Erhebung der psychischen Belastungen sind in Hülle und Fülle vorhanden (vgl. Toolbox unter *www.baua.de*). • Ein möglichst einfach zu handhabendes Verfahren wählen, das den Start nicht erschwert und leicht auszuwerten ist. • Auswertung möglichst extern vergeben, nicht von der Personalabteilung vornehmen lassen (Datenschutz!).
✓	**Wenn der gewünschte Fragebogen nicht zur spezifischen Arbeitsplatzsituation passt:**	Am besten mit externer, fachkundiger Beratung(!) einen Fragebogen anpassen bzw. ergänzen. Wichtig ist, dass sich neue Fragen am wissenschaftlichen Ansatz des geprüften, anerkannten Fragebogens orientieren, damit der Arbeitgeber die Ergebnisse nicht anzweifeln kann und nicht endlose Diskussionen über die Berechtigung der Fragen entstehen. Im Einzelfall sind Kooperationen (Forschungsprojekte) mit (technischen) Universitäten oder Fachhochschulen möglich.
✓	**Fragebogen »Marke Eigenbau«?**	Auf keinen Fall! Nicht qualitätsgesicherte Ergebnisse können angefochten werden. Mehrere Betriebs- und Personalratsgremien haben damit Schiffbruch erlitten.
✓	**Regelmäßige Berichtspflichten des Arbeitgebers:**	Berichtspflichten schriftlich vereinbaren, alle Schritte dokumentieren lassen: • Erhebung, • Verfahren, • Zuständigkeiten, • Auswertung, • abgeleitete Maßnahmen, • Wirksamkeitskontrollen, • Erhebungszeiträume und Durchführungszeiträume.

✓	**Nach der Erhebung:**	• Maßnahmen und deren Umsetzung planen, die Gefährdungsbeurteilung muss zu sichtbaren Konsequenzen führen. • Welche Schritte sind als nächstes sinnvoll und notwendig, was sollte der Arbeitgeber unternehmen? Wie viel Zeit ist ihm dafür realistisch einzuräumen?
✓	**Wenn der Prozess stockt:**	• Wo ist Sand im Getriebe? • Wie können Hindernisse mit Lösungsvorschlägen beseitigt werden? • Den Gesprächsfaden nicht abreißen lassen! • Bei anderen Betriebs- oder Personalräten Rat suchen und mit der Branchengewerkschaft abstimmen: Ab wann sind arbeitsgerichtliche Schritte unausweichlich?

14. Präventionsverfahren nach § 167 Abs. 1 SGB IX – Gegenwehr gegen Arbeitsplatzverlust

Die rechtzeitige Vorkehrung vor Gesundheitsverschleiß, Leistungs- und Einsatzproblemen und Arbeitsplatzverlust ist die beste Beschäftigungssicherung – nicht nur in der Krise. Dazu hat nach § 167 Abs. 1 SGB IX jeder Arbeitgeber ein obligatorisches Präventionsverfahren anzuwenden. Das Ziel dieses Präventionsverfahrens liegt vor allem in der Kündigungsprävention schwerbehinderter und ihnen gleichgestellter Beschäftigter. Die Verpflichtung des Arbeitgebers frühzeitig gegen erkennbare Gefährdungen einzuschreiten, verlangt, dass Schwierigkeiten bereits im Ansatz behoben werden, um eine Kündigung erfolgreich zu vermeiden. Damit muss der Arbeitgeber die Beschäftigungsverhältnisse schwerbehinderter Arbeitnehmer*innen dauerhaft sichern.
Die Gründe für die Gefährdung des Beschäftigungsverhältnisses können vielfältig sein. Deshalb müssen Arbeitgeber bei personen-, verhaltens- und betriebsbedingten Schwierigkeiten, die zur Gefährdung des Arbeits-

oder Beschäftigungsverhältnisses führen können, frühzeitig handeln. Das Präventions- bzw. Prüfverfahren nach § 167 Abs. 1 SGB IX ist zugleich ein Beteiligungsverfahren. Die Arbeitgeber müssen möglichst frühzeitig zusammen mit der Schwerbehindertenvertretung, dem Betriebsrat und dem Integrationsamt klären, ob es Möglichkeiten, Hilfen und finanzielle Leistungen gibt, mit denen die Schwierigkeiten beseitigt werden können.

Gründe für die Gefährdung des Beschäftigungsverhältnisses

Verhaltensbedingte Gründe

Die Person verhält sich vertragswidrig, z.B. aufgrund mangelhafter Arbeit, unentschuldigten Fehlens, strafbarer Handlungen, fehlender AU-Meldung

Personenbedingte Gründe

Die Person ist nicht mehr oder nur noch eingeschränkt in der Lage, die Arbeitsleistung zu erbringen, z.B. aufgrund mangelnder Eignung, unzureichender Kenntnisse, Abnahme der Leistungsfähigkeit

Betriebsbedingte Gründe

Die Gründe haben unternehmerische, betriebliche und wirtschaftliche Ursachen, z.B. Stilllegung des Betriebs, Outsourcing, organisatorische oder technische Rationalisierungsmaßnahmen

Wird eine solche Präventionsplanung frühzeitig eingeleitet (z. B. gleich am Anfang einer Kurzarbeitsperiode), ist ausreichend Zeit, geeignete Maßnahmen umzusetzen. Schwerbehindertenvertretung und Betriebsrat sind gehalten, gemeinsam mit den schwerbehinderten/gleichgestellten Beschäftigten nach der besten Lösung für die Beschäftigungssicherung zu suchen und die Vorschläge zu diskutieren. Wenn der Arbeitgeber nicht aktiv wird, müssen die Interessenvertretungen ihn zum Handeln auffordern und selbst das Integrationsamt einschalten (§ 178 Abs. 1 SGB IX).

Präventionsfälle nach § 167 Abs. 1 SGB IX und § 167 Abs. 2 SGB IX 2021 – 2024 (bundesweit)				
	2021	**2022**	**2023**	**2024**
Prävention nach § 167 Abs. 1 SGB IX	**3346**	**3259**	**3606**	**4041**
Betriebsbedingte Gründe	235	155	125	207
Verhaltensbedingte Gründe	247	293	334	422
Personenbedingte Gründe	2618	2614	2938	3152
Gründe nicht ausgewiesen	246	197	209	260

Präventionsfälle nach § 167 Abs. 1 SGB IX und § 167 Abs. 2 SGB IX 2021 – 2024 (bundesweit)				
	2021	2022	2023	2024
Betriebliches Eingliederungsmanagement (§ 167 Abs. 2 SGB IX)	883	925	1032	1145
Präventionsfälle insgesamt	4229	4184	4638	5186

Quelle: BIH Jahresbericht 2023/2024

a. Checkliste zur Risikoeinschätzung und Problemlösung

- Welche konkreten personen-, verhaltens- oder betriebsbedingten Probleme liegen zurzeit vor?
- Welche Auswirkungen sind damit für den/die Beschäftigte/n verbunden?
- Wann und von wem wurden die Schwierigkeiten erstmals festgestellt?
- Wie schätzt der/die direkt betroffene Person die Gefährdung ein?
- Wie ist die Sichtweise des direkten Vorgesetzten?
- Wie verhält sich die Personalabteilung in der gegenwärtigen Situation?
- Was hat die betroffene Person bereits zur Problemlösung unternommen/beigetragen?
- Welche beschäftigungssichernden Maßnahmen hält die betriebliche Interessenvertretung für aussichtsreich? Wie wurde in vergleichbaren Fällen vorgegangen?
- Welche externen Partner müssen beratend hinzugezogen werden (Agentur für Arbeit, Integrationsfachdienst etc.)?
- Sind die Vorschläge des Integrationsamts oder anderer externer Vertreter zielführend?
- Sind Lösungsansätze erkennbar oder müssen noch neue/zusätzliche Fragen geklärt werden?
- Welche Hilfen und Leistungen kommen für den Betrieb in Frage und welche Kosten sind damit verbunden? Gibt es finanzielle Fördermöglichkeiten?
- Liegt eine Inklusionsvereinbarung vor, die genutzt werden kann?
- Gibt es andere Vereinbarungen oder Regelungen, die zur Beschäftigungssicherung hilfreich sind?

b. Problemlösungen, die ein Kündigungsverfahren unnötig machen

Bei personenbedingten Schwierigkeiten:
- Inner- und außerbetriebliche Maßnahmen der beruflichen Bildung (§ 164 Abs. 4 Nr. 2 und 3 SGB IX)
- finanzielle Leistungen für Einarbeitungszuschüsse, Beschäftigungssicherungszuschüsse, Betreuungsaufwendungen, Arbeitsplatzeinrichtung, Kfz-Hilfe, Arbeitsassistenz etc. durch die Integrationsämter (§ 185 SGB IX) und Rehabilitationsträger (z. B. § 16 SGB VI; §§ 49 bis 54 SGB IX)
- psychosoziale Betreuung (§ 193 SGB IX) und Jobcoaching durch die Integrationsfachdienste (IFD)

Bei krankheitsbedingten Schwierigkeiten:
- Beschäftigung/Versetzung an einen gesundheitsgerechten Arbeitsplatz (§ 164 Abs. 3 SGB IX)
- behinderungsgerechte Gestaltung der Arbeit und der Arbeitsstätte (§ 164 Abs. 4 Nr. 4 SGB IX)
- Ausstattung mit technischen Arbeitshilfen (§ 164 Abs. 4 Nr. 5 SGB IX)
- Einrichtung von Teilzeitarbeitsplätzen (§ 164 Abs. 5 SGB IX)
- medizinische und berufliche Rehabilitationsmaßnahmen (§§ 42ff., 49ff. SGB IX)
- stufenweise Wiedereingliederung (§ 44 SGB IX) nach längerer Arbeitsunfähigkeit

Bei betriebsbedingten Schwierigkeiten:
- Um- und Versetzungen in andere Betriebsteile oder andere Betriebe des gleichen Unternehmens (§ 164 Abs. 4 Nr. 1 und 2 SGB IX).

Hält sich der Arbeitgeber nicht an seine Pflicht, das Präventionsverfahren durchzuführen und betreibt eine Kündigung, führt dieser Rechtsverstoß nicht schon zur Unwirksamkeit der Kündigung des schwerbehinderten Beschäftigten. Er geht jedoch das Risiko ein, dass seinem Zustimmungsantrag vom Integrationsamt nicht entsprochen wird oder das Arbeitsgericht die Kündigung für unwirksam erklärt. Gleiches gilt, wenn er vorschriftswidrig die betriebliche Interessenvertretung oder das Integrationsamt nicht eingeschaltet und/oder arbeitsplatzerhaltende Maßnahmen nicht vorgenommen hat. Eine ohne Einhaltung des Präventionsverfahrens ausgesprochene Kündigung kann sich also nach § 1 Abs. 2 KSchG als sozial ungerechtfertigt erweisen. Die Erfüllung der Präventionspflicht ist der zentrale Beurteilungsmaßstab nicht nur für das Arbeitsgericht, sondern bereits für das Zustimmungs- oder Ablehnungsverhalten des Integrationsamts. Der Arbeitgeber ist zur Mitteilung aufzufordern, wie er seinen Präventionsverpflichtungen nachgekommen ist. Kann das Präventionsverfahren im Arbeitsverhältnis des schwerbehinderten Beschäftigten auftretende Schwierigkeiten beseitigen, kann die Unterlassung des Verfahrens zu Lasten des Arbeitgebers bei der Bewertung des Kündigungsgrundes Berücksichtigung finden (BAG 7.12.2006 – 2 AZR 182/06).

c. Informations- und Beteiligungsrechte der Schwerbehindertenvertretung im Präventionsverfahren nach § 167 Abs. 1 SGB IX

- **Erörterungsrecht** nach § 167 Abs. 1 SGB IX

Das Erörterungsrecht der Schwerbehindertenvertretung geht über das Informations- und Anhörungsrecht hinaus. Es fordert eine rechtzeitige und umfassende Vorabinformation über die festgestellten Beschäftigungsprobleme einschließlich von Vorschlägen zur Beseitigung der Schwierigkeiten. Der Arbeitgeber muss der Schwerbehindertenvertretung eine Möglichkeit der Stellungnahme einräumen, bei der sie ihre Vorschläge in den Problemlösungsprozess einbringen kann.

- **Informations- und Anhörungsrechte** nach § 178 Abs. 2 SGB IX

Danach ist der Arbeitgeber verpflichtet, die betriebliche Interessenvertretung in allen Angelegenheiten, die einen einzelnen schwerbehinderten Beschäftigten oder die schwerbehinderten Beschäftigten als Gruppe betreffen, unverzüglich und umfassend zu unterrichten (Informationsrecht) und vor einer Entscheidung anzuhören (Anhörungsrecht).
Hier gilt ebenfalls: In einem auf die Information folgenden Erörterungsgespräch muss die Schwerbehindertenvertretung Gelegenheit erhalten, konkrete und überzeugende Lösungsvorschläge aufzuzeigen. Die Lösungsvorschläge sind für den Arbeitgeber allerdings nicht bindend; er muss sich nicht darauf einlassen. Dies zeigt die begrenzte Reichweite eines Mitwirkungsrechts gegenüber einem Mitbestimmungsrecht.

d. Entscheidungen zur Pflicht der Betriebe und Dienstbehörden zur Durchführung von Präventionsverfahren nach § 167 Abs. 1 SGB IX

Gericht/Aktenzeichen	Entscheidungen
BAG – 3.4.2025 – 2 AZR 178/24	Wartezeitkündigung eines schwerbehinderten Menschen – Präventionsverfahren
LAG Köln – 12.9.2024 – 6 SLa 76/24	Wirksamkeit einer Probezeitkündigung eines schwerbehinderten Arbeitnehmers

Gericht/Aktenzeichen	Entscheidungen
ArbG Freiburg (Breisgau) – 4.6.2024 – 2 Ca 51/24	Wartezeitkündigung des Arbeitsverhältnisses mit einem schwerbehinderten Menschen
OVG Saarland – 15.7.2021 – 2 A 42/21	Zustimmung zur außerordentlichen verhaltensbedingten Kündigung eines Schwerbehinderten – Unterlassen von Präventionsmaßnahmen
BAG – 25.1.2018 – 2 AZR 382/17	Außerordentliche Kündigung mit Auslauffrist – Verweigerung einer amtsärztlichen Untersuchung zur Feststellung der Arbeitsfähigkeit – Präventionsverfahren
VG Hannover – 24.4.2017 – 3 A 11496/14	Zustimmung zur Kündigung nach §§ 85ff. SGB IX a.F. – Aufklärungspflicht des Integrationsamtes bei betriebsbedingtem Kündigungsgrund
LAG Baden-Württemberg – 21.3.2014 – 1 Sa 23/13	Entschädigungsanspruch nach § 15 Abs. 2 AGG wegen unterlassener Durchführung des Präventionsverfahrens nach § 84 Abs. 1 SGB IX a.F. vor Ausspruch einer Kündigung innerhalb der Wartezeit

e. Tipps für das Vorgehen der SBV

- Kompetente Vorbereitung der Betroffenen auf das Präventionsgespräch mit Integrationsamt und Arbeitgeber
  - Den Sachverhalt umfassend aufklären: Welches Fehlverhalten/welche Schwierigkeiten werden dem Beschäftigen vorgeworfen?
  - Den Zusammenhang der Beschäftigungsschwierigkeiten mit der Behinderung herausstellen
  - Frühzeitig deeskalierende Maßnahmen wie z. B. Mediationsgespräche ins Spiel bringen
- Ergebnisse einer Gefährdungsbeurteilung des Arbeitsplatzes in das Gespräch einbringen: Über- und Fehlbelastungen am Arbeitsplatz darlegen
- Auf die Person zugeschnittenes Beschäftigungssicherungskonzept entwickeln:
  - Mit Anpassungen am Arbeitsplatz zukünftig behinderungsbedingte Leistungsprobleme vermeiden/Versetzung in eine andere, besser geeignete Arbeitsumgebung in Betracht ziehen
  - Für das Integrationsamt: Einen konkreten Gestaltungs- und Finanzierungsvorschlag unterbreiten

  - Alternativ: Konkrete Vorschläge zu anderen Einsatz- und Umsetzungsmöglichkeiten im Betrieb vorstellen
- Auf eine gemeinsame Gesprächsvorbereitung und enge Zusammenarbeit mit dem Betriebs- oder Personalrat achten

15. Betriebliches Eingliederungsmanagement nach § 167 Abs. 2 SGB IX

Zielt das Präventionsverfahren nach § 167 Abs. 1 SGB IX auf Kündigungsprävention, ist das Ziel des betrieblichen Eingliederungsmanagements die nachhaltige Prävention von Gesundheit, Leistungsvermögen und Beschäftigungsfähigkeit. Der Adressatenkreis für präventive Maßnahmen, Hilfen und Leistungen beschränkt sich dabei nicht mehr nur auf schwerbehinderte Beschäftigte, sondern erweitert sich in Richtung gesundheitsbeeinträchtigter und von Behinderung bedrohter Menschen.

a. Klärungspflicht

Der Arbeitgeber leitet das betriebliche Eingliederungsmanagement (»BEM«) ein, sobald ein Beschäftigter innerhalb der vergangenen zwölf Monate länger als sechs Wochen ununterbrochen oder wiederholt arbeitsunfähig war. Zu dem betroffenen Personenkreis zählen:
- langzeiterkrankte Arbeitnehmer*innen (deren Arbeitsunfähigkeit länger als 42 Tage im Jahr andauert),
- wiederholt bzw. mehrfach erkrankte Arbeitnehmer*innen, (die in der Summe mehr als sechs Wochen in einem Jahr krank sind).

Die Vorschrift verpflichtet den Arbeitgeber zu einem betrieblichen Präventionsverfahren. Die Regelung nimmt damit Bezug auf die wachsende Zahl von Langzeiterkrankungen und leistungsbeeinträchtigenden Gesundheitsstörungen, die häufig eine Gefährdungslage für das Arbeitsverhältnis erzeugen. Laut der BIBB/BAuA-Erwerbstätigenbefragung 2018 haben 8 Prozent der abhängig Beschäftigten Arbeitsunfähigkeitszeiten von mehr als 30 AU-Tagen angegeben. 40 Prozent dieser Beschäftigten wurde ein BEM angeboten, welches von 68 Prozent angenommen wurde – vorzugsweise in Unternehmen mit betrieblicher Gesundheitsförderung, unterstützenden Führungskräften und ausgeprägtem kollegialen Verhalten. In kleineren Betrieben, im Handwerk und im Dienstleistungs-

bereich wird das BEM weniger als 40 Prozent der berechtigten Beschäftigten angeboten.
Der Anteil Langzeiterkrankter an allen Arbeitsunfähigkeitsfällen ist zwar nicht exorbitant hoch (5,1 Prozent). Langzeiterkrankungen mit einer Dauer von mehr als sechs Wochen verursachten jedoch weit mehr als ein Drittel der Ausfalltage (45,5 Prozent der AU-Tage), so der Fehlzeiten-Report der AOK von 2021. Dabei wird das Fehlzeitengeschehen hauptsächlich von sechs Krankheitsarten dominiert: Im Jahr 2020 gingen mehr als ein Fünftel der Fehlzeiten auf Muskel- und Skelett-Erkrankungen (22,1 Prozent) zurück, danach folgten psychische Erkrankungen (12,0 Prozent), Atemwegserkrankungen (11,8 Prozent) und Verletzungen (10,0 Prozent) sowie Erkrankungen des Kreislaufsystems und der Verdauungsorgane (5,1 bzw. 4,2 Prozent). In dem Maße, wie solche Gesundheitsstörungen zu dauerhaften Einschränkungen der Einsatzflexibilität führen und die betriebliche Organisation nicht genügend einschränkungsgerechte Arbeitsplätze bereithält, stellen sie ein besonderes Beschäftigungsrisiko dar und verursachen Personalengpässe, die nicht sein müssten.
Jeder Zeitverlust bei der vertretbaren Gestaltung des Arbeitsplatzes und der Arbeitsorganisation und bei der Umsetzung von Personalentwicklungsmaßnahmen erhöht das Teilhaberisiko. Lange Zeiten von Arbeitsunfähigkeit erfordern daher in jedem Fall Vorsorge.
Um zu klären, mit welchen Möglichkeiten die gesetzlichen Vorsorgeziele erreicht und gesichert werden können, schaltet der Arbeitgeber den Betriebs-/Personalrat und bei betroffenen schwerbehinderten Beschäftigten auch die Schwerbehindertenvertretung ein. Die am Zustandekommen des Eingliederungsmanagements beteiligten Akteure organisieren in der anschließenden Klärungsphase einen systematischen Suchprozess, um sich im Einvernehmen mit dem Betroffenen einen Überblick über seine Gesundheitslage und sein Teilhaberisiko zu verschaffen. Dazu analysieren und beurteilen sie auch die Ursachen der lang anhaltenden Arbeitsunfähigkeit. Aus dieser Gefährdungsbeurteilung (vgl. Kapitel IV.13.) ergibt sich bereits eine Reihe von Hinweisen auf mögliche Gestaltungsmaßnahmen, die eine erfolgreiche Wiedereingliederung unterstützen.
Es ist das Ziel der Klärungsphase, dass sich die Betriebsparteien gemeinsam mit dem betroffenen Beschäftigten darauf verständigen, einen Eingliederungsplan zu entwickeln. Dazu müssen sie auch schrittweise eruieren, mit welchen geeigneten Hilfen, Leistungen und Maßnahmen die Arbeitsunfähigkeit überwunden werden kann, um einer erneuten Arbeitsunfähigkeit vorzubeugen und den Arbeitsplatz zu erhalten ist.

b. Koordinierter Such- und Eingliederungsprozess

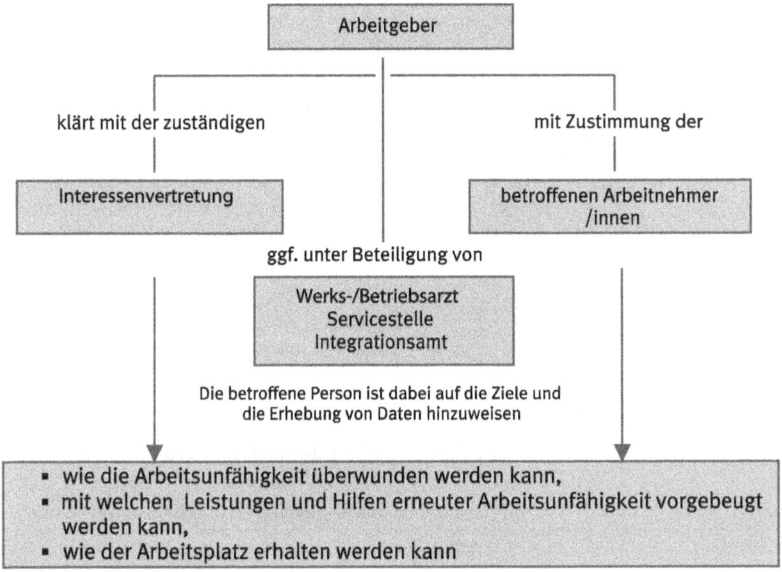

c. Einschaltung und Beteiligung der Interessenvertretung

Der Betriebs- und Personalrat und bei schwerbehinderten Beschäftigten auch die Schwerbehindertenvertretung sind frühzeitig am Zustandekommen des betrieblichen Eingliederungsmanagements beteiligt. Dazu schaltet der Arbeitgeber den Betriebs- und Personalrat und die Schwerbehindertenvertretung nach Ablauf der sechswöchigen Lohnfortzahlung bzw. nach signifikant wiederholter Arbeitsunfähigkeit ein, um als Vertretung der Interessen des betroffenen Beschäftigten am Klärungsprozess teilzunehmen. Die Beteiligung löst einerseits einen Überwachungsauftrag über die Art und Weise der Durchführung der Klärung aus. Die Mitglieder der Interessenvertretung wie auch die anderen Mitglieder des Eingliederungsteams fungieren andererseits als Ansprechpartner und Vertrauensperson des betroffenen Arbeitnehmers. Darüber hinaus sind sie mit eigenen Initiativen in das weitere Präventionsverfahren involviert und gefordert, eigene Vorschläge für die individuelle Maßnahmengestaltung einzubringen.

aa. Rechtliche Bezüge im betrieblichen Eingliederungsmanagement

Mitbestimmungsrechte	Die Betriebs- und Personalräte haben im Zusammenhang mit dem betrieblichen Eingliederungsmanagement (BEM) volle Mitbestimmungsrechte (§ 87 Abs. 1 Nr. 1, 6 und 7 BetrVG bzw. aus § 80 Abs. 1 Nr. 16, 18 und 21 BPersVG)	
	• § 87 Abs. 1 Nr. 1 BetrVG:	Der Klärungs- und Eingliederungsprozess erfordert ein hohes Maß an Beteiligung der Arbeitnehmer und nimmt Einfluss auf das Verhalten der Arbeitnehmer im Betrieb, erzeugt eine erhebliche Schutzbedürftigkeit der dabei berührten Persönlichkeitsinteressen und berührt die Ordnung des Betriebs.
	• § 87 Abs. 1 Nr. 6 BetrVG:	Dient dem Persönlichkeitsschutz und der Regelung der Datensicherheit beim Eingliederungsmanagement.
	• § 87 Abs. 1 Nr. 7 BetrVG:	Das Eingliederungsmanagement nutzt die Mittel zur Beurteilung von arbeitsbedingten Gesundheitsgefährdungen und dient dem Gesundheitsschutz.
	• § 2a Abs. 1 Nr. 1, 3a ArbGG:	Der Betriebsrat kann seine Unterrichtungs- und Erörterungsrechte gegenüber dem Arbeitgeber beim Arbeitsgericht einklagen Den Erörterungsanspruch kann die Interessenvertretung im Zuge einer einstweiligen Verfügung sichern.
Beteiligungsrechte	• § 99 BetrVG:	Bei personellen Einzelmaßnahmen (z. B. innerbetriebliche Versetzungen) ist der Betriebsrat zu beteiligen; seine Zustimmung ist einzuholen. Somit kann er auch auf krankheitsbedingte Versetzungen oder Umgruppierungen Einfluss nehmen und ggf. an ihrer Stelle arbeitsplatzgestaltende Maßnahmen durchsetzen.

	• § 102 BetrVG:	Der Betriebsrat ist vor jeder Kündigung gesondert zu unterrichten und zu hören; bei fehlendem oder unzureichendem Eingliederungsmanagementverfahren ist die Kündigung sozial ungerechtfertigt.
Überwachungs- und Initiativrechte	• § 167 Abs. 2 Satz 7 SGB IX:	Dieses Überwachungsrecht bezieht sich auf das gesamte Verfahren, seine einzelnen Phasen, die Beteiligten, die Art der Beteiligung, die Art und Qualität von Hilfsmaßnahmen.
	• § 167 Abs. 2 Satz 6 SGB IX:	Sollte der Arbeitgeber untätig bleiben, hat der Betriebsrat ein Initiativrecht auf Klärung geeigneter Eingliederungsmaßnahmen. Sind dem Betriebsrat die relevanten Arbeitsunfähigkeitszeiten bekannt, kann er initiativ werden und beim Arbeitgeber auf die Vornahme eines Eingliederungsmanagements hinwirken.

bb. BAG-Rechtsprechung: Rechtsfolgen eines fehlenden betrieblichen Eingliederungsmanagements

- Ein Verstoß des Arbeitgebers gegen die Vorschrift hat keine unmittelbaren Rechtsfolgen.
- Das betrieblich zu errichtende Präventionsverfahren ist keine formelle Wirksamkeitsvoraussetzung für den Ausspruch einer Kündigung.
- Das BEM stellt aber eine wesentliche Voraussetzung für die Anwendung des Instrumentes der krankheitsbedingten Kündigung und für die Fortsetzung des Beschäftigungsverhältnisses dar.
- Solange sich der Arbeitgeber nicht darauf berufen kann, dass er alle zumutbaren Möglichkeiten der Kündigungsvermeidung ausgeschöpft hat, solange darf er von der Kündigung als letztem Mittel (»Ultima-Ratio-Prinzip«) nicht Gebrauch machen.
- Eine krankheitsbedingte Kündigung, der keine Prüfung und Erörterung von Beschäftigungssicherungsmöglichkeiten vorausgegangen ist, ist damit unverhältnismäßig und sozial nicht gerechtfertigt.
- Eine Kündigung ist nicht gerechtfertigt, wenn durch das Präventionsverfahren alternative leidensgerechte und leistungsadäquate Einsatzmöglichkeiten entwickelt werden können.

- Eine krankheitsbedingte Kündigung kann nicht wirksam werden, es sei denn, der Arbeitgeber kann den Nachweis führen, dass ein Erfolg der Maßnahmen von vorneherein ausgeschlossen ist und dem Arbeitgeber unzumutbare Aufwendungen für eine dauerhafte Integration und Gesundheitsprävention entstehen.

d. Zustimmung und Beteiligung der Betroffenen

Die Durchführung des Präventionsverfahrens ist nach § 167 Abs. 2 Satz 1 SGB IX von der Zustimmung des Betroffenen und von seiner freiwilligen Beteiligung abhängig. Der Arbeitgeber hat die betroffene Person vor Durchführung des Präventionsverfahrens als erstes auf die Ziele des betrieblichen Eingliederungsmanagements sowie auf Art und Umfang der hierfür erhobenen und verwendeten Daten hinzuweisen. Die Zustimmung und Beteiligung ist auch für die nächsten Entscheidungen und Maßnahmen im weiteren Prozess einzuholen. Damit soll sichergestellt werden, dass

- das Verfahren und seine Leistungen die Selbstbestimmung und gleichberechtigte Teilhabe behinderter oder von Behinderung bedrohter Menschen an der Gesellschaft fördern sollen,
- die Wunsch- und Wahlrechte (vgl. § 8 SGB IX) bei der Maßnahmenauswahl und der Ausführung von Leistungen konsequent berücksichtigt werden,
- das betriebliche Eingliederungsmanagement als Hilfsangebot gehandhabt wird.

Ein gegen den Willen des Beschäftigten durchgeführtes Eingliederungsverfahren und ohne seine direkte Einwilligung vorgenommene Maßnahmen verstoßen gegen das Selbstbestimmungsrecht. Ist eine Beteiligung am Verfahren nicht zustande gekommen oder liegt keine Zustimmung vor, besteht für den Arbeitgeber und die weiteren Akteure kein Anlass, mit der Durchführung des Verfahrens zu beginnen. Aufgrund der Freiwilligkeit des Verfahrens darf eine Verweigerung der Zustimmung auch keine negativen Konsequenzen für den Betroffenen nach sich ziehen.

e. Datenschutz

§ 167 Abs. 2 SGB IX enthält Vorgaben für den Daten- und Persönlichkeitsschutz beim Umgang mit personenbezogenen Daten. Erlaubt ist die Durchführung des Eingliederungsmanagements nur dann, wenn der Arbeitgeber den betroffenen Arbeitnehmer über die Ziele des Eingliеderungsmanagements sowie über die Art und den Umfang der hierfür erhobenen und verwendeten Daten informiert hat.

aa. Daten im betrieblichen Eingliederungsmanagement

Der Umfang der erhobenen/herangezogenen Daten ist vom Aufwand an Ursachenforschung und Maßnahmengestaltung abhängig: Arbeitsunfähigkeitsdaten, Prozess- bzw. Ablaufdaten, ärztliche Diagnose- und Prognosedaten, Daten aus arbeitsplatzbezogenen Beurteilungsverfahren (Betriebsgesundheitsbericht, Gefährdungsbeurteilung), Arbeitsschutzdaten (technische Datenblätter, Gefahrendatenblätter), maßnahmebezogene Daten (Reha-Entlassungsberichte, stufenweise Wiedereingliederung), Leistungsdaten (Belastungserprobung, Profilvergleiche), behördliche Bescheide z. B. des Versorgungsamts erfordern eine gesetzeskonforme und sorgfältige Organisation des Datenschutzes.

bb. Grundsätze des Datenschutzes im betrieblichen Eingliederungsmanagement

- Ein wirksamer Schutz personenbezogener Daten bildet Vertrauen in das Eingliederungsmanagement.
- Ein Eingriff in die Persönlichkeitssphäre ist so weit wie möglich zu minimieren.
- Datenmissbrauch ist durch den Arbeitgeber auszuschließen. Die Daten dürfen nur im Rahmen des Eingliederungsmanagements verwendet werden.
- Gesundheitsdaten jeglicher Art dürfen nicht ohne Einwilligung des Betroffenen und nur zweckgebunden erhoben und verwendet werden.
- Die datenschutzrechtliche Vorgabe der Datenminimierung (Art. 5 Abs. 1 lit. c DSGVO) bedeutet, dass im betrieblichen Eingliederungsmanagement nur so viele personenbezogene Daten verarbeitet werden dürfen wie für das Erreichen der Präventionsziele unbedingt erforderlich sind.
- Der Kreis der Akteure im BEM mit Zugriffsbefugnis auf sensitive Datenbestände ist auf ein notwendiges Minimum zu begrenzen.
- Im BEM bekannt gewordene sensible Daten unterliegen der Geheimhaltungspflicht.
- Für den Betriebs- und Personalrat (§ 79 BetrVG, § 11 BPersVG), die Schwerbehindertenvertretung (§ 179 Abs. 7 und § 180 Abs. 7 SGB IX), die Rehabilitationsträger und das Integrationsamt (§ 35 SGB I, § 213 SGB IX, § 67ff. SGB X) sowie für den Werks- und Betriebsarzt (§ 203 StGB) gelten einschlägige Regelungen ihrer Geheimhaltungspflicht.

- Die im Eingliederungsmanagement erhobenen Daten werden – getrennt von der allgemeinen Personalakte – in einer »BEM-Akte« aufbewahrt
- Nach Abschluss des Verfahrens sind die Daten zu vernichten bzw. den Betroffen auszuhändigen.

f. Hinzuziehung interner und externer Fachkräfte

Im Bedarfsfall – zur Problemabklärung, zur Beurteilung der Ursachen von arbeitsbedingten Erkrankungen und zur Maßnahmenplanung – ist der Werks- oder Betriebsarzt hinzuzuziehen. Ebenso die Fachkräfte für Arbeitsgestaltung und Ergonomie bei technischen Maßnahmen am Arbeitsplatz, wie auch bei notwendigen Veränderungen der Arbeitsorganisation und bei Gestaltungen im Arbeitsumfeld (z. B. klimatische Bedingungen, Lärm).

Die Integrationsämter (§ 185 SGB IX) und die Rehabilitationsträger (§ 6 SGB IX) sind ebenfalls Kooperationspartner mit arbeitsteiligen Aufgaben. Ihre Beratung hat dabei so zu erfolgen, dass sie ihre Hilfsmöglichkeiten zur Beschäftigungssicherung einsetzen und sich der Rechtsanspruch behinderter Menschen auf Beratung und Unterstützung (vgl. § 1 SGB IX) in einem möglichst raschen Beginn der Präventionsmaßnahmen niederschlägt.

g. Leistungen und Hilfen

Bei der Umsetzung des Eingliederungsmanagements geht es unter anderem darum, dass langzeiterkrankte Beschäftigte möglichst zügig Leistungen zur Teilhabe erhalten (Leistungen zur medizinischen und beruflichen Rehabilitation, Leistungen zur Teilhabe am Arbeitsleben, begleitende Hilfen im Arbeitsleben). Unmittelbar präventive Wirkung auf die arbeitsbedingten Gesundheitsgefahren haben die arbeitsschutzrechtlichen Bestimmungen, wenn sie eingehalten und realisiert werden.

Das Maßnahme- und Handlungsspektrum zur Überwindung der Arbeitsunfähigkeit und Wiederaufnahme der Arbeit ist umfangreich und differenziert:

- Maßnahmen der medizinischen und beruflichen Rehabilitation einschließlich der stufenweisen Wiedereingliederung stellen die Gesundheit und Arbeitsfähigkeit wieder her und fördern die beruflichen Kompetenzen und die Einsatzflexibilität.

- Maßnahmen der menschen- und behinderungsgerechten Arbeitsgestaltung bauen Fehlbeanspruchungen ab und erleichtern die Ausführung der Aufgaben.
- Maßnahmen der Gesundheitsförderung zielen auf die Stärkung der individuellen Gesundheitsressourcen und -kompetenzen am Arbeitsplatz.
- Schwerbehinderte Beschäftigte haben Anspruch (§ 164 Abs. 4 Nr. 4 und 5 SGB IX) auf behinderungsgerechte Beschäftigung, Arbeitsgestaltung und Arbeitszeitorganisation, der auch die Ausstattung des Arbeitsplatzes mit den notwendigen technischen Arbeitshilfen umfasst (siehe § 164 Abs. 4 Nr. 5 SGB IX). Schwerbehinderte Arbeitnehmer können nach § 164 Abs. 4 Satz 1 Nr. 1 SGB IX die Beschäftigung zur stufenweisen Wiedereingliederung verlangen.
- Den Arbeitgeber trifft eine Mitwirkungspflicht, die beim schwerbehinderten Beschäftigten bestehenden Leistungshindernisse durch eine Wiedereingliederungsmaßnahme auszuräumen. Voraussetzung ist ein Eingliederungsplan, der Angaben zur Art und Weise der empfohlenen Beschäftigung, Beschäftigungsbeschränkungen, Arbeitszeitumfang und Maßnahmedauer enthält (BAG – 13.6.2006 – 9 AZR 229/05).

h. Qualitätsanforderungen an ein ordnungsgemäßes betriebliches Eingliederungsmanagement – Rechtsprechung

Strukturqualität	• Die drei zentralen Verfahrensbeteiligten – der Arbeitgeber, der betroffene Beschäftigte und die Interessenvertretung – sorgen dafür, dass in einem rechtlich regulierten, verlaufs- und ergebnisoffenen »Suchprozess« (BAG – 20.11.2014 – 2 AZR 755/13; BAG – 10.12.2009 – 2 AZR 400/08; BAG – 12.7.2007 – 2 AZR 716/06) – durch individuelle Anpassung des bisherigen Arbeitsplatzes, – andernfalls durch Beschäftigung auf einem anderen geeigneten Arbeitsplatz, – auch mit Unterstützung durch geeignete Reha-Maßnahmen • Lösungen zur Vermeidung zukünftiger Arbeitsunfähigkeit ermittelt und durchgeführt werden.

	• Die gesetzlich dafür vorgesehenen externen Stellen, Ämter und Personen sind bei der Klärung geeigneter Maßnahmen zu beteiligen (BAG – 20.11.2014 – 2 AZR 755/13; BAG – 10.12.2009 – 2 AZR 400/08).
Prozessqualität	• Alle Teilnehmer*innen am BEM machen Vorschläge zur Lösung des Problems; alle ihre eingebrachten Vorschläge sind sachlich zu erörtern (BAG – 20.11.2014 – 2 AZR 755/13; BAG – 10.12.2009 – 2 AZR 198/09).
	• Die Teilnehmer am BEM achten darauf, dass keine vernünftigerweise in Betracht zu ziehenden Anpassungs- und Änderungsmöglichkeiten im Verfahren ausgeschlossen werden (BAG – 10.12.2009 – 2 AZR 400/08).
	• Der Arbeitgeber weist den Arbeitnehmer auf die BEM-Ziele und auf Art und Umfang der erhobenen/verwendeten Daten hin (BAG – 10.12.2009 – 2 AZR 198/08; BAG – 24.3.2011 – 2 AZR 170/10).
Ergebnisqualität	• Im BEM kommt ein »bunter Strauß« möglicher Regelungen und Maßnahmen in Betracht (BAG – 18.8.2009 – 1 ABR 45/08).
	• Niederschwellige Vorfeldmaßnahmen wie der Einsatz von technischen Hilfsmitteln, Anpassung von Arbeitsgeräten, Umgestaltung des Arbeitsplatzes und Anpassung der Arbeitszeit sind geeignete Maßnahmen zur Stabilisierung des Beschäftigungsverhältnisses (BAG – 9.4.2014 – 10 AZR 637/13; BVerwG – 5.6.2014 – 2 C 22/13; BAG – 20.11.2014 – 2 AZR 755/13).
	• Im Mittelpunkt der Maßnahmenplanung stehen Anpassungen und Änderungen an den Arbeitsplätzen oder eine Weiterbeschäftigung durch Versetzung. (BAG – 20.11.2014 – 2 AZR 755/13; BAG – 10.12.2009 – 2 AZR 400/08).
	• Der Arbeitgeber hat vor Ausspruch einer krankheitsbedingten Kündigung eine (durch ein BEM) empfohlene Rehabilitationsmaßnahme schon von sich aus in Erwägung zu ziehen und ihre Durchführung in die Wege zu leiten (BAG – 10.12.2009 – 2 AZR 400/08).

	• Die Durchführung einer ärztlich empfohlenen stufenweisen Wiedereingliederung gehört zu den gebotenen Maßnahmen des betrieblichen Eingliederungsmanagements (LAG Hamm – 4.7.2011 – 8 Sa 726/11).
	• Eine im Verfahren vereinbarte und für die Arbeitnehmer zuträgliche Gestaltungslösung ist über einen längeren Zeitraum zu praktizieren (LAG Hamm – 11.11.2011 – 13 Sa 805/11).

i. Im Zentrum der Aktivitäten: Das Integrationsteam

Das betriebliche Eingliederungsmanagement sollte durch ein Eingliederungsteam organisiert werden. Besetzt mit den gesetzlich mindestens vorgeschriebenen Vertretern des Arbeitgebers, des Betriebs-/Personalrats, der Schwerbehindertenvertretung und erweitert um die Vertreter des betriebsärztlichen bzw. des arbeitsmedizinischen Dienstes und der Fachkraft für Arbeitssicherheit tritt das Integrationsteam in regelmäßigen Abständen zusammen. Je nach betrieblichen Erfordernissen und Ressourcen werden weitere betriebliche oder auch außerbetriebliche Beteiligte hinzugezogen, die aufgrund ihrer Fachkenntnisse den Prozess unterstützen können. Die Mitglieder des Integrationsteams fungieren gleichzeitig für Betroffene als Fallmanager/persönlicher Ansprechpartner. Bereits in Betrieben mittlerer Größe (500 Beschäftigte und mehr) sollte ein professioneller Fallmanager beschäftigt werden.

Im Zentrum der Aktivitäten des Integrationsteams stehen mehrere Kernaufgaben. Das Integrationsteam

- nimmt auf der Basis der Arbeitsunfähigkeitsdaten und der Daten aus der Gefährdungsbeurteilung des jeweiligen Arbeitsplatzes gemeinsam mit dem Betroffenen eine intensive Problemanalyse vor,
- erörtert ggf. in Abstimmung mit internen und externen Experten den Hilfebedarf und zieht ein breites Spektrum an Lösungsmöglichkeiten in Betracht,
- entscheidet gemeinsam mit dem Betroffenen über einen Eingliederungsplan und berücksichtigt dabei, dass Veränderungsmöglichkeiten auf verschiedenen Ebenen in Betracht kommen,
- sorgt für eine professionelle Begleitung der eingeleiteten Maßnahmen,
- fungiert auch als Lenkungskreis zur Überprüfung, Überwachung, Ergebnisauswertung und Fortentwicklung des betrieblichen Eingliederungsmanagements.

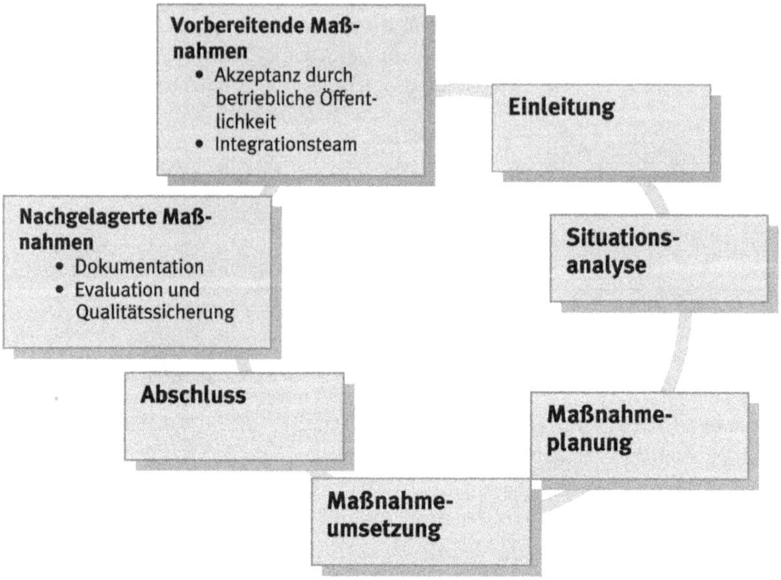

j. Auf solider Basis: Betriebsvereinbarung abschließen

Damit das BEM wirkungsvoll ist und kein Strohfeuer bleibt, müssen eine Reihe von Aufgaben dauerhaft erledigt werden: Information und Sensibilisierung, fallbezogene Beratung und Prozessbegleitung, Vernetzung und Koordination von Leistungen und Angeboten, Zusammenarbeit zwischen den betrieblichen Akteuren und den außerbetrieblichen Feldern der Rehabilitation und Gesundheitsprävention. Ein solches Vorgehen erfordert daher eine verbindliche betriebliche Vereinbarung. Mit Blick auf die jeweiligen betrieblichen Besonderheiten legt sie fest, wie die Organisationsstrukturen, Verfahrensabläufe und Verantwortlichkeiten im Eingliederungsmanagement sein müssen. Für die Beschäftigten macht eine Betriebsvereinbarung transparent, dass die Beschäftigungssicherung und der Schutz ihrer Persönlichkeitsrechte oberste Priorität haben.
Um das Eingliederungsmanagement auf das Erreichen des gesetzlichen Ziels auszurichten, sind in der Betriebsvereinbarung einige wesentliche Verfahrensregeln festzulegen: Einleitung des Verfahrens, Rahmenbedingungen der Arbeit des Integrationsteams, Rollen und Verantwortlichkeiten in den Phasen des Verfahrens, Rechte und Pflichten der Beteiligten (Arbeitgeber, Betroffene, Interessenvertretung, interne und externe Experten), Vertraulichkeit und Datenschutz, Hilfsangebot und Maß-

nahmen, Instrumente, Evaluation und Qualitätssicherung, Abschluss des Verfahrens.

k. Eckpunkte einer Betriebsvereinbarung

Betriebs- oder Dienstvereinbarungen sind das rechtliche Instrument, mit dem der Betriebs- bzw. Personalrat seine Mitbestimmung bei der Ein- und Durchführung des betrieblichen Eingliederungsmanagements ausübt. Um das BEM-Verfahren auf das Erreichen des gesetzlichen Ziels auszurichten, sind in der Betriebsvereinbarung einige wesentliche Verfahrensregeln festzulegen.

Ziele
Das Ergebnis eines Eingliederungsmanagements für Beschäftigte mit lang andauernder Beeinträchtigung ihrer Arbeitsfähigkeit besteht darin,
- die Arbeitsunfähigkeit zu überwinden,
- einer erneuten Arbeitsunfähigkeit vorzubeugen,
- den Arbeitsplatz zu erhalten.

Geltungsbereich
Das Angebot eines Eingliederungsmanagements gilt für alle langzeiterkrankten und wiederholt- bzw. mehrfach erkrankten Arbeitnehmer*innen, deren Arbeitsunfähigkeit länger als 42 Tage im Jahr andauert. Die Vereinbarung kann auch von Beschäftigten mit Einsatzeinschränkungen und geringeren AU-Zeiten genutzt werden, wenn damit die Entstehung einer Behinderung oder einer chronischen Gesundheitsstörung vermieden werden kann.

Organisation und Steuerung des BEM-Verfahrens
Die rechtskonforme Umsetzung der gesetzlich vorgegebenen Ziele verlangt von den Betriebsparteien das BEM-Verfahren so zu organisieren, dass Beschäftigte nach längerer Erkrankung im Regelfall wieder dauerhaft in die betriebliche Arbeitsorganisation eingegliedert werden und einer erneuten Erkrankung vorgebeugt wird. Dazu sind zunächst Vorkehrungen zu treffen, damit Kontakt zu den betroffenen Personen aufgenommen und das BEM eingeleitet werden kann. Die notwendige Zusammenarbeit der betrieblichen und außerbetrieblichen BEM-Akteure bei der Wiedereingliederung und die Ablaufsteuerung des BEM-Verfahrens im Einzelfall erfolgt meist im Rahmen eines Teams. Ein Instrumentarium aus Formularen (z. B. Erstanschreiben, Antwortformular, Einwilligung- und Zustimmungs-Verschwiegenheitserklärung) und Arbeitsmitteln (Team-

Geschäftsordnung, Gesprächsleitfäden, Checklisten, Gefährdungsbeurteilung) unterstützt eine effektive Prozessgestaltung.

Gestaltung des Suchprozesses

Der Klärungsauftrag des Gesetzes ist sinnvollerweise als verlaufs- und ergebnisoffener Suchprozess auszugestalten. Bei diesem Suchvorgang handelt es sich um eine systematische Abfolge von Phasen eines Fallmanagements (Einschätzung des Unterstützungsbedarfs, Planung, Intervention/Durchführung, Monitoring, Evaluation). Die betroffenen Beschäftigten werden in allen Verfahrensabschnitten sachkundig beraten und begleitet. Im Einzelnen sind dabei zu regeln:

- Modalitäten zur Beteiligung der betroffenen Person und Einholung ihrer Zustimmung,
- die Situationsanalyse: Analyse des Teilhaberisikos, Gefährdungsbeurteilung, Überprüfung der betrieblichen Arbeitsbedingungen und Erörterung von Lösungsmöglichkeiten,
- die Ermittlung, Planung und Umsetzung von Eingliederungs- und Präventionsmaßnahmen,
- die Organisation von Hilfen und Beratungsleistungen externer Stellen,
- die Überprüfung der Wirksamkeit der getroffenen bzw. vereinbarten Eingliederungsmaßnahmen und der Abschluss des BEM.

Kooperation der Akteure

Die Zusammenarbeit des Arbeitgebers mit der Interessenvertretung im Rahmen des BEM erfolgt im BEM-Team. Das Team bzw. eine geschäftsführende Fallmanagerin steuern das Einzelfallmanagement und gewährleisten die Funktionsfähigkeit des Verfahrens. Die betroffenen Personen haben Wahlmöglichkeiten, mit welchem Mitglied des BEM-Teams sie bei ihrer Wiedereingliederung zusammenarbeiten wollen. In der Abstimmung zwischen Beschäftigtem und Fallmanager wird auch entscheiden, ob weitere innerbetriebliche Akteure (z. B. Betriebsarzt, Fachkraft für Arbeitssicherheit) und externe Leistungserbringer (Rehaträger, Integrationsamt) hinzugezogen werden.

Daten- und Persönlichkeitsschutz

Neben der Regelung, dass die Teilnahme am BEM freiwillig ist und ein Abbruch oder ein Unterbrechen des Verfahrens jederzeit möglich sind, hat der Datenschutz mehrere Fragestellungen zu regeln:

- die Informationsverpflichtung des Arbeitgebers gegenüber der betrieblichen Interessenvertretung
- die Einwilligung der Betroffenen in die Erhebung von Daten

- die Zweckbindung der Erhebung, Verarbeitung und Nutzung personenbezogener Daten auf die Ziele des BEM
- Verschwiegenheitsverpflichtungen
- Vorkehrungen zur Sicherung und Aufbewahrung der benötigten personenbezogenen Daten (u.a »BEM-Akte«)
- die Beteiligung des Datenschutzbeauftragten.

Organisationsentwicklung
Das Unternehmen verankert den Grundsatz der aktiven Förderung von Prävention und Inklusion in seiner Personalpolitik und in seinen Leitlinien. Es entwickelt Strukturen und Rahmenbedingungen zur Früherkennung von Beschäftigungsgefahren, zur Personalentwicklung und zur Zusammenarbeit mit Beratungseinrichtungen und Rehabilitationsleistungsträgern.

Qualitätsmanagement
Die Aufgabe eines BEM-Qualitätsmanagements besteht darin die Qualität des BEM zu evaluieren und Maßnahmen vorzuschlagen, um die durch Gesetz und Rechtsprechung vorgegebene Qualität einzuhalten. Ein Qualitätsmanagement des BEM baut auf einer regelmäßigen und systematischen Evaluation seiner Qualitätsziele, der Eingliederungsergebnisse und der Erwartungen der Betroffenen auf. Diese Evaluation liefert den Akteuren Erkenntnisse zur Optimierung und Weiterentwicklung der BEM-spezifischen Organisations- und Verfahrensabläufe.

16. Rehabilitation

Die Bedeutung der Rehabilitation im Gesundheits- und Beschäftigungssystem ist in den vergangenen Jahren aufgrund demografischer und sozialer Entwicklungen stetig gewachsen. Bis 2025 wird die Zahl der über 55-jährigen Erwerbstätigen um 40 Prozent zunehmen. Gleichzeitig wachsen die Anforderungen an die Beschäftigten. Hohe körperliche und psychische Belastungen in Kombination mit langen und ungünstigen Arbeitszeiten in normalen und prekären Beschäftigungsverhältnissen erzeugen ein enormes Verschleißrisiko. Vor allem Beschäftigte ab der mittleren Altersgruppe sind besonders gefährdet. Ein Drittel der über 55-jährigen und 60 Prozent der über 60-jährigen scheiden vorzeitig aus dem Erwerbsleben aus, in hohem Maße krankheitsbedingt.
Auch für **Betriebsräte und Schwerbehindertenvertretungen** gewinnt Rehabilitation zunehmend an Bedeutung. In den größeren Betrieben ist

Rehabilitation bereits heute ein fester Bestandteil ihres Arsenals an Strategien und Maßnahmen, wie Beschäftigung zu sichern und wie Arbeit leistungsgerecht zu gestalten ist. Wenn jedoch nichts Entscheidendes bei der Bekämpfung krankmachender Arbeitsbedingungen geschieht, werden die zukünftigen Herausforderungen ungleich höher sein. Das bedeutet:

- Der Zugang zu Rehabilitationsmaßnahmen und die Qualität von Rehabilitationsleistungen werden als Voraussetzung für die Lebensqualität und eine stabile Beschäftigungsperspektive immer bedeutsamer.
- Der Rehabilitationsbedarf muss frühzeitig identifiziert, Maßnahmen müssen zielgerichtet und effektiv auf vorrangige Problemlagen und Risikogruppen konzentriert werden.
- Zugleich muss sich die Weiterentwicklung der Rehabilitation wegen der Wiedereingliederungschancen älterer Rehabilitanden verstärkt mit den konkreten Bedingungen des Arbeitsmarkts und im Unternehmen auseinandersetzen. Berufliche Elemente müssen gerade bei Älteren verstärkt in die Reha-Maßnahme integriert werden; vordringlich sind die arbeitsbezogene Ausrichtung des Reha-Prozesses und betriebsnahe Rehabilitation.
- Die Zusammenarbeit an den Schnittstellen der vielfältigen Reha-Träger mit der ambulanten ärztlichen Versorgung und den Betrieben muss energisch vorangetrieben werden.

Reha-Maßnahmen sind keine Ausnahmefälle. Für rund 2 Millionen Patienten, die jährlich in Vorsorge- und Reha-Einrichtungen behandelt werden, haben Reha-Leistungen erhebliche Bedeutung.

Ausgaben für Rehabilitation und Teilhabe 2017–2019 (in Mio. Euro)	**2017**	**2018**	**2019**
Krankenversicherung	3295	3377	3535
Rentenversicherung	6550	6757	6907
Alterssicherung der Landwirte	13	13	13
Unfallversicherung	4599	4761	5076
Landwirtschaftliche Berufsgenossenschaften	381	391	414
Bundesagentur für Arbeit	2397	2436	2510
Integrationsämter	556	576	586
Eingliederungshilfe	18783	19748	20973
Ausgaben insg.	**36574**	**38058**	**40012**

(Quelle: Bundesarbeitsgemeinschaft Rehabilitation 2021)

a. Arbeitsbedingte Auslöser für den Reha-Bedarf

Die arbeits- und Leistungsbedingungen sowie die Defizite bei der betrieblichen Gesundheitsförderung führen dazu, dass nur wenige Erkrankungen im Frühstadium durch sog. Primärprävention von vornherein vermieden werden und der Teil der Beschäftigten, der in seiner beruflichen Leistungsfähigkeit eingeschränkt ist, folglich zunimmt. Daher finden wir im Reha-Sektor vorwiegend Muskel-Skelett-Erkrankungen, Herz-Kreislauf-Erkrankungen und psychische Erkrankungen (hier vor allem Depressionen) vor, bei denen sich der Krankheitsverlauf meist chronisch entwickelt hat und ohne rechtzeitige Maßnahmen Behinderungen und/oder Frühinvalidität eintreten.

Neuzugänge in Erwerbsminderungsrenten nach ausgewählten Diagnosegruppen 2005–2020, Anteile an allen Diagnosegruppen in Prozent

Diagnosegruppen	2005	2010	2015	2020
Psychische Störungen	32,3	39,3	42,6	41,5
Muskel/Skelett/Bindegewebe	18,1	14,7	12,3	12,7
Neubildungen	14,5	13,3	12,8	14,6
Herz-Kreislauf-Erkrankungen	11,0	10,0	9,3	9,3
Verdauungssystem/Stoffwechselkrankheiten	4,3	3,9	3,5	3,4

(Quelle: Deutsche Rentenversicherung Bund (zuletzt 2021), Statistikportal der Deutschen Rentenversicherung)

Der Anteil der Arbeitsbelastungen am Entstehen von Erkrankungen ist wissenschaftlich gut belegt und beziffert. *Siegrist* und *Dragano* schätzen dieses arbeitsbedingte Verschleißrisiko für Muskel-Skelett-Erkrankungen auf 33 Prozent, für koronare Herzkrankheiten auf 29 Prozent und für depressive Störungen auf 39 Prozent. Die beiden letztgenannten Zahlen beziehen sich ausschließlich auf die Folgen von psychischen Belastungen. In der Gruppe der älteren Beschäftigten dürfte der Anteil beträchtlich höher liegen (vgl. *Siegrist/Dragano* 2007).

Die betroffenen Beschäftigten sind meist einem ganzen Komplex gesundheitlich belastender und krankmachender Arbeitsbedingungen über einen längeren Zeitraum ausgesetzt, der drei große Bereiche umfasst:

- Starke und anhaltend hohe körperliche Belastungen,
- massiv zunehmende psychische, vor allem psychosoziale Belastungen und schließlich

- Belastungen durch ungünstige Arbeitszeiten (Nacht- und Schichtarbeit, lange Arbeitszeiten).

Diese Belastungskomplexe treten zumeist kumulativ, also in Kombination miteinander auf, so z. B. körperlich schwere Arbeit unter Zeitdruck.

b. Was leistet Rehabilitation?

Rehabilitation schützt und fördert Gesundheit und Erwerbsfähigkeit. Rehabilitation ist Teil der Risikoabwehr gegen Ausgliederung. Positiv gewendet bedeutet Rehabilitation den Vorgang der (Wieder-)Eingliederung in die Gesellschaft, vor allem in das Arbeitsleben. Sie umfasst die Gesamtheit der medizinischen, beruflichen und sozialen Maßnahmen zum Erreichen der vollen gesellschaftlichen und beruflichen Teilhabe. Die rechtlichen Grundlagen der Rehabilitation im SGB IX und in den einzelnen Leistungsgesetzen der Reha-Träger gelten sowohl für anerkannt behinderte Menschen als auch für Personen mit gesundheitlichen Schäden und drohender Gefahr einer Behinderung.

c. Forschungsergebnisse zur Wirksamkeit von medizinischen Reha-Maßnahmen

- Medizinische Rehabilitation hat unmittelbar nach der Maßnahme eine bedeutsame Wirkung auf den Gesundheitszustand der Rehabilitanden.[4]
- Die Wirksamkeit bleibt für viele Rehabilitanden auch mittel- bzw. längerfristig erhalten. Dadurch verbessern sich die Voraussetzungen für eine weitere Erwerbstätigkeit.[5]
- Im Gegensatz zur Akutversorgung bietet eine Reha-Maßnahme den chronisch Erkrankten eine intensive und ganzheitliche Möglichkeit der Auseinandersetzung mit ihrer chronischen Erkrankung.[6]
- Von Patientenschulungen gehen besonders positive Effekte aus.[7]

---

4 Deutsche Rentenversicherung Bund (Hrsg.): Ergebnisqualität in der medizinischen Rehabilitation der Rentenversicherung, Berlin 2009.

5 Deutsche Rentenversicherung Bund (Hrsg.): Ergebnisqualität in der medizinischen Rehabilitation der Rentenversicherung, Berlin 2009.

6 Deutsche Rentenversicherung Bund (Hrsg.): Ergebnisqualität in der medizinischen Rehabilitation der Rentenversicherung, Berlin 2009.

7 Deutsche Rentenversicherung Bund (Hrsg.): Ergebnisqualität in der medizinischen Rehabilitation der Rentenversicherung, Berlin 2009.

- Auch für die Nachsorgearbeit konnten positive Effekte aufgezeigt werden.[8]
- Die (Wieder-)Eingliederungsquote ins Erwerbsleben liegt im 1-Jahres-Zeitraum nach der Reha-Maßnahme bei 75 Prozent.[9]
- Ein Jahr nach der Rehabilitation ist der Anteil der hochbelasteten Versicherten gesunken – die Belastbarkeit und Leistungsfähigkeit ist gestiegen.[10]
- Rehabilitanden mit psychosomatischen Krankheitsbildern profitieren überdurchschnittlich von der Reha-Maßnahme.[11]
- In Bezug auf die Rentenversicherungsbeiträge, die nach der Reha-Maßnahme wieder erzielt werden, hat sich die Rehabilitation – bei Kosten einer Rehabilitation von ca. 3300 Euro – bereits im ersten Jahr amortisiert.[12]
- Reha führt mit einer hohen Wahrscheinlichkeit zur Besserung der Funktionsstörung.[13]
- Der Anteil der Rehabilitanden, die nach der Maßnahme wieder arbeiten, ist umso höher, je eher die Rehabilitation beginnt.[14]

d. Medizinische Rehabilitation

Maßnahmen der medizinischen Rehabilitation sollen einsetzen, sobald erste Anzeichen für gesundheitliche Schäden vorliegen. Ihr vorrangiges Ziel ist es, Gesundheitsschäden wieder rückgängig zu machen. Dies gelingt allerdings in vielen Fällen nicht. Entsprechend haben Maßnahmen

---

8 Deutsche Rentenversicherung Bund (Hrsg.): Ergebnisqualität in der medizinischen Rehabilitation der Rentenversicherung, Berlin 2009.

9 Rheinisch-Westfälisches Institut für Wirtschaftsforschung: Evaluation medizinischer Rehabilitationsleistungen der DRV – im Auftrag der Deutschen Rentenversicherungen Westfalen und Rheinland 2015.

10 Rheinisch-Westfälisches Institut für Wirtschaftsforschung: Evaluation medizinischer Rehabilitationsleistungen der DRV – im Auftrag der Deutschen Rentenversicherungen Westfalen und Rheinland 2015.

11 Rheinisch-Westfälisches Institut für Wirtschaftsforschung: Evaluation medizinischer Rehabilitationsleistungen der DRV – im Auftrag der Deutschen Rentenversicherungen Westfalen und Rheinland 2015.

12 Rheinisch-Westfälisches Institut für Wirtschaftsforschung: Evaluation medizinischer Rehabilitationsleistungen der DRV – im Auftrag der Deutschen Rentenversicherungen Westfalen und Rheinland 2015.

13 »Reha-QM-Outcome-Studie« des Qualitätsverbundes Gesundheit und der DRV Baden-Württemberg 2015.

14 »Reha-QM-Outcome-Studie« des Qualitätsverbundes Gesundheit und der DRV Baden-Württemberg 2015.

der medizinischen Rehabilitation ganz unterschiedliche Ergebnisse; schematisch zeigt dies das folgende Schaubild:

Vorliegen von gesundheitlichen Beeinträchtigungen oder Krankheiten

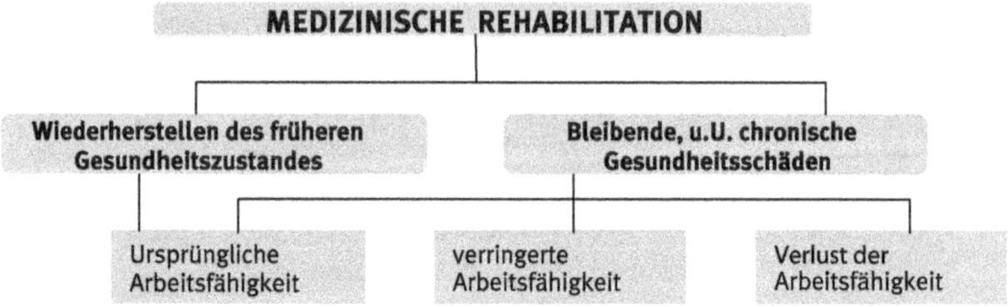

Der Erfolg von Maßnahmen der medizinischen Rehabilitation hängt von mehreren Umständen ab. Dazu gehören:

- die Art der Krankheit bzw. der Schädigung sowie ihre Schwere;
- die Qualität und die Effektivität der Maßnahmen;
- schließlich auch die begleitenden bzw. die sich anschließenden nicht-medizinischen Maßnahmen.

Medizinische Rehabilitation führt längst nicht immer zu einer Wiederherstellung des ursprünglichen Gesundheitszustandes. So bleibt bei chronischen Erkrankungen die Gesundheit häufig und auf Dauer eingeschränkt. Auch wo Maßnahmen der medizinischen Rehabilitation angemessen sind, sollten die Ursachen nicht übersehen werden, denn durch eine medizinische Rehabilitation werden die Krankheitsursachen nicht verändert oder abgebaut. Medizinische Rehabilitation bleibt für sich allein genommen daher häufig unzureichend, wenn sie nicht von weiteren, vor allem arbeitsbezogenen Maßnahmen begleitet wird. Die Beseitigung von krankheitsverursachenden Arbeitsbedingungen bildet neben der medizinischen Rehabilitation eine der zentralen Voraussetzungen für den Erhalt des verbliebenen Gesundheitszustandes.

e. Berufliche Rehabilitation

Berufliche Rehabilitation setzt an den Fähigkeiten den beruflichen Kompetenzen und den Arbeitserfahrungen von beeinträchtigten Arbeitnehmer*innen an. Berufliche Rehabilitation soll eine benachteiligte Stellung von Arbeitnehmer*innen auf dem Arbeitsmarkt oder im Beschäftigungsverhältnis ausgleichen. Maßnahmen der Kompetenzentwicklung sollen

die Arbeitsfähigkeit behinderter Menschen verbessern oder wiederherstellen, um Betroffene möglichst auf Dauer weiter zu beschäftigen.
In der beruflichen Rehabilitation ist die Bundesagentur für Arbeit der wichtigste Leistungsträger. Sie ist für berufsfördernde Maßnahmen zuständig. Die Arbeitsagentur ist zum frühestmöglichen Zeitpunkt vor der Einleitung berufsfördernder Maßnahmen zu beteiligen. Bei Ersteingliederungen behinderter Menschen ins Arbeitsleben ist fast ausschließlich die Arbeitsagentur zuständig. Aufgrund des Vorrangs von Leistungen zur Teilhabe (§ 9 SGB IX) haben aber auch andere Leistungsträger zu prüfen, ob Leistungen zur Teilhabe notwendig und erfolgreich sind. Bei Beschäftigten mit Versicherungszeiten von mindestens 15 Jahren ist die Rentenversicherung der zuständige Reha-Träger.

Zu welchem Ergebnis führen berufliche Rehabilitationsmaßnahmen?

Aufnahme einer Beschäftigung	Anschlußmaßnahme	Beendigung, Abbruch
Eingliederung ins Arbeitsverhältnis	Übergang in medizinische Reha	wg. mangelnder Eignung
Verbleib im bisherigen Beruf	Schulbesuch (Neuaufnahme)	wg. fehlender Bereitschaft
Innerbetriebliche Umsetzung		Sonstige Beendigungsgründe
Aufnahme in WfbM		

Auf die folgenden Beratungsleistungen und Hilfen haben Betroffene einen Anspruch; die Interessenvertretung sollte Interessenten entsprechend darauf hinweisen:
- Zuständige Stelle ist die Arbeitsagentur bzw. die Deutsche Rentenversicherung (DRV) am Wohnort des Rehabilitanden, dort der Reha-Berater.
- Der Reha-Berater stellt die Notwendigkeit und den Anspruch auf berufsfördernde Maßnahmen und die erforderlichen Hilfen fest; in der Regel findet eine arbeitsmedizinische Untersuchung durch den medizinischen Dienst der Arbeitsagentur statt.

- Die Information und Beratung über Eingliederungsmöglichkeiten muss unter Berücksichtigung der persönlichen Situation und der Wünsche des Rehabilitanden erfolgen.
- Bei Ersteingliederung und Umschulung ist die Ermittlung des Berufswunsches erforderlich.
- Rechtzeitig vor Beendigung der Maßnahme stehen ggf. Bemühungen um eine Arbeitsvermittlung.

f. Rehabilitation: Angebote und Ziele

	Medizinische Reha	**Berufsfindung**	**Beruflichen Reha**	**Soziale Reha**
Ort	Klinik, Kurheim stationär, teilstationär oder ambulant	BFW	BFW	Arbeitsplatz, Betrieb, häusliches Umfeld
Dauer	In der Regel drei Wochen	Mehrere Tage oder Wochen	Mehrere Monate bis zu drei Jahren	Kurzzeitig bis dauerhaft
Zweck	Prävention, Therapie/ Behandlung von akuten Beschwerden		(Wieder-)Eingliederung gesundheitlich geschädigter Menschen; Umschulung und Rehastätten-Beratung; Vermittlung beruflicher Qualifikation: Module oder Berufsausbildung.	Sicherung des Arbeitseinkommens und der Einkommensentwicklung bei betriebsbedingten Umsetzungen, Versetzungen oder Leistungsproblemen.
Maßnahmen	Anwendungen/Therapien je nach Erkrankung; Funktionstraining, Krankengymnastik, Bewegungstherapie, Sprachthe-	Berufsvorbereitende Maßnahmen: Förderlehrgänge, Berufsfindung, Arbeitserprobung	Vorbereitende Beratung in einer Klinik; Beratung durch Reha-Berater über mögliche Arbeitstätigkeiten und Maßnahmen; Einschaltung	Betriebliche Eingliederung; Gestaltung und Anpassung von Arbeitsplätzen; Abbau technischer und baulicher Barrieren; Begleitende

	Medizinische Reha	Berufsfindung	Beruflichen Reha	Soziale Reha
	rapie oder Beschäftigungstherapie; Arbeitstherapie und Belastungserprobung; stufenweise Wiedereingliederung		von Amtsarzt, Psychologe, Berufsberater oder technischem Berater; Vermittlungsbemühungen der Arbeitsagentur einschließlich Eingliederungshilfen.	Hilfe im Betrieb; Arbeitsmedizinische Betreuung; Inner- und außerbetriebliche Fortbildung.

g. Die betriebliche Perspektive – Aufgaben für die Interessenvertretung in der Rehabilitation

Gerade weil Rehabilitationsmaßnahmen immer noch überwiegend außerhalb der Betriebe in der Zuständigkeit von Trägern der Sozialleistungen durchgeführt werden, spielen Bemühungen der betrieblichen Interessenvertretungen um eine intensivere Inanspruchnahme von Rehabilitation bei den Beschäftigten eine wichtige Rolle für ihre Gesundheitspolitik. Indem die Interessenvertretung selbst den Anstoß zu Rehabilitationsmaßnahmen gibt, greift sie präventiv ein, um weitere gesundheitliche Schädigungen und Behinderungen bei den Beschäftigten abzuwenden. Dies setzt zumindest einen Überblick über die Förderungsangebote und -möglichkeiten voraus. Die Nutzung von Angeboten erfordert dann die gezielte Kooperation mit den Stellen des zuständigen Leistungsträgers. So können die Kenntnisse der Interessenvertreter über die gesundheitliche und berufliche Ausgangssituation, über die Ansprüche und Motivationen der Betroffenen sinnvoll in eine Rehabilitationsplanung einbezogen werden.

h. Zugänge zu Reha schaffen

Obwohl Rehabilitationsmaßnahmen heute bereits einen beachtlichen Umfang haben, kann von einem rechtzeitigen Zugang zu medizinischen und beruflichen Rehabilitationsmaßnahmen nicht die Rede sein. Nach Daten der Deutschen Rentenversicherung beträgt die durchschnittliche Arbeitsunfähigkeitszeit bis zur Rehabilitations-Antragstellung 170 Tage, bis zum Beginn der Rehabilitation gar 253 Tage. Die Reha-Leistungsträger gehen überdies davon aus, dass die Rehabilitationsbedürftigkeit deutlich über der tatsächlichen Inanspruchnahme der Rehabilitation liegt.

Rehabilitation ist umso erfolgreicher, je früher sie einsetzt. Folgende Zugangsfaktoren entscheiden darüber, ob und wann beim Rentenversicherungsträger ein Antrag auf medizinische Rehabilitation gestellt wird:

- **Krankheitsverlauf**: Lange Krankheitsverläufe ohne erkennbare Heilungserfolge und/oder mit Rückfallgefährdung sind kräftezehrend und demotivierend. Wenn Patienten Orientierung und Unterstützung erfahren, können sie den vorhandenen Leidensdruck in Veränderungsbereitschaft umwandeln und müssen nicht in ihrem »Leid« verharren. Patienten, die über Gesundheitswissen verfügen, haben Vorteile sich durch das Gesundheitssystem zu navigieren und sie können von rechtzeitigen Reha-Maßnahmen profitieren.
- **Einstellung des Versicherten zu Rehabilitation**: Wenn der Informationsstand über Rehabilitationsmaßnahmen unzureichend ist und die Sorge um eine mögliche Gefährdung des Arbeitsplatzes überwiegen, werden Maßnahmen nicht in Anspruch genommen. Das gilt besonders für viele ältere Beschäftigte. Für sie ist die Vorstellung einer beruflichen Umorientierung gegen Ende ihres Arbeitslebens oft Stress pur. Diese Motivationshürde kann mit Hilfestellungen bei der Beratung über die jeweiligen Zuständigkeiten, durch Unterstützung bei der Ermittlung des zuständigen Leistungsträgers und durch Unterstützung bei der Antragstellung überwunden werden.
- **Zugangsverfahren**: Trotz klarer Ansprüche auf Teilhabeleistungen (§ 1 SGB IX) müssen bei den einzelnen Leistungsträgern formale Hürden überwunden werden. Das Zugangsverfahren ist vielfach unbekannt. Leistungszusagen werden aus Haushaltsgründen restriktiv gehandhabt. Unterstützung aus professionellen (betrieblichen) Netzwerken und der Einbezug der niedergelassenen Ärzte beschleunigt den Beginn der Maßnahme und öffnet Türen.
- **Kenntnisse und Einstellung über Rehabilitationsleistungen bei Hausarzt, Betriebsarzt oder Krankenhaus**: Wenn die ärztlichen Akteure erst vom Wert von Rehabilitation überzeugt werden müssen, können sie ihre wichtige Leit- und Lenkungsfunktion im Reha-System nicht in den Dienst der Wiederherstellung der Erwerbsfähigkeit des Beschäftigten stellen.
- **Betriebliches Eingliederungsmanagement**: Betriebliche Eingliederungsteams, die das Präventionsverfahren anwenden (§ 167 Abs. 2 SGB IX) und mit Ärzten, Beratungsstellen, Leistungsträgern und -anbietern kooperieren, nutzen den verfügbaren Sachverstand zur

Abklärung des Handlungsbedarfs. Sie entscheiden nach Klärung des Rehabilitationsbedarfs gemeinsam mit den Betroffenen, wie eine auf die individuelle Situation zugeschnittene Rehabilitationsmaßnahme aussehen kann und koordinieren den zügigen Maßnahmenstart.

- **Betriebsnähe der Maßnahmen**: Betriebliche oder betriebsnahe Maßnahmen, die in Zusammenarbeit zwischen Kliniken und Betrieb abgestimmt und von betrieblichen Beteiligten begleitet werden, ermöglichen es, Anforderungen der Arbeitssituation bereits im Rahmen der Rehabilitation zu berücksichtigen.
- **Verbindung medizinischer und beruflicher Rehabilitationsmaßnahmen**: Berufliche Rehabilitationsmaßnahmen beschränken sich überwiegend auf jüngere und mittlere Jahrgänge im Erwerbsalter. Der negative Nachfragetrend bei älteren Beschäftigten muss sich umkehren.

i. Auskunft und Beratung

Das gegliederte System der Rehabilitation erschwert Betroffenen die Übersicht, wenn es darum geht, den zuständigen Leistungsträger herauszufinden. Bei allen Reha-Trägern existieren besondere Auskunfts- und Beratungsstellen für Fragen der Rehabilitation, an die sich die Betroffenen wenden sollten. Zu den Aufgaben der Auskunfts- und Beratungsstellen gehört: Auskunft über Sach- und Rechtsfragen unabhängig von der eigenen Zuständigkeit; Unterrichtung des zuständigen Trägers, wenn Reha-/Teilhabe-Leistungen in Betracht kommen; Entgegennahme des Antrags und Weiterleitung an den zuständigen Reha-Träger.

j. Rehabilitation erfolgt auf Antrag

Leistungen zur Rehabilitation werden in der Regel auf Antrag des Rehabilitanden erbracht. Der Antrag ist grundsätzlich vor dem Beginn einer Maßnahme zu stellen. Ausnahme von dieser Regelung: In der gesetzlichen Unfallversicherung und in der Sozialhilfe erfolgen Leistungen ab dem Zeitpunkt, ab dem die Voraussetzungen dem Träger bekannt werden (z. B. bei einem Arbeits- oder Wegeunfall).
Allgemein gilt:

- Der Antrag braucht keine bestimmte Form. Um das Verfahren beim Leistungsträger in Gang zu setzen, reicht es zunächst aus, das Begehren nach Teilhabeleistungen mitzuteilen.
- Antragsvordrucke sind bei Versicherungsträgern und Arbeitsagentur erhältlich; ihre Verwendung unterstützt eine rasche Bearbeitung.

- Zuständige Sachbearbeiter beim Leistungsträger sind verpflichtet, beim vollständigen und sachdienlichen Ausfüllen der Anträge zu helfen.

k. Beschleunigte Klärung von Zuständigkeiten

Ungeklärte Zuständigkeiten für Reha-Leistungen schaden zuallererst den Betroffenen und behindern einen raschen Beginn und die zügige Durchführung einer erforderlichen Maßnahme. Damit es bei den Rehabilitationsträgern zu zeitnahen Entscheidungen und Leistungen kommt, sind nach § 14 SGB IX klare Strukturen und strenge zeitliche Grenzen für das Vorgehen bei der Zuständigkeitsprüfung für die leistenden Rehabilitationsträger vorgesehen. § 14 SGB IX regelt ein Verfahren, wodurch ein Rehabilitationsträger rasch als für den konkreten Einzelfall zuständiger Träger bestimmt wird.
§ 14 Abs. 1 SGB IX bestimmt, dass der mit einem Begehren auf Reha angegangene Träger binnen zwei Wochen seine Leistungszuständigkeit zu prüfen hat bzw. den zuständigen Träger ermittelt und den Antrag dorthin unverzüglich weiterleitet. § 14 Abs. 2 SGB IX fügt dem hinzu, dass der angegangene Leistungsträger dann, wenn er innerhalb der Zweiwochenfrist nicht weiterleitet, selbst und unverzüglich den Rehabilitationsbedarf des Antragstellers festzustellen hat. Leitet er die Angelegenheit innerhalb der Zweiwochenfrist weiter, trifft diese Pflicht den dadurch »zweitangegangenen« Träger, der nun seinerseits nicht wieder weiterleiten kann (§ 14 Abs. 2 Satz 3 SGB IX).

l. Aufgaben während und nach einer Reha-Maßnahme

Ein weiterer Aufgabenbereich der Interessenvertretung liegt im Übergang von der Reha-Maßnahme zur anschließenden Wiedereingliederung. Im Einzelnen können sich die im Folgenden angeführten Aufgaben ergeben. Bei den »vorteilhafteren« Maßnahmen der **innerbetrieblichen Rehabilitation**, die auf die Weiterentwicklung und/oder Anpassung der Qualifikation des einzelnen ausgerichtet sind, besteht meist keine unmittelbare Gefährdung des Beschäftigungsverhältnisses. Deshalb ist bei diesen Maßnahmen die Wiedereingliederung relativ unproblematisch. Allerdings gestaltet sich die Arbeitsaufnahme unter veränderten Bedingungen nicht immer einfach und muss ggf. durch begleitende Unterstützungsmaßnahmen abgesichert werden. Arbeitgeber sind dabei häufig nicht ausreichend über die entsprechenden Möglichkeiten der Arbeitsplatzgestaltung, über Eingliederungshilfen und über begleitende Hilfen zur Sicherung des Beschäftigungsverhältnisses informiert. Aufgabe der Interessenvertretung ist es hier, die Inanspruchnahme von Hilfsangeboten einzufordern, um so den Übergang aus einer Rehabilitationsmaßnahme in die Arbeitstätigkeit abzusichern.

Bei **außerbetrieblicher Rehabilitation** besteht das besondere Problem darin, dass Arbeitnehmer*innen z. B. für die Dauer einer Umschulung nicht regelmäßig freigestellt werden und damit kein automatischer Anspruch auf Weiterbeschäftigung besteht. Wichtige Schritte vor dem Beginn der Maßnahme müssen deshalb sein:

- Zur Sicherung des Beschäftigungsverhältnisses sollte durchgesetzt werden, dass das Arbeitsverhältnis nicht gekündigt wird, sondern während der Maßnahme ruht.
- Oder es muss mindestens vereinbart werden, dass nach Beendigung der Maßnahme die Wiedereinstellung garantiert wird.
- Zusätzliche finanzielle Sicherungen über das Übergangsgeld hinaus können daneben vereinbart werden, etwa die Ausgleichszahlung bis zum bisherigen Nettodurchschnittsverdienst.
- Zur Betreuung Betroffener während der Maßnahme gehört es, dass schon frühzeitig der Kontakt zu der ausführenden Einrichtung aufgenommen wird. Die Interessenvertretung und die an Rehabilitation interessierten Beschäftigten sollte sich darüber informieren, welche berufliche Orientierung die Maßnahme bietet und welche Gesundheitsprobleme unter Umständen bestehen bleiben. Sie sollte schließlich klären, welche Einsatzbereiche im Betrieb als geeignet erscheinen.
- Vor Abschluss der Maßnahme sollten einige Entscheidungen bereits eingeleitet werden; dazu gehören die folgenden:
  - das Festlegen geeigneter Arbeits- und Einsatzmöglichkeiten im Betrieb in Absprache mit betrieblichen Stellen,
  - die Überprüfung des Gestaltungsbedarfs am vorgesehenen Arbeitsplatz,
  - eine enge Abstimmung mit dem Berufshelfer des Reha-Trägers oder mit dem Arbeitsvermittler der Arbeitsagentur.

17. Sinnesgeschädigte: Blinde, Sehbehinderte, Gehörlose und Hörgeschädigte

Ihre besondere Aufmerksamkeit als SBV ist für unterschiedliche spezielle Gruppen von Menschen mit Behinderungen notwendig. In den meisten Unternehmen ergibt sich eher zufällig, dass Menschen mit sehr speziellen

Behinderungen beschäftigt werden. Wenn z. B. ein Kollege von Ihnen an Multipler Sklerose (MS) erkrankt, ist das quasi automatisch auch eine sehr spezielle Anforderung an Ihre Interessenvertretungsarbeit. Auch in Betrieben, die Sehbehinderte und Hörgeschädigte beschäftigen, sind einige sehr spezielle Probleme regelmäßig zu lösen. Da ist es eine besondere Herausforderung, dass diese Kolleg*innen notwendige Hilfen tatsächlich in Anspruch nehmen können. Dazu muss sich der Betrieb und die SBV oft einiges einfallen lassen.

Beispiel:
Bei Airbus in Hamburg wird auf Betriebsversammlungen regelmäßig auf die abgestuften Hilfsangebote für die Gruppe der Hörgeschädigten hingewiesen. Auch die Betriebsleitung ist daran interessiert, dass notwendige Hilfen rechtzeitig in Anspruch genommen werden, damit diese Kolleginnen und Kollegen weiterhin effektiv im Betrieb eingesetzt werden können.

Besonders in Unternehmen, wo aufgrund der betrieblichen Verhältnisse bei älteren Kolleginnen und Kollegen vermehrt Hörschädigungen auftreten, kann eine systematische Entwicklung von Hilfsangeboten im Interesse sowohl des Betriebes wie auch der Kolleginnen und Kollegen mit dieser Schädigung liegen. Blinde und Gehörlose werden dagegen fast immer schon mit diesen Behinderungen eingestellt.

In der Regel müssen Sie sich für die Unterstützung von Menschen mit speziellen Behinderungen zusätzliches Fachwissen aneignen. Dabei macht auch Ihre Kooperation mit externen Spezialisten meist Sinn. Herausforderungen durch sehr speziellen Unterstützungsbedarf einzelner Kolleginnen oder Kollegen kommen meist überraschend: Auf einmal tritt ein solcher Hilfebedarf im Betrieb auf. Präventiv vorbereiten kann man sich nach meiner Erfahrung darauf eher nur zufällig. Vor allem, wenn man relativ neu im Amt ist, sollte man Geduld mit sich selbst haben: Meist baut sich ein Fundus an Erfahrungen und Wissen für seltene Behinderungen erst im Laufe von Jahren auf. Je schneller Sie solch schwierige Aufgaben angehen, desto eher erreichen Sie das notwendige Wissen. Wenn Sie mehrere Stellvertreter haben, macht es oft auch Sinn, diese zu beteiligen. Z. B. kann sich Stellvertreter A um Gehörlose kümmern und Stellvertreter B um Sehbehinderte.

Die fachliche Schwierigkeit, Menschen mit besonderen Behinderungen als SBV zu unterstützen, wird noch dadurch gesteigert, dass diese Gruppen meist sehr klein sind. Ihre Unterstützung fällt also in die Kategorie: »schwierig und selten«.

a. Wie finde ich einschlägige Informationen für diese beiden Zielgruppen?

Drei Grundsätze können Ihnen dabei helfen: 1. Auch in diesem Bereich ist **kollegialer Austausch mit anderen SBV-Mitgliedern** meist ein großer Vorteil. 2. Zudem gibt es für fast alle speziellen Gruppen **Strukturen der Selbsthilfe** in Form von Vereinen oder Foren. Auf deren Webseiten oder Beratungsstellen können Sie meist wertvolle Informationen finden. Einen ersten Zugang zu diesen Selbsthilfestrukturen können Sie sich über das Internet verschaffen. Einen schnellen Einstieg finden Sie über Suchen nach Ihrer Zielgruppe oder auch über die Liste der Mitgliedsverbände des Deutschen Behindertenrats (*https://www.deutscher-behindertenrat.de/ID25209*). Diese Liste ist natürlich nur ein Einstieg, kein vollständiges Angebot der einschlägigen Selbsthilfeverbände. 3. Der dritte Zugang zu Informationen bietet sich über die **Unterstützungsstrukturen der Integrationsämter und der Rehabilitationsträger**: Oft können Ihnen die Integrationsfachdienste (IFD) weiterhelfen. Im Falle der Sinnesbehinderten gibt es jeweils für Blinde/Sehgeschädigte und für Gehörlose/Hörgeschädigte ein flächendeckendes Angebot. Sie finden diese speziellen IFD recht gut über *https://www.rehadat-adressen.de/anlaufstellen/integrationsfachdienste/*. Bundesweit werden dort aktuell **57 IFD für blinde und sehbehinderte Menschen** ausgewiesen. Für sogar **114 IFD für hörgeschädigte Menschen** finden Sie dort die Kontaktdaten.

b. Wo hole ich mir Informationen für die Arbeit mit Sehbehinderten und Blinden?

Nachstehend stelle ich Ihnen drei einschlägige Angebote im Internet vor: Die **Messe SightCity**, die **Dias GmbH in Hamburg** und **zwei Verbände sehbehinderter und blinder Menschen**. Gemeint sind der Deutsche Verein der Blinden und Sehbehinderten in Studium und Beruf e. V. (DVBS) und der Deutsche Blinden- und Sehbehindertenverband e. V. (DBS). Die Dias GmbH unterstützt Unternehmen Internetauftritte, Produkte und Dienstleistungen barrierefrei zu gestalten und im Unternehmen Barrierefreiheit und Inklusion umzusetzen (*https://dias.de/*). Es finden sich auf der Webseite jede Menge technische Tests, Software Tests und Erfahrungsberichte.

Die berufliche Teilhabe von sehbehinderten und blinden Menschen bedarf meist einer umfassenden technischen Hilfsmittelausrüstung und einer entsprechenden Qualifizierung der Kolleg*innen. Hierfür steht ein umfängliches Angebot am Markt zur Verfügung.

Die flächendecke Verbreitung von IT-Technik hat für sehbehinderte und blinde Menschen den Zugang zu Informationen deutlich verbessert. Er bleibt aber mit besonderen Anstrengungen für diese Menschen mit Behinderungen verbunden. Der Informationszugang ist aber eine wesentliche Voraussetzung für die berufliche Teilhabe.
Über das unglaublich vielfältige **Hilfsmittelangebot** kann man sich z. B. auch als sehende Schwerbehindertenvertretung recht gut informieren auf der Fachmesse SightCity (*https://sightcity.net/*). Die SightCity Frankfurt ist die **größte internationale Fachmesse für Blinden- und Sehbehinderten-Hilfsmittel.**[15]
Barrierefreiheit für Sehbehinderte und Blinde wird auch in den **Behindertengleichstellungsgesetzen** des Bundes und der Länder geregelt. So widmet sich der 2016 zur Umsetzung von EU-Recht in das Behindertengleichstellungsgesetz (BGG) des Bundes eingefügte Abschnitt 2a (§§ 12–12d BGG) der barrierefreien Informationstechnik öffentlicher Stellen. In diesen Vorschriften geht es nicht nur um sehbehindertengerechte Barrierefreiheit, sondern Barrierefreiheit für die Gruppe der Sehbehinderten/Blinden nimmt im Behindertengleichstellungsgesetz breiten Raum ein. Die Behindertengleichstellungsgesetze regeln vor allem Pflichten der öffentlichen Einrichtungen und Institutionen gegenüber der allgemeinen Öffentlichkeit. Diese so geforderte Barrierefreiheit ist aber auch vielfältig relevant für die berufliche Teilhabe sehbehinderter und blinder Menschen. Im Geltungsbereich des Behindertengleichstellungsgesetzes des Bundes (BGG) gilt das Gebot der Barrierefreiheit nach § 12a Satz 1 BGG ausdrücklich auch für die Bereiche des Intranets, die für die Beschäftigten bestimmt sind. Als SBV oder schwerbehinderter Mensch können Sie bei Verstößen gegen diese Norm nicht nur klagen, sondern im Vorfeld einer Klage die Schiedsstelle nach § 16 BGG anrufen.
Auf den Webseiten des DBSV-Deutscher Blinden und Sehbehindertenverband e. V. (*https://www.dbsv.org/*) und des DVBS Deutscher Verein der Blinden und Sehbehinderten in Studium und Beruf e. V. (*https://www.dvbs-online.de/*) findet sich weiteres umfassendes Material auch für Ihre betriebliche Vertretungsarbeit der Zielgruppe.

c. Zielgruppe Hörgeschädigte und Gehörlose

Die Zielgruppen Hörgeschädigte – also Menschen mit einem gewissen Resthörvermögen – und Gehörlose – also Menschen die in der Regel

15 Die nächste Messe ist als hybride Veranstaltung für den 27.–29. Mai 2026 angekündigt, *https://sightcity.net/*.

schon frühkindlich kein verwertbares Resthörvermögen hatten – werden oft in einem Atemzug genannt. Allerdings sollte das nicht zu der falschen Vermutung führen, dass die Unterstützungsanforderungen und die Teilhabeeinschränkung sehr ähnlich wären. Tatsächlich unterscheiden sich die Unterstützungsbedarfe von Gehörlosen deutlich von denen der anderen Hörgeschädigten. Das liegt vor allem an der deutlich anderen Kommunikation. Gehörlose sind auf die Nutzung der Deutschen Gebärdensprache (DGS) angewiesen. Im Gespräch mit Hörenden benötigen DGS-Nutzer in aller Regel Gebärdensprach Dolmetscher. Andere Kommunikationstechniken wie »Lippen ablesen« sind keine vernünftige Basis der Kommunikation zwischen Hörenden und Gehörlosen. Schon allein deswegen, weil mit dieser Methode nur bestenfalls 30 Prozent des deutschen Wortschatzes erkannt werden können.

Die Gruppe der Hörgeschädigten und Gehörlosen unter den Erwerbstätigen ist ungefähr ebenso klein wie die Gruppe der Blinden. Unter der Wohnbevölkerung ist etwa einer von 1000 Menschen gehörlos, unter den Erwerbstätigen eher noch weniger. Das heißt, dass viele Kolleginnen und Kollegen keine oder nur sehr geringe Erfahrungen haben im Umgang mit gehörlosen Menschen, die sich heute häufig selbst »taub« nennen. Es ist z. B. auch bei sehr vielen Kolleginnen und Kollegen nicht bekannt, dass das deutsche Schulsystem bei der Vermittlung von Lesen und Schreiben der Deutschen Lautsprache bei gehörlosen Menschen eher nur sehr schlechte Erfolge erreicht. Etwa 70–80 Prozent der Gehörlosen sind trotz Schulbesuchs nicht oder nur sehr eingeschränkt zum sinnverstehenden Lesen befähigt.[16] Schriftliche Mitteilungen des Gehörlosen selbst sind entsprechend schwierig.

Eine Besonderheit der verbandlichen Organisation der Belange von Menschen mit Hörschädigungen ist, dass sowohl Menschen mit Schwerhörigkeit als auch gehörlose Menschen in einem einheitlichen Dachverband zusammen geschlossen sind: In der Deutschen Gesellschaft der Hörbehinderten sind sowohl Selbsthilfeverbände und als auch Fachverbände vertreten. Eine Übersicht über die Mitgliedsverbände findet sich unter *https://www.deutsche-gesellschaft.de/mitgliedsverbaende*. Über diesen Zu-

---

16 Vgl. ausführlich zum Erwerb der Deutschen Gebärdensprache und der Deutschen Schriftsprache: *Kleyboldt/Meißner/Illmer*: (Arbeitspapier Dez. 2021): Die Gebärden Suche des delegs III Projekts, kostenloser download unter: *https://digitale-unterstuetzung-gehoerloser-menschen.de/publikationen/*. Zur Lage der Gehörlosen und ihrer digitalen Unterstützung: *Illmer/Craxton/Harms/Ostrowski/Halle/Malt/Ritz* (2024), Digitale Unterstützung der beruflichen Kommunikation gehörloser Menschen, in: RP Reha Recht und Praxis der Rehabilitation – Zeitschrift für Rehabilitation, Teilhabe- und Schwerbehindertenrecht, Heft 1/2024, 34–46.

gang finden Sie breit gefächerte Informationen, die für ihre Vertretung von schwerhörigen und gehörlosen Menschen hilfreich sind.
Im Nachfolgenden setzte ich den Schwerpunkt auf die Unterstützung Gehörloser. Die wichtigste Hilfe für die berufliche Teilhabe gehörloser Menschen ist das Dolmetschen von und nach der Deutschen Gebärdensprache (DGS).

d. Wer finanziert das DGS-Dolmetschen?

Berufliche Teilhabe Gehörloser verlangt fast immer ausreichende Kommunikation mit der Welt der Hörenden. Für das Gebärdensprachdolmetschen hat die Bundesarbeitsgemeinschaft der Integrationsämter (BIH) eine Empfehlung erlassen (Stand: 1.2.2021, abrufbar unter: *https://www.bih.de/integrationsaemter/aufgaben-und-leistungen/empfehlungen/*). An dieser Empfehlung orientieren sich die Integrationsämter, allerdings mit regionalen Unterschieden. Bezüglich der vom Integrationsamt übernommenen Höhe des Stundensatzes besteht keine einheitliche Praxis. In jedem Fall wird aber die Leistung Gebärdensprachdolmetschen als Leistung der Begleitenden Hilfe verstanden. Der Gehörlose muss seinen Bedarf in der Regel für sechs Monate im Voraus mit dem Leistungsantrag darlegen. Es ergeht ein Leistungsbescheid des Integrationsamtes, die Verwendung der Mittel muss abgerechnet werden.
Neben dem Dolmetschen live vor Ort mit einem Präsenzdolmetscher gibt es heute auch zunehmend Dolmetschen über Bildtelefonie. Wichtigster Anbieter ist der TESS-Relay-Dienst, der bundesweit tätig ist. In der Pandemie haben allerdings viele freiberufliche DGS-Dolmetscher ihr Angebot durch Video-Angebote erweitert.

e. Tess-Relay-Dienst auch für spontane Telefonate von Hörenden und Gehörlosen

Die Tess-Relay-Dienste sind ein bundesweiter Telefonvermittlungsdienst für hör- und sprachbehinderte Menschen. Technisch beruht dieses Verfahren auf einer Kombination von normalem Telefon oder Handy und einer Bildtelefonanlage. Diese Bildtelefonie funktioniert über Internet, eine spezielle Software und einen PC/Laptop. Es bestehen etliche »Relay-Stationen« z. B. in Frankfurt, Köln und an weiteren Orten, in denen arbeitstäglich Gebärdensprachdolmetscher angerufen werden können. Hörende rufen per Telefon an, Gehörlose über ihre Bildtelefonie Anlage. Diese Dolmetscher übersetzen die Inhalte der Telefonate und der Bildtelefonie simultan von Deutscher Gebärdensprache (DGS) in deutsche

Lautsprache und umgekehrt. Dadurch können hör- und sprachbehinderte Menschen spontan eigenständig telefonieren.
Die Dienste können für berufliche und private Gespräche genutzt werden. Auch hörende Menschen können Tess anrufen, um mit hörgeschädigten Menschen telefonisch Kontakt aufzunehmen. Der gehörlose Mensch muss allerdings bei Tess als Kunde registriert sein. Die Dienste sind für berufliche Telefonate montags bis donnerstags von 8.00 bis 18.00 Uhr und freitags von 8.00 bis 17.00 Uhr erreichbar.
Das TESS-Abo kann über die Leistung Arbeitsassistenz/Gebärdensprachdolmetschen vom Integrationsamt oder vom Rehaträger refinanziert werden. Der Vorteil ist vor allem, dass über diesen Dienst spontane Telefonate mit Vorgesetzten, Arbeitskolleg*innen oder Kund*innen möglich sind. Die lästigen Vorlaufzeiten für eine Dolmetscherbestellung entfallen. Abgerechnet wird die Gesprächszeit. Für die Registrierung wird eine monatliche Grundgebühr fällig.
Allerdings nicht alle Gehörlosen wollen Tess, weil sie es dann nicht mit einem bekannten Dolmetscher zu tun haben. Besonders Gehörlose, die berufsbedingt spezielle Fachgebärden benutzen müssen, wollen regelmäßig mit persönlich bekannten und einschlägig kompetenten DGS-Dolmetschern zusammenarbeiten.

f. Deutsche Gebärdensprache und Begleitende Hilfe

Die Deutsche Gebärdensprache ist seit 2002 in Deutschland amtlich anerkannt. Z. B. vor Gericht und vor Behörden dürfen Gehörlose auf den Einsatz von Deutscher Gebärdensprache bestehen. Regeln dafür sind in den Gleichstellungsgesetzen des Bundes und der Länder festgelegt (z. B. § 9 BGG Recht auf Verwendung von Gebärdensprache und anderen Kommunikationshilfen).[17] Im Arbeitsleben gegelten diese Regeln aber so nicht unmittelbar.
Allerdings kann und wird Gebärdensprachdolmetschen rechtlich im SGB IX unter Arbeitsassistenz i. S. d. § 185 Abs. 5 SGB IX gefasst.[18] Hierauf besteht ein bedingter Rechtsanspruch des schwerbehinderten Menschen. Der Rechtsanspruch auf die Übernahme der Kosten einer notwendigen Arbeitsassistenz ist auf die zur Verfügung stehenden Mittel aus der Aus-

17 Siehe Kommentierung § 9 BGG *Ritz/Hlava/Ramm*, in: Fuchs/Ritz/Rosenow, SGB IX – Kommentar zum Recht behinderter Menschen, 7. Auflage 2021; Kommentierung zu § 9 *Ritz*, in: Kossens/von der Heide/Maaß, 2022.

18 Vgl. *Ritz*, Stichwort Arbeitsassistenz, in: Feldes u. a., Praxis der Schwerbehindertenvertretung von A–Z, 9. Auflage 2026.

gleichsabgabe beschränkt, was praktisch bisher aber noch in keinem einzigen Bescheid eine Rolle spielte. Mit der Einfügung des neuen Satzes in § 185 Abs. 5 SGB IX »*Der Anspruch richtet sich auf die Übernahme der vollen Kosten, die für eine als notwendig festgestellte Arbeitsassistenz entstehen.*«, wurde vom Gesetzgeber 2019 klargestellt, dass Eigenanteile des schwerbehinderten Assistenznehmers oder Begrenzung der Finanzierung von notwendiger Arbeitsassistenz auf einen festen Bruchteil des Einkommens unzulässig sind.[19]
Ab 1.1.2024 ergriff die Bundesregierung eine Maßnahme, um die verbreitet sehr langen Wartezeiten auf Bescheiderteilung abzubauen. Für die Arbeitsassistenz wurde geregelt, dass ein Leistungsantrag mit ausreichend klarer Bezeichnung von Art und Umfang der Leistung fiktiv bewilligt ist, wenn nach sechs Wochen das Integrationsamt den Bescheid nicht erteilt hat. Die sechs Wochenfrist wird natürlich unterbrochen, wenn das Integrationsamt in diesem Zeitraum nachfragt, wie Art und Umfang der Leistung aussehen sollen. Es ist also ein neuer Anspruch des Menschen mit Behinderungen, dessen Umsetzung nicht so ganz einfach ist. In jedem Fall sollte der schwerbehinderte Mensch beantragen, dass die notwendigen Mittel für Arbeitsassistenz monatlich im Voraus ausgezahlt werden. Später wird diese Vorauszahlung abgerechnet. Er kann dann auch nach Eintritt der fiktiven Bewilligung die erste Monatsvorauszahlung beantragen und sieht, ob die Fiktion funktioniert.

g. Digitale Hilfen für den Gebrauch der Deutschen Gebärdensprache

Seit den 1990er-Jahren fördert der Ausgleichsfonds Projekte zur Förderung der Deutschen Gebärdensprache im Berufsleben.[20] Das waren vor allem Projekte zur Anlage von Fachgebärdenlexika und Verbesserung der Schriftsprachkompetenz der Gehörlosen.[21] Im Jahr 2021 wurde in einer Zusammenarbeit von einer Gruppe selbst gehörloser Naturwissenschaftler und einem Projekt des Ausgleichsfonds ein bedeutsamer Fortschritt bei den Fachgebärdenlexika entwickelt: ein digitales naturwissenschaftliches (MINT) Fachgebärdenlexikon mit über 5200 MINT Fachgebärden

---

19 Siehe Kommentierung *Welsch*, in: Fuchs/Ritz/Rosenow, SGB IX – Kommentar zum Recht behinderter Menschen, 7. Auflage 2021, § 185 Rn. 8.

20 *Ritz*, Integrationsamt, in: Deinert/Welti/Luik/Brockmann, StichwortKommentar Behindertenrecht, Nomos, 4. Auflage 2026, Baden-Baden (Rn. 19).

21 Siehe *https://digitale-unterstuetzung-gehoerloser-menschen.de/* mit diversen Dokumentationen von Fachtagungen und Arbeitspapieren aus Projekten des Ausgleichsfonds.

(*https://sign2mint.de/*). Es kann nicht nur die Gebärde zu einem deutschen Wort gesucht werden, sondern es kann auch für eine unbekannte Gebärde das zugehörige lautsprachliche Wort gefunden werden (*https://sign2mint.de/search/gebaerdensuche*). Das Projekt des Ausgleichsfonds wird bis Mitte 2026 weitere digitale Unterstützung des Gebrauchs der Deutschen Gebärdensprache im Arbeitsleben entwickeln (Fortlaufende Informationen dazu finden sich auf: *https://digitale-unterstuetzung-gehoerloser-menschen.de/*). So sind weitere digitale Hilfen wie Vokabeltrainer, weitere Fachlexika und Tutorials in Arbeit. Es wird mit Schwerbehindertenvertretungen und auch Arbeitgebern verschiedener größerer Unternehmen zusammengearbeitet (z. B. Airbus Hamburg, Mercedes Benz Werke Düsseldorf und Rastatt, H & M Hennes & Mauritz GBC AB, Hamburg und Dortmund).

h. Die Schaffung eines umfänglichen beruflichen Fachgebärdenlexikons

Eine Förderung des allgemeinen Berufszugangs für gehörlose Menschen geht von dem neueren beruflichen Fachgebärdenlexikon Sign4all (*https://www.sign4all.info/*) aus. Hier werden insgesamt über 15 000 berufliche Fachgebärden nachgewiesen, auch z. B. für den Bereich »Elektromobilität«. Diese Fachgebärden wurden von gehörlosen Facharbeitern bei zwei verschiedenen Mercedes Benz Werken zusammengestellt. Sie wurden von mehreren Schwerbehindertenvertretern dabei unterstützt.
Das Besondere an diesem Lexikon ist die umfängliche Beteiligung gehörloser Menschen beim Sammeln, Auswählen und filmischen Dokumentieren der beruflichen Fachgebärden. Auf der Homepage werden alle Fachgebärden von authentischen, gehörlosen Nutzern dargestellt. Die Beteilung der Gehörlosen basiert auf Kooperationsverträgen zwischen dem Projekt und einigen privaten Betrieben. Die jeweiligen betrieblichen Schwerbehindertenvertretungen organisierten die betriebliche Beteiligung und Freistellung der mitwirkenden Gehörlosen. Zwei ehemalige Schwerbehindertenvertretungen – die Kollegen Alfons Adam (vormals Mercedes Benz Konzernschwerbehindertenvertretung) und Thomas Heinemann (vormals Schwerbehindertenvertreter Airbus Hamburg) – unterstützten das Projekt umfassend als »Seniorberater«.
Am beruflichen Fachgebärdenlexikon Sign4All haben so in den Kooperationsbetrieben etwa 100 Gehörlose mitgearbeitet. Weitere 12 Gehörlose gehörten zum hauptamtlichen Projektteam.
Das Projekt hat einerseits auf Basis von Kooperationsverträgen – in der Regel mit den Geschäftsführungen der Kooperationsbetriebe – weit über

7000 Fachgebärden gesammelt und dokumentiert. Die größten Einzelkontingente stellen die Automobilindustrie (einschließlich Elektromobilität) mit fast 900 Fachgebärden, der Einzelhandel-Textil mit knapp 500 Fachgebärden und die Luftfahrtindustrie mit fast 2500 Fachgebärden. Auch der Bereich IT (Informationstechnologie) ist mit etwa 1200 Fachgebärden umfänglich. Der Bereich »Gesundheit« mit den Unterkategorien Medizin, Pflege, Zahntechnik, Orthopädieschuhtechnik und Zahnmedizin ist mit fast 2400 Fachgebärden vertreten. Diese Fachgebärden des Gesundheitsbereichs sind natürlich nicht nur für Mitarbeiter dieses Bereichs, sondern auch für Patienten von Nutzen.

Neben dem eigenen Sammeln durch das Projekt wurde auch eine nennenswerte Zahl an beruflichen Fachgebärden von anderer Stelle übernommen. So wurden zusätzlich auf Basis einer Kooperationsvereinbarung mit den Berufsbildungswerken von dort etwa 2500 Fachgebärden in sign4all.info aufgenommen. Diese Fachgebärden werden in den BBW bei der dortigen beruflichen Ausbildung in verschiedenen Ausbildungsberufen eingesetzt. Vertreten sind die »Handwerksberufe« Bauzeichner, Garten- und Landschaftsbau, Lager, Medientechnologie/Druck, Raumausstatter, E-Commerce, Hauswirtschaft, Maler, Metall und Tischler.

Abschließend werden auch eine Auswahl sozialrechtlicher Begriffe, Fachgebärden für die berufliche Rehabilitation Taubblinder und Begriffe zu BvB (Berufsvorbereitende Bildungsmaßnahmen) dokumentiert.

Schwerbehindertenvertretungen sollten mit ihren gehörlosen Kolleginnen und Kollegen klären, wie weit für den eigenen Betrieb relevante Fachgebärden enthalten sind. Falls dies zutrifft, wird angeraten mit den im Betrieb regelmäßig eingesetzten Dolmetschern zu verabreden, dass dieses Lexikon beachtet wird. Insgesamt weist dieses Lexikon Sign4All.info ca. 15 500 berufliche Fachgebärden aus. Die Fachgebärden werden auf drei verschiedene Arten auch nach Projektende im Netz verfügbar sein:

Online-Version des beruflichen Fachgebärdenlexikons, kostenlose Nutzung (*https://sign4all.info/*).

Offline-Version des Beruflichen Fachgebärdenlexikons – Es stehen das gesamte Lexikon und berufsspezifische Teillexika zum kostenlosen Download zur Verfügung (*https://www.kestner.de/sign4all/*).

Perspektivisch werden zusätzlich die beruflichen Fachgebärden auch über Kestner DGS-Wörterbuch zu finden sein. Das hat den Vorteil, dass damit die bessere Lexikonqualität des Kestner Verlags für das Vokabular von Sign4All.info genutzt werden kann. So wird z.B. die Suche nach synonymen Begriffen unterstützt (*https://kestner.app/*).

i. Gewerkschaftsschulungen für gehörlose Kolleg*innen

Spezielle gewerkschaftliche Schulungsangebote für gehörlose Kolleg*innen sind zwar selten, vereinzelt gibt es sie aber doch. Solche Ausnahmeprojekte der IG Metall finden sich in Niedersachsen und in NRW Sprockhövel
In Niedersachsen findet ein derartiges Seminar jährlich statt im Bildungszentrum Heimvolkshochschule HVHS Hustedt e. V., Zur Jägerei 81, Hustedt (Celle). Zuständig ist die IG Metall, Geschäftsstelle Salzgitter Peine.

18. Budget für Arbeit

Relativ neue Zielgruppe sind für die Arbeit der Schwerbehindertenvertretung die Wechsler aus der Werkstatt für behinderte Menschen (WfbM) in ein meist gefördertes Arbeitsverhältnis auf dem ersten Arbeitsmarkt. Wichtigste Förderung ist das Budget für Arbeit (§ 61 SGB IX). Danach erhält ein schwerbehinderter Mensch, der die Voraussetzungen für die Aufnahme in eine WfbM erfüllt, eine dauerhafte Lohnkostenförderung und die Aufwendungen für eine wegen der Behinderung notwendige Anleitung und Begleitung.
Das Budget für Arbeit[22] ist ein mit dem Bundesteilhabegesetz (BTHG) ab 1. 1. 2018 neu eingeführter Anspruch für Menschen, die die Leistungsvoraussetzung für den Arbeitsbereich der Werkstätten für Menschen mit Behinderungen (WfbM) erfüllen. Das Budget für Arbeit ermöglicht den Wechsel in ein sozialversicherungspflichtiges Arbeitsverhältnis bei einem privaten oder öffentlichen Arbeitgeber. Es wird dazu ein Lohnkostenzuschuss gezahlt, der bis zu 75 Prozent des Arbeitgeberbruttos betragen kann. Für den Anspruch auf ein Budget für Arbeit müssen als Leistungsvoraussetzung vorliegen:

1. Volle Erwerbsminderung,
2. Anspruch auf Leistung im Arbeitsbereich einer WfbM und
3. Abschluss eines sozialversicherungspflichtigen Arbeitsverhältnisses auf dem ersten Arbeitsmarkt.

Nur bei Vorliegen aller drei Voraussetzungen besteht ein Anspruch auf dauerhaften Lohnkostenzuschuss, der nach Lage des Einzelfalles vom Kostenträger – also in der Regel der Eingliederungshilfe – festgelegt wird.

22 *Ritz*, Budget für Arbeit, in: Deinert/Welti/Luik/Brockmann, StichwortKommentar Behindertenrecht, Nomos, 4. Auflage 2026, Baden-Baden.

Die Einstellung solcher schwerbehinderter Menschen stellt an Arbeitsplatz, Arbeitsorganisation und oft auch an die unmittelbaren Kolleginnen und Kollegen oft hohe Anforderungen. In der Regel greifen Integrationsamt und Eingliederungshilfe aber auf kompetente Dienstleister (Integrationsfachdienste mit speziellen Kompetenzen) zurück. In Hamburg übernimmt diese Aufgabe für den Kreis der Menschen mit kognitiven Behinderungen die Hamburger Arbeitsassistenz (*https://www.hamburger-arbeitsassistenz.de/*). Für psychisch kranke Menschen wird regelmäßig der IFD ARINET in Hamburg beauftragt (*https://www.arinet-hamburg.de/*).

Ich rate allen SBV-Mitgliedern, die Beschäftigung von schwerbehinderten Menschen mit dem Budget für Arbeit zu unterstützen. Jeder Budget-Nehmer ist ein kleiner Schritt in Richtung inklusiven Arbeitsmarkt.

V. Betriebliche Öffentlichkeitsarbeit

1. Scheinwerfer auf die SBV-Arbeit!

Tue Gutes, rede und schreibe darüber – das ist eine Binsenweisheit der Öffentlichkeitsarbeit. Schwerbehindertenvertretungen, die in eigener Sache informieren und werben, verbessern das Echo auf ihre Arbeit, sie erhöhen die Transparenz ihres Engagements für die gesamte Belegschaft. Angesichts der Aufgaben und Verpflichtungen, die auf eine neu gewählte Schwerbehindertenvertretung zukommen, besteht die Gefahr, dass die Kommunikation und der unmittelbare Kontakt zu den Beschäftigten leiden.

SBV-Mitglieder sollten sich darüber von vornherein Gedanken machen und ihre Schwerpunkte von Zeit zu Zeit neu justieren. Die Schwerbehindertenvertretung kann die behinderten Beschäftigten nur angemessen vertreten, wenn sie aktuelle Problemlagen wahrnimmt, die Interessen ihrer Klientel kennt und aufgreift. Die **Kontaktpflege** zur Belegschaft ist eine eigenständige Aufgabe der Schwerbehindertenvertretung. Wenn persönliche Kontakte nicht möglich sind, sind Online-Angebote zum Austausch eine prima Ergänzung oder Alternative zu Sprechstunden, Versammlungen und Austauschrunden für Interessierte.

Bei vielen Themen, die im Betrieb oder in der Dienststelle bewegt werden müssen, bietet sich eine Kooperation mit dem Betriebs- oder Personalrat an. Die gemeinsame Öffentlichkeitsarbeit kann übergreifende Aufgaben und Anliegen zum Thema machen: etwa das Betriebliche Eingliederungsmanagement, ein Gesundheitsmanagement, die Gefährdungsbeurteilung nach Arbeitsschutzgesetz, die Prävention und den Gesundheitsschutz, die Beschäftigungssicherung – gerade für (langzeit-)erkrankte, behinderte und ältere Kolleginnen und Kollegen (vgl. auch das Kapitel IV.14., Präventionsverfahren).

Kooperation ist unverzichtbar, wenn die Interessenvertretungen Gegenposition zum Arbeitgeber beziehen (müssen), wenn das Unternehmen Sachverhalte und Fakten geschönt oder verfälschend darstellt. Dann ist es unter Umständen zusätzlich nützlich, sich bei der zuständigen Branchengewerkschaft Rat, Rückendeckung und Unterstützung einzuholen. Gerät ein Unternehmen ins Trudeln oder in eine schwere Krise, drohen Entlassungen, Gehaltseinbußen und einseitige Belastungen für die Beschäftigten, dann ist das Erzeugen von Gegenöffentlichkeit eine adäquate Strategie.

Wer als Interessenvertretung der behinderten und gesundheitlich beeinträchtigten Beschäftigten aktiv wird, übernimmt nicht nur ein Wahlmandat, sondern auch eine (sozial-)politische Aufgabe. Die Kommunikation sozialpolitischer Themen und Kampagnen ist ein nicht zu unterschätzender Hebel, um den Einfluss und die Durchsetzungsfähigkeit der Schwerbehindertenvertretung zu stärken, das Betriebsklima und die soziale Temperatur im Unternehmen positiv zu verändern.

Wer sich vornehm zurückhält und Chancengleichheit weder einfordert noch öffentlich thematisiert, verzichtet auf Gestaltungskraft und wird kaum nachhaltigen sozialen Wandel erzeugen – z. B. hin zu einer alternsgerechten Arbeitswelt, zu einer inklusiven Unternehmens- und Personalpolitik. Das sind keine Phantastereien, sondern Leitbilder der Behindertenrechtskonvention und der deutschen Sozialgesetzgebung. Politik braucht Leitbilder und Leitplanken, um neue Wege zu gehen.

Verbesserungen am Arbeitsplatz, eine positive Bilanz der Inklusion, der Prävention und Beschäftigungssicherung fallen den Schwerbehindertenvertretungen nicht in den Schoß und werden von Arbeitgebern nicht verschenkt. Es handelt sich in der Regel um erkämpfte Erfolge, die im »Schaufenster« ausgestellt werden müssen: Die Kommunikation der Fortschritte zeigt, wie sich die Arbeit der Interessenvertretungen im sozialen Fortschritt der Betriebe und Verwaltungen niederschlägt – und wird erst so für die Beschäftigten erkennbar und verstehbar. Somit ist die betriebliche Öffentlichkeitsarbeit auch ein Hebel der politischen Bildung, was in diesen Zeiten der Ausgrenzung und des Populismus an Bedeutung gewinnt.

2. Newsletter und E-Mail-News

Für die meisten Vertrauenspersonen sind der Zugriff und das Nutzen des Intranets im Unternehmen oder der Dienststelle die ideale Lösung, um die Kolleginnen und Kollegen zu erreichen. Fast an jedem Arbeitsplatz besteht heutzutage Zugriff auf einen vernetzten PC, fast alle Beschäftigten hängen am externen und internen Datenfluss. Mit dem E-Mail-Verteiler und Tools zum Erstellen von Newslettern können alle behinderten Beschäftigten (Aufbau einer Schwerbehindertenkartei, eines Online-Verteilers zu Beginn der Amtszeit) oder die gesamte Belegschaft persönlich angesprochen werden, wenn es wichtige sozialrechtliche oder betriebliche Neuerungen gibt. Allerdings sollte dieser Informationsweg angesichts der Informationsflut dosiert eingesetzt werden (s. u.).

Wichtig zu wissen: meinBR-App – Öffentlichkeitsarbeit digital
Beschäftigte direkt ansprechen und informieren: Das Schwarze Brett war gestern. In der digitalen, mobilen Arbeitswelt sind Kommunikationswege gefragt, die schnell, flexibel und unabhängig vom Arbeitsort funktionieren. Es geht darum, Beschäftigte zu erreichen, die öfter an unterschiedlichen Standorten oder vornehmlich im Homeoffice arbeiten. Auch Arbeitnehmer*innen im Außendienst oder in Elternzeit bleiben auf dem Laufenden.
Dazu wurde die meinBR-App auf den Markt gebracht: Bindet die Interessenvertretung die App in ihre Kommunikation ein, können Beschäftigte sie herunterladen und erhalten die Inhalte der Interessenvertretung direkt auf ihr Smartphone. Aktuelle Informationen, Termine und Grundlagenthemen des Betriebsrats oder der Schwerbehindertenvertretung stehen dann mobil bereit.
Es bietet es sich an, die App gemeinsam zu nutzen, zum Beispiel durch Betriebsrat und SBV. Und: Der Arbeitgeber kann den Betriebsrat nicht auf ein einzelnes Informationsmedium verweisen.
Das vom Bund-Verlag gepflegte Inhalte-Center ermöglicht Zugriff auf rechtssichere arbeits- und sozialrechtliche Themen. Im Gegensatz zu Social Media und Internetrecherchen entfallen aufwendige Faktenchecks und Unsicherheiten bei der Quellenangabe.

Im App-Backend verwaltet die Interessenvertretung ihre Informationen mit einem benutzerfreundlichen Redaktionssystem selbst. Eine Einführung und persönlicher Support zeigen, wie die Anwendung läuft.
Mehr erfahren: E-Mail an *meinbr-app@bund-verlag.de* oder Telefon 069/79 50 10-69.

Der Newsletter oder die E-Mail an alle Beschäftigten (mit und ohne Behinderungen) ist das ideale Medium, ein Thema zu transportieren und Aufmerksamkeit zu erlangen: der Termin einer Veranstaltung, eine Gerichtsentscheidung mit breiter Wirkung (Sozialrecht, Arbeitsrecht, Rente), ein neues Internet-Portal mit wichtigen Informationen oder ein (Teil-)Erfolg in der betrieblichen Politik. Als Faustregel gilt: Information kurz, übersichtlich und mundgerecht anbieten:

- Fünf bis zehn Zeilen maximal sollten in der E-Mail ausreichen,

- ein Text soll Absätze und Gliederungselemente enthalten,
- zu den Anstandsregeln im Netz gehören eine freundliche Anrede und eine Grußformel zum Abschluss, die passende Anrede (Sie/du) und ganze Sätze,
- auf Zeichensprache wie zwinkernde Smileys eher verzichten,
- wer richtig verstanden werden möchte, formuliert klar und unmissverständlich.

Unübersichtliche, zu lange Texte mit mehreren Themen drohen ungelesen unterzugehen.

3. Intranet und andere Tools

Unkompliziert sind im Intranet (oder per App mobil, vgl. den Hinweis oben) aktuelle Informationen zu vermitteln, ohne dass Redaktionsschlüsse oder Stichtage zu beachten wären. Zudem gibt es inzwischen eine Vielzahl betrieblicher Kommunikations- und Kooperationsplattformen, die unkompliziert auch von den gesetzlichen Interessenvertretungen genutzt werden können. Über die gebräuchlichen Tools, die Standards und das Einräumen von Zugriffsrechten müssen sich die Schwerbehindertenvertretungen vor Ort informieren, z. B. bei Amtsvorgänger*innen (auch bei der internen Kommunikation/Pressestelle, beim Personal- oder Betriebsrat, bei der IT-Abteilung).

Grundsätzlich gilt: Heutzutage sind Intranet-Auftritte der Interessenvertretungen üblich und durch die Rechtsprechung abgesichert. Wenn es Widerstände und Probleme bei der Selbstdarstellung der Schwerbehindertenvertretung via Intranet gibt, kann z. B. der Betriebs- oder Personalrat sowie die zuständige Gewerkschaft um Rat gefragt werden. Die Schwerbehindertenvertretung ist als gesetzliche, gewählte Interessenvertretung legitimiert und hat eine rechtlich normierte Aufgabe zu erfüllen.

Im Intranet sollte jede Schwerbehindertenvertretung ihre Stammseiten mit Grundlageninformationen anbieten. Die Seiten, sofern noch nicht vorhanden, können mit der Zeit aufgebaut und erweitert werden. Niemand braucht das Rad neu zu erfinden: Die Branchengewerkschaften helfen mit Informationen, Standardtexten, Vorlagen und Anregungen aus. Auch beim Integrationsamt und bei der Versorgungsverwaltung (oder anderen kommunal zuständigen Behörden) gibt es Informationen und Broschüren. Der Intranet-Auftritt einer Schwerbehindertenvertretung muss nicht perfekt sein, kann es aber nach und nach werden. Zur Gliederung des Angebots bieten sich vier Ebenen an:

1. **Kontakte**: Wer gehört zur Schwerbehindertenvertretung? Wer ist Vertrauensperson, wer sind die Stellvertreter*innen? Wie sind diese Personen wann zu erreichen (Kontaktdaten)? Die Vertrauensperson und die Stellvertreter*innen (mit Foto) vorstellen, auf das Angebot der Sprechstunden hinweisen.
2. **Aufgaben**: Was macht eine Schwerbehindertenvertretung, wofür ist sie im Betrieb oder in der Dienststelle XY konkret zuständig (über die gesetzlichen Aufgaben hinaus), in welchen Gremien arbeitet sie mit? Informationen über das Ehrenamt der SBV, die Jahrestermine, die Rechte und Pflichten der Schwerbehindertenvertretung sowie der Beschäftigten, das Wahlverfahren und die Dauer der Amtsperiode gehören dazu. Außerdem sollten Hinweise auf die Arbeitsweise und die Vernetzung mit anderen Stellen, Beratungs- und Kooperationsangebote nicht fehlen. Und vor allem: Was sind die betrieblichen Ziele der aktuellen Schwerbehindertenvertretung? Wofür setzt sie sich gerade besonders ein?
3. **Aktuelles**: Die Seiten müssen regelmäßig gepflegt und aktualisiert werden! Ankündigungen von Terminen und Veranstaltungen sind wichtig, Stellungnahmen und Positionen der Schwerbehindertenvertretung zu betrieblichen Entwicklungen, Informationen über Neues aus dem Betrieb oder der Dienststelle für die Zielgruppe der behinderten, leistungsgeminderten und langzeiterkrankten Beschäftigten, Links zu aktuellen Informationen aus der Landes- und Bundespolitik, Links zu interessanten Infos und Beiträgen der Medien, der Fach- und Sozialportale. Auch kurze Berichte, wenn es um öffentliche Sitzungen und Veranstaltungen geht, passen in die Rubrik.
4. **Grundsätzliches**: Hier hinein gehören sozialrechtliche Grundsatzinformationen, interessante Rechtsprechung, die Inklusionsvereinbarung (wenn vorhanden) sowie weitere Standards der Betriebspolitik: Welche Betriebsvereinbarungen, Verfahrens- und Ablaufpläne betreffen (auch) die Arbeit der Schwerbehindertenvertretung? Sie werden auf den zugänglichen Seiten der Schwerbehindertenvertretung publik gemacht oder mit ihnen verlinkt. Von Interesse sind Informationen des Arbeits- und Gesundheitsschutzes und zum Betrieblichen Eingliederungsmanagement. Außerdem können Links und Infos zu Politik, Verwaltungen und Fachverbänden eingestellt werden. Es ist sicherzustellen, dass nur seriöse Anbieter verlinkt werden.

4. Newsletter der Schwerbehindertenvertretung – gedruckt oder online?

In einigen (größeren) Betrieben und Dienststellen produziert die Schwerbehindertenvertretung regelmäßig ein eigenes Publikationsorgan und verschickt es an die Belegschaft. Online-Produkte sind inzwischen die Norm.

5. Interne Zeitung

Wo eine interne Unternehmens- oder Belegschaftszeitung existiert, sollte sie auch von der Schwerbehindertenvertretung intensiv genutzt werden, um ihre Themen zu verbreiten. Es ist gut, regelmäßig interessante Neuigkeiten veröffentlichen, auch wenn es nur um kleine Erfolge oder allgemeine, relevante Informationen für die Zielgruppe oder die Belegschaft geht: Informationen zu entlastenden Arbeitsplätzen, Inklusionserfolge, Insourcing von Arbeitsplätzen (schwer-)behinderter und älterer Beschäftigter, inklusive Ausbildungsplätze etc.

- Zunächst ist mit den verantwortlichen Personen/Redakteur*innen über das Prozedere zu sprechen, wenn die Schwerbehindertenvertretung in einem Medium regelmäßig Platz reklamiert.
- Dann ist der Jahresplan mit den Erscheinungsterminen und Redaktionsschlüssen zu besprechen, damit die Schwerbehindertenvertretung rechtzeitig auf Veranstaltungen hinweist und keine Veröffentlichung verpasst.
- Und es ist abzustimmen, wie die Zuarbeit aussehen soll: Möglichst fertige Artikel oder Rohtext?
- Welches Dateiformat wird erwartet?
- Wie lang darf eine Meldung, ein Veranstaltungshinweis oder ein Bericht sein (Zeichenzahl vereinbaren)?
- Sind Fotos erwünscht (Dateiformat)?

Ganz wichtig: Kleine Meldungen zwischendurch bringen mehr als alle drei Jahre ein langer, ermüdender Bericht. Beispiele:

- Köpfe und Kontakte: Die neue Schwerbehindertenvertretung stellt sich vor;
- Stellungnahmen der Schwerbehindertenvertretung zu einer betriebspolitischen Entscheidung;

- der aktuelle Stand laufender Projekte der Schwerbehindertenvertretung;
- die Entwicklung der Beschäftigungsquote von Menschen mit Behinderungen;
- Integration durch Einstellung, Porträts von Kolleg*innen, wenn diese zustimmen;
- der behinderungsgerecht umgestaltete Arbeitsplatz der Kollegin XY (wenn sie mit der Berichterstattung einverstanden ist).
- Zusätzlich sind Bilanzmeldungen am Jahresende eine runde Sache: Im Jahr XY hatte die Schwerbehindertenvertretung am Standort ABC so viele Sprechstunden und Einzelfallberatungen, sie war an so vielen Personalmaßnahmen und Arbeitsplatzumgestaltungen beteiligt, war an Betriebsbesichtigungen beteiligt (mit Vorschlägen?), hat dieses und jenes neu auf den Weg gebracht.

6. Info-Blätter und Aushänge am Schwarzen Brett

Menschen bewahren sich beim Medienkonsum ihre Prägungen. Auch im digitalen Zeitalter ist es wohltuend, ein Stück Papier in die Hand zu nehmen. Für grundlegende Informationen und Aushänge sind Info-Blätter immer noch geeignet, die auch online bereitstehen können.

Ergebnisse von Veranstaltungen (Referate, Vorträge, Berichte) können dokumentiert und veröffentlicht werden. Das geht allerdings nur mit eigenem Finanzbudget für derartige Publikationen – oder sie werden in Kooperation mit dem Betriebs- oder Personalrat, der Personalabteilung, einem regionalen oder betrieblichen Arbeitskreis der Schwerbehindertenvertretung herausgegeben (gemeinsame Plattform der Schwerbehindertenvertretungen mit den Stufenvertretungen).

In kleinen Verwaltungen und Betrieben ist das Schwarze Brett immer noch ein beliebter »Hingucker«: Am zentralen Standort können Termine, Sprechstunden, kurze Infos, Zeitungsausschnitte und Merkblätter ausgehängt werden. Dazu kommen natürlich die Ankündigungen und Wahlausschreiben betrieblicher Wahlen hinzu: die Betriebs- oder Personalratsratswahl, die Wahl der Jugend- und Auszubildendenvertretung sowie der Schwerbehindertenvertretung. Zwischendurch gibt es in diesen Gremien immer wieder Mandatsverzichte und personelle Veränderungen (Nachrücker), die bekannt gegeben werden sollten.

Kurze schriftliche Infos bieten sich z. B. an: beim Zusatzurlaub für schwerbehinderte Menschen, zum Betrieblichen Eingliederungsmanagement,

bei der Freistellung von Mehrarbeit, bei den Basis-Informationen wie dem Feststellungsantrag einer (Schwer-)Behinderung und zum Gleichstellungsantrag, beim Schwerbehindertenausweis, bei den Merkzeichen, der Parkberechtigung, den Steuervorteilen und anderen Nachteilsausgleichen. Außerdem ist auf Info-Blättern leicht verständlich über aktuelle Urteile zu informieren.
Auch hier gilt: Nicht das Rad neu erfinden, sondern die Informationen der Sozialverwaltungen und Gerichte (Pressemeldungen) nutzen. Diese dürfen in der Regel vervielfältigt werden oder können auch in höherer Auflage kostenfrei bestellt werden. Und bei Aushängen bitte immer auf die Aktualität achten, das »Outfit« der Materialien regelmäßig in Augenschein nehmen – und bei Bedarf erneuern!

7. Belegschaftskontakte und direkte Kommunikation

Gleich zu Beginn der Amtszeit empfiehlt sich die persönliche Kontaktpflege mit den (schwer-)behinderten Kolleginnen und Kollegen, um sich als Vertrauensperson vorzustellen und ins Gespräch zu kommen. Das macht einen guten Eindruck. Zudem verschafft der Besuch am Arbeitsplatz Übersicht über die betrieblichen Verhältnisse: Welche Arbeitsplätze gibt es, wie gestalten sich die Arbeitsbedingungen, treten aktuell individuelle Arbeitsplatzprobleme auf? Ausführliche und persönliche Gespräche über Probleme gehören jedoch – geschützt und störungsfrei – ins Büro der Schwerbehindertenvertretung oder des Betriebsrats. Sie dürfen oder sollten nicht unter den Augen – und Ohren – der betrieblichen Öffentlichkeit stattfinden. Die Schwerbehindertenvertretung vermittelt stets, dass sie Diskretion wahrt und den Datenschutz achtet.
Die persönlichen Kontakte (je nach Betriebsgröße) mit den schwerbehinderten und gleichgestellten Menschen sind in ihrer Wirkung nicht zu unterschätzen: Dreh- und Angelpunkt der Arbeit der Schwerbehindertenvertretung sind Präsenz im Betrieb, Gesprächsbereitschaft und Arbeitsplatzbegehungen.
Dazu kommen Besuche und Wortmeldungen bei den Betriebs- oder Personalversammlungen sowie bei der Versammlung schwerbehinderter Menschen. Bei dieser Vollversammlung, die mindestens einmal jährlich stattfindet, ist die Schwerbehindertenvertretung die Hausmacht; die Veranstaltung sollte sorgfältig vorbereitet (vgl. Kapitel III.9.b.) und über alle

Kommunikationswege beworben werden, die der Schwerbehindertenvertretung zugänglich sind – so früh wie möglich mit Einladung.

8. Unter vier Augen: Betreuung und Beratung

Beratungsgespräche sind Vertrauenssache. Sie erfordern Empathie und Fingerspitzengefühl. Die (schwer-)behinderten und ihnen gleichgestellten Arbeitnehmer*innen, die »ihre« SBV gewählt haben, sollen sich jederzeit mit ihren Anliegen an sie wenden können. Die Schwerbehindertenvertretung wiederum ist verpflichtet, vorgetragene Probleme, Anregungen und Beschwerden sorgfältig zu prüfen und bei Bedarf initiativ zu werden. Vor allem Fragen der Anerkennung einer (Schwer-)Behinderung, chronische und Langzeiterkrankungen, Konflikte am Arbeitsplatz mit Kolleg*innen und Vorgesetzten, Leistungen zur Teilhabe am Arbeitsleben, Nachteilsausgleiche und weitere Leistungsansprüche sind für Betroffene der Anlass, die Sprechstunde der Schwerbehindertenvertretung aufzusuchen. Hin und wieder steht die Sorge um den Arbeitsplatz im Mittelpunkt. Beim Verlust des Arbeitsplatzes steht die soziale Existenzsicherung auf dem Spiel. Das betrifft auch Angehörige.

Der Erhalt von Beschäftigungsverhältnissen, Erwartungen an die gesundheits- und behinderungsgerechte Gestaltung von Arbeitsplätzen stehen oft im Fokus der Beratung. Noch nicht anerkannt schwerbehinderte oder gleichgestellte Beschäftigte benötigen meist grundlegende Informationen. Nimmt sich die Schwerbehindertenvertretung eines Einzelfalls an, muss sie am Ball bleiben: Sie tritt mit den betrieblichen und außerbetrieblichen Ansprechpersonen in Kontakt (Vorgesetzte, Inklusionsbeauftragter des Arbeitgebers, Versorgungsamt oder die vergleichbare Behörde, Integrations- oder Inklusionsamt, Berufsgenossenschaft, Agentur für Arbeit usw.), zieht bei Bedarf die Betriebsmedizin, die Fachkräfte für Arbeitssicherheit oder das Integrationsteam hinzu und erkundigt sich regelmäßig nach dem Stand der Dinge. Sie achtet darauf, dass Termine und Fristen eingehalten werden und behält den Überblick. Das geht nur mit schriftlichen Aufzeichnungen, dem sorgfältigen Führen eines Terminkalenders etc. Verlässlichkeit und Verantwortung gehören zum Alltagsgeschäft (vgl. auch Kapitel III. und Kapitel VIII.).

9. Die Versammlung der schwerbehinderten Menschen

Mindestens einmal im Jahr hat die Schwerbehindertenvertretung das Recht, zur Versammlung der schwerbehinderten Menschen im Betrieb oder in der Dienststelle einzuladen. Besteht eine betriebliche/dienstliche Notwendigkeit, kann eine weitere Versammlung einberufen werden. Die Regelung des SGB IX (§ 178 Abs. 6 SGB IX) ist keine leidige Pflicht, sondern fester Bestandteil der betrieblichen Information über die Arbeit der Interessenvertretung. Die Öffentlichkeitsarbeit (s. o.) ist ein erwünschter Nebeneffekt: Die Schwerbehindertenvertretung kann bei der Versammlung – am besten mit Taten – für ihr Amt und dessen betriebliche Bedeutung werben und punkten (vgl. auch ausführlich mit Checkliste Kapitel III.9.b.).

Die Versammlung mit der Schwerbehindertenvertretung in der Hauptrolle ist eine Arbeits- und Kommunikationsplattform: Zum Bilanzziehen, zum Einordnen und Strukturieren und für den innerbetrieblichen Meinungsaustausch. Sie ist die Gelegenheit, Beschäftigte zu Wort kommen zu lassen, Diskussionen anzustoßen und zu führen sowie eine sozialpolitische Standortbestimmung des Betriebs vorzunehmen. Die Teilnehmenden sollten jenseits der Tagesordnung Raum und Zeit erhalten, Probleme und Konflikte anzusprechen, Wünsche und Forderungen vorzutragen. Die Vertrauenspersonen erhalten eine Rückmeldung über die geleistete Arbeit und neue Anregungen.

Beschäftigte mit Behinderungen haben übrigens ein Recht auf umfassende Information durch ihre Interessenvertretung. Es ist Pflicht der SBV, Rechenschaft seit der letzten Versammlung abzulegen. Am besten wird ein mündlicher Tätigkeitsbericht, der konzentriert auf die wichtigsten Schwerpunkte verweist, durch einen längeren schriftlichen Bericht ergänzt. Die Schwerbehindertenvertretung verfügt über Insider-Kenntnisse der betrieblichen Zusammenhänge, die der Belegschaft fehlen und die anschaulich vermittelt werden müssen, damit ihr Vorgehen nachvollziehbar wird.

In der Versammlung der schwerbehinderten Menschen berichtet auch der Arbeitgeber oder sein Inklusionsbeauftragter über alle Angelegenheiten im Zusammenhang mit der Eingliederung schwerbehinderter Menschen (§ 181 SGB IX). Deshalb informiert die Schwerbehindertenvertretung rechtzeitig vor der Versammlung die zuständige Person über den Termin und räumt dem (Wort-)Beitrag einen angemessenen Zeitraum ein (nach vorheriger Absprache). Allerdings muss klar sein: Die*der Inklusions-

beauftragte des Arbeitgebers ist Gast der betrieblichen Interessenvertretung. Die Schwerbehindertenvertretung achtet auch darauf, dass der Arbeitgeber zu wichtigen Themen Stellung nimmt.
Die erfolgreiche Schwerbehindertenversammlung basiert auf guter Vorbereitung. Besonders wichtig ist das für alle Neulinge im Amt, die zum ersten Mal eine Versammlung in Angriff nehmen (vgl. Checkliste in Kapitel III.9.b.). Neben dem Tätigkeitsbericht sind inhaltliche und organisatorische Vorarbeiten unerlässlich. Dazu gehört u. a. die Abstimmung mit den Stellvertreter*innen, dem Betriebs- oder Personalrat und eventuell dem gewerkschaftlichen Vertrauenskörper.

10. Praxiswissen: Selbst schreiben – aber wie?

Egal, ob Bericht oder Kurzmeldung: Beim Verfassen von Texten für die Veröffentlichung gelten einheitliche Standards, die allen Beteiligten das Leben und das Verständnis erleichtern:

- Kurze, prägnante Überschrift, die neugierig macht und zum Text passt!
- Ein origineller Texteinstieg bindet die Leser*innen ins Geschehen.
- Am Anfang geht es um das Beantworten der journalistischen W-Fragen: Wer (Name XY, Funktion), was, wann, wo, wie und warum? Leser*innen erfahren gleich, worum es geht.
- Dann beginnt das Schreiben: Die wichtigsten Informationen und das Neue stehen vorne, nach unten werden die Informationen nebensächlicher (dann kann der Text von hinten gekürzt werden).
- Gedanken und Informationen logisch gliedern, aufeinander aufbauen.
- Zwischendurch zu den Aussagen ein paar Fakten bringen, Zahlen oder eine Tabelle/Grafik.
- Zitate lockern den Text auf (Namen und Vornamen beim ersten Nennen vollständig und korrekt mit Funktion und Titel angeben).
- Am besten formulieren, wie der Schnabel gewachsen ist, keine unnötigen Wiederholungen, Wort- und Satzungetüme.
- Fachausdrücke vermeiden oder griffig erläutern.
- In der Kürze liegt die Würze: Meldungen (Schrift 11 Punkt, 1,5 Zeilenabstand) höchstens (!) eine halbe Seite, 500 bis max. 2000 Zeichen mit Leerzeichen. Ein Artikel sollte eine oder anderthalb gedruckte Seiten umfassen, mehr nicht. Es sei denn, es handelt sich um eine Fachzeitschrift, die ausdrücklich mehr verlangt.
- Unten immer Datum, Autor*in mit vollem Namen und Funktion sowie Kontaktdaten nennen.

11. Praxistipp: In Beratungen Distanz wahren!

Die Schwerbehindertenvertretung ist nicht nur fachlich, sondern auch menschlich gefordert. In Beratungsgesprächen kommen oft persönliche Nöte und Ängste zur Sprache, die im Zusammenhang mit Gesundheitsproblemen, Krankheiten und langen Leidenswegen entstehen können. Die Betroffenen sind neben den beruflichen häufig auch finanziellen, familiären und psychischen Belastungen ausgesetzt, die sie ihrer Schwerbehindertenvertretung offenbaren: Endlich hört jemand zu! Das öffnet den Mund und das Herz – auch für tiefer liegende Probleme.

Für neu gewählte Vertrauenspersonen ist das bisweilen eine überraschende, irritierende Erfahrung, die auch Hilflosigkeit, Überforderung und Handlungsunsicherheit auslöst.

Wichtig zu wissen: Die Vertrauensperson hört zu, bleibt aber neutral und wahrt Distanz! Sie kann sich mitmenschlichen Problemen nicht persönlich widmen, damit würde sie ihre Rolle und ihr Aufgabengebiet überschreiten. Es gehört zum Handwerk, in Beratungsgesprächen auch Grenzen zu ziehen und Nein zu sagen. Die Vertrauensperson ist zuständig für die betrieblichen Belange der Betroffenen und für die Sicherung ihrer Teilhabe am Arbeitsleben. Diese Aufgaben möglichst optimal zu erfüllen ist ihr Beitrag zur Problemlösung.

Die Schwerbehindertenvertretung hört zu, sie nimmt Probleme ernst, aber hält sich selbst mit Ratschlägen und Bewertungen zurück! In akuten Notlagen und bei Bedarf nennt sie weiterführende Hilfen und Anlaufstellen, die für bestimmte Probleme und Notlagen gerüstet sind: Die betriebliche Sozialberatung, die Konfliktberatung, sozialpsychologische Beratungsstellen der Kommunen, Kreise und Städte, Selbsthilfegruppen, gewerkschaftliche Einrichtungen, Suchtberatungs- oder Schuldnerberatungsstellen sowie andere Einrichtungen. Die Schwerbehindertenvertretung weist als Lotse Wege, kann Betroffene aber nicht bei der Hand nehmen und führen. Vielmehr macht sie klar, dass Eigeninitiative ein Baustein zur Problemlösung ist: Du kannst dir helfen lassen, wenn du selbst den Weg zur Hilfe einschlägst.

Jede Schwerbehindertenvertretung legt sich am besten eine Kartei an: mit einschlägigen Beratungsangeboten, Therapiezentren und Anlaufstellen von hoher Relevanz – sowohl im Betrieb als auch außerhalb. Mit zunehmender Erfahrung im Amt wachsen die Sicherheit und die Kompetenz im Umgang mit den mitmenschlichen Nöten. Zum Vertiefen und Systematisieren sozialer Kompetenzen gehört der Besuch von Fortbildungen und Seminaren: Verhandlungs- und Gesprächsführung, Aufgaben- und Rollenklarheit der Schwerbehindertenvertretung, Umgang mit Suchtkranken und psychisch angeschlagenen/erkrankten Menschen etc. Für sich holt die Schwerbehindertenvertretung am besten Rat bei ihrer Gewerkschaft, in Arbeitskreisen, beim Integrationsamt oder bei einem Integrationsfachdienst ein.

VI. Gesetzliche Handlungsgrundlagen für die Vertretung schwerbehinderter Menschen

Zum Schutz **gegen Benachteiligung und Ausgrenzung** und zur **Förderung** von Beschäftigten mit Behinderungen sind risikobegrenzende Maßnahmen nötig, die nur durch **rechtliche und sozialpolitische Eingriffe** in die unternehmerische Freiheit erreicht werden können. Zu diesem Zweck fordert das in Deutschland geltende Recht der Menschen mit Behinderungen eine umfassende gesellschaftliche und betriebliche Teilhabe und Gleichstellung, vgl. § 1 Sozialgesetzbuch (SGB) IX.
Diese Prinzipien kommen auch in den **zentralen Zielen des SGB IX** (1. und 3. Teil) zum Ausdruck:

- Zugang zu Rehabilitation für chronisch kranke und von Behinderung bedrohte Menschen herstellen,
- bestehende Beschäftigungsverhältnisse schwerbehinderter und gleichgestellter Beschäftigter sichern,
- behinderungsgerechte Arbeitsbedingungen schaffen,
- Gesundheit und Beschäftigung erhalten,
- arbeitslose Menschen mit Behinderungen beruflich eingliedern.

Die wichtigsten Bestimmungen des **SGB IX** legen für die Arbeitgeber besondere **Verpflichtungen** gegenüber Beschäftigten mit Behinderungen fest. Das SGB IX ist gleichzeitig die rechtliche Grundlage für die **Tätigkeit der Schwerbehindertenvertretung**.
Wie viel von der gesetzlichen Wirkung bei den Beschäftigten mit Behinderungen in der Praxis ankommt, entscheidet sich auch durch das Engagement, die Durchsetzungskraft und die Konfliktbereitschaft des Betriebs- bzw. Personalrats und der Schwerbehindertenvertretung.

1. Sozialgesetzbuch IX

a. Ziele des SGB IX

Grundlage des Rechts der Menschen mit Behinderungen ist das Leitbild der **gesellschaftlichen und beruflichen Gleichstellung und Teilhabe.** Mit anderen Worten, ihre umfassende Rehabilitation und Inklusion in Arbeit, Beruf und Gesellschaft, unabhängig von der Art oder Ursache der Behinderung.

Mit dem Inkrafttreten des SGB IX (2001) wurden die zuvor zersplitterten Regelungen zur Rehabilitation und Teilhabe von Menschen mit Behinderung systematisch zusammengeführt und in wesentlichen Punkten weiterentwickelt. Das grundlegende Ziel des SGB IX geht bereits aus dessen Titel »Rehabilitation und Teilhabe von Menschen mit Behinderungen« hervor. Nach § 1 Satz 1 SGB IX erhalten Menschen mit Behinderungen oder von Behinderung bedrohte Menschen Leistungen des SGB IX, um ihre **volle, wirksame und gleichberechtigte Teilhabe** am Leben in der Gesellschaft zu fördern.[1]

Was darunter konkret zu verstehen ist, wird vom Gesetz nicht definiert. Als Auslegungshilfe dient der in § 2 Abs. 1 Satz 1 SGB IX normierte Behinderungsbegriff. Seit dem 1.1.2018 sind Menschen mit Behinderungen Menschen, die in Wechselwirkung mit einstellungs- und umweltbedingten Barrieren an der gleichberechtigten Teilhabe in der Gesellschaft für einen nicht nur vorübergehenden Zeitraum gehindert sind.

Der Internationalen Klassifikation der Funktionsfähigkeit, Behinderung und Gesundheit (ICF) zufolge meint Teilhabe das Einbezogensein in eine Lebenssituation. Ferner soll die Selbstbestimmung der Menschen mit Behinderungen und der von Behinderung bedrohten Menschen gestärkt werden. Durch Leistungen zur Teilhabe oder bestimmte Verfahrensgrundsätze soll eine möglichst **selbstständige und selbstbestimmte Lebensführung** ermöglicht werden. Dieser teilhabeorientierte und menschenwürdige Ansatz ist Ausdruck des Paradigmenwechsels von bevormundender Fürsorge hin zu einer **inklusiven Gesellschaft**.[2] Dabei wird auch das grundgesetzliche **Verbot der Benachteiligung** aufgrund einer Behinderung in konkrete Rechtsansprüche für Menschen mit Behinderungen umgesetzt.

---

1 Ausführlicher zu den verschiedenen Zielen des SGB IX: FKS-*Kohte*, Einleitung, Rn. 59ff.; Lachwitz/Schellhorn/Welti/*Lachwitz/Welti*, HK-SGB IX, Einführung, Rn. 52ff.

2 BT-Drs. 14/5074, S. 92; BT-Drs. 15/4575, S. 16f.

Exkurs: Allgemeines Gleichbehandlungsgesetz (AGG)

Das »Allgemeine Gleichbehandlungsgesetz« (AGG) bezweckt den Schutz vor Benachteiligungen. Es ist am 18.8.2006 als Artikel 1 des »Gesetzes zur Umsetzung europäischer Richtlinien zur Verwirklichung des Grundsatzes der Gleichbehandlung« in Kraft getreten.

Es dient der Umsetzung von vier erlassenen Antidiskriminierungsrichtlinien der Europäischen Union:

- Richtlinie 2000/43/EG des Rats vom 29.6.2000 zur Anwendung des Gleichbehandlungsgrundsatzes ohne Unterschied der Rasse oder der ethnischen Herkunft,
- Richtlinie 2000/78/EG des Rats vom 27.11.2000 zur Festlegung eines allgemeinen Rahmens für die Verwirklichung der Gleichbehandlung in Beschäftigung und Beruf,
- Richtlinie 2002/73/EG des Europäischen Parlaments und des Rats vom 23.9.2002 zur Änderung der Richtlinie 76/207/EWG des Rats zur Verwirklichung des Grundsatzes der Gleichbehandlung von Männern und Frauen hinsichtlich des Zugangs zur Beschäftigung, zur Berufsbildung und zum beruflichen Aufstieg sowie in Bezug auf die Arbeitsbedingungen,
- Richtlinie 2004/113/EG des Rats vom 13.12.2004 zur Verwirklichung des Grundsatzes der Gleichbehandlung von Männern und Frauen beim Zugang zu und bei der Versorgung mit Gütern und Dienstleistungen.

Das AGG schützt dementsprechend nicht nur die Gruppe der Menschen mit Behinderungen, sondern auch die in den EU-Richtlinien genannten anderen vor Diskriminierung zu schützenden Gruppen aus Gründen der Rasse, der ethnischen Herkunft, des Geschlechts, der Religion oder Weltanschauung, des Alters oder der sexuellen Identität (vgl. Art. 19 Abs. 1 AEUV, § 1 AGG).

Mit dem AGG wurde der besondere arbeitsrechtliche Diskriminierungsschutz für schwerbehinderte Menschen aus § 164 Abs. 2 SGB IX nochmals formuliert: »Arbeitgeber dürfen schwerbehinderte Beschäftigte nicht wegen ihrer Behinderung benachteiligen. Im Einzelnen gelten hierzu die Regelungen des Allgemeinen Gleichbehandlungsgesetzes.« Damit wird das AGG in seinen auf Menschen mit Behinderungen bezogenen arbeitsrechtlichen Teilen mit dem SGB IX verknüpft. Kernstück des AGG ist das Benachteiligungsverbot, das in § 7 AGG für das Arbeitsrecht und in § 19 AGG für den allgemeinen Zivilrechtsverkehr verankert ist. Definitionen des Begriffs der Benachteiligung finden sich in § 3 AGG. Das Benachteiligungsverbot gilt hinsichtlich der arbeitsrechtlichen Vorschriften für die Arbeitgeber. Bei Verstößen gegen das Benachteiligungsverbot gewähren §§ 15, 21 AGG der diskriminierten Person Entschädigungsansprüche, die allerdings im dort geregelten Verfahren (arbeits-)gerichtlich geltend gemacht werden müssen.

Der Geltungsbereich des AGG umfasst auch den öffentlichen Dienst (§ 24 AGG). Für Klagen von Beamt*innen und Richter*innen – z.B. auf Schadens-

ersatz oder Entschädigung nach § 15 Abs. 1, 2 AGG – ist der Verwaltungsrechtsweg nach § 40 Abs. 2 VwGO eröffnet.
Der zusätzliche Diskriminierungsschutz durch das AGG schützt in dieser spezifischen Form nicht nur schwerbehinderte Menschen (§ 2 Abs. 2 SGB IX), sondern auch Menschen mit Behinderungen, deren Grad der Behinderung (GdB) kleiner als 50 ist. Der Schutz wirkt bei entsprechender Einforderung per Klage auch in Betrieben, die nicht der Beschäftigungspflicht nach dem SGB IX (§ 154 SGB IX) oder dem allgemeinen Kündigungsschutzgesetz unterliegen. Bei Diskriminierungsklagen sind die besonderen Fristen des AGG zu beachten (in der Regel zwei Monate, vgl. §§ 15 Abs. 4, 21 Abs. 5 AGG).
Die Verhinderung von Diskriminierung gehört zu den Aufgaben der Schwerbehindertenvertretung (§ 178 SGB IX), die Regelungen des AGG sind dabei mit einzubeziehen.

Mit dem SGB IX wurde bewusst das bestehende gegliederte System des Sozialrechts, in dem Sozialleistungen von verschiedenen Sozialleistungsträgern nach spezifischen Systemzusammenhängen erbracht werden, beibehalten. Die Vorschriften des SGB IX dienen daher insbesondere der **Koordinierung** bereits bestehender Regelungen im Zusammenhang mit Rehabilitation und Behinderung und enthalten nur sehr vereinzelt konkrete Leistungsansprüche (z. B. Arbeitsassistenz, § 185 Abs. 5 SGB IX; Teil 2: Recht der Eingliederungshilfe, §§ 90ff. SGB IX). Ziel war es, die Unübersichtlichkeit des bis dahin bestehenden Rehabilitationsrechts zu beseitigen und die Zusammenarbeit der beteiligten Sozialleistungsträger z. B. durch Vorschriften zur Zuständigkeitsklärung zu verbessern. Das SGB IX nimmt damit – ähnlich wie das SGB I, SGB IV und SGB X – eine bereichsübergreifende Funktion ein und bildet **eine Art Dach der Rehabilitation und Teilhabe**.[3]
Die besonderen Regelungen zur Teilhabe schwerbehinderter Menschen im dritten Teil des SGB IX sollen dazu beitragen, die Chancengleichheit schwerbehinderter Menschen im Arbeitsleben nachhaltig zu verbessern. Die wichtigsten Ziele des Schwerbehindertenrechts sind bestehende Beschäftigungsverhältnisse zu sichern, behinderungsgerechte Arbeitsbedingungen zu schaffen, Benachteiligungen wegen der Behinderung zu verhindern und schwerbehinderte Arbeitslose beruflich einzugliedern.
Schließlich dient das SGB IX auch der **Umsetzung der UN-Behindertenrechtskonvention** (Übereinkommen der Vereinten Nationen über die Rechte von Menschen mit Behinderungen; UN-BRK). Die UN-BRK ist 2009 durch Ratifizierung in Deutschland in Kraft getreten. Sie enthält kei-

3 BT-Drs. 14/5074, S. 92ff.; dazu auch FKS-*Kohte*, Einleitung, Rn. 5ff.

ne Sonderrechte für Menschen mit Behinderungen, sondern spezifiziert die ohnehin bestehenden Menschenrechte auf die besondere Situation von Menschen mit Behinderungen. Deutschland ist wie andere Vertragsstaaten, die diesen völkerrechtlichen Vertrag ratifiziert haben, an die Vorgaben der Konvention gebunden. In der deutschen Rechtsordnung haben derartige völkerrechtliche Regelungen den Rang eines einfachen Bundesgesetzes (Art. 25 Grundgesetz). Gleichwohl müssen die Vorgaben der Konvention durch nationales Recht umgesetzt und konkretisiert werden, da eine unmittelbare Wirkung der Konvention nur in einzelnen Fällen bejaht wird.[4]

Die genannten Ziele sind stets bei der Auslegung der Regelungen des SGB IX zu berücksichtigen. Im Fokus steht also immer der Mensch mit Behinderung bzw. der von Behinderung bedrohte Mensch mit seinem individuellen Bedarf.

b. Teilhabeleistungen und Leistungsgruppen

Nach § 1 Satz 1 SGB IX erhalten Menschen mit Behinderungen oder von Behinderung bedrohte Menschen Leistungen, um ihre Selbstbestimmung und ihre **volle, wirksame und gleichberechtigte Teilhabe** am Leben in der Gesellschaft zu fördern, Benachteiligungen zu vermeiden oder ihnen entgegenzuwirken. Diese Leistungen umfassen die notwendigen Sozialleistungen, um unabhängig von der Ursache der Behinderung diese abzuwenden, zu beseitigen, zu mindern, ihre Verschlimmerung zu verhüten oder ihre Folgen zu mildern (§ 4 Abs. 1 Nr. 1 SGB IX). Sie sollen außerdem Einschränkungen der Erwerbsfähigkeit oder Pflegebedürftigkeit vermeiden, überwinden, mindern oder eine Verschlimmerung verhüten und den vorzeitigen Bezug anderer Sozialleistungen vermeiden oder laufende Sozialleistungen mindern (§ 4 Abs. 1 Nr. 2 SGB IX). Leistungen zur Teilhabe sollen auch die Teilhabe am Arbeitsleben entsprechend der individuellen Neigungen und Fähigkeiten dauerhaft sichern (§ 4 Abs. 1 Nr. 3 SGB IX), die persönliche Entwicklung ganzheitlich fördern und die Teilhabe am Leben in der Gesellschaft sowie eine möglichst selbstständige und selbstbestimmte Lebensführung ermöglichen und erleichtern (§ 4

---

4 Angenommen wird eine unmittelbare Wirkung z. B. teilweise beim Diskriminierungsverbot (Art. 5 Abs. 2 UN-BRK i. V. m. speziellen Diskriminierungsverboten aus Art. 24 Abs. 1, Art. 25 Abs. 1 oder Art. 27 Abs. 1 lit. a) UN-BRK; dazu auch Kreutz/Lachwitz/Trenk-Hinterberger/*Trenk-Hinterberger*, Die UN-Behindertenrechtskonvention in der Praxis, Einführung, Rn. 33, 35, Art. 19, Rn. 9.

Abs. 1 Nr. 4 SGB IX). Dazu werden die Leistungen zur Teilhabe in verschiedene Leistungsgruppen eingeteilt.
Nach § 5 SGB IX gibt es

- Leistungen zur medizinischen Rehabilitation nach §§ 42 bis 48 SGB IX,
- Leistungen zur Teilhabe am Arbeitsleben nach §§ 49 bis 63 SGB IX,
- unterhaltssichernde und andere ergänzende Leistungen nach §§ 64 bis 74 SGB IX,
- Leistungen zur Teilhabe an Bildung nach § 75 SGB IX sowie
- Leistungen zur sozialen Teilhabe nach §§ 76 bis 84 SGB IX.

c. Leistungen zur Teilhabe am Arbeitsleben

Leistungen zur Teilhabe am Arbeitsleben (LTA) werden erbracht, um die Erwerbsfähigkeit von Menschen mit Behinderungen oder von Behinderung bedrohter Menschen zu erhalten, zu verbessern, herzustellen oder wiederherzustellen und ihre Teilhabe am Arbeitsleben dauerhaft zu sichern. Geregelt werden sie in **§§ 49** bis **63 SGB IX**. Dazu gehören insbesondere Leistungen, die bei der Erhaltung oder Erlangung eines Arbeitsplatzes helfen, individuell betrieblich qualifizieren, Information und Beratung bieten sowie lebenspraktische oder motorische Fähigkeiten trainieren.
Zu den LTA gehören sowohl **Leistungen an die Arbeitgeber** (z. B. Eingliederungszuschüsse, Zuschüsse für Arbeitshilfen)[5] als auch an die **Leistungsberechtigten** (z. B. notwendige Arbeitsassistenz, behinderungsbedingt erforderliche Hilfsmittel, Jobcoaching).
LTA, die nicht auf dem allgemeinen Arbeitsmarkt erbracht werden, werden in Einrichtungen der beruflichen Rehabilitation (Berufsbildungswerke, Berufsförderungswerke, vergleichbare Einrichtungen, Werkstätten für behinderte Menschen [WfbM]) geleistet. Menschen mit Behinderungen, die Anspruch auf Leistungen nach den §§ 57, 58 SGB IX haben, können diese auch bei einem anderen Leistungsanbieter in Anspruch nehmen. Darüber hinaus stehen bspw. das »Budget für Arbeit« (siehe unten) und das »Budget für Ausbildung« (siehe ebenfalls unten) zur Verfügung.

Für das Arbeitsleben bestimmt das SGB IX

1. **Geschützter Personenkreis**
   - Als behindert gilt, wer körperliche, seelische, geistige oder Sinnesbeeinträchtigungen hat, die ihn in Wechselwirkung mit einstel-

5 Ausführlicher Deinert/Welti/Luik/Brockmann/*Luik*, SWK-BR 2022, Leistungen an Arbeitgeber.

lungs- und umweltbedingten Barrieren an der gleichberechtigten Teilhabe an der Gesellschaft länger als sechs Monate hindern können (§ 2 Abs. 1 Satz 1 SGB IX).
- Besondere Regelungen gelten für schwerbehinderte Menschen und ihnen gleichgestellte Menschen (§ 2 Abs. 2, 3 und § 151 SGB IX).
- Frauen und Kinder mit Behinderungen dürfen im Vergleich zu nicht behinderten Frauen und Kindern sowie Frauen mit Behinderungen im Vergleich zu Männern mit Behinderungen nicht schlechter gestellt sein. Ihre besonderen Bedürfnisse und Probleme müssen bei der Erbringung von Rehabilitationsleistungen und im Erwerbsleben berücksichtigt werden (§ 1 Satz 2 und § 49 Abs. 2 SGB IX).

2. **Feststellung einer Behinderung (§ 152 SGB IX)**
   - Der GdB wird von den Versorgungsämtern (oder von der nach Landesrecht zuständigen Behörde) festgestellt. Der Bescheid, mit dem der GdB festgestellt wird, beschreibt auch die Ursachen der Behinderung. Diese müssen aber gegenüber Dritten nicht offengelegt werden.
3. **Pflichten der Arbeitgeber** (dazu auch unter 7.)
   - Die Beschäftigungspflicht (§ 154 SGB IX): Private und öffentliche Arbeitgeber mit jahresdurchschnittlich monatlich mindestens 20 Arbeitsplätzen im Sinne des § 156 SGB IX haben ein Anteil von wenigstens 5 Prozent (»Pflichtquote«) mit schwerbehinderten Menschen zu besetzen.[6]
   - Die Pflicht zur Zahlung einer Ausgleichsabgabe (je nach Beschäftigungsquote zwischen 155 und 815 Euro monatlich je unbesetztem Pflichtplatz), wobei die Zahlung nicht von der Beschäftigungspflicht entbindet (§ 160 SGB IX).
   - Das Verbot der Diskriminierung wegen einer Behinderung (§ 164 Abs. 2 SGB IX), sowohl bei der Einstellung als auch bei den beruflichen Aufstiegsmöglichkeiten.
   - Eine besondere Fürsorge- und Förderungspflicht gegenüber schwerbehinderten Beschäftigten (§ 164 Abs. 3, 4 SGB IX), sodass sie ihre Fähigkeiten und Kenntnisse bestmöglich anwenden und weiterentwickeln können.
   - Die Verpflichtung des Arbeitgebers zum Abschluss einer Inklusionsvereinbarung (§ 166 SGB IX) mit der Schwerbehindertenvertretung und dem Betriebs- oder Personalrat.

6 Vgl. zu den weiteren Einzelheiten: § 154 Abs. 1 SGB IX.

- Die Präventionspflichten des Arbeitgebers (§ 167 SGB IX): Er muss bei Beschäftigungs- und Gesundheitsproblemen frühzeitig handeln, z. B. durch Änderung der Arbeitsaufgabe und des Arbeitsplatzes oder durch die Inanspruchnahme finanzieller Unterstützung des Integrationsamts für begleitende Hilfen am Arbeitsplatz.

4. **Rechte von Menschen mit Behinderungen im Betrieb**
   - Die Ansprüche schwerbehinderter Beschäftigter gegenüber ihrem Arbeitgeber (§ 164 Abs. 4, 5 SGB IX) auf einen behinderungsgerechten Arbeitsplatz, Arbeitshilfen, inner- und außerbetriebliche Weiterbildung und Teilzeitarbeitsmöglichkeiten.
   - Der besondere Kündigungsschutz nach §§ 168 bis 175 SGB IX geht über andere Regelungen im Kündigungsschutz hinaus. Dieser gilt für alle Beschäftigten, die schwerbehindert und im Besitz eines Schwerbehindertenausweises bzw. diesen gleichgestellt sind oder die zum Zeitpunkt der Kündigung bereits einen Antrag auf Anerkennung als schwerbehinderter Mensch beim Versorgungsamt (oder von der nach Landesrecht zuständigen Behörde) oder einen Antrag auf Gleichstellung beim Arbeitsamt gestellt haben (und später die Anerkennung bzw. Gleichstellung erhalten).[7]
   - Der Rechtsanspruch schwerbehinderter Menschen auf Kostenübernahme notwendiger Arbeitsassistenz durch das Integrationsamt (§ 185 Abs. 5 SGB IX).
   - Das Recht auf Freistellung von Mehrarbeit (§ 207 SGB IX) zur Vermeidung übermäßiger Belastung und damit zum Schutz der Leistungsfähigkeit schwerbehinderter Menschen.
   - Der Anspruch auf Gewährung von Zusatzurlaub (§ 208 SGB IX) von in der Regel fünf Arbeitstagen im Urlaubsjahr. Diese Regelung gilt für gleichgestellte behinderte Menschen nicht, § 151 Abs. 3 SGB IX.
5. **Interessenvertretung von Menschen mit Behinderungen**
   - Die Vertrauensperson der schwerbehinderten Menschen im Betrieb bzw. in der Dienststelle (wählbar ab fünf schwerbehinderten Beschäftigten, die nicht nur vorübergehend beschäftigt sind; § 177 SGB IX) hat als eigene Institution neben dem Betriebs- bzw. Personalrat zahlreiche Aufgaben zur Interessenvertretung von Menschen mit Behinderungen wahrzunehmen (§ 178 SGB IX).

7 Vgl. dazu *Giese*, Beitrag B6–2013 unter *www.reha-recht.de*.

6. **Erweiterte Möglichkeiten der Unterstützung bei Krankheit und Behinderung**
   - Die stufenweise Wiedereingliederung (§ 44 SGB IX) an den Arbeitsplatz ist für alle Bereiche der medizinischen Rehabilitation vorgesehen.
   - Durch die begleitende Hilfe im Arbeitsleben des Integrationsamts (§ 185 Abs. 1 Satz 1 Nr. 3 SGB IX), durch berufsfördernde Leistungen der Bundesagentur für Arbeit (§ 187 Abs. 1 Nr. 3 SGB IX), durch beauftragte externe Fachdienste sowie durch die behinderungsgerechte Gestaltung (Einrichtung, Unterhaltung und Ausstattung) von Arbeitsplätzen (§ 164 Abs. 4 Satz 1 Nr. 4, 5 SGB IX).

d. Rehabilitationsträger

Erbracht werden die Leistungen zur Teilhabe von den **Rehabilitationsträgern** (§ 6 Abs. 1 SGB IX). Rehabilitationsträger sind die gesetzlichen Krankenkassen, die Bundesagentur für Arbeit, die Träger der gesetzlichen Unfallversicherung, die Träger der gesetzlichen Rentenversicherung und Träger der Alterssicherung der Landwirte, die Träger der Sozialen Entschädigung und der Träger der Soldatenentschädigung, die Träger der öffentlichen Jugendhilfe sowie die Träger der Eingliederungshilfe.
Den Rehabilitationsträgern werden einzelne Leistungsgruppen (§ 5 SGB IX) zugeordnet, für die sie jeweils zuständig sein können (z. B. die gesetzliche Krankenkasse für Leistungen zur medizinischen Rehabilitation und für unterhaltssichernde und ergänzende Leistungen). Die Zuordnung unterschiedlicher Leistungsgruppen ist Ausdruck des gegliederten Systems des Sozialrechts, in dem Leistungen durch verschiedene Sozialleistungsträger je nach deren spezifischen Systemzusammenhängen erbracht werden.[8]

e. Koordination und Kooperation

Zu den wesentlichen Zielen des SGB IX gehört die **Koordination und Kooperation** der Rehabilitationsträger.[9] Bis auf Teil 2 (Recht der Eingliederungshilfe) stellt das SGB IX daher kaum ein Leistungsrecht, sondern vielmehr koordinierendes Recht dar (§ 7 Abs. 1 Satz 3 SGB IX, vgl. oben).

---

8 BT-Drs. 14/5074, S. 99f.

9 Dazu auch Deinert/Welti/Luik/Brockmann/*Ulrich*, SWK-BR 2022, Kooperation der Leistungsträger.

So richten sich die konkreten Leistungsvoraussetzungen der Leistungen zur Teilhabe nach den jeweiligen Leistungsgesetzen der Rehabilitationsträger, wie dem SGB VI (gesetzliche Rentenversicherung) oder dem SGB VII (gesetzliche Unfallversicherung). Daneben gelten die Vorschriften des SGB IX Teil 1 für die Leistungen zur Teilhabe, soweit sich aus den jeweiligen Leistungsgesetzen der Rehabilitationsträger nichts anderes ergibt (§ 7 Abs. 1 Satz 1 SGB IX).
Die allgemeine Zusammenarbeit der Rehabilitationsträger ergibt sich aus § 25 SGB IX. Welcher Rehabilitationsträger **im konkreten Einzelfall zuständig** ist, ergibt sich aus **§ 14 SGB IX**. Danach hat der Rehabilitationsträger, bei dem Leistungen zur Teilhabe beantragt werden, **innerhalb von zwei Wochen** festzustellen, ob er nach dem für ihn geltenden Leistungsgesetz zuständig sein kann. Ansonsten ist der Antrag weiterzuleiten. Eine inhaltliche Entscheidung, ob tatsächlich eine Leistung gewährt wird, ist damit nicht verbunden.

2. Interessenvertretungen

Beschäftigungsrisiken sowie soziale Risiken treffen ganz besonders schutzbedürftige Personen bzw. Personengruppen in der Belegschaft. Menschen mit Behinderungen, ältere und gesundheitsbeeinträchtigte Beschäftigte, Menschen mit Migrationsgeschichte und Frauen.
Die Arbeiterbewegung hat zum Schutz der Beschäftigten in den letzten Jahrzehnten risikobegrenzende Maßnahmen erkämpft. Die heutigen Arbeits- und Sozialgesetze umfassen hierzu verschiedene Schutzregelungen, z. B. für Zeiten der Erwerbslosigkeit (insbesondere SGB III, Kündigungsschutzgesetz), der Krankheit (insbesondere SGB V), nach Eintritt eines Schadens (Berufskrankheit, Unfall; insbesondere SGB VII) oder in besonderen Notlagen (SGB II und SGB XII). Die arbeitsrechtlichen Regelungen regeln vor allem das Arbeitsverhältnis (Arbeitsvertrag), den Gesundheitsschutz am Arbeitsplatz, die Rahmenbedingungen der Tarifverträge und die Mitbestimmung. Die arbeits- und sozialrechtlichen Vorschriften setzen Mindestbedingungen fest und regeln die Mindestverpflichtungen der Arbeitgeber.
Ob aus gesetzlich verbrieften Mindestansprüchen auch tatsächliche Rechte für Beschäftigte werden, hängt auch von der Durchsetzungskraft der betrieblichen Interessenvertretungen ab. Dies gilt auch für die Rechte von Menschen mit Behinderungen in Betrieben und Verwaltungen, die nur Wirkung entfalten können, wenn sie auch wirksam durchgesetzt werden.

Zentrale Garanten für diese Ziele sind Betriebsräte, Personalräte und Schwerbehindertenvertretungen, deren Interessenvertretungsaufgaben durch einen jeweils eigenen gesetzlichen Rahmen festgelegt sind. Durch ihre allgemeine und besondere Interessenvertretung nehmen die Beschäftigten mit Behinderungen Einfluss auf ihre betrieblichen Belange. Es geht in der Praxis darum, wie wirksam die betriebliche Interessenvertretung ihren Gestaltungsspielraum nutzen und ihre Einflussmöglichkeiten im betrieblichen und gesellschaftlichen Kräfteverhältnis zur Geltung bringen kann.

Das Betriebsverfassungsgesetz (BetrVG), die Bundes- und Landespersonalvertretungsgesetze und das SGB IX begründen Rechte und Pflichten für die Interessenvertretungen und legen die Möglichkeiten der Einflussnahme in abgestufter Reichweite als Kontrolle (Überwachungsrechte, Informationsrechte), als Mitwirkung und als Mitbestimmung fest. Hinzu kommen grundlegende Bestimmungen zur allgemeinen Stellung der Betriebs- und Personalräte und der Schwerbehindertenvertretung gegenüber dem Arbeitgeber.

3. Die Schwerbehindertenvertretung

Die Schwerbehindertenvertretung ist die gewählte Interessenvertretung der schwerbehinderten und gleichgestellten Beschäftigten (§§ 177 bis 180 SGB IX) in Betrieben, Unternehmen sowie Dienststellen. Im SGB IX wird sie auch als die Vertrauensperson schwerbehinderter Menschen bezeichnet. In Betrieben und Dienststellen, in denen wenigstens fünf schwerbehinderte Menschen nicht nur vorübergehend beschäftigt werden, ist neben der Schwerbehindertenvertretung wenigstens eine Stellvertretung zu wählen (§ 177 Abs. 1 Satz 1 SGB IX, siehe dazu weiter unten).

§ 180 SGB IX regelt die folgenden Stufenvertretungen, die je nach Organisationsstruktur zu wählen sind:

- Gesamtschwerbehindertenvertretung für mehrere Betriebe eines Arbeitgebers oder für den Geschäftsbereich mehrerer Dienststellen (Abs. 1),
- Konzernschwerbehindertenvertretung für mehrere Unternehmen eines Konzerns (Abs. 2),
- Bezirksschwerbehindertenvertretung bei Mittelbehörden mit mehreren nachgeordneten Dienststellen (Abs. 3) und
- Hauptschwerbehindertenvertretung bei den obersten Dienstbehörden (Abs. 4).

a. Rechtsstellung

Die Rechtsstellung der Schwerbehindertenvertretung auf diesen unterschiedlichen Ebenen entspricht derjenigen des Betriebs- bzw. Personalrats und ist in § 179 SGB IX geregelt. Diese Vorschrift unterstreicht die **selbstständige Stellung** der Schwerbehindertenvertretung. Sie führt das Amt **frei von Weisungen**. Weder der Arbeitgeber noch der Betriebs- bzw. Personalrat können der Schwerbehindertenvertretung in dieser Funktion Weisungen erteilen, an die sie sich zu halten hätte. Sie können nur Anregungen geben, denen die Schwerbehindertenvertretung folgen kann, aber nicht muss. Das Gleiche gilt für das Verhältnis Integrationsamt, Agentur für Arbeit, übrige Rehabilitationsträger auf der einen Seite und der Schwerbehindertenvertretung auf der anderen Seite.
Das Amt der Vertrauensperson ist ein **Ehrenamt**, in dessen Ausübung sie nicht behindert werden darf. Wegen ihres Amts dürfen die Vertrauenspersonen weder benachteiligt noch begünstigt werden. Das Behinderungs-, Benachteiligungs- und Begünstigungsverbot nach § 179 Abs. 2 SGB IX entspricht der Regelung für Betriebs- und Personalräte (§ 78 Satz 2 BetrVG, § 10 BPersVG).
Das Behinderungsverbot richtet sich nicht nur gegen den Arbeitgeber, sondern auch gegen alle Beschäftigten innerhalb des Betriebs bzw. der Dienststelle sowie gegen außerbetriebliche Stellen wie das Integrationsamt, die Arbeitsagentur und anderen Stellen. Unter Behinderungsverbot ist nicht nur die direkte Behinderung der Amtstätigkeit der Schwerbehindertenvertretung zu verstehen, sondern auch eine mangelnde Unterstützung.
Von der beruflichen Tätigkeit freigestellte Vertrauenspersonen dürfen bei der Höhe des Lohns oder Gehalts gegenüber vergleichbaren Beschäftigten oder Bediensteten nicht benachteiligt werden. Ihre am Anfang der Freistellung festgelegte Lohn- bzw. Gehaltseinstufung muss sich entsprechend der Einstufung vergleichbarer Beschäftigter bzw. Bediensteter weiterentwickeln. Als eine **Benachteiligung** der Schwerbehindertenvertretung ist jede Schlechterstellung gegenüber vergleichbaren Beschäftigten oder Bediensteten vor allem bezogen auf die Ausübung ihrer beruflichen Tätigkeit zu verstehen. Das Benachteiligungsverbot gilt damit auch ausdrücklich für die berufliche Entwicklung der Vertrauenspersonen. Hieraus folgt, dass die Schwerbehindertenvertretung während ihrer Amtszeit die gleiche Förderung erfahren muss wie die mit ihr vergleichbaren Beschäftigten oder Bediensteten. Beruflicher Aufstieg und Beförderungen, die ohne die Tätigkeit als Schwerbehindertenvertretung wahrscheinlich eingetreten wären, sind zu berücksichtigen. Im öffentlichen Dienst darf

vor allem kein Ausschluss vom Bewährungsaufstieg und von Regelbeförderungen erfolgen. Nach Ende ihrer Amtszeit muss der Vertrauensperson Gelegenheit gegeben werden, unterbliebene Qualifizierungen nachzuholen.

Sind in Betrieben oder der Dienststelle in der Regel wenigstens 100 schwerbehinderte Menschen beschäftigt, hat die Vertrauensperson einen Anspruch darauf, auf ihren Wunsch hin freigestellt zu werden, § 179 Abs. 4 Satz 2 SGB IX.

Hinsichtlich von Bildungs- und Schulungsveranstaltungen ist der ersten Stellvertretung und allen herangezogenen Stellvertretenden die **Teilnahme an erforderlichen Schulungs- und Bildungsveranstaltungen**, soweit diese Kenntnisse für die Arbeit der Schwerbehindertenvertretung vermitteln, einzuräumen und sie sind dafür vom Arbeitgeber freizustellen (§ 179 Abs. 4 Satz 3 SGB IX). Erreicht werden soll damit, dass diese im Vertretungsfall auch die tatsächliche Fachkunde aufweisen. Dies ist insbesondere dann der Fall, wenn die vermittelten Kenntnisse der Schulungsveranstaltung notwendig sind, um aktuelle oder bevorstehende Aufgaben der Schwerbehindertenvertretung sachgerecht zu erfüllen.[10] Ob dies der Fall ist, haben die Mitglieder der Schwerbehindertenvertretung zu beurteilen.[11] Die Kosten der Schulungs- und Bildungsveranstaltungen trägt der Arbeitgeber (§ 179 Abs. 8 SGB IX).

Ebenso haben Schwerbehindertenvertretungen einen Anspruch auf **Unterstützung durch eine Bürokraft** (§ 179 Abs. 8 Satz 3 SGB IX).[12] Die Unterstützung muss erforderlich sein. Die Kosten für die Bürokraft trägt ebenfalls der Arbeitgeber. In der Gesetzesbegründung wird hierzu von einer Unterstützung in angemessenem Umfang gesprochen. Der Gesetzgeber honoriert damit die gestiegenen Anforderungen an die Schwerbehindertenvertretungen, die eine bessere personelle Ausstattung mit Hilfspersonal zur Wahrnehmung ihrer Aufgaben notwendig machen.[13]

---

10 Vgl. LAG Berlin-Brandenburg 9. 3. 2021 – 11 TaBV 1371/20, BeckRS 2021, 29862; LAG Sachsen-Anhalt 19. 2. 2014 – 4 TaBV 9/13, juris Rn. 152; angedeutet auch vom BAG 8. 6. 2016 – 7 ABR 39/14, juris Rn. 30; so auch *Palsherm*, SGb 07.17, 370 (371).

11 BAG 8. 6. 2016 – 7 ABR 39/14, juris Rn. 32.

12 Kritisch zu der im Gesetzgebungsverfahren geäußerten Idee, dass die Bürokraft des Betriebsrats »mitgenutzt« werden könnte *Palsherm*, SGb 07.17, 370 (372).

13 Vgl. BT-Drs. 18/9522, S. 315.

b. Überwachungsauftrag

Genau wie die Betriebs- und Personalräte nach § 176 SGB IX haben die Schwerbehindertenvertretungen nach § 178 Abs. 1 Satz 2 Nr. 1 SGB IX eine Überwachungspflicht, die sich zunächst auf die Durchführung des SGB IX (3. Teil) selbst bezieht.
Die Schwerbehindertenvertretung hat vor allem darauf zu achten, dass der Arbeitgeber seine Beschäftigungspflicht (§ 154 SGB IX) erfüllt und dass der Arbeitgeber gegenüber den einzelnen schwerbehinderten Menschen seinen Pflichten (§ 164 SGB IX) nachkommt.
Eine besondere Beschäftigungspflicht besteht gegenüber schwerbehinderten Menschen, die nach Art oder Schwere ihrer Behinderung besonders betroffen sind sowie gegenüber älteren schwerbehinderten Menschen (§ 155 Abs. 1 SGB IX). Auch bei der Besetzung von Ausbildungsplätzen sind schwerbehinderte Auszubildende angemessen zu berücksichtigen (§ 155 Abs. 2 SGB IX).
Die §§ 165 bis 167 SGB IX enthalten weitere Verpflichtungen des Arbeitgebers, deren Durchführung die Schwerbehindertenvertretung zu überwachen hat. Neben den besonderen Pflichten der öffentlichen Arbeitgeber nach § 165 SGB IX (z. B. Einladungspflicht zum Vorstellungsgespräch) und der Pflicht des Arbeitgebers zu präventiven Maßnahmen nach § 167 SGB IX, ist die Möglichkeit des Abschlusses von Inklusionsvereinbarungen nach § 166 SGB IX und das Initiativrecht der Schwerbehindertenvertretung zur Aufnahme von Verhandlungen über eine solche Vereinbarung von herausragender Bedeutung.
Der Überwachungsauftrag beschränkt sich aber nicht nur auf die Bestimmungen des SGB IX. Alle anderen, zugunsten der Beschäftigten geltenden Gesetze, Verordnungen, Tarifverträge, Unfallverhütungsvorschriften, Betriebs- und Dienstvereinbarungen betreffen schwerbehinderte Beschäftigte genauso. Es geht daher nicht nur um die Durchsetzung der speziell für die schwerbehinderten Menschen geschaffenen Gesetze, sondern um die Durchsetzung aller arbeitsrechtlichen Schutz- und Fördervorschriften.

Überwachungsauftrag	Gesetzliche Grundlage
Wird durch Beschäftigung und Einstellung von schwerbehinderten und gleichgestellten Menschen die gesetzliche Beschäftigungspflicht erfüllt?	§ 154 SGB IX
Werden besonders schwer betroffene schwerbehinderte Menschen bei Beschäftigung und Einstellung angemessen berücksichtigt?	§ 155 SGB IX
Führt der Arbeitgeber das Verzeichnis der schwerbehinderten und gleichgestellten Beschäftigten gemäß den gesetzlichen Vorgaben?	§ 163 Abs. 1 SGB IX
Erfüllt der Arbeitgeber seine Meldepflicht gegenüber der Agentur für Arbeit bis spätestens zum 31. März eines jeden Jahres?	§ 163 Abs. 2 SGB IX
Wird bei der Besetzung freier Arbeitsplätze geprüft, ob diese mit schwerbehinderten Menschen besetzt werden können?	§ 164 Abs. 1 SGB IX
Wird das Benachteiligungsverbot beachtet und eingehalten?	§ 164 Abs. 2 SGB IX
Wird schwerbehinderten Beschäftigten ausreichend Gelegenheit geboten, ihre Fähigkeiten und Kenntnisse einzusetzen und weiterzuentwickeln?	§ 164 Abs. 4 Nr. 1 SGB IX
Werden schwerbehinderte Beschäftigte bei Maßnahmen der innerbetrieblichen beruflichen Bildung bevorzugt berücksichtigt? In welcher Form wird ihnen die Teilnahme an außerbetrieblichen Maßnahmen erleichtert?	§ 164 Abs. 4 Nr. 2, 3 SGB IX
Wird auf die behinderungsgerechte Gestaltung der Arbeitsstätte unter Beachtung der Unfallgefahren geachtet?	§ 164 Abs. 4 Nr. 4 SGB IX
Sind die Arbeitsplätze für schwerbehinderte Beschäftigte mit den erforderlichen technischen Hilfsmitteln ausgestattet?	§ 164 Abs. 4 Nr. 5 SGB IX
Wird die Inklusionsvereinbarung eingehalten?	§§ 166, 241 Abs. 6 SGB IX
Beachtet der Arbeitgeber seine Verpflichtung zur Prävention? Werden angemessene Präventionsmaßnahmen durchgeführt?	§ 167 SGB IX

Überwachungsauftrag	Gesetzliche Grundlage
Werden aufgrund der Behinderung gewährte Renten rechtswidrig auf Lohn und Gehalt angerechnet?	§ 206 SGB IX
Werden schwerbehinderte Beschäftigte auf Verlangen von Mehrarbeit befreit?	§ 207 SGB IX
Wird der gesetzlich vorgeschriebene Zusatzurlaub gewährt?	§ 208 SGB IX

c. Initiativrechte

Die Initiativrechte der Schwerbehindertenvertretung ergeben sich
- aus dem umfangreichen Überwachungsauftrag,
- aus dem Auftrag, die Teilhabe schwerbehinderter Menschen am Arbeitsleben im Betrieb oder in der Dienststelle zu fördern sowie
- aus der Aufgabe, die individuellen und kollektiven Interessen der Beschäftigten mit Behinderungen zu vertreten.

Die Schwerbehindertenvertretung hat vor allem **Maßnahmen, die den schwerbehinderten Beschäftigten dienen**, bei den zuständigen Stellen zu beantragen (§ 178 Abs. 1 Nr. 2 SGB IX). Es handelt sich dabei nicht nur um ein Initiativrecht, sondern auch um eine Verpflichtung zum Tätigwerden und bestimmt, dass die Vertrauenspersonen von sich aus tätig werden können, ohne dass sie von einem schwerbehinderten Beschäftigten dazu aufgefordert werden müssen.

Zugleich können aber die im Betrieb bzw. die in der Dienststelle schwerbehinderten Beschäftigten oder Bediensteten sich jederzeit an die Schwerbehindertenvertretung wenden und Anregungen oder Beschwerden vorbringen (§ 178 Abs. 1 Nr. 3 SGB IX). Die Vertrauenspersonen sind dann verpflichtet, solche Anregungen und Beschwerden sachlich zu prüfen. Wenn sie sich als berechtigt erweisen, müssen die Vertrauenspersonen tätig werden. Die Schwerbehindertenvertretung kann sich dabei von den Betriebs- und Personalräten, von der Agentur für Arbeit, vom Integrationsamt und von der Gewerkschaft beraten lassen. Die Schwerbehindertenvertretung hat die schwerbehinderten Beschäftigten über den Stand und das Ergebnis ihres Tätigwerdens laufend zu unterrichten.

Auch auf einem weiteren wichtigen Gebiet gibt es ein Initiativrecht der Schwerbehindertenvertretung: In § 166 SGB IX wird vom Arbeitgeber der Abschluss einer Inklusionsvereinbarung mit dem Betriebs- bzw.

Personalrat und der Schwerbehindertenvertretung verlangt (siehe dazu weiter unten).
Betriebs- und Personalrat haben vergleichbare Initiativrechte (§ 80 Abs. 1 Nr. 2 BetrVG, §§ 62 Abs. 1 Nr. 1, 77 BPersVG). Auch wenn die Schwerbehindertenvertretung selbstständig initiativ und aktiv werden kann, empfiehlt sich eine enge Zusammenarbeit mit dem Betriebs- oder Personalrat. Allein kann die Schwerbehindertenvertretung ihre Initiativen nicht gegen den Willen des Arbeitgebers durchsetzen. Im Gegensatz zur kollektiven Interessenvertretung besitzt sie nur Mitwirkungs-, aber keine Mitbestimmungsrechte.

d. Beteiligungs- und Mitwirkungsrechte

Kernaufgabe der Vertrauensperson ist es, die Teilhabe schwerbehinderter Menschen am Arbeitsleben im Betrieb oder in der Dienststelle zu fördern und den Beschäftigten mit Behinderungen beratend und helfend zur Seite zu stehen (§ 178 Abs. 1 Satz 1 SGB IX). Um das breite Spektrum von Aufgaben um- und durchzusetzen, steht ein differenziertes Instrumentarium an Beteiligungs- und Mitwirkungsrechten zur Verfügung:
- Informations- und Unterrichtungsrechte,
- Anhörungsrechte,
- Erörterungsrechte und
- Teilnahmerechte.

aa. Informations- und Unterrichtungsrechte

Die Schwerbehindertenvertretung ist direkter Ansprechpartner für den Arbeitgeber (bzw. dessen Inklusionsbeauftragte[n]) sowie für das Integrationsamt und die Agentur für Arbeit. Sie ist grundsätzlich bei allen Personalentscheidungen zu beteiligen, wenn es um die Einstellung, Veränderung oder Beendigung des Arbeitsverhältnisses schwerbehinderter bzw. gleichgestellter Beschäftigter geht.
Das Unterrichtungsrecht stellt die schwächste Form der Beteiligung dar, bildet aber die unverzichtbare Grundlage für eine wirksame Interessenvertretung. Für die Schwerbehindertenvertretung ist es von zentraler Bedeutung, die jeweils benötigten Informationen verfügbar zu haben oder zu erlangen.
- **Generelles Unterrichtungsrecht** (§ 178 Abs. 2 Satz 1 SGB IX)

Der Arbeitgeber hat die Schwerbehindertenvertretung über geplante Maßnahmen, die eine(n) einzelne(n) schwerbehinderte(n) Beschäftigte(n) oder den Personenkreis als Gruppe berühren, umfassend zu unterrichten. Das gilt auch für Fragen der Neueinstellung, vor allem bezüglich der Prüfungspflicht des Arbeitgebers nach § 164 Abs. 1 SGB IX, der ausdrücklich auf § 178 Abs. 2 SGB IX verweist.

- **Spezielle Informationsrechte**

Diese finden sich etwa in § 163 Abs. 2 Satz 3 SGB IX, wonach die Schwerbehindertenvertretung ein Exemplar des Verzeichnisses aller schwerbehinderten Beschäftigten und der jährlichen Anzeige an die Agentur für Arbeit vom Arbeitgeber verlangen kann. Weitere spezielle Informationsrechte werden durch § 178 Abs. 4, 5 SGB IX begründet, die der Schwerbehindertenvertretung den Zugang zu Sitzungen des Betriebs- bzw. Personalrats und zu dessen regelmäßigen Besprechungen mit dem Arbeitgeber (»Monatsgespräche«) sowie Vorabinformationen zu den geplanten Sitzungen zusichern.

bb. Anhörungsrechte

Das grundlegende Anhörungsrecht findet sich in § 178 Abs. 2 Satz 1 SGB IX. Hiernach hat der Arbeitgeber die Schwerbehindertenvertretung in allen Angelegenheiten anzuhören, die schwerbehinderte Beschäftigte berühren (z. B. Umstrukturierungen, Versetzung, Kündigung, Beförderungen, Umgruppierung, Veränderung der Arbeitsbedingungen). Der Arbeitgeber hat der Schwerbehindertenvertretung die Gründe für seine Maßnahme rechtzeitig mitzuteilen und ihr die Möglichkeit zur Stellungnahme – und damit zur Mitwirkung – zu geben. Im Rahmen dessen muss die Schwerbehindertenvertretung Gelegenheit haben, mit dem oder den schwerbehinderten Betroffenen zu sprechen und sich umfassend zu informieren.

Im Fall der Kündigung hat der Arbeitgeber die Schwerbehindertenvertretung **vor**[14] **der Kündigung** von schwerbehinderten Beschäftigten **unverzüglich und umfassend** darüber zu **unterrichten** und **vor einer Entscheidung anzuhören.**[15] Die getroffene Entscheidung ist der Schwerbehindertenvertretung unverzüglich mitzuteilen.[16]

Wird die Schwerbehindertenvertretung vom Arbeitgeber nicht beteiligt, ist die Durchführung oder Vollziehung der Kündigung auszusetzen.[17] Eine Kündigung ohne Beteiligung der Vertrauensperson ist damit **unwirksam**,

---

14 Wobei das BAG eine Anhörung auch noch für möglich hält, nachdem der Arbeitgeber bereits die Zustimmung des Integrationsamtes zur Kündigung beantragt hat. Die Beteiligung bei Anhörungen sei laut BAG nachholbar, vgl. BAG 13.12.2018 – 2 AZR 378/18, NZA 2019, 305.

15 Ausführlicher zur Beteiligung der Schwerbehindertenvertretung und deren zeitlicher Abfolge: *Mühlmann*, NZA 14/2017, 884 (884 ff.).

16 Ausführlicher dazu *Bayreuther*, NZA 2/2017, 87 ff.

17 Vgl. auch BT-Drs. 18/10523, S. 64.

§ 178 Abs. 2 Satz 3 SGB IX. Zu beachten ist dabei, dass die Unwirksamkeit im Rahmen einer Kündigungsschutzklage innerhalb von **drei Wochen** vor dem Arbeitsgericht geltend gemacht werden muss, §§ 4 Satz 1, 7, 13 Abs. 1 Satz 2 KSchG.[18] Die Beteiligung der Schwerbehindertenvertretung ist innerhalb von sieben Tagen nachzuholen und es ist dann endgültig zu entscheiden. Zur **Durchsetzung des Beteiligungsanspruchs** kann die Schwerbehindertenvertretung das **Arbeitsgericht** anrufen. Die Schwerbehindertenvertretung kann ggf. im Wege der einstweiligen Verfügung geltend machen, die Durchführung oder Vollziehung der Entscheidung auszusetzen, bis die Beteiligung nachgeholt ist. Ein entsprechender Beschluss des Arbeitsgerichts kann wiederum Grundlage für eine gerichtliche Vollstreckung sein. Zuwiderhandlungen seitens des Arbeitgebers können mit einem **Ordnungsgeld** geahndet werden.

Konkret beinhaltet das Anhörungsrecht, dass der Arbeitgeber mit der Schwerbehindertenvertretung ein **Beratungsgespräch** zu führen hat, um ihre Meinung und Stellungnahme ernsthaft in seine Entscheidungen miteinbeziehen zu können. Da es sich hier nicht um ein Mitbestimmungsrecht handelt, ist der Arbeitgeber aber nicht verpflichtet, den Vorstellungen, Bedenken und Forderungen der Schwerbehindertenvertretung zu folgen. Das Entscheidungsrecht liegt bei ihm. Das Mitwirkungsrecht ist erfüllt, wenn der Arbeitgeber die Schwerbehindertenvertretung ernsthaft in den Entscheidungsprozess einbezieht. Wenn er dieses Mitwirkungsrecht jedoch nicht beachtet, handelt er ordnungswidrig. Darüber hinaus wäre dies eine unerlaubte Behinderung der Tätigkeit der Schwerbehindertenvertretung (§ 179 Abs. 2 SGB IX).

Ein weiteres Anhörungsrecht findet sich in § 170 Abs. 2 SGB IX. Das Gesetz spricht zwar dort nicht von einer Anhörung, verpflichtet das Integrationsamt aber im Rahmen des besonderen Kündigungsschutzes nach §§ 168 ff. SGB IX eine Stellungnahme der Schwerbehindertenvertretung einzuholen.

cc. Erörterungsrechte

Das Erörterungsrecht stellt die **stärkste Beteiligungsform** der **Schwerbehindertenvertretung** dar. Dieses Recht kommt vor allem in § 164 Abs. 1 Satz 7 SGB IX zum Ausdruck. Hiernach muss der Arbeitgeber mit der Schwerbehindertenvertretung in eine Erörterung eintreten, wenn er seine Beschäftigungspflicht nicht erfüllt und die Schwerbehindertenvertretung

---

18 Dies gilt für die Fälle, in denen das Kündigungsschutzgesetz Anwendung findet (vgl. §§ 1, 23 KSchG), wobei dies bei Betrieben, in denen eine Schwerbehindertenvertretung eingerichtet ist, regelmäßig der Fall sein dürfte.

mit der beabsichtigten Entscheidung des Arbeitgebers zur Besetzung einer freien Stelle nicht einverstanden ist. Das bedeutet, dass es der Arbeitgeber nicht dabei belassen kann, die Schwerbehindertenvertretung zu informieren. Er muss sich vielmehr inhaltlich mit eventuellen Einwänden und Bedenken der Schwerbehindertenvertretung auseinandersetzen und kann sich ihnen nicht über einen rein formalistischen Vorgang entziehen. Durch diese Form der Mitwirkung bei der Besetzung freier Stellen soll die Schwerbehindertenvertretung dazu beitragen, dass schwerbehinderte Menschen eingestellt werden.
Erörterungsrechte finden sich darüber hinaus in § 178 Abs. 4 und 5 SGB IX. Auch in den Sitzungen des Betriebs- bzw. Personalrats und den Monatsgesprächen, an denen die Schwerbehindertenvertretung teilnehmen kann, besteht ein gegenseitiger Einlassungszwang.

dd. Verletzung von Beteiligungs- und Mitwirkungsrechten

Verletzt der Arbeitgeber das Informations- oder Anhörungsrecht der Schwerbehindertenvertretung – wird die Schwerbehindertenvertretung also bei einer Entscheidung nicht beteiligt – ist das Treffen einer Entscheidung für die Dauer von einer Woche auszusetzen und die Beteiligung nachzuholen. Erst dann ist endgültig zu entscheiden. Verstöße gegen die Rechte aus § 178 Abs. 2 SGB IX stellen eine Ordnungswidrigkeit nach § 238 Abs. 1 Nr. 8 SGB IX dar, die mit einer Geldbuße in Höhe von bis zu 10 000 Euro geahndet werden können (§ 238 Abs. 2 SGB IX).

e. Rechtsprechung zur Mitbestimmung der Schwerbehindertenvertretung

LAG München 5. 12. 2024 – 3 TaBV 56/24
Zu den Aufgaben der Schwerbehindertenvertretung gehört nicht, Arbeitsunfähigkeitsbescheinigungen schwerbehinderter Menschen und ihnen gleichgestellten Menschen des Betriebs als Botin an den Arbeitgeber weiterzuleiten.
LAG Nürnberg 11. 9. 2024 – 4 Sa 178/23
Weder die unterbliebene Beteiligung der Schwerbehindertenvertretung (hier: vor Ausspruch einer Abmahnung) noch die nicht erfolgte Bestellung eines Inklusionsbeauftragen indizieren eine Diskriminierung wegen Behinderung. Gegen diskriminierendes Verhalten werden Vertrauenspersonen gem. § 179 Abs. 2 SGB IX und nicht durch das AGG geschützt.
LAG Düsseldorf 14. 5. 2024 – 3 TaBV 37/23
Der Betriebsrat kann seine Zustimmung zu einer Versetzung nicht deswegen verweigern, weil die Beteiligungsrechte der Schwerbehinderten-

vertretung verletzt worden seien. Vielmehr ist die Schwerbehindertenvertretung selbst in der Lage und in der Pflicht, ihre ordnungsgemäße Beteiligung sicherzustellen.

LAG Hamburg 17.1.2024 – 7 TaBV 8/23

§ 179 Abs. 9 SGB IX räumt der Schwerbehindertenvertretung **keinen Anspruch** auf Überlassung eines **eigenen Raumes** ein. Das SGB IX verweist die Schwerbehindertenvertretung darauf, die Räume und Sachmittel des Betriebs- oder Personalrats mitzubenutzen.

LAG Mecklenburg-Vorpommern 7.3.2023 – 5 Sa 127/22

Das Gericht betont, dass die Schwerbehindertenvertretung eine eigenständige Interessenvertretung ist und direkt in einem Kündigungsverfahren beteiligt werden muss. Eine **bloße Information** über den Personalrat **reicht nicht aus.**

BAG 24.2.2021 – 7 ABR 9/20

Der Arbeitgeber ist verpflichtet, die Schwerbehindertenvertretung vor Mitteilung der **Leistungsbeurteilung**, die für die Zahlung einer **tariflichen Leistungszulage** maßgeblich ist, an schwerbehinderte oder gleichgestellte Beschäftigte mit Behinderungen und deren Erläuterung hierüber zu **unterrichten und dazu anzuhören**. Dies gilt für vorzunehmende Leistungsbeurteilung, bei denen sich behinderungsbedingter Einschränkungen auf das Beurteilungsergebnis und damit auf die Zulagenhöhe auswirken können.

BAG 16.9.2020 – 7 ABR 2/20

Das **Einsichtnahmerecht** der Schwerbehindertenvertretung in Bewerbungsunterlagen erstreckt sich auch auf die **entscheidungsrelevanten Teile der Bewerbungsunterlagen von Bewerber*innen ohne Behinderungen**. Dieses Recht besteht auch, wenn der Arbeitgeber bei einer internen Stellenbesetzung auf eine Ausschreibung der Stelle verzichtet hat und von sich aus schwerbehinderte Menschen in die Auswahlentscheidung einbezogen hat.

BAG 22.1.2020 – 7 ABR 18/18

Der Arbeitgeber ist **nicht verpflichtet**, die Schwerbehindertenvertretung von einer beabsichtigten Umsetzung gleichgestellter Beschäftigter **(vorsorglich) zu unterrichten und anzuhören**, wenn über den Gleichstellungsantrag noch nicht entschieden ist. Die im Falle einer Stattgabe **eintretende Rückwirkung** der Gleichstellung **bewirkt keine (vorsorgliche) Beteiligungsverpflichtung** des Arbeitgebers.

LAG Berlin-Brandenburg 27.11.2019 – 15 Sa 949/19

Für eine Unterrichtung nach § 164 Abs. 1 Satz 4 SGB IX ist es nicht ausreichend, dass der Arbeitgeber alle Bewerbungsunterlagen auch der Schwerbehindertenvertretung elektronisch zugänglich macht. Es muss vielmehr unverzüglich ein Hinweis ergehen, ob und welcher der Bewerber*innen schwerbehindert ist.

BAG 13.12.2018 – 2 AZR 378/18

Die **Anhörung** einer Schwerbehindertenvertretung ist auch **noch möglich, nachdem** der Arbeitgeber die **Zustimmung des Integrationsamtes** zur Kündigung **beantragt** hat. Die Beteiligung bei Anhörung ist einerseits nachholbar (§ 178 Abs. 2 Satz 2 SGB IX) und andererseits die Kündigungsentscheidung zu diesem Zeitpunkt noch nicht vollzogen. Dies geschieht erst mit Ausspruch der Kündigung.

OVG Berlin-Brandenburg 15.11.2017 – OVG 4 S 26.17

Die an einen Beamten gerichtete Aufforderung, sich wegen Zweifeln an seiner **Dienstfähigkeit** (amts-)**ärztlich untersuchen** zu lassen, bedarf bei schwerbehinderten Beamten der **vorherigen Beteiligung** der Schwerbehindertenvertretung. Ist die nach § 178 Abs. 2 Satz 1 Hs. 1 SGB IX erforderliche Unterrichtung und Anhörung der Schwerbehindertenvertretung nicht ordnungsgemäß erfolgt, führt dies zur Rechtswidrigkeit der Untersuchungsaufforderung.

BAG 14.3.2012 – 7 ABR 67/10

Der Abschluss eines **Aufhebungsvertrags** mit einem schwerbehinderten Menschen ist eine »Angelegenheit« i. S. v. § 178 Abs. 2 Satz 1 Hs. 1 SGB IX. Der Arbeitgeber muss daher den Schwerbehindertenvertreter **unverzüglich unterrichten.** Der Zeitpunkt der Unterrichtung liegt aber nicht notwendigerweise vor dem Abschluss des Aufhebungsvertrags.

f. Teilnahmerechte

Die Zusammenarbeit von Schwerbehindertenvertretung und Betriebs- bzw. Personalrat ist für den Erfolg der Integrations- und Rehabilitationsarbeit im Betrieb oder in der Dienststelle wesentlich. Zu einer guten Zusammenarbeit gehört es, die Schwerbehindertenvertretung an der Arbeit der allgemeinen Interessenvertretung zu beteiligen. Dies berührt in besonderem Maße die Teilnahme der Schwerbehindertenvertretung an den Sitzungen des Betriebs- bzw. Personalrats sowie ihre Teilnahme an den Sitzungen seiner Ausschüsse.

aa. Sitzungen des Betriebs- bzw. Personalrats

Die Schwerbehindertenvertretung hat grundsätzlich das **Recht auf Teilnahme** (§ 178 Abs. 4 SGB IX). Zwar hat sie kein Stimmrecht, jedoch ein umfassendes Beratungsrecht. Sie kann sich an Diskussionen beteiligen und verlangen, dass die Interessen der Beschäftigten mit Behinderungen in der Willensbildung des Betriebs- bzw. Personalrats berücksichtigt wer-

den. Ihre Position wird dadurch verstärkt, dass sie »ihre« Themen auf die Tagesordnung der nächsten Sitzung setzen lassen kann. Dieses Teilnahmerecht gilt wohlgemerkt nicht nur für Sitzungen, auf denen ausdrücklich Fragen behandelt werden sollen, die schwerbehinderte Menschen betreffen.
Die Ausübung des Teilnahmerechts ist freiwillig. Die Schwerbehindertenvertretung ist deshalb unter Mitteilung der Tagesordnung zu allen Sitzungen zu laden (§ 29 Abs. 2 Satz 4 BetrVG, § 37 BPersVG), damit sie erkennen kann, ob ihre Anwesenheit erforderlich ist. Bei Verhinderung der Vertrauensperson kann auch ihre Stellvertretung für sie teilnehmen. In jedem Fall sollte sichergestellt werden, dass der Betriebs- bzw. Personalrat die Schwerbehindertenvertretung regelmäßig über bevorstehende betriebliche und personelle Maßnahmen sowie über Verhandlungen mit dem Arbeitgeber unterrichtet.

bb. Ausschusssitzungen des Betriebs- bzw. Personalrats

In der Arbeit der Ausschüsse des Betriebs- bzw. Personalrats werden spätere Beschlüsse der Interessenvertretung vorbereitet. Die Schwerbehindertenvertretung sollte durch die Teilnahme an Sitzungen der wichtigen Ausschüsse die Angelegenheiten der behinderten Beschäftigten einbringen.

cc. Wirtschaftsausschuss

Der Wirtschaftsausschuss ist ein Ausschuss des Betriebsrats. Je rechtzeitiger und umfassender die Schwerbehindertenvertretung dort unterrichtet wird, desto eher kann sie z. B. die Auswirkungen geplanter Maßnahmen des Unternehmens auf die schwerbehinderten Beschäftigten des Betriebs erkennen. Das Recht, nach § 178 Abs. 4 SGB IX an allen Sitzungen des Betriebsrats und dessen Ausschüssen beratend teilzunehmen, gilt deshalb auch für die Sitzungen des Wirtschaftsausschusses.

dd. Arbeitsschutzausschuss

Das Teilnahmerecht der Schwerbehindertenvertretung umfasst auch die Sitzungen des Arbeitsschutzausschusses (§ 178 Abs. 4 SGB IX).

ee. Paritätische Ausschüsse

Das Teilnahmerecht gilt ebenfalls für die Ausschüsse, die gemeinsam aus Vertreter*innen des Arbeitgebers und des Betriebs- bzw. Personalrats gebildet werden (§ 28 Abs. 2 BetrVG) – die sog. paritätischen Ausschüsse. Diese Ausschüsse, oft auch als Kommissionen bezeichnet, beschäftigen sich z. B. mit Lohn- und Gehaltsfragen, mit der Verwaltung von Sozialeinrichtungen oder mit Fragen des Arbeits- und Gesundheitsschutzes. In diesen Gremien werden Verhandlungen mit dem Arbeitgeber geführt. Sinnvoll ist eine vorherige Abstimmung der Interessenvertretungen darüber, wann die Schwerbehindertenvertretung direkt in die Gespräche einbezogen wird bzw. wann der Betriebs- bzw. Personalrat sie vertritt.

ff. Teilnahme an Besprechungen mit dem Arbeitgeber (»Monatsgespräche«)

Die Schwerbehindertenvertretung ist zu bestimmten Besprechungen zwischen dem Arbeitgeber und der Personalvertretung der Beschäftigten, die nach dem Betriebsverfassungsgesetz und den Personalvertretungsgesetzen vorgesehen sind, hinzuzuziehen (§ 178 Abs. 5 SGB IX). Die »Monatsgespräche« nach dem Betriebsverfassungsgesetz (§ 74 Abs. 1 BetrVG) und nach den Personalvertretungsgesetzen (z. B. § 65 Abs. 1 BPersVG) dienen der Verständigung bei strittigen Fragen. Die Schwerbehindertenvertretung ist in diesen Meinungsbildungs- und Entscheidungsprozess mit einzubeziehen. Ihr Teilnahmerecht ist unabhängig davon, ob für die einzelne Besprechung die Behandlung von Angelegenheiten schwerbehinderter Menschen vorgesehen ist oder nicht. Hier hat die Schwerbehindertenvertretung die Möglichkeit, direkt und unmittelbar die Belange der Bediensteten und der schwerbehinderten Beschäftigten einzubringen und sich einen umfassenden Überblick über die Situation des Betriebs oder der Dienststelle zu verschaffen.

g. Aussetzung von Beschlüssen

§ 178 Abs. 4 Satz 2 SGB IX gibt der Schwerbehindertenvertretung das Recht, einen Beschluss des Betriebs- bzw. des Personalrats auf die Dauer von einer Woche aussetzen zu lassen, wenn dadurch wichtige Interessen der schwerbehinderten Beschäftigten beeinträchtigt werden und wenn diese Bedenken bereits vor der Beschlussfassung von ihr geäußert wurden, z. B. in Ausschüssen. Nach Ablauf der Frist hat der Betriebs- bzw. Personalrat erneut zu entscheiden.

Für den Betriebs- bzw. Personalrat wird ein solcher Eingriff eher nachvollziehbar sein, wenn dadurch auf einen Rechtsbruch des Arbeitgebers aufmerksam gemacht wird. Zu Spannungen im Verhältnis zum Betriebs- bzw. Personalrat kann dieser Schritt führen, wenn dadurch die Einhaltung von Fristen gefährdet wird (z. B. bei Kündigungen).

h. Schutzrechte der Schwerbehindertenvertretung

Schwerbehindertenvertretungen haben wie Betriebs- bzw. Personalräte eine exponierte Stellung im Betrieb bzw. in der Dienststelle. Besonders bei Auseinandersetzungen mit dem Arbeitgeber muss es für die Schwerbehindertenvertretung **Sicherheiten** geben, damit sie nicht erpressbar ist. Daher ist sowohl ihre Position als Interessenvertretung als auch ihre Person vor Maßregelung und Disziplinierung durch den Arbeitgeber geschützt.
Die Vertrauenspersonen haben nach § 179 Abs. 3 SGB IX die gleiche persönliche Rechtsstellung im Verhältnis zum Arbeitgeber wie die Mitglieder der allgemeinen Interessenvertretung. Damit ist vor allem der **Kündigungs-, Versetzungs- und Abordnungsschutz** gemeint. Während ihrer Amtszeit und innerhalb eines Jahres nach Beendigung der Amtszeit kann gegenüber einer Vertrauensperson eine ordentliche Kündigung **nicht** ausgesprochen werden.
Nachteile sollen keine entstehen …

> **Hinweis:** Die Interessenvertretung Beschäftigter mit Behinderung ist ein **Ehrenamt.** Wer es übernimmt, darf keine beruflichen und persönlichen Nachteile erleiden (§ 179 Abs. 2 SGB IX).

Vertrauenspersonen der schwerbehinderten Beschäftigten:

- dürfen wegen ihres Amts nicht behindert, benachteiligt oder begünstigt werden,
- haben den besonderen Kündigungsschutz wie Betriebs- bzw. Personalräte,
- dürfen nur aus dringenden betrieblichen Gründen versetzt werden, wobei die Funktion als Schwerbehindertenvertretung nicht beeinträchtigt werden darf,
- sind zur Bewältigung ihrer Aufgaben – ohne Minderung ihres Entgelts – von der beruflichen Tätigkeit freizustellen und sind bei dieser Tätigkeit an keine Weisungen gebunden,
- dürfen von inner- oder außerbetrieblichen Bildungsmaßnahmen nicht ausgeschlossen werden und müssen eine wegen der Freistellung unterbliebene berufliche Entwicklung nachholen können,
- Stellvertreter*innen besitzen während der Dauer der Vertretung die gleiche persönliche Rechtsstellung wie der Vertrauensmann oder die Vertrauensfrau.

Ihr kann nur im Ausnahmefall außerordentlich (**fristlos**) aus wichtigem Grund **gekündigt** werden. Voraussetzung dafür ist allerdings, dass der

Betriebsrat nach § 103 BetrVG bzw. der Personalrat nach § 55 Abs. 1 BPersVG zugestimmt hat oder dass die Zustimmung durch das Arbeitsgericht bzw. Verwaltungsgericht ersetzt worden ist. Das Gleiche gilt im Falle einer Änderungskündigung.

In Fällen von **Betriebsstilllegungen** ist die Kündigung der Schwerbehindertenvertretung frühestens zum Zeitpunkt der Stilllegung zulässig. Das heißt, solange noch Beschäftigte und noch schwerbehinderte Beschäftigte in einem von einer Stilllegung bedrohten Betrieb beschäftigt werden, bleibt die Schwerbehindertenvertretung im Amt und kann nicht gekündigt werden (§ 15 Abs. 4, 5 KSchG). Ist die Vertrauensperson selbst schwerbehindert, dann kommt zum Kündigungsschutz, der ihr aus ihrer Funktion als Schwerbehindertenvertretung erwächst, noch der besondere Kündigungsschutz als schwerbehinderter Mensch nach §§ 168ff. SGB IX hinzu.

Eine **Versetzung** ist nur aus dringenden betrieblichen Gründen zulässig. Dabei ist zu beachten, dass dadurch die Funktion als Interessenvertretung der schwerbehinderten Menschen nicht eingeschränkt werden darf. Wird dies nicht beachtet, liegt eine verbotene Behinderung oder Benachteiligung der Vertrauensperson im Sinne von § 179 Abs. 2 SGB IX vor, die auch das Mitbestimmungsrecht des Betriebsrats (§ 99 Abs. 2 Nr. 1 BetrVG) bzw. des Personalrats (§ 55 Abs. 2 BPersVG) bei Versetzungen berührt.

i. Rolle und Rechtsstellung der Stellvertretung

Bei der Wahl zur Schwerbehindertenvertretung ist auch wenigstens ein Stellvertreter bzw. eine Stellvertreterin zu wählen. Für die Zusammenarbeit mit der Vertrauensperson kennt das SGB IX zwei Formen der Arbeitsteilung. Das Heranziehen der Stellvertretung zu bestimmten Aufgaben und die Vertretung im Falle der Verhinderung.

Die Rechtsstellung der stellvertretenden Mitglieder ist in § 179 Abs. 3 Satz 2 SGB IX geregelt. Danach besitzen die stellvertretenden Mitglieder während der Dauer der Vertretung die gleiche persönliche Rechtsstellung wie die Vertrauensperson. So kann einem stellvertretenden Mitglied während der Vertretung, die durch die Verhinderung der Vertrauensperson eingetreten ist, nicht ordentlich gekündigt werden. Das gilt auch für die Zeit, in der ein stellvertretendes Mitglied nach § 178 Abs. 1 Satz 3 SGB IX zur Aufgabenerledigung herangezogen wird. Solange die stellvertretenden Mitglieder nicht tätig werden, haben sie die gleiche Rechtsstellung wie Ersatzmitglieder des Betriebs- bzw. Personalrats. Das betrifft vor allem den nachwirkenden Kündigungsschutz nach § 15 Abs. 1 Satz 2 KSchG.

Bei regelmäßiger Vertretung hat das stellvertretende Mitglied praktisch die gleichen Rechte und den gleichen Kündigungsschutz wie die Schwerbehindertenvertretung selbst. Damit kann auch ihr gegenüber eine außerordentliche Kündigung nur mit Zustimmung des Betriebs- bzw. Personalrats ausgesprochen werden.

aa. Heranziehen zu bestimmten Aufgaben

Die Schwerbehindertenvertretung kann in Betrieben oder Dienststellen mit wenigstens 100 schwerbehinderten Beschäftigten die erste Stellvertretung zu bestimmten Aufgaben heranziehen, damit eine ausreichende Betreuung sichergestellt ist (§ 178 Abs. 1 SGB IX).

Seit den Änderungen durch das BTHG gibt es **keine Begrenzung auf zwei Stellvertreter** mehr. Die Anzahl der Stellvertreter bzw. Stellvertreterinnen ist gestaffelt nach der Anzahl der beschäftigten schwerbehinderten Menschen im Betrieb bzw. in der Dienststelle. Bei wiederholter Überschreitung des Schwellenwertes von 100 weiteren beschäftigten schwerbehinderten Menschen kann ein weiteres stellvertretendes Mitglied zur Entlastung der Vertrauensperson herangezogen werden (z. B. ab 201 schwerbehinderten Menschen zwei Stellvertreter*innen, ab 701 schwerbehinderten Menschen sieben Stellvertreter*innen).

Zu beachten ist daher vorab, dass **ausreichend Stellvertreter gewählt** werden.

Zweck dieser Regelung ist nicht die ausnahmsweise Übertragung von Aufgaben, sondern eine **dauerhafte und ständige Unterstützung**. Die Schwerbehindertenvertretung entscheidet selbst, inwieweit sie die Stellvertretung heranzieht. Es bedarf lediglich der Information des Arbeitgebers. Die Stellvertretung ist für ihre Aufgaben von der Arbeit freizustellen. Sowohl die Teamarbeit als auch die gelegentliche Vertretung erfordern regelmäßige Besprechungen der Schwerbehindertenvertretung und ihrer Stellvertretung.

§ 178 Abs. 1 Satz 6 SGB IX stellt dazu fest: *»Die Heranziehung zu bestimmten Aufgaben schließt die Abstimmung untereinander ein«.*

Die **regelmäßige Abstimmung** umfasst

- die gegenseitige Information über Aktivitäten,
- die Verteilung von Aufgaben,
- die inhaltliche Abstimmung untereinander und
- die Koordination des gemeinsamen Vorgehens.

Eine effektive Zusammenarbeit kann z. B. durch die Festlegung von Arbeitsschwerpunkten der Stellvertretung erfolgen: Die Zuständigkeit für besondere Aufgabenstellungen oder die Betreuung von Beschäftigten mit Behinderung in bestimmten Betriebsteilen oder Abteilungen oder die Betreuung bestimmter Gruppen behinderter Beschäftigter (z. B. gehörlose Menschen, Auszubildende mit Behinderung).

bb. Vertretung im Falle der Verhinderung

Von der Heranziehung zu bestimmten Aufgaben ist die Stellvertretung im Falle der Verhinderung zu unterscheiden (§ 177 Abs. 1 SGB IX). Die Stellvertretung kann in einer ganzen Reihe von **Verhinderungsfällen** anstelle der Schwerbehindertenvertretung tätig werden.

- Wenn diese nicht im Betrieb bzw. der Dienststelle anwesend ist (z. B. bei Krankheit, Urlaub, Rehabilitation, Dienstreise),
- Wenn gleichzeitig mehrere Termine wahrzunehmen sind (z. B. Gespräch mit der Personalabteilung und Betriebsratssitzung),
- Wenn die Schwerbehindertenvertretung vorübergehend nicht von ihrem Arbeitsplatz entbehrlich ist. Wobei grundsätzlich gilt, dass die Tätigkeit als gewählte Interessenvertreter Vorrang vor der arbeitsvertraglichen Leistung hat.

4. Der Betriebsrat

»*In allen Betrieben mit in der Regel mindestens fünf ständigen wahlberechtigten Arbeitnehmern, von denen drei wählbar sind*«, ist ein Betriebsrat zu wählen (vgl. § 1 Abs. 1 Satz 1 BetrVG). Das gilt auch für gemeinsame Betriebe mehrerer Unternehmen (Gemeinschaftsbetrieb). Der Betriebsrat vertritt die Interessen der Beschäftigten des Betriebs. Der Betriebsrat ist in privatwirtschaftlichen Unternehmen die gesetzlich abgesicherte Form der Einflussnahme der Beschäftigten auf betriebliche Belange.

Er nimmt vor allem die durch das Betriebsverfassungsgesetz der Belegschaft zugeordneten Beteiligungsrechte wahr.

Das Betriebsverfassungsgesetz begründet als Handlungsrahmen seine Rechte, Pflichten und Handlungsmöglichkeiten – und deren Grenzen –, bestimmt aber auch Aufgaben und Pflichten für die Arbeitgeber. Das Gesetz ist insgesamt auf eine ausgleichende Zusammenarbeit von Arbeitgebern und Interessenvertretungen ausgerichtet. Sie sollen unter Beachtung der Gesetze und Tarifverträge vertrauensvoll und mit den im Betrieb vertretenen Gewerkschaften und Arbeitgebervereinigungen zum Wohle der Beschäftigten und des Betriebs zusammenarbeiten (§ 2 Abs. 1 BetrVG).

Der Betriebsrat ist **»einseitiger« Vertreter der Interessen der Belegschaft**.

- **Er erfasst** regelmäßig und systematisch (u.a. in Gesprächen, Versammlungen, Umfragen) die Lage der Beschäftigten (Arbeitsplatzsicherheit, Arbeitszeit, Arbeitsentgelt, Arbeitsschutz, usw.), ihre Anliegen, Forderungen, Sorgen und Nöte,
- **er nimmt** die Vorschläge der Beschäftigten **auf**, entwickelt Problemlösungen mit ihnen,
- **er versucht** im Wege von Verhandlungen **mit dem Arbeitgeber**, auf Verbesserungen für die Beschäftigten hinzuwirken

und

- **er informiert** die Beschäftigten über Verhandlungsstände und -ergebnisse zeitnah und umfassend; berechtigte Kritik wird aufgenommen und in nachfolgende Verhandlungen mit dem Arbeitgeber eingebracht und wenn nötig wird das Arbeitsgericht und/oder die Einigungsstelle angerufen.

a. Exkurs: Schwerpunkte des Betriebsverfassungsgesetzes (BetrVG)

Im Gesetz finden sich grundlegende Aussagen zur allgemeinen Stellung und zur Geschäftsführung des Betriebsrats (§§ 26 bis 41 BetrVG). Betriebsräte führen ein Amt, für das sie, soweit erforderlich, von ihrer beruflichen Tätigkeit zu befreien sind (§ 37 Abs. 2 BetrVG). Sie entscheiden selbstständig über die Bildung von Betriebsratsausschüssen sowie über die Vorbereitung und das Abhalten von Betriebsratssitzungen. Sie dürfen in dieser Amtsführung nicht gestört oder behindert, nicht benachteiligt oder begünstigt werden (§ 78 BetrVG).
Das BetrVG regelt die Rechte und Pflichten des Arbeitgebers gegenüber Betriebsrat und Beschäftigten einerseits sowie die Rechte und Pflichten des Betriebsrats und der Betriebsversammlung als Organe der Belegschaft andererseits. Das Gesetz legt vor allem fest, in welchen Fragen und in welcher Form der Betriebsrat im Betrieb bzw. im Unternehmen mitbestimmen oder mitwirken soll (vor allem §§ 87ff. BetrVG). Auch die Rechte der einzelnen Beschäftigten sind umschrieben (§§ 81ff. BetrVG). So besitzen einzelne Beschäftigte ein Unterrichtungs-, Anhörungs- und Erörterungsrecht in Angelegenheiten, die den eigenen Arbeitsplatz unmittelbar betreffen, einschließlich des Rechts auf Einsicht in die Personalakte (§ 83 BetrVG).
Im BetrVG wird zudem die Errichtung einer Jugend- und Auszubildendenvertretung (JAV) als Interessenvertretung für Beschäftigte, die das 18. Lebensjahr noch nicht vollendet haben oder die zu ihrer Berufsausbildung beschäftigt sind, (§ 60 BetrVG) geregelt.

Die Einwirkungsmöglichkeiten des Betriebsrats auf verschiedene betriebliche Felder (soziale, personelle und wirtschaftliche Angelegenheiten), sind unterschiedlich stark. Das Betriebsverfassungsgesetz legt diese Einflussnahme in abgestufter Reichweite als Kontrolle (Informationsrechte), als Mitwirkung und als Mitbestimmung der Interessenvertretung fest.

b. Aufgaben des Betriebsrats (§ 80 Abs. 1 BetrVG)

Der Gesetzgeber hat dem Betriebsrat nach dem BetrVG zahlreiche konkrete Aufgaben zugewiesen. Die Aufgaben des Betriebsrats lassen sich in folgende Schwerpunkte untergliedern:

aa. Überwachungsaufgaben

Der Betriebsrat hat darüber zu wachen, dass die zugunsten der Beschäftigten geltenden Gesetze, Verordnungen, Unfallverhütungsvorschriften, Tarifverträge und Betriebsvereinbarungen eingehalten und umgesetzt werden, § 80 Abs. 1 Nr. 1 BetrVG.

bb. Schutzaufgaben

Ein wesentlicher Anteil der Aufgaben des Betriebsrats besteht darin, Verschlechterungen der Situation der Beschäftigten abzuwehren. Dies gilt in besonderem Maße für solche Personengruppen im Betrieb, die besonders schutzbedürftig sind (vgl. z. B. § 80 Abs. 1 Nr. 4 BetrVG). Die Förderung des Abschlusses von Inklusionsvereinbarungen (§ 166 SGB IX) ist ausdrücklich Betriebsratsaufgabe (§ 80 Abs. 1 Nr. 4 BetrVG).

cc. Gestaltungsaufgaben

Der Betriebsrat hat nicht nur die Aufgabe, auf Maßnahmen des Arbeitgebers zu »reagieren«, vielmehr fordert das Betriebsverfassungsgesetz den Betriebsrat vielfach auf, aus eigenem Antrieb oder auf Anregung von Beschäftigten (vgl. § 80 Abs. 1 Nr. 3 BetrVG) im Interesse der Beschäftigten tätig zu werden, d. h. zu »agieren«. So soll der Betriebsrat Maßnahmen, die der Belegschaft dienen, beim Arbeitgeber beantragen (§ 80 Abs. 1 Nr. 2 u. 3 BetrVG). Er hat die Aufgabe, die Belange der schwerbehinderten Beschäftigten sowie sonstigen besonders schutzbedürftigen Personen im Betrieb (z. B. der Jugendlichen und Auszubildenden in Zusammenarbeit mit der Jugend- und Auszubildendenvertretung, der älteren Beschäftigten, der ausländischen Beschäftigten) »zu fördern« und Maßnahmen zur Bekämpfung von Rassismus und Fremdenfeindlichkeit im Betrieb zu beantragen (§ 80 Abs. 1 Nr. 4 bis 7 BetrVG). Des Weiteren hat der Betriebsrat die Beschäftigung im Betrieb zu fördern und zu sichern (§ 80 Abs. 1

Nr. 8 i. V. m. § 92a BetrVG) sowie Maßnahmen des Arbeitsschutzes und des betrieblichen Umweltschutzes zu fördern (§ 80 Abs. 1 Nr. 9 BetrVG). Der Betriebsrat hat daneben die Aufgabe, die Durchsetzung der tatsächlichen Gleichstellung von Frauen und Männern, vor allem bei der Einstellung, Beschäftigung, Aus-, Fort- und Weiterbildung und dem beruflichen Aufstieg (§ 80 Abs. 1 Nr. 2a BetrVG) und die Vereinbarkeit von Familie und Erwerbstätigkeit zu fördern (§ 80 Abs. 1 Nr. 2b BetrVG).

dd. Beteiligungsrechte

Das Betriebsverfassungsgesetz weist dem Betriebsrat in den §§ 81 bis 113 BetrVG ein breites Spektrum von Aufgaben zu. Gleichzeitig stellt es ihm ein differenziertes Instrumentarium von »Beteiligungsrechten« – nämlich Informations-, Mitwirkungs- und Mitbestimmungsrechte – zur Verfügung. Durch das Einräumen von Beteiligungsrechten soll gewährleistet werden, dass in der von der jeweiligen Vorschrift benannten »Angelegenheit« die Interessen der Beschäftigten berücksichtigt werden.
Die Beteiligungsrechte des Betriebsrats lassen sich nach Inhalt und Wirkungsgrad – wie folgt – grob untergliedern:

- **Informationsrechte,**
- **Mitwirkungsrechte und**
- **Mitbestimmungsrechte.**

Aus einigen Beteiligungsrechten ergibt sich außerdem ein Zustimmungsverweigerungsrecht.

(1) Informationsrechte

Der Betriebsrat hat einen Anspruch darauf, vom Arbeitgeber über alle Angelegenheiten rechtzeitig und umfassend unterrichtet zu werden, die in den Zuständigkeits- und Aufgabenbereich des Betriebsrats fallen.
Die Informationsrechte des Betriebsrats sind im Einzelnen in folgenden Vorschriften geregelt:

- **Allgemeines Informationsrecht:** § 80 Abs. 2 BetrVG
- **Besondere Informationsrechte:** § 53 Abs. 2, § 89 Abs. 2, 4, § 90 Abs. 1, § 92 Abs. 1, § 99 Abs. 1, § 100 Abs. 2, § 102 Abs. 1, § 105, § 106 Abs. 1, § 108 Abs. 5, § 111 Satz 1 BetrVG

§ 80 Abs. 2 BetrVG hat den Charakter einer »Generalklausel«. Das heißt, diese Regelung ist in all denjenigen Sachverhalten anzuwenden, die einerseits nicht ausdrücklich von den »besonderen« Informationsvorschriften erfasst sind und die andererseits aber dennoch in den Aufgaben- und Zuständigkeitsbereich des Betriebsrats fallen. Dabei ist der Geltungsbereich des § 80 Abs. 2 BetrVG keineswegs auf die in § 80 Abs. 1 Nr. 1 bis 7 BetrVG aufgezählten Aufgaben zu beschränken.

Der Betriebsrat sollte daher seine Informationsrechte konsequent geltend machen und ggf. gerichtlich durchsetzen, notfalls über Verfahren nach

- **§ 23 Abs. 3 BetrVG** (Antrag auf Unterlassung, Duldung oder Handlung des Arbeitgebers),
- **§ 109 BetrVG** (Entscheidung der Einigungsstelle) sowie
- **§ 121 BetrVG** (Geldbuße bei Ordnungswidrigkeiten).

Gegebenenfalls kann der Betriebsrat versuchen, ein informationspflichtiges Vorhaben des Arbeitgebers per Antrag auf Erlass einer einstweiligen Verfügung vorläufig zu stoppen. Auch sollte nicht vergessen werden, dass die Nicht- oder Schlechtinformation durchaus eine strafbare Behinderung der Betriebsratsarbeit im Sinne des § 119 Abs. 1 Nr. 2 BetrVG sein kann.

(2) Mitwirkungsrechte

In einer Reihe von Sachverhalten weist das Gesetz dem Betriebsrat Mitwirkungsrechte zu. In mitwirkungspflichtigen Fallgestaltungen ist der Arbeitgeber verpflichtet,

- mit dem Betriebsrat zu »beraten« (vgl. z.B. §§ 90 Abs. 2, 92 Abs. 1 Satz 2, 92a Abs. 2 Satz 1, 96 Abs. 1 Satz 2, 97 Abs. 1, 111 Satz 1 BetrVG),
- über die »Vorschläge« des Betriebsrats (vgl. z. B. §§ 90 Abs. 2, 92 Abs. 2, 92a Abs. 1 Satz 1, 96 Abs. 1 Satz 3 BetrVG) mit dem »ernsten Willen zur Einigung zu verhandeln« (vgl. § 74 Abs. 1 Satz 2 BetrVG) und
- den Betriebsrat »anzuhören« (§ 102 Abs. 1 BetrVG).

Der Arbeitgeber ist in mitwirkungspflichtigen Angelegenheiten allerdings nicht verpflichtet, den Vorstellungen, Vorschlägen, Bedenken des Betriebsrats zu folgen. Vielmehr liegt das »Letztentscheidungsrecht« bei ihm. Anders ausgedrückt: Der Arbeitgeber muss mit dem Betriebsrat reden und ernsthaft verhandeln (im Falle eines Interessenausgleichs sogar bis zur Anrufung der Einigungsstelle); dann hat er dem Mitwirkungsrecht des Betriebsrats Genüge getan.

Missachtet der Arbeitgeber ein Mitwirkungsrecht des Betriebsrats, kann dieser seinen Beratungs- und Verhandlungsanspruch durch arbeitsgerichtliche Verfahren durchsetzen (§ 2a ArbGG). Der Betriebsrat kann vor allem durch Antrag auf Erlass einer einstweiligen Verfügung gegen den Arbeitgeber vorgehen. Im Falle des § 102 Abs. 1 BetrVG hat eine unterbliebene oder mangelhafte »Anhörung« des Betriebsrats die Nichtigkeit einer ausgesprochenen Kündigung zur Folge (»*Kündigung ist unwirksam*«, § 102 Abs. 1 Satz 3 BetrVG).

(3) Mitbestimmungsrechte

In einigen Vorschriften räumt das Betriebsverfassungsgesetz dem Betriebsrat Mitbestimmungsrechte ein. Mitbestimmungsrechte zeichnen sich durch folgende Merkmale aus:

- Der Arbeitgeber darf ohne Beachtung der Rechte des Betriebsrats die Maßnahme nicht einseitig durchführen. Der Betriebsrat hat einen durch einstweilige Verfügung durchsetzbaren Unterlassungsanspruch.
- Mitbestimmungspflichtige Regelungen sind bei fehlender Einigung durch eine Einigungsstelle (einigungsstellenfähige Angelegenheiten), in manchen Fällen durch Anrufung des Arbeitsgerichts (§§ 93, 101 Satz 1, 104 Satz 1 BetrVG, § 2a ArbGG) erzwingbar.
- Die vorherige Zustimmung des Betriebsrats (bzw. ein zustimmungsersetzender Beschluss der Einigungsstelle) ist Wirksamkeitsvoraussetzung für Weisungen des Arbeitgebers gegenüber den Beschäftigten.

Mitbestimmungsrechte sind zu unterscheiden in bloße »Zustimmungsverweigerungsrechte« und solche Mitbestimmungsrechte, die ein »Initiativrecht« des Betriebsrats einschließen.

Beteiligungsfelder	
»Aktive« Mitbestimmung: »Initiativrecht« »Erzwingbarkeit« **Stichworte:** »mitbestimmen«, »verlangen«	
Soziale Angelegenheiten (z. B. Betriebsordnung, Lage der Arbeits- und Pausenzeiten, Vorschlagswesen)	§ 87 Abs. 1 Nr. 1 bis 14 BetrVG
Änderung der Arbeitsgestaltung	§ 91 BetrVG
Innerbetriebliche Ausschreibung von Arbeitsplätzen	§ 93 BetrVG
Auswahlrichtlinien	§ 95 Abs. 2 BetrVG
»Passive« Mitbestimmung: »Vetorecht« **Stichworte:** »bedürfen der Zustimmung«, »Zustimmung verweigern«	
Beurteilungsgrundsätze und Personalfragebogen	§ 94 BetrVG
Auswahlrichtlinien	§ 95 Abs. 1 BetrVG
Betriebliche Berufsbildung	§ 97 Abs. 2 BetrVG
Betriebliche Qualifizierungsmaßnahmen	§ 98 Abs. 1 BetrVG
Einstellungen, Versetzungen	§ 99 BetrVG

Kündigungsschutz für Interessenvertretung	§ 103 BetrVG
Sozialplan	§ 112 Abs. 1 BetrVG
Mitwirkung **Stichworte:** »beraten«, »verhandeln«, »Vorschläge«, »anhören«, »Bedenken vorbringen«	
Arbeits- und betrieblicher Umweltschutz	§ 89 BetrVG
Arbeitsplatz, -ablauf und -umgebung	§ 90 Abs. 2 BetrVG
Personalplanung	§ 92 Abs. 1 Satz 2, Abs. 2 BetrVG
Beschäftigungssicherung	§ 92a Abs. 2 BetrVG
Ein-/Umgruppierung, Kündigungen	§ 102 Abs. 1 BetrVG
Betriebsänderung	§ 111 BetrVG
Information **Stichworte:** »rechtzeitig«, »umfassend«, »unterrichten«, »Vorlage von Unterlagen«	
Allgemeiner Informationsanspruch	§ 80 Abs. 2 BetrVG
Wirtschaftsausschuss	§ 106 Abs. 2 Satz 2 BetrVG

(4) Zustimmungsverweigerungsrecht

Dort, wo der Betriebsrat ein Zustimmungsverweigerungsrecht hat, hat der Arbeitgeber vor Durchführung der Maßnahme die Zustimmung des Betriebsrats einzuholen. Er darf das Vorhaben, wenn der Betriebsrat die Zustimmung verweigert, zunächst nicht realisieren.

Vielmehr muss der Arbeitgeber, wenn er sein Vorhaben verwirklichen will,

- in manchen Angelegenheiten die Einigungsstelle (z. B. im Falle des § 94 BetrVG: Personalfragebogen) oder
- in anderen Angelegenheiten das Arbeitsgericht (z. B. im Falle des § 99 Abs. 4 BetrVG: Einstellung, Versetzung, Eingruppierung/Umgruppierung)

anrufen.

Erst und nur dann, wenn die Einigungsstelle oder das Arbeitsgericht die fehlende Zustimmung des Betriebsrats ersetzt, ist dem Arbeitgeber die Durchführung der Maßnahme gestattet. Wird der Zustimmungsersetzungsantrag des Arbeitgebers abgewiesen, hat die Maßnahme zu unterbleiben.

Der Betriebsrat hat im Bereich der Zustimmungsverweigerungsrechte gewissermaßen nur ein »halbes« Mitbestimmungsrecht (»Vetorecht«), das nur dann ausgelöst wird, wenn der Arbeitgeber in der fraglichen Angelegenheit aktiv wird. Wird der Arbeitgeber nicht aktiv, hat der Betriebsrat keine Möglichkeit, mit rechtlichen Mitteln Maßnahmen durchzusetzen, die er für richtig hält. So kann der Betriebsrat dem Arbeitgeber zwar vorschlagen, bestimme Beschäftigte einzustellen, erzwingen kann er diesen Vorschlag mit rechtlichen Mitteln jedoch nicht (vgl. § 99 BetrVG).

(5) Initiativmitbestimmungsrecht

In manchen Vorschriften heißt es allgemein: *»Der Betriebsrat hat ... mitzubestimmen«* (vgl. § 87 Abs. 1 BetrVG). Hier besteht die Reichweite des Mitbestimmungsrechts nicht nur darin, die Zustimmung zu einer vom Arbeitgeber geplanten Maßnahme möglicherweise zu verweigern (mit der Folge, dass die Maßnahme nicht durchgeführt werden darf). Vielmehr kann der Betriebsrat seinerseits – in geeigneten Fällen – dem Arbeitgeber eine Maßnahme vorschlagen und – falls der Arbeitgeber ablehnt – die Einigungsstelle anrufen und versuchen, die Realisierung der Maßnahme auf diesem Wege zu erzwingen (Initiativmitbestimmungsrecht). Ein Initiativmitbestimmungsrecht hat der Betriebsrat auch dort, wo es im Gesetz heißt: *»Der Betriebsrat kann ... verlangen«* (vgl. z. B. § 91 BetrVG sog. »korrigierendes Mitbestimmungsrecht«).

ee. Durchsetzung der Beteiligungsrechte des Betriebsrats

»... das ist passiert ...«	»... diese Verfahren kann der Betriebsrat einleiten ...«
Der Arbeitgeber missachtet die »Informationsrechte« des Betriebsrats	**Arbeitsgerichtsverfahren:** Das Gericht verpflichtet den Arbeitgeber, die verlangte Information zu erteilen. Gegebenenfalls kommt ein »**einstweiliges Verfügungsverfahren**« in Betracht mit dem Ziel, dem Arbeitgeber die Durchführung seines informationspflichtigen Vorhabens bis zur Erfüllung der Informations- und Mitwirkungsrechte untersagen zu lassen.
	Einigungsstellenverfahren im Falle des § 109 BetrVG
	Ordnungswidrigkeitenverfahren nach § 121 BetrVG

»… das ist passiert …«	**»… diese Verfahren kann der Betriebsrat einleiten …«**
Der Arbeitgeber missachtet die »Mitwirkungsrechte« des Betriebsrats	**Arbeitsgerichtsverfahren:** Das Gericht verpflichtet den Arbeitgeber, die Mitwirkungsrechte des Betriebsrats zu beachten (also z. B. über die Vorschläge des Betriebsrats in der betreffenden Angelegenheit zu verhandeln). Gegebenenfalls »**einstweiliges Verfügungsverfahren**«.
Der Arbeitgeber missachtet die »Mitbestimmungsrechte« des Betriebsrats	**Arbeitsgerichtsverfahren**. Gegebenenfalls »**einstweiliges Verfügungsverfahren**«.
Die Verhandlungen zwischen Arbeitgeber und Betriebsrat sind in einer »mitbestimmungspflichtigen« Angelegenheit gescheitert	**Einigungsstellenverfahren** (z. B. § 87 Abs. 2 BetrVG)
	Gegebenenfalls Verfahren vor einer »**tariflichen Schlichtungsstelle**« (vgl. § 76 Abs. 8 BetrVG)
	Arbeitsgerichtsverfahren (z. B. § 99 Abs. 4 BetrVG)
Bei »Behinderung der Betriebsratsarbeit« kann auch ein **Strafverfahren** nach § 119 Abs. 1 Nr. 2 BetrVG eingeleitet werden (Strafantrag bei der Staatsanwaltschaft).	

5. Der Personalrat

Soweit Arbeitgeber juristische Personen des öffentlichen Rechts sind (»öffentlicher Dienst«), ist für die Fragen der Interessenvertretung der Beschäftigten nicht das Betriebsverfassungsgesetz maßgebend, sondern die Personalvertretungsgesetze des Bundes (BPersVG) und der jeweiligen Länder. Sie schaffen den Handlungsrahmen und die Grundlage für die Handlungsmöglichkeiten der Personalräte im öffentlichen Dienst.
Das Bundespersonalvertretungsgesetz (BPersVG) und die Personalvertretungsgesetze der Länder weisen den Personalvertretungen gem. § 62 Abs. 1 BPersVG bzw. gemäß den entsprechenden Vorschriften der Landespersonalvertretungsgesetze (LPersVG) ein breites Aufgabenspektrum zu (z. B. § 64 Personalvertretungsgesetz Nordrhein-Westfalen, § 59

Niedersächsisches Personalvertretungsgesetz, § 50 Landespersonalvertretungsgesetz Sachsen-Anhalt).
Die Beteiligungsrechte des Personalrats unterscheiden sich nach Inhalt und Wirkungsgrad (Durchsetzbarkeit) in

- Anhörungsrechte,
- Mitwirkungsrechte und
- Mitbestimmungsrechte.

a. Anhörungsrechte

Anhörungsrechte finden sich vor allem im Planungsbereich, etwa bei Stellenanforderungen zum Haushaltsplan, Personalplanung, Neubauplanung, Änderung von Arbeitsverfahren (vgl. § 87 BPersVG und entsprechende Vorschriften der Landespersonalvertretungsgesetze). Die Entscheidung über eine anhörungspflichtige Maßnahme trifft letztlich der Dienststellenleiter.

b. Mitwirkung

In Mitwirkungsangelegenheiten ist die Dienststelle gem. § 81 Abs. 1 BPersVG oder entsprechenden Vorschriften der Landespersonalvertretungsgesetze verpflichtet, die Maßnahme vor der Durchführung mit dem Ziel einer Verständigung rechtzeitig und eingehend mit dem Personalrat zu erörtern.
Mitwirkungsrechte bestehen vor allem bei der Vorbereitung von Verwaltungsanordnungen (§ 84 Abs. 1 Nr. 1 BPersVG), bei Umstrukturierungsmaßnahmen (§ 84 Abs. 1 Nr. 2 BPersVG) und bei der Kündigung von Arbeits- oder Angestelltenverhältnissen (§ 85 Abs. 1 BPersVG). Teilt die Dienststelle eine von den Einwänden des Personalrats abweichende Entscheidung mit, kann der Personalrat das Stufenverfahren einleiten, indem er auf dem Dienstweg die übergeordnete Dienststelle, bei der eine Stufenvertretung besteht, anruft. Diese entscheidet letztendlich nach Verhandlung mit der bei ihr bestehenden Stufenvertretung über die streitige Mitwirkungsmaßnahme. In mitwirkungspflichtigen Maßnahmen hat der Personalrat ein Initiativrecht.

c. Mitbestimmungstatbestände in den Personalvertretungsgesetzen des Bundes und der Länder

	Personelle Angelegenheiten	Soziale Angelegenheiten	Organisatorische Angelegenheiten
Bund	§ 78	§ 79	§ 80
Baden-Württemberg	§§ 75, 76	§§ 74 Abs. 1, 81	§§ 74 Abs. 2, 81, 87
Bayern	Art. 75 Abs. 1, 76 Abs. 1, 77, 77a	Art. 75 Abs. 3, 76 Abs. 1	Art. 75 Abs. 4, 75a, Art. 76 Abs. 2
Berlin	§§ 87, 88	§§ 85 Abs. 1, 86	§ 85
Brandenburg	§ 63	§ 64	§§ 65, 66
Bremen	§ 65	§§ 63, 64	§§ 66, 67
Hamburg	§§ 87, 88	§§ 86, 87, 91	§ 86
Hessen	§§ 75 bis 77	§ 74	§ 78
Mecklenburg-Vorpommern	§ 68	§ 69	§ 70
Niedersachsen	§ 65	§ 66	§ 67
Nordrhein-Westfalen	§ 72 Abs. 1	§ 72 Abs. 2	§ 72 Abs. 3, 4
Rheinland-Pfalz	§§ 78, 79, 83	§ 80 Abs. 1	§§ 80 Abs. 2, 84, 86
Saarland	§ 92	§ 93	§ 94
Sachsen	§§ 77, 78, 80 Abs. 1	§§ 77, 80 Abs. 2, 81 Abs. 1, 2	§§ 77, 81 Abs. 2, 3
Sachsen-Anhalt	§§ 66 bis 68	§ 65	§ 69
Schleswig-Holstein	§ 51 Abs. 1, 4, 6	§ 51 Abs. 1	§ 51 Abs. 1
Thüringen	§§ 73 Abs. 1, 2, 75, 78, 79	§§ 75, 81	§§ 73 Abs. 3, 75

Soweit eine Maßnahme der Mitbestimmung des Personalrats unterliegt, kann sie gem. § 70 Abs. 1 BPersVG bzw. vergleichbaren Vorschriften der Landespersonalvertretungsgesetze nur mit seiner Zustimmung getroffen werden. Damit kann der Dienststellenleiter eine beabsichtigte mitbestimmungspflichtige Maßnahme nur durchführen, wenn der Personalrat zustimmt bzw. sich nicht innerhalb der vorgegebenen Frist äußert. Verweigert der Personalrat seine Zustimmung, darf die Dienststelle die Maßnahme nicht durchführen. Der Dienststellenleiter kann, falls er die beabsichtigte Maßnahme aufrechterhält, die Angelegenheit der übergeordneten Dienststelle, bei der eine Stufenvertretung besteht, vorlegen (§ 71 Abs. 1 BPersVG bzw. vergleichbare Vorschriften der Landespersonalvertretungsgesetze). Welche Tatbestände dem – vollen bzw. eingeschränkten – Mitbestimmungsrecht des Personalrats unterliegen, ergibt sich aus den jeweiligen Personalvertretungsgesetzen. Bei deren Festlegung hat der Gesetzgeber im Rahmen verfassungsrechtlicher Vorgaben einen Ermessensspielraum.

d. Mitwirkungsverfahren bei dreistufigem Verwaltungsaufbau

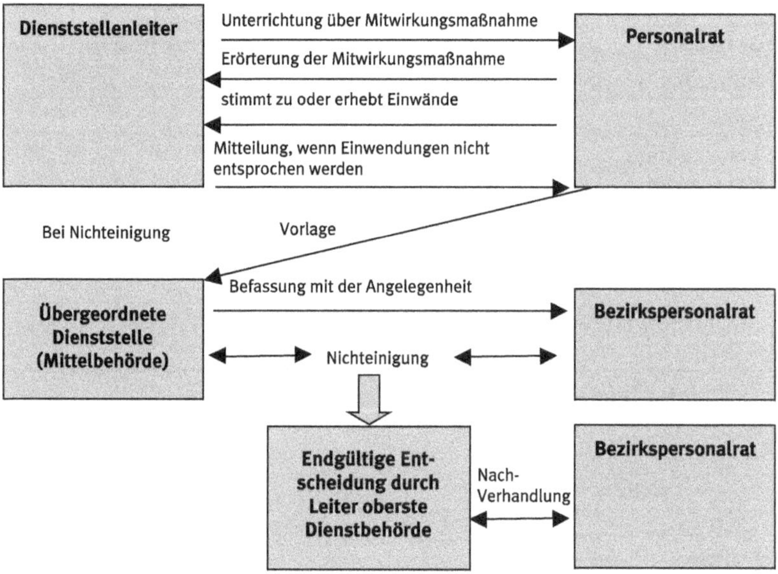

Kommt im Stufenverfahren keine Einigung zustande, kann die Einigungsstelle angerufen werden, die dann entscheidet. Hinsichtlich der Verbindlichkeit dieser Entscheidung ist zu unterscheiden: bei voller Mitbestimmung (§ 75 BPersVG bzw. entsprechende Vorschriften der Landespersonalvertretungsgesetze) entscheidet die Einigungsstelle verbindlich (§ 75 Abs. 1 BPersVG). Bei eingeschränkter Mitbestimmung (§§ 78 Abs. 1, 80 Abs. 1 Nr. 10–13, 19–21 BPersVG bzw. entsprechende Vorschriften der Landespersonalvertretungsgesetze) spricht die Einigungsstelle nur eine Empfehlung an die oberste Dienstbehörde aus, die letztlich entscheidet (§ 75 Abs. 3 BPersVG).

e. Stufenvertretung

Aufgrund des hierarchischen Verwaltungsaufbaus können übergeordnete Dienststellen den ihnen nachgeordneten Dienststellen verbindliche Weisung erteilen und sich Entscheidungen vorbehalten, die ihnen nachgeordnete Dienststellen betreffen. Damit eine lückenlose Vertretung der Beschäftigten auf allen Verwaltungsebenen gewährleistet ist, sehen die Personalvertretungsgesetze vor, dass auf der Ebene übergeordneter Dienststellen Stufenvertretungen gebildet werden. Durch das System der Stufenvertretung neben den jeweiligen örtlichen Personalräten wird sichergestellt, dass in allen Fällen, in denen die Personalvertretungsgesetze Beteiligungsrechte vorsehen, deren Ausübung in sämtlichen Teilen der Verwaltung gewährleistet ist.
Bei einem **dreistufigen** Aufbau werden danach folgende Personalvertretungen gebildet:

- Bei der **obersten Dienstbehörde**
  - ein örtlicher Personalrat, sog. Hauspersonalrat, für Angelegenheiten dieser Dienststelle,
  - ein Hauptpersonalrat für Angelegenheiten der nachgeordneten Dienststellen.
- Bei den **Mittelbehörden**
  - ein örtlicher Personalrat, sog. Hauspersonalrat, für Angelegenheiten der jeweiligen Dienststelle,
  - je ein Bezirkspersonalrat, für Angelegenheiten der nachgeordneten Dienststellen.
- Bei den **unteren Behörden**
  - je ein örtlicher Personalrat für Angelegenheiten der jeweiligen Dienststelle.

Bei einem **zweistufigen** Aufbau werden folgende Personalvertretungen gebildet:

- Bei der **obersten Dienstbehörde**
  - ein örtlicher Personalrat, sog. Hauspersonalrat, für Angelegenheiten dieser Dienststelle,
  - ein Hauptpersonalrat für Angelegenheiten der nachgeordneten Dienststellen.
- Bei den **nachgeordneten Behörden**
  - je ein örtlicher Personalrat für Angelegenheiten der jeweiligen Dienststelle.

Von den Stufenvertretungen sind die sog. **Gesamtpersonalräte** zu **unterscheiden**. Werden Nebenstellen oder Teile einer Dienststelle, die räumlich weit von der Dienststelle entfernt liegen, personalvertretungsrecht-

lich verselbstständigt (vgl. § 7 BPersVG und vergleichbare Vorschriften der Landespersonalvertretungsgesetze), werden nach § 93 BPersVG und vergleichbarer Vorschriften der Landespersonalvertretungsgesetze neben den einzelnen Personalräten der Dienststelle und den verselbstständigten Nebenstellen und Dienststellenteilen für die Gesamtdienststelle Gesamtpersonalräte gewählt.
Die Stufenvertretungen und Gesamtpersonalräte sind keine übergeordneten Personalvertretungen. Sie haben keine Weisungsbefugnisse gegenüber Personalvertretungen nachgeordneter Dienststellen.

6. Pflichten des Arbeitgebers

Das SGB IX und das AGG befassen sich insbesondere – aber nicht nur – mit Rechten von Beschäftigten mit Behinderungen. Sie gehören zu den Gesetzen, die den Arbeitgebern Pflichten zum Schutz und zur Förderung bestimmter Gruppen von Beschäftigten auferlegen.
Das SGB IX regelt im Einzelnen

Den Umfang der Beschäftigungspflicht des Arbeitgebers		
	In Betrieben und Dienststellen mit jahresdurchschnittlich monatlich mindestens 20 Arbeitsplätzen ist ein Anteil von wenigstens 5 % (»Pflichtquote«) mit schwerbehinderten Menschen zu besetzen. Schwerbehinderte Frauen sind besonders zu berücksichtigen.	§ 154 SGB IX
	Pflicht zur Zahlung einer Ausgleichsabgabe (je nach Beschäftigungsquote zwischen 140 und 720 Euro monatlich je unbesetztem Pflichtplatz), wobei die Zahlung von der Beschäftigungspflicht nicht entbindet.	§ 160 SGB IX
Die Beschäftigung besonderer Gruppen in angemessenem Umfang		
	§ 155 SGB IX nennt Gruppen schwerbehinderter Menschen, die im Rahmen der Beschäftigungspflicht besonders zu berücksichtigen sind: – Schwerbehinderte Menschen, die nach Art und Schwere ihrer Behinderung besonders betroffen sind (Abs. 1 Nr. 1), – schwerbehinderte Menschen, die das 50. Lebensjahr vollendet haben (Abs. 1 Nr. 2) sowie – schwerbehinderte Auszubildende (Abs. 2).	§ 155 SGB IX

Die Prüfungspflicht bei der Besetzung freier Arbeitsplätze		
	Arbeitgeber haben zu prüfen, ob freie Arbeitsplätze mit schwerbehinderten Menschen, vor allem mit bei der Arbeitsagentur gemeldeten, besetzt werden können. Die Prüfungspflicht bezieht sich nicht nur auf Neueinstellung, sondern auch auf Versetzungen innerhalb des Betriebs. Sie endet nicht mit der Erfüllung der Pflichtquote.	§ 164 Abs. 1 SGB IX
	Die Schwerbehindertenvertretung ist zu beteiligen, Betriebs- bzw. Personalrat sind zu hören. Der Arbeitgeber muss Bewerbungen mit der Schwerbehindertenvertretung erörtern und an Vorstellungsgesprächen beteiligen.	§ 178 Abs. 2 SGB IX
Individuelle Förderpflichten		
	Eine besondere Fürsorge- und Förderungspflicht gegenüber schwerbehinderten Beschäftigten, damit sie ihre Fähigkeiten und Kenntnisse bestmöglich anwenden und weiterentwickeln können.	§ 164 Abs. 3 SGB IX
	Förderungspflichten gegenüber schwerbehinderten Menschen, hierzu gehören: - Die Beschäftigung entsprechend ihrer Fähigkeiten und Kenntnissen (Nr. 1), - die Bevorzugung bei innerbetrieblichen Maßnahmen zur beruflichen Bildung (Nr. 2), - die Erleichterung der Teilnahme an außerbetrieblichen Maßnahmen (Nr. 3) sowie - die Beschäftigung durch betriebliche Arbeitsgestaltungsmaßnahmen (Nr. 4 u. 5) → Verlangt wird: Schaffung der Voraussetzungen zur Beschäftigung wenigstens der vorgeschriebenen Zahl schwerbehinderter Menschen. Dazu gehören Maßnahmen der technischen Ausstattung, der Organisation des Arbeitsablaufs, der Einrichtung von Teilzeitarbeitsplätzen, der Ausstattung einzelner Arbeitsplätze mit technischen Hilfen usw. Bei der Durchführung haben Arbeitsagentur und Integrationsamt Arbeitgeber zu unterstützen.	§ 164 Abs. 4 SGB IX

Kollektive Förderpflichten		
	Die Verpflichtung des Arbeitgebers zum Abschluss einer Inklusionsvereinbarung mit der Schwerbehindertenvertretung und dem Betriebs- bzw. Personalrat → Die Inklusionsvereinbarung kann **Regelungen im Zusammenhang mit der Eingliederung schwerbehinderter Menschen** (Personalplanung, Arbeitsplatzgestaltung, Gestaltung des Arbeitsumfelds, Arbeitsorganisation, Arbeitszeit) und Regelungen über die Durchführung in den Betrieben und Dienststellen enthalten (ausführlicher dazu unten).	§ 166 SGB IX (Beachte: § 241 Abs. 6 SGB IX)
Präventionspflichten		
	Beschäftigungssicherungspflicht des Arbeitgebers: Er muss bei Problemen am Arbeitsplatz frühzeitig handeln, z. B. durch Änderung der Arbeitsaufgabe und des Arbeitsplatzes oder durch die Inanspruchnahme finanzieller Unterstützung des Integrationsamts für begleitende Hilfen am Arbeitsplatz.	§ 167 Abs. 1 SGB IX
	Durch Einrichtung eines betrieblichen Eingliederungsmanagements (BEM) haben Arbeitgeber die Gesundheit und Beschäftigungsfähigkeit der Beschäftigten zu erhalten und zu fördern: → Ein BEM-Verfahren ist vom Arbeitgeber einzuleiten, sofern **Beschäftigte innerhalb eines Jahres länger als sechs Wochen ununterbrochen oder wiederholt arbeitsunfähig** sind (siehe dazu ausführlicher unten). Ziel ist es, gemeinsam mit der betroffenen Person und dem Arbeitgeber sowie mit der zuständigen Interessenvertretung im Sinne von § 176 SGB IX – bei schwerbehinderten Menschen gemeinsam mit der Schwerbehindertenvertretung – zu klären, wie die Arbeitsunfähigkeit möglichst überwunden werden und mit welchen Leistungen oder Hilfen erneuter Arbeitsunfähigkeit vorgebeugt und der Arbeitsplatz erhalten werden kann.	§ 167 Abs. 2 SGB IX
	Beachte: Die Präventionspflichten des Arbeitgebers gelten nicht nur gegenüber schwerbehinderten oder gleichgestellten Beschäftigten, sondern gegenüber allen Beschäftigten, bei denen die dort beschriebenen Konstellationen (z. B. Arbeitsunfähigkeit von mehr als sechs Wochen innerhalb eines Jahres) vorliegen. Ziel ist, eine Gesundheitsbeeinträchtigung bzw. den Eintritt einer Schwerbehinderung zu verhindern.	

Benachteiligungsverbot		
	Das Verbot der Diskriminierung wegen einer Behinderung gilt sowohl bei der Einstellung als auch bei den beruflichen Aufstiegsmöglichkeiten.	§ 164 Abs. 2 SGB IX i.V.m. dem AGG

Darüber hinaus hält die Rechtsordnung verschiedene Instrumente und Maßnahmen bereit, die die Teilhabe am Arbeitsleben fördern und gewährleisten, ebenso aber auch den Arbeitgeber unterstützen sollen. In Betracht kommen insbesondere:

a. Budget für Arbeit

Das Budget für Arbeit (§ 61 SGB IX) steht Personen offen, die einen Anspruch auf Leistungen nach § 58 SGB IX haben und denen von einem privaten oder öffentlichen Arbeitgeber ein sozialversicherungspflichtiges Arbeitsverhältnis mit einer tarifvertraglichen oder ortsüblichen Entlohnung angeboten wird.

Das Budget für Arbeit ist ein **Lohnkostenzuschuss** an Arbeitgeber, um eine dauerhafte Leistungsminderung von Beschäftigten mit Behinderung und eine ggf. im Einzelfall erforderliche Anleitung und Begleitung am Arbeitsplatz auszugleichen und zu finanzieren.[19] Der Lohnkostenzuschuss beträgt bis zu 75 Prozent des vom Arbeitgeber regelmäßig gezahlten Arbeitsentgelts. Das Budget für Arbeit trägt dem heterogenen Personenkreis in WfbM Rechnung.

Für Menschen mit Behinderungen, die sich für eine Förderung durch das Budget für Arbeit und damit für einen Wechsel aus der WfbM auf den allgemeinen Arbeitsmarkt entscheiden, besteht ein **Rückkehrrecht in die WfbM**. Das Budget für Arbeit kann aber auch von leistungsberechtigten Personen in Anspruch genommen werden, die zuvor nicht in einer WfbM oder bei einem anderen Leistungsanbieter beschäftigt waren.[20] In einzelnen Bundesländern (z.B. Rheinland-Pfalz, Hamburg, Niedersachsen, Nordrhein-Westfalen) wurde das Budget für Arbeit vor der Einführung in das SGB IX erfolgreich auf regionaler Ebene erprobt.[21]

19 BT-Drs. 18/9522 S. 194; ausführlicher dazu und zur Diskussion um das Budget für Arbeit im Gesetzgebungsverfahren des BTHG *Nebe/Schimank*, Beitrag D47–2016 unter *www.reha-recht.de; Schimank*, Beitrag D60–2016 unter *www.reha-recht.de.*

20 BT-Drs. 18/9522, S. 253.

21 Zu den rechtlichen Grundlagen und den verschiedenen Reformmodelle der Bundeländer siehe z.B. *Nebe/Waldenburger*, Forschungsbericht zum Budget für Arbeit, LVR (Hrsg.), Köln 2014.

Mit dem Budget für Arbeit lassen sich nachhaltige Erfolge bei der Integration voll erwerbsgeminderter Menschen mit Behinderungen in den allgemeinen Arbeitsmarkt erzielen.[22]

b. Budget für Ausbildung

Menschen mit Behinderung, die Anspruch auf Leistungen im Eingangsverfahren und Berufsbildungsbereich nach § 57 SGB IX oder im Arbeitsbereich nach § 58 SGB IX haben, erhalten nach § 61a SGB IX ein **Budget für Ausbildung. Voraussetzung ist das Angebot von einem privaten oder öffentlichen Arbeitgeber für ein sozialversicherungspflichtiges Ausbildungsverhältnis in einem anerkannten Ausbildungsberuf oder Ausbildungsgang.** Das Budget für Ausbildung umfasst die **Erstattung der angemessenen Ausbildungsvergütung,** die **Aufwendungen** für die wegen der Behinderung erforderliche Anleitung und Begleitung am Ausbildungsplatz und in der Berufsschule sowie die erforderlichen Fahrkosten. Es stellt eine Alternative zu Leistungen im Eingangsverfahren einer WfbM dar und ermöglicht den Betroffenen, eine anerkannte Berufsausbildung zu erwerben.

c. Unterstützte Beschäftigung

Ziel der Unterstützten Beschäftigung (§ 55 SGB IX) ist es, Menschen mit Behinderungen und mit besonderem Unterstützungsbedarf eine angemessene, geeignete und sozialversicherungspflichtige Beschäftigung zu ermöglichen und zu erhalten. Nach der Gesetzesbegründung ist hierunter die »individuelle betriebliche Qualifizierung und Berufsbegleitung von Menschen mit Behinderungen und mit besonderem Unterstützungsbedarf auf Arbeitsplätzen in Betrieben des allgemeinen Arbeitsmarktes«[23] zu verstehen.

Mit dem Instrument erhalten Menschen mit Behinderungen **Leistungen zur individuellen betrieblichen Qualifizierung**, um insbesondere geeignete betriebliche Tätigkeiten zu erproben, sie auf ein sozialversicherungspflichtiges Beschäftigungsverhältnis vorzubereiten und bei der Einarbeitung und Qualifizierung auf einem betrieblichen Arbeitsplatz zu unterstützen (§ 55 Abs. 2 SGB IX).

Die Leistungen, die dabei erbracht werden, umfassen auch die **Vermittlung von berufsübergreifenden Lerninhalten und Schlüsselqualifika-**

---

22 BT-Drs. 18/9522 S. 194.

23 BT-Drs. 16/10487, S. 8.

tionen sowie die **Weiterentwicklung der Persönlichkeit** des Menschen mit Behinderung. Die Gemeinsame Empfehlung zur Unterstützten Beschäftigung vom 1. Oktober 2021 hat das Ziel, ein einheitlich hohes Niveau der Leistungserbringung bei gleichzeitiger Vergleichbarkeit der Leistungsangebote zu erreichen.[24]

d. Assistierte Ausbildung[25]

Ziel der Assistierten Ausbildung (§§ 74 bis 75a SGB III) sind die Aufnahme einer Berufsausbildung und die Hinführung zum erfolgreichen Abschluss der betrieblichen Ausbildung (§ 74 Abs. 2 SGB III).[26] Adressaten der Maßnahme sind **förderungsbedürftige junge Menschen.**
Förderungsberechtigt sind junge Menschen nach § 74 Abs. 3 Satz 1 Nr. 1 SGB III, wenn sie ohne Unterstützung eine Berufsausbildung nicht aufnehmen oder fortsetzen können oder voraussichtlich Schwierigkeiten haben werden, die Berufsausbildung abzuschließen. Nach Abs. 3 Satz 1 Nr. 2 ist eine Förderung auch für junge Menschen möglich, die wegen in ihrer Person liegender Gründe ohne die Förderung nach einer gescheiterten betrieblichen Berufsausbildung eine weitere Berufsausbildung nicht aufnehmen oder die nach Abschluss einer unterstützen Berufsausbildung kein Arbeitsverhältnis begründen oder festigen können. Darüber hinaus sind auch junge Menschen förderungsberechtigt, die wegen in ihrer Person liegender Gründe Unterstützung in einer Einstiegsqualifizierung benötigen (§ 74 Abs. 3 Satz 2 SGB III) und **Ausbildungsbetriebe (§ 75 Abs. 7 SGB III).**[27]
Die Förderung als **individuelle und kontinuierliche Unterstützung** muss konkret benötigt werden[28] und ist eine **Ermessensleistung** der Bundesagentur für Arbeit (§ 74 Abs. 1 Satz 1 SGB III).
Die Assistierte Ausbildung bietet **Unterstützung während der Berufsausbildung.**[29] Eine **ausbildungsvorbereitende Maßnahme** kann vorgeschaltet werden (§ 74 Abs. 1 Satz 2 SGB III). Näheres zur Vorphase,

---

24 Bundesarbeitsgemeinschaft für Rehabilitation (2021), Gemeinsame Empfehlung zur Unterstützten Beschäftigung, § 1, S. 7.

25 Konkretisierend dazu: Weisung 202407017 vom 31.7.2024 – Assistierte Ausbildung (AsA) nach §§ 74 – 75a SGB III – Fachliche Weisung für weiterentwickelte AsA mit Maßnahmebeginn ab 2024.

26 Ausführlich dazu *Schimank* Beiträge D25–2016 und D26–2016 unter *www.reha-recht.de*.

27 Vgl. auch BT-Drs. 18/4114, S. 28.

28 Vgl. Brand/*Brand*, SGB III, § 130 SGB III, Rn. 12.

29 BT-Drs. 18/4114, S. 27.

in der junge Menschen z. B. bei der Suche nach einer betrieblichen Ausbildung unterstützt werden, regelt § 75a SGB III. Unterstützungsmaßnahmen in der begleitenden Phase (§ 75 SGB III) sind eine **individuelle und kontinuierliche Unterstützung** des Förderbedürftigen sowie eine **sozialpädagogische Begleitung**, auch im ausbildenden Betrieb (§ 74 Abs. 4 SGB III). Die Maßnahmen sollen beispielsweise auch dem Abbau von Sprach- und Bildungsdefiziten dienen (§ 75 Abs. 2 Nr. 3 SGB III). Abgestimmt werden die individuellen Maßnahmen des jungen Menschen durch den Maßnahmenträger mit dem Ausbildungsbetrieb (§ 75 Abs. 4 SGB III).

e. Arbeitsassistenz

Ein inzwischen etabliertes Instrument ist die Arbeitsassistenz, geregelt in § 49 Abs. 8 Satz 1 Nr. 3 in Verbindung mit § 185 Abs. 5 SGB IX. Den (rechtlich unverbindlichen) Empfehlungen der Bundesarbeitsgemeinschaft der Integrationsämter und Hauptfürsorgestellen zufolge ist die Arbeitsassistenz die über die gelegentliche Handreichung hinausgehende, zeitlich wie tätigkeitsbezogene regelmäßig wiederkehrende Unterstützung von schwerbehinderten Menschen bei der Arbeitsausführung in Form einer von ihnen beauftragten Assistenzkraft im Rahmen der Erlangung oder Erhaltung eines Arbeitsplatzes auf dem allgemeinen Arbeitsmarkt.[30]
Die Arbeitsassistenz unterstützt die assistenznehmende Person in Form von Hilfestellungen und einfachen Handreichungen, z. B. kopieren, Bücher umblättern, dolmetschen in Gebärdensprache, Unterstützung bei der Mobilität am Arbeitsplatz. Sie dient als behinderungsbedingte nachteilsausgleichende Kraft, die eigentliche Arbeitsleistung erbringt sie jedoch nicht.
Voraussetzung für die Leistung ist, dass der schwerbehinderte Mensch in der Lage ist, die von ihm geschuldete Arbeitsleistung bzw. deren inhaltlich prägenden Kernbereich selbstständig zu erbringen. Darüber hinaus muss die Arbeitsassistenz notwendig sein. Davon ist auszugehen, wenn die assistenznehmende Person erst durch die Inanspruchnahme einer Arbeitsassistenz eine wettbewerbsfähige Erbringung der arbeitsvertraglich bzw. dienstrechtlich geschuldeten Tätigkeit möglich wird.
Durch die gesetzliche Regelung wurde klargestellt, dass Integrationsämter bei der Arbeitsassistenz hinsichtlich der Höhe der Leistung kein Ermessen haben sollen, wenn die Notwendigkeit der Assistenz festgestellt wurde.

30 *BIH*, Arbeitsassistenz – ein wichtiger Baustein zur Teilhabe am Arbeitsleben, 2019, Nr. 2.1.

Wird die Arbeitsassistenz durch einen Rehabilitationsträger erbracht, ist sie zeitlich auf drei Jahre begrenzt, vgl. § 49 Abs. 8 Satz 2 SGB IX. Dauerhafter Assistenzbedarf kann nach Ablauf der drei Jahre unbefristet durch das Integrationsamt nach § 185 Abs. 5 SGB IX gedeckt werden.

f. Jobcoaching^AP

Seit dem 1. 1. 2024 steht das Jobcoaching am Arbeitsplatz (AP) als weiteres Unterstützungsinstrument zur Teilhabe am Arbeitsleben zur Verfügung. Mit dem Gesetz zur Förderung eines inklusiven Arbeitsmarkts vom 6. 6. 2023 wurde das Jobcoaching^AP in § 49 Abs. 8 Satz 1 Nr. 2a SGB IX neu eingeführt. Das Jobcoaching^AP ist sinnvoll nach längerer Arbeitsunfähigkeit, bei Nachlassen von Arbeitsfähigkeiten, bei Veränderungen der Belastbarkeit, bei Veränderungen der betrieblichen Bedingungen, im Fall neuer Arbeitsaufgaben oder etwa beim drohenden Verlust des Arbeitsplatzes. Das Jobcoaching^AP ist eine zeitlich begrenzte individuelle Anleitungs- und Unterstützungsleistung durch betriebsexterne Fachkräfte für Menschen mit Behinderungen am Arbeitsplatz. Ziel des Jobcoaching^AP ist die Befähigung aller betrieblich Beteiligten (u. a. Beschäftigte, Führungskräfte), eigene Lösungen zu entwickeln. Dazu kommen Jobcoaches mehrmals die Woche in den Betrieb und beraten und betreuen die Beteiligten. Gegenstand ist ein Lern- und Entwicklungsprozess zu den betrieblichen Anforderungen, zur Gestaltung individueller Arbeitsinhalte und der gesamten Arbeitssituation. Daneben gibt es individuelle Ziele der konkreten Maßnahme bzw. der beteiligten Personen. Das Jobcoaching^AP umfasst vier Phasen: Die Auftragsklärung und Planung, Selbstintegration, Intervention und Gestaltung sowie Stabilisierung und Abschluss, welcher der nachhaltigen Sicherung der Ergebnisse dient. Das Jobcoaching^AP kann innerhalb oder in Kombination mit anderen Unterstützungsangeboten (z. B. Begleitung durch den Integrationsfachdienst) oder einzeln durchgeführt werden. Als Leistungsträger kommen die Träger der Leistungen zur Teilhabe am Arbeitsleben (§§ 5 Nr. 2, 6 Abs. 1 SGB IX) sowie das Integrationsamt, dort als begleitende Hilfe im Arbeitsleben (§ 185 Abs. 3 SGB IX), in Betracht.
Als Grundlage für die Ermessensausübung dient die Empfehlung der Bundesarbeitsgemeinschaft der Integrationsämter und Hauptfürsorgestellen.[31]

---

31 *BIH*, Förderung eines »Jobcoaching^AP«, 2023, abrufbar unter: *file:///C:/Users/UWE/Downloads/BIH-Empfehlung_Jobcoaching_final_barrierefrei_pdf-ua-1.pdf.*

g. Betriebliches Eingliederungsmanagement (BEM)

Ein **BEM-Verfahren** ist vom Arbeitgeber einzuleiten, sofern **Beschäftigte innerhalb eines Jahres länger als sechs Wochen ununterbrochen oder wiederholt arbeitsunfähig** sind. Ziel ist es, gemeinsam mit der betroffenen Person und dem Arbeitgeber sowie mit der zuständigen Interessenvertretung im Sinne von § 176 SGB IX (z. B. Betriebsrat) – bei schwerbehinderten Menschen gemeinsam mit der Schwerbehindertenvertretung – zu klären, wie die **Arbeitsunfähigkeit möglichst überwunden** werden und mit welchen Leistungen oder Hilfen **erneuter Arbeitsunfähigkeit vorgebeugt** und der **Arbeitsplatz erhalten** werden kann.[32]
Das BEM-Verfahren **muss** vom Arbeitgeber angeboten werden, ist aber von der **Zustimmung der betroffenen Person** abhängig. Die Inanspruchnahme durch die betroffene Person ist freiwillig. Für die Ausgestaltung eines BEM sind Inklusionsvereinbarungen (§ 166 SGB IX) ein geeignetes Mittel. In der Inklusionsvereinbarung können das Verfahren und weitere mit dem BEM zusammenhängende Aspekte (z. B. Datenschutz) verbindlich vereinbart werden. Schwerbehindertenvertretungen sind am Betrieblichen Eingliederungsmanagement (BEM) **zu beteiligen**, wenn es schwerbehinderte Menschen betrifft (§ 167 Abs. 2 Satz 1 SGB IX). **Ihnen kommt** beim BEM eine **Schlüsselstellung zu.**[33]

h. Inklusionsvereinbarung[34]

Inklusionsvereinbarungen[35] (§ 166 SGB IX) dienen der gleichberechtigten Teilhabe schwerbehinderter Menschen am Arbeitsleben. Konkret sollen und können Veränderungen im Betrieb bzw. in der Dienststelle herbeigeführt werden. Es geht darum, verbindliche Maßnahmenpläne für die Inklusion und Prävention zu schaffen sowie verständliche und messbare Ziele und einzelne Umsetzungsschritte festzulegen. Sie bieten eine systematische Vorgehensweise und Unterstützung von Abläufen im Betrieb bzw. in der Dienststelle.
Die Inklusionsvereinbarungen werden zwischen dem Arbeitgeber mit der Schwerbehindertenvertretung und dem Betriebs- bzw. Personalrat und in Zusammenarbeit mit dem Inklusionsbeauftragten des Arbeit-

---

32 Ausführlicher dazu Deinert/Welti/Luik/Brockmann/*Winkler*, SWK-BR 2022, Betriebliches Eingliederungsmanagement.

33 Vgl. BT-Drs. 18/9522, S. 315.

34 Siehe dazu auch *Conrad-Giese*, PR 4/2022, S. 8 ff.

35 Bisher: Integrationsvereinbarungen. Bereits bestehende Integrationsvereinbarungen gelten ausdrücklich als Inklusionsvereinbarungen fort, § 241 Abs. 6 SGB IX.

gebers (§ 181 SGB IX) getroffen. Die Inklusionsvereinbarung enthält **Regelungen im Zusammenhang mit der Eingliederung schwerbehinderter Menschen** (Personalplanung, Arbeitsplatzgestaltung, Gestaltung des Arbeitsumfelds, Arbeitsorganisation, Arbeitszeit) und **Regelungen über die Durchführung in den Betrieben und Dienststellen.**

Die gleichberechtigte Teilhabe von Beschäftigten in der Dienststelle umfasst zahlreiche verschiedene Bereiche, die von der Ausbildung über Einstellung und konkrete Arbeitsplatzgestaltung bis hin zu Weiterentwicklungsmöglichkeiten reichen. Ebenso vielfältig sind die Themenbereiche, die nach § 166 Abs. 2 und 3 SGB IX innerhalb einer Inklusionsvereinbarung geregelt werden können. Dabei handelt es sich um Mindestinhalte. In den Vereinbarungen können insbesondere Regelungen getroffen werden, die eine **angemessene Berücksichtigung** schwerbehinderter Menschen **bei der Besetzung** freier, frei werdender oder neuer Stellen oder einer **anzustrebenden Beschäftigungsquote** betreffen.

Es ist außerdem zu regeln, wie die Vereinbarung durchzuführen (z. B. Formen der Zusammenarbeit der Beteiligten sowie die Verbindlichkeit von Entscheidungen) und in welchen zeitlichen Abständen sie zu überprüfen und weiterzuentwickeln ist.

Eine bestimmte Form sieht das Gesetz für die Inklusionsvereinbarung nicht vor. Das Initiativrecht liegt bei den Schwerbehindertenvertretungen unter Beteiligung des Betriebs- bzw. Personalrats. Zu Beginn sollte hinterfragt werden, welche Ziele für den Betrieb bzw. die Dienststelle realistisch und erreichbar sind.

Arbeitgeber oder die Schwerbehindertenvertretung können das Integrationsamt einladen, sich an den Verhandlungen über die Inklusionsvereinbarung zu beteiligen.[36] Das **Integrationsamt** hat dabei eine Art **Moderatorenaufgabe** und soll insbesondere darauf hinwirken, dass unterschiedliche Auffassungen überwunden werden (§ 166 Abs. 1 Satz 5 SGB IX).

---

36 Dazu auch *Palsherm*, SGb 07.17, 370 (374).

7. Weitere Handlungsgrundlagen und Unterstützungsmöglichkeiten

a. Behindertengleichstellungsgesetz[37]

Das 2002 in Kraft getretene Behindertengleichstellungsgesetz (BGG) des Bundes[38] wurde 2016, 2018 und 2021 unter Berücksichtigung der UN-Behindertenrechtskonvention (UN-BRK) weiterentwickelt. Im Koalitionsvertrag der 20. Legislaturperiode wurde angekündigt, das BGG zu reformieren, um die Barrierefreiheit auch im privaten Sektor zu stärken und der Koalitionsvertrag, der im März 2025 begonnenen 21. Legislaturperiode, enthält mehrere Ankündigungen zur Weiterentwicklung des BGG im Sinne der UN-BRK. So ist auch hier beabsichtigt, das BGG zu reformieren, um die Barrierefreiheit sowohl im öffentlichen als auch im privaten Bereich zu verbessern. Ziel ist es, dass alle öffentlich zugänglichen Bauten des Bundes bis 2035 barrierefrei werden. Zudem soll verstärkt auf Barrierefreiheit im privaten Sektor hingewirkt werden, insbesondere bei Anbietern von Waren und Dienstleistungen.

aa. Inhalt

Das BGG regelt im Wesentlichen den barrierefreien und diskriminierungsfreien Kontakt mit Behörden (auch als Arbeitgeber bzw. Dienstherrn) sowie besondere Instrumente zur Rechtsdurchsetzung. Die Regelungen des BGG und seiner ergänzenden Verordnungen können darüber hinaus Vorbildcharakter für die Herstellung von **Barrierefreiheit** in privaten Betrieben haben. Daneben enthält das Gesetz die Rechtsgrundlagen für die Arbeit der beauftragten Person **der Bundesregierung für Menschen mit Behinderungen**, das Verbandsklagerecht, die Zielvereinbarung, die Bundesfachstelle für Barrierefreiheit und die Schlichtungsstelle.

---

37 Conrad-Giese u. a., Behindertenrecht in der Arbeitswelt, 7. Aufl. 2025.

38 Siehe Rechtliche Erläuterungen und Darstellung der Gesetzesstruktur Behindertengleichstellung im Bund und in den Ländern: *Ritz/Ramm/Hlava*, Behindertengleichstellungsgesetz, in: Fuchs/Ritz/Rosenow SGB IX – Kommentar zum Recht behinderter Menschen mit Erläuterungen zum AGG und BGG – Kommentar, München 2021; alle Behindertengleichstellungsgesetzes des Bundes und der Länder sind im vollständigen Wortlaut abgedruckt in: Walhalla Fachredaktion, Das gesamte Behinderten- und Rehabilitationsrecht, 10. Auflage 2025.

bb. Begriffsbestimmung Behinderung

§ 3 BGG enthält eine Definition, was unter Behinderung zu verstehen ist. Der Begriff wurde im Zuge der Weiterentwicklung des BGG im Jahr 2016 stärker an den Wortlaut von Art. 1 UN-BRK angepasst. Behinderung entsteht danach durch eine Wechselwirkung zwischen einer gesundheitlichen Funktionsstörung und ungünstigen einstellungs- und umweltbedingten Barrieren, was dazu führen kann, dass ein Mensch daran gehindert wird, gleichberechtigt mit nichtbehinderten Menschen an der Gesellschaft teilzuhaben.

cc. Begriffsbestimmung Barrierefreiheit

Eine zentrale Forderung des BGG ist die Schaffung von Barrierefreiheit. Was hierunter im Rechtssinne zu verstehen ist, definiert **§ 4 BGG**. Barrierefrei sind demnach »*gestaltete Lebensbereiche, wenn sie für Menschen mit Behinderungen in der allgemein üblichen Weise, ohne besondere Erschwernis und grundsätzlich ohne fremde Hilfe auffindbar, zugänglich und nutzbar sind*«.[39] Damit geht Barrierefreiheit weit über bauliche Maßnahmen für einen rollstuhlgerechten Zugang in ein Gebäude hinaus. Es bedeutet z. B. auch,

- dass blinde Menschen mit einem Screen-Reader die Inhalte einer Internetseite lesen können,
- dass Informationen auch in Form von Leichter Sprache bereitgestellt werden, damit sie für Menschen mit Lernschwierigkeiten verständlich sind,
- dass Klingeln und Schalter in einer Höhe angebracht sind, in der sie auch von kleinwüchsigen Menschen und Rollstuhlfahrern bedient werden können,
- dass Gefahrstellen wie Ampelübergänge und Maschinen mit visuellen und akustischen Signalen ausgestattet sind
- für Hörgeschädigte werden Untertitelungen ausgewiesen; für Gehörlose (Taube) werden z. B. Gebärdensprachvideos auf Websites eingebunden, es besteht in vielen Lebenssituationen, insbesondere auch im Arbeitsleben (hier meist gegenüber den Integrationsämtern) ein Anspruch auf Kostenübernahme von notwendigen Gebärdensprachdolmetschern.

Dieser **umfassende Begriff** wird über den Anwendungsbereich des BGG hinaus auch in anderen Rechtsbereichen herangezogen, wenn es um die

---

39 Wie sich bestimmen lässt, welche Maßnahmen zur Barrierefreiheit rechtlich geboten sind, beschreibt *Welti*, Barrierefreiheit als Rechtsbegriff, in: Welti (Hrsg.), Rechtliche Instrumente zur Durchsetzung von Barrierefreiheit, 2013, S. 23, 28ff.

Frage geht, was Barrierefreiheit bedeutet. Insbesondere arbeitet auch das zum 28.6.2025 in Kraft getretene Barrierefreiheitsstärkungsgesetz (BSFG) und seine zugehörige Verordnung (BSFGV) mit einem zum BGG kompatiblen Barrierefreiheitsbegriff. Diese Rechtsvorschriften sollen die digitale Barrierefreiheit ausgewählter Produkte und Dienstleistungen herstellen (siehe nähere Erläuterungen im nächsten Abschnitt).

dd. Benachteiligungsverbot und angemessene Vorkehrungen

Ein Verbot der Benachteiligung behinderter Menschen durch öffentliche Träger beinhaltet **§ 7 Abs. 1 BGG**. Eine Benachteiligung kann **unmittelbar oder mittelbar** erfolgen und schließt auch Belästigungen mit ein. Hierbei ist zu berücksichtigen, dass Menschen zusätzlich aus weiteren Gründen diskriminiert werden können (z. B. Ausländer mit einer Behinderung) oder als Frau mit einer Behinderung besondere Bedarfe haben, die zu beachten sind (§ 2 BGG).

Wird gegen Vorgaben zur Herstellung von Barrierefreiheit verstoßen, kann hierin zugleich eine verbotene Benachteiligung liegen. Die **Versagung angemessener Vorkehrungen** ist seit der Novellierung des BGG ebenso ausdrücklich als eine Form der Benachteiligung i. S. v. § 7 BGG anerkannt. Das Konzept der angemessenen Vorkehrungen findet sich in der UN-BRK (Art. 2). Es bedeutet, dass im Einzelfall geeignete und erforderliche Maßnahmen getroffen werden, damit Menschen trotz einer Behinderung gleichberechtigt ihre Rechte ausüben können.

ee. Pflichten zur Herstellung von Barrierefreiheit in Bundesbehörden und anderen Behörden

In den §§ 8–12 BGG sind die Verpflichtungen von Bundesbehörden zur Herstellung von Barrierefreiheit geregelt.[40] Konkretisiert werden diese durch verschiedene Verordnungen. **§ 8 BGG** trifft Vorgaben zur **baulichen Barrierefreiheit**. Menschen mit einer Hör- oder Sprachbehinderung haben nach **§ 9 BGG** das Recht, in Verwaltungsverfahren einen Gebärdensprachdolmetscher oder andere **Kommunikationshilfen** zu verwenden und diese kostenfrei zur Verfügung gestellt zu bekommen. Das Nähere regelt die **Kommunikationshilfenverordnung (KHV)**.

§ 10 BGG befasst sich mit dem Thema **barrierefreie Dokumente**. Blinde und sehbehinderte Menschen haben einen Anspruch darauf, dass ihnen Bescheide, öffentlich-rechtliche Verträge und Vordrucke in einem sie betreffenden Verwaltungsverfahren ohne zusätzliche Kosten barrierefrei

40 Im BGG sind nur Regelungen für Bundesbehörden enthalten, für jedes einzelne Bundesland gilt jeweils das dortige Landesbehindertengleichstellungsgesetz.

zur Verfügung gestellt werden. Allgemein sind bei der Gestaltung solcher Dokumente die Bedürfnisse von Menschen mit einer Behinderung zu berücksichtigen. In der dazugehörigen **Verordnung über barrierefreie Dokumente (VBD)** wird u.a. konkretisiert, auf welche Weise die Zugänglichmachung erfolgen kann, nämlich in schriftlicher, elektronischer, akustischer, mündlicher oder einer anderen Weise (§ 3 Abs. 1 VBD).
§ 11 BGG geht speziell auf die Bedarfe von sog. geistig behinderten Menschen ein. Öffentliche Träger werden hierüber verpflichtet, Informationen vermehrt in Leichter Sprache bereitzustellen. Hierbei handelt es sich um eine Übergangsvorschrift. Seit dem 1.1.2018 sind die Behörden im Regelfall dazu verpflichtet, mit Menschen mit einer geistigen oder seelischen Behinderung in **einfacher und verständlicher Sprache** zu kommunizieren, was auf Wunsch auch die Erläuterung von Dokumenten (wie Bescheide und Vordrucke) einschließt. Reicht dies nicht aus, soll die Erläuterung in **Leichter Sprache** erfolgen. Die Kosten dafür werden jeweils von den Behörden getragen.
Eine besondere Relevanz für digitale Barrierefreiheit hat **§ 12 BGG**. Danach müssen Behörden ihre **Internetangebote**, Apps und sonstige Anwendungen für mobile Endgeräte technisch so gestalten, dass sie von Menschen mit einer Behinderung genutzt werden können (§ 12 Abs. 1 BGG). Die **Barrierefreie-Informationstechnik-Verordnung (BITV 2.0)** regelt hier sehr detailliert, welche technischen Standards anzuwenden sind, um eine Homepage etc. barrierefrei zu gestalten.
Seit dem 27.7.2016 sind die Bundesbehörden als Dienstherren und Arbeitgeber nach **§ 12 Abs. 2 BGG** zudem verpflichtet, ihr **Intranet und elektronische Verwaltungsabläufe** wie die elektronische Aktenführung schrittweise barrierefrei zu gestalten.[41] Die Nutzung barrierefreier Informationstechnik ist bereits bei der Planung und Entwicklung sowie im Beschaffungsvorgang zu beachten. Die Beschaffung von bestimmten barrierefreien digitalen Produkten wie Computern könnte zukünftig einfacher werden, weil das Barrierefreiheitsstärkungsgesetz (BFSG) deren Barrierefreiheit sowieso verlangt (siehe nächsten Abschnitt). § 164 Abs. 4 SGB IX gibt der SBV eine gesetzliche Grundlage, für die schwerbehinderten Beschäftigten digitale Barrierefreiheit zu fordern und durchzusetzen. Die Überwachung der Einhaltung von § 12a Abs. 1 BGG ist Ihre Aufgabe nach § 178 Abs. 1 Nr. 1 SGB IX, auch wenn § 12a Abs. 1 BGG dort nicht ausdrücklich genannt wird. Nach dieser Vorschrift überwachen Sie als

41 Für bestimmte Landesbehörden, die Bundesrecht durchführen, gilt diese Norm des § 12a BGG ebenfalls. Ansonsten unterliegen Behörden der Länder und der Kommunen den entsprechenden landesrechtlichen Gleichstellungsgesetzen.

SBV, dass »die zugunsten schwerbehinderter Menschen geltenden Gesetze, Verordnungen, Tarifverträge, Betriebs- oder Dienstvereinbarungen und Verwaltungsanordnungen durchgeführt« werden. Bei § 12a Abs. 1 BGG handelt es sich um eine solche Vorschrift zugunsten (schwer-)behinderter Menschen. Nur bei einem unverhältnismäßigen technischen Aufwand kann davon abgesehen werden. Eine solche Verpflichtung kann ein Beispiel dafür sein, wie auch in privaten Betrieben die barrierefreie Gestaltung des Intranets und elektronischer Verwaltungsabläufe geregelt werden könnten.

ff. Beratung und Unterstützung durch Bundesfachstelle für Barrierefreiheit

Ebenfalls 2016 hat die Bundesfachstelle für Barrierefreiheit ihre Arbeit aufgenommen. Sie ist die **zentrale Anlaufstelle** für Behörden **zu Fragen der Barrierefreiheit**. Darüber hinaus können sich aber beispielsweise auch Betriebe und Verbände von der Fachstelle beraten lassen (**§ 13 BGG**). Bei der Planung und Umsetzung eines barrierefreien Betriebs kann diese bei der DRV Knappschaft-Bahn-See angesiedelte Fachstelle mit einer Erstberatung und Informationen zur Herstellung von Barrierefreiheit unterstützen.[42]

gg. Zielvereinbarungen für Barrierefreiheit im Betrieb

Das Gesetz schafft zudem mit **§ 5 BGG** einen Rahmen für die Verhandlung und den Inhalt von **Zielvereinbarungen zwischen Behindertenverbänden und privaten Unternehmen**. In den Vereinbarungen lässt sich verbindlich festlegen, wie Barrierefreiheit vor Ort in den Betrieben hergestellt werden soll. Die Schwerbehindertenvertretung kann aber dieses Recht zum Abschluss einer Zielvereinbarung nicht in Anspruch nehmen.

hh. Rechtsdurchsetzung – Welche Wege gibt es?

Soweit die Vorgaben zur Herstellung von Barrierefreiheit **subjektive Ansprüche** begründen, können diese von der betroffenen Person gerichtlich geltend gemacht werden. Dies trifft beispielsweise auf die kostenfreie Bereitstellung eines Gebärdensprachdolmetschers nach § 9 Abs. 1 Satz 2 BGG zu. Die Praxis zeigt jedoch, dass Betroffene ihre Rechte aus dem BGG nur sehr selten auf dem Rechtsweg einfordern.
Zudem betrifft mangelnde Barrierefreiheit nicht nur Einzelfälle, sondern eine unbestimmte Vielzahl an Menschen, und nicht jede Vorgabe für Behörden kann durch einen Einzelnen eingeklagt werden (sog. objektives

---

42 Nähere Informationen unter *https://www.bundesfachstelle-barrierefreiheit.de/*.

Recht). Neben den Zielvereinbarungen nach § 5 BGG hat der Gesetzgeber daher anerkannten Behindertenverbänden, zu denen auch der DGB und die IG Metall gehören, die Möglichkeit gegeben, als Verband im eigenen Namen Verstöße gegen die Barrierefreiheit gerichtlich geltend zu machen. Die Verbände können zum einen anstelle eines konkret betroffenen Menschen mit einer Behinderung dessen Rechtsanspruch für ihn gerichtlich verfolgen (sog. **gesetzliche Prozessstandschaft, § 14 BGG**). Für den Betroffenen hat dies den Vorteil, dass er nicht selbst zum Kläger wird und ihm so die Last eines Gerichtsverfahrens genommen wird. Zum anderen können die Verbände aber auch von sich aus eine **Verbandsklage** erheben und die gerichtliche Feststellung eines Rechtsverstoßes verlangen (**§ 15 BGG**).[43]

Mit der Neufassung des BGG wurde zudem über **§ 16 BGG** ein **Schlichtungsverfahren** eingeführt. Wurde jemand in seinen Rechten aus dem BGG verletzt, kann er sich an die Schlichtungsstelle wenden. Diese versucht dann, zwischen den Beteiligten zu vermitteln, um eine einvernehmliche außergerichtliche Lösung zu finden. Die Schlichtungsstelle wurde bei dem Bundes-Behindertenbeauftragten (aktuell Jürgen Dusel) eingerichtet. Sie steht sowohl den einzelnen Betroffenen als auch Behindertenverbänden offen. Das Verfahren ist kostenfrei. Näheres regelt die **Behindertengleichstellungsschlichtungsverordnung (BGleiSV)**.[44]

b. Barrierefreiheitsstärkungsgesetz

Seit dem 28. 6. 2025 müssen neue Produkte und Dienstleistungen barrierefrei sein. Dies regelt für ausgewählte, im Gesetz ausdrücklich und **abschließend aufgezählte Produkte** und Dienstleistungen das Barrierefreiheitsstärkungsgesetz (BFSG).

Beispiele für Produkte, die dem BFSG unterliegen, sind unter anderem Zahlungsterminals, Computer, Tablets und Handys, Fernsehgeräte mit Internetzugang, E-Book-Reader, Automaten (u. a. Geld- und Ticketautomaten), sowie Router. In § 1 BFSG werden die zukünftig nur noch als barrierefreie Produkte zugelassenen Technikprodukte abschließend aufgezählt.

---

43 Näher zu den Verbandsklagerechten vgl. Deinert/Welti-*Hlava*, Stichwortkommentar Behindertenrecht, Verbandsklage.

44 Die Schlichtungsstelle nach § 16 BGG hat die Aufgabe, Streitigkeiten zwischen Menschen mit Behinderungen und Trägern öffentlicher Gewalt zum Thema Barrierefreiheit außergerichtlich beizulegen. Anders als viele Gerichtsverfahren sind Schlichtungsverfahren kostenlos. Es muss kein Rechtsbeistand eingeschaltet werden.

Das BSFG und die zugehörige Verordnung über die Barrierefreiheitsanforderungen für Produkte und Dienstleistungen nach dem Barrierefreiheitsstärkungsgesetz (BFSGV) setzten die Richtlinie (EU) 2019/882 des Europäischen Parlaments und des Rates über die Barrierefreiheitsanforderungen für Produkte und Dienstleistungen (BFSG) in nationales Recht um. Erst auf Grundlage eines deutschen Bundesgesetzes werden die im Gesetz bestimmten Unternehmen zur Barrierefreiheit ausgewählter Produkte und Dienstleistungen rechtlich verpflichtet. Die Erfüllung dieser ab 28. 6. 2025 geltenden Barrierefreiheitsverpflichtung überwachen die mit diesem Gesetz neu geschaffenen Marktüberwachungsbehörden für die Barrierefreiheit von Produkten und Dienstleisten der Bundesländer (§§ 20 – 27 BFSG).
Falls die Umsetzung des Gesetzes tatsächlich das barrierefreie Angebot von IT-technischen Produkten wie Computern vergrößert, so kann bei Einsatz solcher Geräte für einige schwerbehinderte Menschen ein positiver Beitrag zur behindertengerechten Arbeitsplatzgestaltung eintreten. Ein gleicher Effekt ist von der angestrebten Vergrößerung der Zahl barrierefreier Websites zu erwarten.
Das BSFG kann als Nebeneffekt dieses Gesetzes mehr behindertengerechte Arbeitsplätze mitbewirken. Detailliert werden die Barrierefreiheitsanforderungen in der zugehörigen Verordnung zum Barrierefreiheitsstärkungsgesetz (BFSGV). Als SBV können Sie also grundsätzlich feststellen, ob es für die behindertengerechte Arbeitsplatzgestaltung für einen schwerbehinderten Menschen barrierefreie Ausführungen eines bestimmten Arbeitsmittels auf dem Markt geben sollte. Obwohl dies Vorschriften für barrierefreie Produkte und Dienstleistungen eigentlich nicht auf den Arbeitsbereich zielen, steigt mit diesem Gesetz hoffentlich die Wahrscheinlichkeit einschlägige barrierefreie Produkte auch für die Arbeitsplatzausstattung im Regelvertrieb des Handels zu finden. Insbesondere ist als Kriterium der Barrierefreiheit auch aufgenommen, dass Hilfsmittel für Menschen mit Behinderungen gut mit dem barrierefreien Produkt zusammenfunktionieren müssen (vgl. z. B. § 4 Abs. 2 Nr. 10 BSFGV; § 7 Abs. 1 Nr. 6 BSFGV; § 9 Nr. 4, 5 BSFGV).
Erhebliche Hoffnungen sind m. E. berechtigt für die bessere Verständlichkeit von Texten auf barrierefrei zu gestaltenden Websites. Seit 2024 bzw. 2025 stehen für Leichte und Verständliche Sprache sogar DIN-Normen zur Verfügung, die Anspruch an die Sprache und die Qualifikation des diese Texte erzeugenden Personals relativ detailliert regeln.[45]

---

45 DIN 8581-1:2024-05 Einfache Sprache – 2024-10 – DIN Media, Einfache Sprache – Anwendung für das Deutsche – Teil 1: Sprachspezifische Festlegungen, (*https://*

c. Einheitliche Ansprechstellen für Arbeitgeber nach § 185a SGB IX

Die Aufgaben der Integrationsämter sind zum 1.1.2022 um die Förderung der sogenannten »Einheitlichen Ansprechstellen für Arbeitgeber nach § 185a SGB IX« erweitert worden.
Es ist Aufgabe der Integrationsämter, die Arbeitgeber bei der Erfüllung der besonderen Beschäftigungspflicht zu unterstützen und sie für diese Aufgabe zu sensibilisieren. Dies kann auch für Schwerbehindertenvertretungen von Vorteil sein, wie die Erfahrungen eines Hamburger Modellprojektes zeigen.[46] Es ist jedenfalls durchaus denkbar, dass Sie als Schwerbehindertenvertretung gelegentlichen Kontakt mit der Einheitlichen Ansprechstellen für Arbeitgeber pflegen.
Die Integrationsämter haben sich mit den Hauptfürsorgestellen in der Bundesarbeitsgemeinschaft der Integrationsämter und Hauptfürsorgestellen (BIH) zusammengeschlossen (*www.integrationsaemter.de*). Auf deren Homepage finden Sie als SBV vielfache nützliche Informationen für Ihre Amtsführung. Es kann auch die Zeitschrift Behinderung und Beruf (*https://www.bih.de/integrationsaemter/zb-magazin/*) digital von Ihnen dort abonniert werden.

d. REHADAT – Statistik: Statistiken und Berichte für eigene Vorträge und Beratungen[47]

In Ihrer Amtstätigkeit wird es immer wieder notwendig, dass Sie für einen Vortrag oder eine allgemeine Verhandlung im Betrieb allgemeine Zahlen nennen können. Am schönsten ist es natürlich, wenn die allgemeinen Zahlen eine ungünstigere Lage der beruflichen Teilhabe schwerbehinderter Menschen beschreiben als in Ihrem Betrieb.

---

www.dinmedia.de/de/publikation/einfache-sprache/383321629). DIN ISO 24495-1:2024-03, Einfache Sprache – Teil 1: Grundsätze und Leitlinien (ISO 24495-1:2023) (*https://www.dinmedia.de/de/publikation/einfache-sprache/383321629*).

46 Künsemüller, Stichwort Einheitliche Ansprechstellen für Arbeitgeber nach § 185a SGB IX, in: Feldes u. a., Praxis der Schwerbehindertenvertretung von A–Z, 9. Auflage 2026. Ritz, Erl. zu § 185a in: Kossens/von der Heide/Maaß (2026), SGB IX Rehabilitation und Teilhabe von Menschen mit Behinderungen – mit Behindertengleichstellungsgesetz – Kommentar, 6. Auflage 2026

47 *Fuchs/Ritz/Rosenow*, SGB IX – Kommentar zum Recht schwerbehinderter Menschen sowie AGG und BGG, 2026. Erl zu § 214 Statistik; *Ritz* in Deinert/Welti/Luik/Brockmann (Hg.) (2026), Stichwortkommentar Behindertenrecht, Statistik und Berichte, 4. Auflage 2026.

Beispiel: Von 2020 bis 2023 fiel bei privaten Arbeitgebern die durchschnittliche Ist-Quote von 4,4 % auf 4,2 %. Falls Ihr Unternehmen eine höhere Quote erfüllt oder die Veränderung in diesem Maße nicht stattgefunden hat, so wäre das ein Beispiel für die Nutzung der Statistik in einem eigenen Vortrag.
In Deutschland gibt es eine Vielzahl von amtlichen Statistiken zu Behinderung und Teilhabe. Am wichtigsten ist für die Arbeit der Schwerbehindertenvertretungen die Beschäftigungsstatistik schwerbehinderter Menschen. Einmal jährlich müssen beschäftigungspflichtige Arbeitgeberinnen und Arbeitgeber die Erfüllung ihrer Beschäftigungspflicht gegenüber der Bundesagentur nachweisen. Auf Grundlage dieser Daten veröffentlicht die Bundesagentur für Arbeit (BA) die jährliche Beschäftigungsstatistik schwerbehinderter Menschen (*https://www.rehadat-statistik.de/statistiken/berufliche-teilhabe/beschaeftigung/beschaeftigungsstatistik-schwerbehinderter-menschen/*).
Insgesamt ist zur Lage der Statistiken zur Teilhabe festzustellen: Die Bundesregierung stellt einerseits in erheblichem Umfang sicher, dass Geschäftsdaten der sozialpolitischen Institutionen wie Bundesagentur für Arbeit, Deutsche Rentenversicherung und weiteren veröffentlicht werden. In diesem Zusammenhang gibt es inzwischen mehrere Zentren, die derartige Daten für Forschungszwecke der allgemeinen wissenschaftlichen Öffentlichkeit bereitstellen.
Da Geschäftsdaten zu einigen sozialpolitisch interessanten Fragen der Teilhabebeobachtung keine Aussagen treffen können, hat die Bundesregierung eine besondere Teilhabestudie mit umfänglicher eigener Datenerhebung in der Zeit von 2017 bis 2024 durchführen lassen. Es liegen hierzu bisher aber nur sehr wenige Auswertungen vor. Man kann da nur auf Besserung in den nächsten Jahren hoffen.
Diese »Repräsentativbefragung zur Teilhabe von Menschen mit Behinderungen«, auch Teilhabesurvey genannt, untersucht empirisch, wie sich Beeinträchtigungen und Behinderungen auf die Teilhabe von Menschen in unterschiedlichen Lebensbereichen auswirken. Wesentliche Grundlage sind Aussagen von Menschen mit Beeinträchtigungen und Behinderungen selbst. Auftraggeber ist das Bundesministerium für Arbeit und Soziales (BMAS). infas führt die Studie in Kooperation mit der Universität Fulda und dem Wissenschaftszentrum Berlin für Sozialforschung durch. Es ist zu erwarten, dass in den nächsten Jahren umfängliche Auswertungen dieser Daten von Wissenschaftlern veröffentlicht werden. Diese Daten werden mit Sicherheit auch im nächsten Teilhabebericht der Bundesregierung verwendet werden.

Die regelmäßigen Teilhabeberichte der Bundesregierung werden einmal je Legislaturperiode erstellt und veröffentlicht, in der Regel zunächst als Drucksache des Deutschen Bundestags. (aktuelle Ausgabe: Bundesministerium für Arbeit und Soziales (2021), Dritter Teilhabebericht der Bundesregierung über die Lebenslagen von Menschen mit Beeinträchtigungen Teilhabe – Beeinträchtigung – Behinderung, download: *https://www.bmas.de/DE/Service/Publikationen/Broschueren/a125-21-teilhabebericht.html*)

Die vielfältige Verteilung der Statistiken, mit deren Hilfe Aussagen zur Teilhabe getroffen werden können, macht das Suchen nach geeigneten Zahlen oft aufwändig. Für diese Suche stellt REHADAT Statistik sehr leistungsstarke Hilfen bereit, deren Nutzung ich jedem Schwerbehindertenvertreter nur anraten kann. Es ist das beste verfügbare Hilfsmittel (*https://www.rehadat-statistik.de/* oder direkt zu *https://www.rehadat-statistik.de/statistiken/berufliche-teilhabe/*)

Die Nutzung von ausgewählten statistischen Informationen oder fachpolitischen und wissenschaftlichen Veröffentlichung mit statistischen Informationen bietet sich für die Schwerbehindertenvertretung für verschiedene Anlässe an. Dies gilt sowohl für das Verhandeln mit dem Arbeitgeber als auch beim öffentlichen Auftreten als SBV.

Es gehört immer wieder zu den Aufgaben der Schwerbehindertenvertretung öffentliche oder betriebsöffentliche Reden zu halten. Nach § 178 Abs. 8 SGB IX kann die Schwerbehindertenvertretung auf Betriebs- und Personalversammlungen in den Betrieben bzw. Dienststellen teilnehmen, wo er für die Vertretung der dortigen schwerbehinderten Menschen zuständig ist. Die Schwerbehindertenvertretung hat auf diesen Betriebs- oder Personalversammlungen ein gesetzliches Rederecht. Zusätzlich hat die Schwerbehindertenvertretung das Recht einmal im Jahr eine Versammlung schwerbehinderter Menschen im Betrieb oder der Dienststelle durchzuführen (§ 178 Abs. 6 SGB IX). Dort wird es meistens notwendig, betriebliche Lagen in den gesamtgesellschaftlichen Zusammenhang zu stellen. Als einfaches Beispiel bietet sich an, die eigene betriebliche Schwerbehindertenquote mit einer einschlägigen bundesweiten Schwerbehindertenquote zu vergleichen.

e. Behindertenbeauftragte und Verbände behinderter Menschen

aa. Behindertenbeauftragte

Behindertenbeauftragte sind beim Bund, bei fast allen Ländern und einem erheblichen Teil der Kommunen und Kreise eingerichtet und arbeiten auf Rechtsgrundlage des Behindertengleichstellungsgesetzes des Bundes bzw. der Landesbehindertengleichstellungsgesetze (siehe oben). Der bzw. die Beauftragte wirkt als Mittler zwischen den behinderten Menschen und Behörden, zwischen Rehabilitationsträgern und sonstigen Stellen. Sein ressortübergreifendes Wirken, das in erster Linie sensibilisierenden, beratenden und vorschlagenden Charakter hat, gibt ihm die Möglichkeit, die vielfältigen Belange behinderter Menschen in die verschiedenen Politik- und Aufgabenbereiche hineinzutragen. Daneben wirkt er z. B. auf Bundesebene dabei mit, die Behindertenpolitik der Bundesregierung transparent zu machen sowie die Akzeptanz für diese Politik bei den Betroffenen wie bei Nichtbehinderten zu erhöhen. Aufgabe und Anliegen des Beauftragten ist es nicht zuletzt, die Probleme behinderter Menschen allen in der Gesellschaft bewusst zu machen, um dadurch die Bereitschaft zu erzeugen, behinderungsbedingte Nachteile auf allen Ebenen – sowohl im Erwerbsleben als auch im gesellschaftlichen Bereich – ausgleichen zu helfen (*www.behindertenbeauftragter.de*).

bb. Behindertenverbände

Behindertenverbände sind Organisationen, die parteipolitisch und konfessionell neutral die sozialpolitischen Interessen ihrer Mitglieder vertreten, um die organisierte Selbsthilfe behinderter Menschen zu fördern. Sie nehmen Einfluss auf die Gesetzgebung und sind Gesprächspartner der verschiedenen, im Sozialbereich tätigen Behörden und Einrichtungen. Sie vertreten ihre Mitglieder in Fragen des Versorgungs-, Sozial- und Sozialversicherungsrechts sowie in allen Angelegenheiten, die mit beruflicher und gesellschaftlicher Teilhabe behinderter Menschen zu tun haben. Das gilt auch für Hilfestellungen bei einem Rechtsstreit vor Gericht.
Bestimmte Behindertenverbände haben ein besonderes **Verbandsklagerecht** (§ 85 SGB IX). Danach können sie in Form einer gesetzlichen Prozessstandschaft an Stelle und mit dem Einverständnis von behinderten Menschen deren Rechte geltend machen. Ein weitergehendes Verbandsklagerecht ergibt sich aus § 15 BGG. Danach kann ein vom Bundesministerium für Arbeit und Soziales (BMAS) anerkannter Verband ohne in seinen Rechten verletzt zu sein, Klage nach Maßgabe der Verwaltungsgerichtsordnung oder des Sozialgerichtsgesetzes erheben, einen Verstoß gegen in § 15 Abs. 1 BGG konkret genannte Normen festzustellen.
Die großen Behindertenverbände – wie der Sozialverband VdK, der Sozialverband Deutschland (SoVD) und die Bundesarbeitsgemeinschaft Hilfe für Behinderte (BAGH) – bringen ihr Wissen und ihre Erfahrung in Beschluss- und Beratungsgremien auf Bundes-, Landes- und kommunaler Ebene ein. Sie sind vertreten im Beirat für die Teilhabe behinderter

Menschen beim Bundesministerium für Arbeit und Soziales sowie in den beratenden Ausschüssen für behinderte Menschen und in den Widerspruchsausschüssen bei den Integrationsämtern und der Bundesagentur für Arbeit. Ihre Vertreter sind auch als ehrenamtliche Sozialrichter tätig. Die meisten Behindertenverbände bieten neben Interessenvertretung und Beratung ihrer Mitglieder auch diverse Serviceleistungen. Sie befassen sich z. B. mit der Förderung des behindertengerechten Wohnungs- und Siedlungswesens (barrierefreies Bauen) sowie des Behindertensports und sie sind Träger von Rehabilitations- und Serviceeinrichtungen.

cc. Der Deutsche Behindertenrat

Im Deutschen Behindertenrat (*www.deutscher-behindertenrat.de*) haben sich alle wichtigen Organisationen behinderter und chronisch kranker Menschen zu einem Aktionsbündnis zusammengeschlossen, das mehr als 2,5 Millionen Betroffene in Deutschland repräsentiert.
Der Deutsche Behindertenrat ist ein Aktionsbündnis der maßgeblichen Verbände chronisch kranker und behinderter Menschen und versteht sich als Plattform gemeinsamen Handelns und des Erfahrungsaustauschs. Er ist kein Dachverband und besitzt damit kein generelles Vertretungsmandat. Die Mitgliedsorganisationen sind eigenständig und vertreten sich in aller Regel selbst.
Der Deutsche Behindertenrat vertritt die Interessen von Menschen mit Behinderungen auf internationaler Ebene und ist Mitglied im Europäischen Behindertenforum.
Der Deutsche Behindertenrat verfolgt als Ziele:

- die Gleichstellung mit nichtbehinderten Menschen in unserer Gesellschaft zu erreichen und eine Diskriminierung behinderter und chronisch kranker Menschen und ihrer Angehöriger abzubauen,
- die Selbstbestimmung behinderter und chronisch kranker Menschen und ihrer Angehöriger in allen Lebensbereichen zu verwirklichen und eine Fremdbestimmung zu verringern,
- die Selbstvertretung behinderter und chronisch kranker Menschen und ihrer Angehöriger in allen sie betreffenden Entscheidungsprozessen zu ermöglichen und eine Bevormundung abzubauen.

VII. Durchsetzungsmöglichkeiten

Vor allem nicht generell freigestellte Vertrauenspersonen der schwerbehinderten Beschäftigten bekommen immer wieder Probleme, wenn sie ihren Arbeitsplatz verlassen müssen, um ihren Aufgaben der Interessenvertretung nachzugehen. Die Probleme gibt es meist mit den unmittelbaren Vorgesetzten, aber auch mit den Arbeitskolleg*innen, vor allem dann, wenn die Vertrauenspersonen mit anderen Beschäftigten in einer Gruppe zusammenarbeiten müssen. Nicht selten ist die Arbeit so organisiert, dass die Kolleg*innen im Produktionsteam die Arbeit für die Vertrauensperson mit erledigen müssen. Das bringt für die Betroffenen Mehrarbeit und für die Schwerbehindertenvertretung Ärger mit sich.

Wenn Ersatzarbeitskräfte fehlen oder in der Arbeitsorganisation bzw. Auftragsabwicklung keine zeitlichen Spielräume vorhanden sind, dann ist das die Folge von »lean production« und »lean management« oder schlecht gestalteter agiler Projektarbeit. Arbeitsteams in Produktion, Verwaltung und Entwicklung, deren Arbeitsabläufe immer wieder »von oben« verändert werden, können wegen der gesetzten Zeit-, Mengen- und Qualitätsvorgaben Störungen und Personalausfälle kaum noch aus eigener Kraft auffangen. Konsequenzen sind: Zunahme des Arbeits- und Zeitdrucks, erhöhter Stresspegel, physische und psychische Überlastungen von Beschäftigten. Kein Wunder, wenn die Entscheidung, das Ehrenamt als Schwerbehindertenvertretung zu übernehmen, schwerfällt.

Der **Arbeitgeber** hat allerdings dafür zu sorgen, dass die Kolleg*innen in der Arbeitsgruppe durch die Abwesenheit des Betriebsratsmitglieds oder der Schwerbehindertenvertretung **nicht zusätzlich belastet** werden. Es ist Aufgabe der Vorgesetzten und der Personalabteilung, hier vorausschauend für eine entsprechende Arbeitsorganisation und Personaleinsatzplanung zu sorgen. Für die Schwerbehindertenvertretung selbst ist es aber wichtig, nicht nur auf ihr Recht zu pochen. Sie sollte entstandenen Unstimmigkeiten und Ärger die Schärfe nehmen, indem sie den Kolleg*innen umfassenden Einblick in ihre Arbeit gibt. Nur so kann ein

Verständnis für die immer wiederkehrende Abwesenheit vom Arbeitsplatz entstehen.
Nicht jede/r schafft es oder hat den Mut, sich in Fragen der **Arbeitsbefreiung** allein durchzusetzen. Damit keine Nachteile wegen der Ausübung des Amts entstehen, braucht die Schwerbehindertenvertretung im Konfliktfall die Unterstützung des Betriebs-/Personalrats bei der Arbeitsbefreiung oder Freistellung gegenüber dem Arbeitgeber oder dem direkten Vorgesetzten.

1. Konflikte und Gegensätze der Interessen

Betriebs- und Personalräte wie Vertrauenspersonen behinderter Menschen bewegen sich als Interessenvertreter*innen der Belegschaft prinzipiell in einem **Konfliktfeld**. Da es bei der Interessenvertretungsarbeit im Betrieb/in der Dienststelle immer auch um das **Aufeinandertreffen unterschiedlicher Interessen** geht, sind Konflikte nicht zu vermeiden. Sie sind vor allem in privatwirtschaftlich organisierten Unternehmen zwangsläufig und sie sind integraler Bestandteil der Arbeit der Interessenvertretungen. Bleiben Konflikte mit dem Arbeitgeber gänzlich aus, drängt sich daher die Frage auf, ob kritische Themen nicht verdrängt oder »unter den Teppich gekehrt« werden.
Es ist wichtig zu erkennen, dass das Handeln der Personen, die im Betrieb/in der Dienststelle aufeinandertreffen, von unterschiedlichen Grundorientierungen ausgeht.
Kapitalgeber*innen (Aktionäre/Aktionärinnen, Eigentümer*innen) bringen Geld in Unternehmen ein mit der Erwartung, dass sich dieses Geld möglichst rasch vermehrt. Ihr grundlegendes Interesse ist die optimale Verwertung des eingesetzten Kapitals. Gewinninteresse und die Maximierung des Profits stehen im Vordergrund. Vor allem in börsennotierten Unternehmen besteht das Ziel des Managements darin, durch seine Planungen und Entscheidungen diese Profitmaximierungsstrategie umzusetzen. Eine auf Shareholder-Value (= Aktionärswert/Marktwert des Gesamtunternehmens) angelegte Unternehmenspolitik versucht, den Kurswert der Aktien und damit den Marktwert des Gesamtunternehmens zu erhöhen. Im Sinne der Anteilseigner soll eine Maximierung des langfristigen Unternehmenswerts durch Gewinnmaximierung und Erhöhung der Eigenkapitalrendite erreicht werden. Die Auswirkungen dieser unternehmerischen Entscheidungen auf Mitarbeiter, Kunden, Öffentlichkeit und die Umwelt bleiben weitgehend unberücksichtigt. Solche Unterneh-

men stellen sich nicht ihrer ethischen, sozialen und ökologischen Verantwortung.
Kapitalistisch ausgerichtete Unternehmen verfolgen andere Interessen als diejenigen, die keine Grund- und Aktienvermögen oder Produktionsmitteln besitzen.
Die breite Masse der **abhängig beschäftigten Arbeitnehmer*innen** ist vom Besitz an großen Vermögen und Produktionsmitteln ausgeschlossen und stellt deshalb – nolens volens – ihre Arbeitskraft zur Verfügung, um sich ein Erwerbseinkommen zu sichern. Ihr grundlegendes Interesse bezieht sich also auf sichere Arbeitsplätze und sichere Einkommen für sich und ihre Familien. Genauso wichtig sind aber in einer extrem beschleunigten Arbeitswelt die **Sicherung von Gesundheit und Qualifikation**, da diese langfristig ihre Zukunftschancen, Erwerbsmöglichkeiten sowie Lebensqualität entscheidend mitbestimmen. Dabei sind sie jedoch großen Risiken ausgesetzt. Der permanente Wettbewerbsdruck, durch Veränderung der Betriebs- und Arbeitsorganisation, durch Einsparung von Arbeitskräften und durch Erhöhung der Leistungs- und Qualifikationsanforderungen ein möglichst optimales Verhältnis von Aufwand und Ertrag zu erzielen, schlägt sich auf Seiten der Beschäftigten vor allem in einem **erheblichen Beschäftigungsrisiko** nieder.
Schwerbehindertenvertretungen und Betriebsräte können angesichts ihrer rechtlichen Möglichkeiten die systembedingten sozialen Risiken nicht aus der Welt schaffen. Sie können sie aber in Grenzen halten. Dafür sind sie mit Rechten ausgestattet, die ihnen **Einfluss auf unternehmerische Entscheidungen** und somit ein Stück betrieblicher Macht geben. Der Arbeitgeber verfügt nicht mehr uneingeschränkt über die (behinderten) Arbeitnehmer*innen und die organisatorischen Abläufe im Unternehmen. Er ist gezwungen, sich mit der Interessenvertretung zu arrangieren. Vor allem die **Beteiligungs- und Mitbestimmungsrechte der Interessenvertretung** bringen deutlich zum Ausdruck, dass dem Arbeitgeber etwas von seinen alleinigen Verfügungs- und Entscheidungsrechten im Betrieb/in der Dienststelle genommen ist.
Eine wichtige Erfahrung aus der Praxis von Interessenvertretungen ist jedoch, dass »Recht haben« noch längst nicht bedeutet, auch Recht zu bekommen. Wie und ob die gesetzlichen Regelungen in der betrieblichen Praxis umgesetzt werden und inwieweit die Schwerbehindertenvertretung und der Betriebs- bzw. Personalrat ihren Einfluss auf die betriebliche Arbeitspolitik geltend machen können, hängt in erster Linie von den **handelnden Personen** ab – von ihrem Engagement, der Kenntnis der Handlungsmöglichkeiten, der persönlichen Durchsetzungskraft, von ihrer Konfliktbereitschaft und ihrer Kooperationsfähigkeit.

Schwerbehindertenvertretung und Betriebsrat sind dabei aber weder Sprachrohr noch angepasster Erfüllungsgehilfe der Geschäftsleitung. Im Gegenteil: Um zu tragfähigen Lösungen mit den Vertretern des Arbeitgebers zu kommen, müssen sie immer wieder klar ihren **Interessenstandpunkt** und auch ihre **Bereitschaft zum Konflikt** verdeutlichen. Mit dem Wissen um die eigene Position und Handlungsmöglichkeiten können sie beruhigt Konflikte eingehen und mit Forderungen an die Gegenseite herantreten. Sie sollte aber ebenso in der Lage sein, mit den Mitteln der **Kooperation** Politik für die behinderten Beschäftigten zu machen.

2. Konfliktfelder

Definition:
»Als sozialer Konflikt lässt sich eine soziale Beziehung verstehen, in der zwei oder mehrere Parteien, die voneinander abhängig sind, mit Nachdruck versuchen, gegensätzliche Handlungspläne zu verwirklichen und sich dabei ihrer Gegnerschaft bewusst sind.« (Watzlawick, 1969).

Diese Definition beschreibt präzise die Struktur und Dynamik der **betrieblichen Auseinandersetzungen** in kapitalistisch organisierten Unternehmen. Da die Beziehung zwischen Interessenvertretung und Arbeitgeber durch die verschiedenen Interessenlagen geprägt ist, sind Konflikte nicht nur unvermeidlich, sondern geradezu notwendig, um diese Gegensätze deutlich zum Ausdruck zu bringen.
Solche **Konflikte** betreffen aber meist nicht nur die inhaltliche Auseinandersetzung um strittige Sachfragen. Konflikte lösen auch auf der Macht- und Beziehungsebene oft heftige Auseinandersetzungen zwischen den Konfliktparteien aus. Dabei geht es etwa um unterschiedliche Wertvorstellungen, Standpunkte, Ziele und nicht zuletzt um die Grenzen des eigenen Einfluss- und Machtbereichs. Die betrieblichen Konfliktparteien lassen sich dabei durch ihre Erfahrung leiten, dass die gerade herrschenden »Spielregeln«, Führungsgrundsätze, Unternehmensleitbilder und der Stil des Umgangs im Betrieb/in der Dienststelle nicht von Dauer sind und sich mit der Entwicklung des Unternehmens/der Verwaltung und der gesetzlichen Rahmenbedingungen verändern können.
Diese »Spielregeln« der betrieblichen Personal- und Inklusionspolitik wiederum bestimmen letztlich die Teilhabechancen für behinderte Menschen im Betrieb/in der Dienststelle. Für die Interessenvertretung ist es daher wichtig, auf ihre Entwicklung Einfluss zu nehmen und Grenzen zu

verschieben. Dabei lassen sich bestimmte zentrale Konfliktbereiche identifizieren, die erfahrungsgemäß immer wieder zu Auseinandersetzungen mit dem Arbeitgeber führen:

a. Konflikte um neue Arbeits- und Betriebsstrukturen

Das zentrale Konfliktfeld entsteht aus dem marginal eingeschränkten Verfügungsrecht des Unternehmers über seine Produktionsmittel (Anlagen, Maschinen, Werkzeug, Gebäude, Patente, Markt- und Vertriebsstrukturen usw.) und Investitionsentscheidungen. Diesem stehen keine adäquaten Mitbestimmungsrechte der Beschäftigten in wirtschaftlichen Angelegenheiten gegenüber. Gleichwohl werden z. B. mit einem Wechsel der Eigentumsverhältnisse, einer wirtschaftlichen Neuausrichtung, der Schließung des Betriebs oder der grundlegenden Veränderung der Betriebsstrukturen fundamentale Entscheidungen getroffen, die die Interessenvertretung vor enorme Herausforderungen stellen. Aus Sicht der Schwerbehindertenvertretung stehen hierbei vor allem die Folgen für die Situation der behinderten Beschäftigten und die Auswirkungen auf die Handlungsspielräume für die Beschäftigungssicherung im Vordergrund.

b. Konflikte um die betriebliche Inklusionspolitik

Betriebe verfolgen eine bestimmte Linie der Inklusion oder Ausgliederung ihrer behinderten und gesundheitsbeeinträchtigten Beschäftigten. Für die Interessenvertretung ist vor allem von Bedeutung, ob hinreichend Spielräume bestehen, dass Fragen der Inklusion und Rehabilitation nicht nach wirtschaftlichen, sondern nach sozialen Gesichtspunkten entschieden werden. Hinsichtlich der Nutzung solcher Spielräume entstehen oft Konflikte, vor allem dann, wenn betriebliche Entscheidungsträger*innen Fragen der Inklusion grundsätzlich gleichgültig, hinhaltend oder taktierend gegenüberstehen.

c. Konflikte um die Einhaltung von Normen und Regelungen

Normen und Regeln aus Gesetzen, Tarifverträgen oder Betriebs-/Dienstvereinbarungen regulieren die betrieblichen Kräfteverhältnisse sowie die Art der Zusammenarbeit zwischen Management und Interessenvertretung. Konflikte, die sich aus der Verletzung von gesetzlichen oder betrieblichen Normen und Regelungen ergeben, gehören zum Alltag der Schwerbehindertenvertretung und des Betriebs-/Personalrats. Oft nehmen es Geschäftsführungen beispielsweise mit der Erfüllung ihrer Informationspflichten gegenüber der Interessenvertretung »nicht so genau«. Informationen werden aus Unkenntnis über gesetzliche Pflichten oder auch bewusst zurückgehalten oder gefiltert. Die damit verbundenen Konflikte um die Ausübung von Beteiligungsrechten sind aufreibend. Nicht selten zeigt sich dahinter auch die strategische Absicht, die Mitwirkung und Mitbestimmung zu blockieren oder zu schwächen. Deswegen gilt es an diesen Stellen, hart zu intervenieren und »Pflöcke einzuschlagen«. Es steht mehr auf dem Spiel als man denkt.

d. Konflikte um die Verfügung über Ressourcen

Sich für die Interessen behinderter Menschen im Betrieb/in der Dienststelle einzusetzen, erfordert in der Regel viel Zeit, welche die Schwerbehindertenvertretung oder das Betriebsratsmitglied von ihrem Stammarbeitsplatz abziehen muss. Das führt vor allem bei nicht freigestellten Interessenvertreter*innen zu persönlichen Konflikten und Spannungen. Hinzu kommt die Auseinandersetzung um den Zugang zu Ressourcen, die vom Arbeitgeber bereitzustellen sind. Dazu gehören etwa die Regelung der Abwesenheitszeit vom angestammten Arbeitsplatz, die Frage der Räumlichkeiten und der Ausstattung des Arbeitsplatzes der Interessenvertretung, die Bereitstellung von Personal für Schreib- und Verwaltungsarbeiten sowie die allgemeinen Kosten der Amtsführung.

3. Handlungsstrategien

Gemeinsam mit dem Betriebs-/Personalrat spielt die Schwerbehindertenvertretung eine entscheidende Rolle in der betrieblichen Auseinandersetzung um die **Beschäftigungsbedingungen behinderter Menschen** im Betrieb/in der Dienststelle. Als betriebliche Interessenvertretung ist es ihre Aufgabe, die Interessen vor allem der behinderten Beschäftigten geschlossen zu vertreten und ihre rechtlichen Handlungs- und sonstigen Einflussmöglichkeiten zu nutzen, um deren Position zu stärken. Dazu gehört auch das offensive Eintreten für die Erhaltung und Ausweitung dieser Einflussmöglichkeiten.
Im Umgang mit den verschiedenen Konflikten kommen Interessenvertreter deshalb nicht ohne eine gute Strategie aus. Es gilt, Positionen zu bestimmen, Handlungsmöglichkeiten auszuloten, betriebsinterne oder -externe Partnerschaften in die strategischen Überlegungen einzubeziehen. Die **Grundfragen** sind immer wieder aufs Neue zu stellen: Worum

genau geht es bei diesem Konflikt? Wie grundsätzlich ist die Auseinandersetzung? Was will ich selbst erreichen? Welche Mittel stehen mir zur Verfügung? Welche kann, welche will ich davon tatsächlich nutzen?
Bei der Prüfung der verschiedenen Optionen im **Konfliktlösungsprozess** sollte die Schwerbehindertenvertretung immer auch klären, ob sie sich in einer Position befindet, von der aus sie gegenüber dem Arbeitgeber Druck erzeugen kann, oder ob es sich um eine Konfliktlage handelt, in der letztlich »nichts zu holen« ist oder in der sie sogar auf den Goodwill des Arbeitgebers angewiesen ist.
Als hilfreiche Methode zum Bearbeiten von Konflikten und zur Vorbereitung einer Verhandlungsführung hat sich das folgende **Prüfungsschema zur Analyse der eigenen Konfliktposition** erwiesen.

Vorgehen zur Analyse der eigenen Konfliktposition

Konfliktanalyse	• Was war Anlass des Konflikts? • Mit welcher Art von Konflikt habe ich es zu tun? • Wer ist an dem Konflikt beteiligt?
Klärung der Interessenlage	• Was sind die Interessen der (betroffenen) behinderten Beschäftigten und der Schwerbehindertenvertretung? • Wo liegen die Interessen der Gegenseite? • Welche Erwartungen gibt es? • Was geschieht, wenn nichts unternommen wird?
Abschätzung der eigenen Möglichkeiten (Stärken-Schwächen-Analyse)	• Geben mir die rechtlichen Bedingungen eine robuste Verhandlungsposition? • Bin ich in einer eher schwachen Position? • Wo habe ich Spielräume?
Prüfung der Handlungsmöglichkeiten des Betriebs-/Personalrats	• Verfügt der Betriebs-/Personalrat über bessere Möglichkeiten? • Kann ich ihn als Unterstützer gewinnen?
Zieldefinition	• Was ist die aus meiner Sicht ideale Lösung? • Was kann ich zur Erreichung des Ziels beitragen? • Verbessern sich die Erfolgschancen durch ein gemeinsames Vorgehen mit dem Betriebs-/Personalrat?

Verfahrensmöglichkeiten	• Welche Maßnahmen sind die wahrscheinlich erfolgreichsten? • Was hat sich in vergleichbaren Situationen bewährt?
Maßnahme und konkretes Vorgehen planen	• Für welche Maßnahme entscheide ich mich? • Was sind die nächsten Schritte?

4. Durchsetzungsmöglichkeiten im Einzelnen

In Kapitel VI.4. wurden die Beteiligungsrechte der Schwerbehindertenvertretung herausgearbeitet. Was geschieht aber, wenn der Arbeitgeber die Befugnisse der Schwerbehindertenvertretung missachtet und Entscheidungen trifft, als ob die gesetzlichen Vorschriften für ihn keine Gültigkeit hätten?
Die Schwerbehindertenvertretung kann nicht tatenlos hinnehmen, dass über ihren Kopf hinweg entschieden wird. Die Rechtsstellung der Schwerbehindertenvertretung versetzt sie in eine Position, gegenüber dem Arbeitgeber verlangen zu können, dass sie in ihrer Arbeits- und Handlungsfähigkeit nicht beeinträchtigt bzw. behindert wird. Sie sollte daher ihre Möglichkeiten nutzen und konsequente Schritte ergreifen, um den Arbeitgeber zu verpflichten, sein mitwirkungswidriges Verhalten wieder rückgängig zu machen und klarzustellen, dass solche Rechtsverstöße künftig unterbleiben.
Sie muss sicherstellen,

- dass sie ihrem Vertretungsauftrag weiter nachkommen kann und
- dass betriebliche Veränderungen sich nicht nur am Interesse des Arbeitgebers, sondern auch an den Belangen der behinderten Beschäftigten ausrichten.

Dazu verfügt die Schwerbehindertenvertretung über eine breite Palette juristischer und nicht juristischer Mittel. Ihre Durchsetzungsmöglichkeiten beziehen sich dabei hauptsächlich auf die Sicherstellung

- ihrer Initiativrechte hinsichtlich individueller und kollektiver Rechte,
- ihrer Rechtsansprüche auf Beteiligung und Mitwirkung,
- von Arbeitsbedingungen für die Schwerbehindertenvertretung, die den Anforderungen gerecht werden und ihr ermöglichen, ihren Auftrag wahrzunehmen, die Einhaltung des SGB IX in der betrieblichen Integrationspolitik zu überwachen.

Die nachfolgenden Abschnitte stellen diese Mittel sowie deren Reichweite vor.

a. Aussetzungsverfahren nach § 178 Abs. 2 SGB IX

Das SGB IX schreibt ein Unterrichtungs- und Anhörungsrecht der Schwerbehindertenvertretung in allen »Angelegenheiten, die einen einzelnen oder die schwerbehinderten Menschen als Gruppe« betreffen (§ 178 Abs. 2 SGB IX), vor. Um dieses Recht durchsetzen zu können, kann die Schwerbehindertenvertretung die »Aussetzung« der Durchführung oder Vollziehung einer Entscheidung veranlassen, die der Arbeitgeber ohne die erforderliche Beteiligung der Schwerbehindertenvertretung getroffen hat. Die vorgeschriebene Beteiligung der Schwerbehindertenvertretung ist dann innerhalb von sieben Tagen nachzuholen; erst danach darf die Maßnahme durchgeführt oder vollzogen werden.

> **Beispiel:**
> Entscheidet sich der Arbeitgeber, einen schwerbehinderten Arbeitnehmer bzw. eine schwerbehinderte Arbeitnehmerin zu versetzen und unterlässt er die Beteiligung der Schwerbehindertenvertretung, dann muss er die tatsächliche Durchführung der Versetzungsmaßnahme zurückstellen, solange die Beteiligung nicht erfolgt ist. Erst danach kann der Arbeitgeber eine abschließende und endgültige Entscheidung treffen. Die Schwerbehindertenvertretung nimmt im Verfahren Stellung zu der geplanten Maßnahme und verdeutlicht, dass sie nicht bereit ist, auf ihr Anhörungsrecht zu verzichten. Der Arbeitgeber muss nach Eingang der Stellungnahme unverzüglich seine Entscheidung begründen. Der/die betroffene Arbeitnehmer*in kann sich der Durchführung einer Maßnahme so lange verweigern, wie die Schwerbehindertenvertretung nicht ordentlich in dieser Angelegenheit gehört worden ist.

Für die Schwerbehindertenvertretung entsteht aus dieser Vorschrift ein einklagbarer Anspruch, der im Verfahren der einstweiligen Anordnung durchgesetzt wird (Großmann u. a. 2000, S. 1009). Wiederholt sich die Nichtanhörung, kann die Schwerbehindertenvertretung ein Ordnungswidrigkeitenverfahren einleiten und/oder vor dem Arbeits- bzw. Verwaltungsgericht beantragen, den Arbeitgeber zur Einhaltung der Unterrichtungs- und Anhörungspflicht zu veranlassen.

b. Ordnungswidrigkeitenverfahren

Das SGB IX hat dem Arbeitgeber gegenüber den schwerbehinderten Arbeitnehmer*innen und gegenüber der Schwerbehindertenvertretung bestimmte Pflichten auferlegt (siehe Kapitel VI.6). Arbeitgeber, die vorsätzlich oder fahrlässig gegen diese Pflichten verstoßen, handeln ordnungswidrig.

Ordnungswidrig ist eine Handlung, wenn sie einerseits rechtswidrig ist, also gegen ein Gesetz verstößt, andererseits vorwerfbar ist, der/die Handelnde also die verletzte Rechtsvorschrift kannte oder hätte kennen müssen. In solchen Fällen kann von schuldhaftem Handeln gesprochen werden; dieses kann vorsätzlich oder fahrlässig erfolgen. Die Fahrlässigkeit oder die Vorsätzlichkeit muss im Ordnungswidrigkeitenverfahren (§ 238 SGB IX) nachgewiesen werden.

Die Schwerbehindertenvertretung sollte daher, sobald sie von einem gesetzeswidrigen Verstoß gegen ihre Beteiligungsrechte oder die Rechte behinderter Beschäftigter erfährt, dies dem Arbeitgeber schriftlich in Form einer Aktennotiz mitteilen und auf der Erfüllung ihrer Beteiligungsrechte bestehen. Die Mitteilung kann auch den Hinweis enthalten, dass im Wiederholungsfall die Einleitung eines Ordnungswidrigkeitenverfahrens beantragt wird. Solche Verfahren belasten natürlich erst einmal das innerbetriebliche Klima weiter, können aber durchaus zur Klärung der Verhältnisse beitragen.

> **Hinweis:**
> Es sollten schon wegen des hohen emotionalen Aufwands eines solchen Antrags nur wirklich aussichtsreiche und notwendige Anträge gestellt werden.

Der erste Schritt zur Einleitung eines Ordnungswidrigkeitenverfahrens ist eine Anzeige bei der Agentur für Arbeit. Sie kann von der Schwerbehindertenvertretung oder vom Betriebs-/Personalrat betrieben werden. Sie richtet sich gegen den Arbeitgeber und/oder gegen die für den Arbeitgeber handelnden Personen. Das Ordnungswidrigkeitenverfahren lässt sich also auch gegen Personen im Betrieb/in der Dienststelle anwenden, die dem Arbeitgeber gleichgestellt sind, z. B. Geschäftsführer*innen, Betriebsleiter*innen und andere leitende Angestellte, die eine Arbeitgeberfunktion wahrnehmen, in seinem Auftrag handeln oder die vom Arbeitgeber mit der Erledigung von gesetzlichen Aufgaben beauftragt wurden und selbstständig handeln können, wie etwa der/die Inklusionsbeauftragte des Arbeitgebers gem. § 181 SGB IX.

Die Tatbestände, gegen die sich das Ordnungswidrigkeitenverfahren richten soll, dürfen nicht länger als zwei Jahre zurückliegen (Verjährungsfrist). Die Ordnungswidrigkeit kann mit einer Geldbuße bis zu 10 000 Euro geahndet werden.

In § 238 Abs. 1 SGB IX wird eine Reihe von Verpflichtungen aufgezählt, deren Nichtbeachtung als Ordnungswidrigkeit geahndet werden kann. Ordnungswidrig handelt demnach,

- wer der Beschäftigungspflicht nach § 154 Abs. 1 SGB IX nicht nachkommt,
- wer das vorgeschriebene Verzeichnis der beschäftigten schwerbehinderten und gleichgestellten Beschäftigten (§ 163 Abs. 1 SGB IX) nicht den Vorgaben entsprechend führt,
- wer seine Anzeigepflicht (Zahl der Arbeitsplätze und Zahl der schwerbehinderten und gleichgestellten Beschäftigten etc.) nicht in der geforderten Frist erledigt,
- wer Auskünfte und Informationen über den Betrieb/die Dienststelle nicht korrekt zur Verfügung stellt.

§ 238 SGB IX nennt auch Ordnungswidrigkeiten, die sich konkret auf Beteiligungsrechte der Schwerbehindertenvertretung beziehen. Der Arbeitgeber handelt danach ebenfalls ordnungswidrig, sofern er

- die gewählte Schwerbehindertenvertretung und den/die benannte/n Inklusionsbeauftragte/n des Arbeitgebers nicht dem zuständigen Arbeitsamt und dem Integrationsamt meldet,
- bei vorhandenen Beschäftigungsmöglichkeiten für schwerbehinderte Menschen nicht frühzeitig Verbindung mit dem Arbeitsamt gem. § 164 Abs. 1 SGB IX aufnimmt,
- die Schwerbehindertenvertretung bzw. den Betriebs-/Personalrat nicht über Bewerbungen schwerbehinderter Menschen und diesbezüglicher Entscheidungen unterrichtet,
- die Schwerbehindertenvertretung in Angelegenheiten, die gem. § 178 Abs. 2 SGB IX einzelne schwerbehinderte Beschäftigte oder die schwerbehinderten Beschäftigten als Gruppe betreffen, nicht, nicht richtig, nicht umfassend oder nicht rechtzeitig unterrichtet oder vor einer Entscheidung nicht rechtzeitig hört.

c. Gerichtliche Verfahren

Eine weitere Möglichkeit, Konflikte zu klären und zu lösen, ist die Einschaltung des Arbeitsgerichts durch die Schwerbehindertenvertretung. Nur ein geringer Bruchteil aller betrieblichen Konflikte kommt allerdings vor Gericht. Das mag auch daran liegen, dass Interessenvertretungen dieser Vorgehensweise aus verschiedenen Gründen reserviert gegenüberstehen. In einigen Fällen wird vielleicht ein gerichtliches Verfahren auch für aussichtslos gehalten oder die Schwerbehindertenvertretung möchte keine Niederlage riskieren. Zweifellos spielt aber der betriebsöffentliche Druck eine nicht unbedeutende Rolle. Man möchte nicht dem Vorwurf des Arbeitgebers, ein »illoyaler Nestbeschmutzer« zu sein, in die Hände spielen (»Die Hand, die einen füttert, beißt man nicht«).

Neben diesen sozialen Kosten des Verfahrens, die als zu hoch eingeschätzt werden, dürfte allerdings der wichtigste Grund sein, dass eine Klageerhebung gegen den Arbeitgeber als Großkonflikt überbewertet wird. Man befürchtet eine endlose Auseinandersetzung, die die Vertretungsarbeit auf längere Sicht lähmt oder zumindest negativ beeinflusst. Dabei ist die Klageerhebung vor dem Arbeitsgericht aber in vielen – vor allem auch größeren Betrieben – eine normale, für die Interessenvertretungen übliche Form der Durchsetzung ihrer Rechte.

Im Betrieb kommt es immer wieder zu Streitigkeiten über die Tätigkeit der Schwerbehindertenvertretung, über die Pflichten des Arbeitgebers und deren Zusammenarbeit. Klärungsbedarf besteht häufig vor allem in Bezug auf folgende Fragen: Zuständigkeit für bestimmte Angelegenheiten, Freistellung zur Teilnahme an Schulungsveranstaltungen, Abhalten einer Schwerbehindertenvertretungswahl, Rechtzeitigkeit von Informationen, Zugang zu Informationen.

Es ist wichtig, sich klarzumachen: die Arbeitsgerichte haben eine wichtige Schutzfunktion für die Schwerbehindertenvertretung. Sie sind dazu da, um derartige Rechtsfragen zu klären, Verstöße gegen das Gesetz und gegen die Missachtung eindeutiger Rechtslagen der Arbeitgeber zu unterbinden und die Mitwirkungsrechte zu sichern.

Vor einem Verfahren sollte die Schwerbehindertenvertretung klären, ob die Einleitung eines Gerichtsverfahrens in der gegebenen Situation die richtige Maßnahme ist (siehe Kapitel VII.3, Handlungsstrategien). Dazu sollte sie gemeinsam mit dem/der gewerkschaftlichen Rechtssekretär/in (oder ggf. mit einem/einer Fachanwalt/-anwältin für Arbeitsrecht) sorgfältig die Erfolgsaussichten eines Gerichtsverfahrens prüfen und den möglichen Ausgang und die Konsequenzen aus einem gerichtlichen Verfahren erörtern, um Klarheit über das weitere Vorgehen zu gewinnen.

Für gerichtliche Verfahren ist das Arbeitsgericht am Sitz des Betriebs zuständig. Die durch das Gerichtsverfahren verursachten Kosten gehen gem. § 179 Abs. 8 SGB IX zulasten des Arbeitgebers. Selbst wenn ein Beschlussverfahren für die Schwerbehindertenvertretung verloren geht, trägt der Arbeitgeber die anfallenden Kosten, z. B. für eine/n beauftragte/n Rechtsanwalt/-anwältin. Auch für den Fall einer zu Unrecht erwirkten einstweiligen Verfügung trägt das Kostenrisiko der Arbeitgeber. Gemäß § 85 Abs. 2 ArbGG sind hiernach Schadenersatzansprüche des Arbeitgebers gegen die betriebliche Interessenvertretung ausgeschlossen.

d. Entscheidung arbeitsrechtlicher Streitigkeiten

Für die Entscheidung arbeitsrechtlicher Streitigkeiten vor allem zwischen Arbeitnehmer*innen und Arbeitgeber, Betriebsrat und Arbeitgeber und den Tarifvertragsparteien Gewerkschaft und Arbeitgeber/Arbeitgeberverband sind die Arbeitsgerichte zuständig (vgl. §§ 2, 2a ArbGG).
Die wichtigsten Verfahrensarten sind:

- Urteilsverfahren: klärt Streitigkeiten über privatrechtliche Ansprüche zwischen Arbeitnehmer*innen und Arbeitgeber;
- Beschlussverfahren: erledigt Streitigkeiten zwischen Schwerbehindertenvertretung oder Betriebsrat und Arbeitgeber;
- einstweiliges Verfügungsverfahren: ein zügig ablaufendes Verfahren, um dem Arbeitgeber z. B. mitbestimmungswidriges Handeln zu untersagen;
- Verfahren zur Bestellung einer Einigungsstelle: dient der Einrichtung einer Einigungsstelle (§ 76 BetrVG bzw. § 74 BPersVG) und der Fortführung von Verhandlungen.

aa. Urteilsverfahren

Ist eine Klage (z. B. eine Kündigungsschutzklage) eingereicht, sieht das arbeitsgerichtliche Urteilsverfahren zunächst immer eine Güteverhandlung vor, in der die/der vorsitzende Richter/in eine einvernehmliche Lösung für den Streit sucht. Bleibt dieser Gütetermin erfolglos, findet einige Zeit später eine »streitige« Verhandlung statt. Ein/e gewerkschaftliche/r Rechtsvertreter/in sollte diesen Termin vorbereiten, den Sachverhalt vortragen, Erklärungen abgeben und die notwendigen Beweismittel (Zeug*innen, Unterlagen etc.) angeben. Im Anschluss an die letzte mündliche Verhandlung fällt die zuständige Kammer des Arbeitsgerichts ein Urteil. Gegen das Urteil des Arbeitsgerichts kann die unterlegene Partei innerhalb eines Monats seit Zustellung des erstinstanzlichen Urteils Berufung beim Landesarbeitsgericht (LAG) einlegen. Gegen das Urteil des Landesarbeitsgerichts kann innerhalb eines Monats Revision zum Bundesarbeitsgericht (BAG) eingelegt werden.

bb. Beschlussverfahren

Vor allem bei betriebsverfassungsrechtlichen Streitigkeiten oder bei Streitigkeiten aus dem SGB IX zwischen der Schwerbehindertenvertretung und dem Arbeitgeber wird die zu entscheidende Frage in einem »Beschlussverfahren« geklärt.

> **Beispiel:**
> Es ist strittig, ob die schwerbehinderten Beschäftigten in zwei Betrieben, die 60 Kilometer voneinander entfernt sind, eine gemeinsame Wahl der Schwerbehindertenvertretung vornehmen können.

Anders als das Urteilsverfahren kennt das Beschlussverfahren keine »Parteien«, sondern nur »Beteiligte«. Das Verfahren wird auch nicht durch »Klage«, sondern durch einen »Antrag« eingeleitet, in dem die entsprechenden Tatsachen vorzutragen und zu begründen sind. Im Beschlussverfahren gilt der sog. Untersuchungs- oder auch Amtsermittlungsgrundsatz: Im Unterschied zum Urteilsverfahren hat das Arbeitsgericht aus eigener Initiative heraus den Sachverhalt umfassend zu erforschen, indem z. B. zur Ermittlung und Klärung der Tatsachen Zeug*innen und Sachverständige in das Verfahren einbezogen werden können. Vor der Entscheidung findet ein Anhörungstermin – eine mündliche Verhandlung – statt.
Das Arbeitsgericht entscheidet über den Antrag durch schriftlich begründeten Beschluss, nicht durch ein Urteil. Gegen den Beschluss des Arbeitsgerichts kann die unterlegene Partei innerhalb eines Monats Beschwerde beim Landesarbeitsgericht einlegen. Gegen den Beschluss des Landesarbeitsgerichts kann innerhalb eines Monats Beschwerde beim Bundesarbeitsgericht eingelegt werden. Auch im Beschlussverfahren ist der Erlass einer einstweiligen Verfügung möglich.

cc. Einstweiliges Verfügungsverfahren

Das einstweilige Verfügungsverfahren zeichnet sich durch einen raschen Verfahrensablauf aus (vgl. §§ 62 Abs. 2, 85 Abs. 2 ArbGG). Eine einstweilige Verfügung kann ggf. innerhalb weniger Stunden ergehen. Die einstweilige Verfügung zielt darauf ab, dem Arbeitgeber zu untersagen, bestimmte Entscheidungen und Maßnahmen zu treffen, über die er die Schwerbehindertenvertretung nicht ordnungsgemäß informiert und die er mit ihr nicht erörtert hat.

> **Beispiel:**
> Der Arbeitgeber will einige Abteilungen des Betriebs an einen anderen nahe gelegenen Standort verlagern. Von dieser Maßnahme sind auch einige schwerbehinderte Beschäftigte und die bisherige Schwerbehinderten-

> vertretung betroffen. Im Altbetrieb bleiben jedoch noch eine ganze Reihe schwerbehinderter Menschen beschäftigt. Die Geschäftsleitung erklärt nun die Zuständigkeit der Schwerbehindertenvertretung für den »alten« Betrieb für erloschen.

Der Erlass einer einstweiligen Verfügung setzt voraus, dass ein Verfügungsanspruch sowie ein Verfügungsgrund vorliegen. Ein Verfügungsanspruch ist gegeben, wenn es sich um eine klare Rechtslage zu Gunsten der Schwerbehindertenvertretung handelt; die beanstandete Maßnahme muss offensichtlich unwirksam oder rechtswidrig sein. Ein Verfügungsgrund liegt vor, wenn das Vorliegen einer besonderen Gefahr nachgewiesen werden kann, etwa wenn ohne den Erlass der einstweiligen Verfügung eine Maßnahme in Missachtung eines Mitwirkungs- bzw. Mitbestimmungsrechts faktisch umgesetzt wird oder die Ausübung der Rechte der Schwerbehindertenvertretung erheblich erschwert wird. Das Arbeitsgericht kann mit, aber auch ohne mündliche Verhandlung entscheiden.

dd. Verfahren zur Bestellung einer Einigungsstelle

Im Rahmen des Abschlusses von Inklusionsvereinbarungen verabreden Schwerbehindertenvertretungen, Betriebsräte und Geschäftsleitungen zum Teil auch, zur Beilegung von Streitigkeiten, die sich aus Auslegung und Anwendung der Inklusionsvereinbarung ergeben, als Konfliktregelungsverfahren eine sog. Einigungsstelle einzurichten.
Die Einigungsstelle ist ein Organ des Betriebsverfassungsgesetzes. Sie ist ein paritätisch besetztes Gremium und besteht aus einer gleichen Anzahl von Vertretern/Vertreterinnen des Arbeitgebers und des Betriebsrats (jeweils 2–4 Personen). Neben den Verfahrensmöglichkeiten vor dem Arbeitsgericht ist die Einigungsstelle das zweite wichtige Konfliktregelungsinstrument für den Fall, dass Verhandlungen mit dem Arbeitgeber gescheitert sind.
Gemäß § 76 Abs. 1 BetrVG hat die Einigungsstelle die Aufgabe, Meinungsverschiedenheiten zwischen Arbeitgeber und Betriebsrat beizulegen und Streitigkeiten zu schlichten, indem eine Regelung gefunden wird, die für beide Seiten tragbar ist (vgl. § 76 Abs. 5 Satz 3 BetrVG). Sie wird auf Antrag einer Seite überall dort tätig, wo der Betriebsrat ein Mitbestimmungsrecht besitzt und »ein Spruch der Einigungsstelle die Einigung zwischen Arbeitgeber und Betriebsrat ersetzt« (vgl. § 76 Abs. 5 Satz 1 BetrVG). In nicht mitbestimmungspflichtigen Angelegenheiten kommt ein Einigungsstellenverfahren nur in Gang, wenn Arbeitgeber

und Betriebsrat sich über das Tätigwerden der Einigungsstelle einig sind (vgl. § 76 Abs. 6 BetrVG).
Das Bestellungsverfahren stellt die Einrichtung einer Einigungsstelle sicher,

- wenn der Arbeitgeber die Mitbestimmung und einen Verhandlungsbedarf bestreitet,
- die Verhandlungen gescheitert sind und/oder
- wenn sich Arbeitgeber und Betriebsrat nicht auf eine/n Vorsitzende/n oder die Zahl der Beisitzer*innen einigen können (vgl. § 76 Abs. 2 BetrVG, § 98 ArbGG).

e. Mitbestimmungsrechte des Betriebs- bzw. Personalrats

Die Schwerbehindertenvertretung vertritt gemeinsam mit dem Betriebs-/Personalrat die Interessen schwerbehinderter Menschen gegenüber der Arbeitgeberseite. Sie kann sich dabei nicht immer einfach darauf verlassen, dass die Bestimmungen des SGB IX vom Unternehmen als »Spielregeln« akzeptiert und ausgeführt werden. So wie die Arbeitnehmerschutzrechte nur durch sozialen und politischen Druck zustande kommen, so bedarf es oft auch des Drucks, sie im konkreten Fall praktisch durchzusetzen. Die Mitwirkungsrechte der Schwerbehindertenvertretung gehen allerdings nicht weit genug, um wirklich Einfluss auf soziale, personelle oder wirtschaftliche Entscheidungen des Arbeitgebers nehmen zu können. Besonders im Konfliktfall braucht sie die betriebs-/personalrätlichen Möglichkeiten der betrieblichen Mitbestimmung, um ihre Forderungen gegenüber der Geschäftsleitung geltend zu machen. Zu den Mitbestimmungs- und Beteiligungsrechten von Betriebs- und Personalräten: siehe Kapitel VI.4 und VI.5.

f. Vernetzung auf der Unternehmens- und Konzernebene

Die Interessen der behinderten Beschäftigten im Betrieb/in der Dienststelle können auch von Vorgängen und Entscheidungen auf der Ebene des Unternehmens oder des Konzerns bzw. auf höheren Ebenen der Verwaltung betroffen sein. Um darauf angemessen reagieren zu können, sieht das SGB IX die Einrichtung einer Gesamt- bzw. Konzernschwerbehindertenvertretung bzw. einer gestuften Vertretung in Behörden vor.
Die zunehmende Unternehmenskonzentration und Konzernbildung i. V. m. einer Dezentralisierung der Betriebsstrukturen (zum Teil auch durch Auslagerung) führen dazu,

- dass immer mehr kleine Betriebseinheiten entstehen, in denen die Voraussetzungen für die Wahl einer Schwerbehindertenvertretung nicht gegeben sind,
- dass die Spielräume für die Arbeit der örtlichen Interessenvertreter*innen enger werden und
- dass maßgebliche wirtschaftliche und personelle Entscheidungen auf die übergeordnete Ebene verlagert werden.

Ein Resultat dieser Entwicklung ist die wachsende Bedeutung und Zuständigkeit der Gesamt- bzw. Konzernschwerbehindertenvertretung. Das SGB IX schafft für ihre überbetrieblichen Aufgaben einen klaren Handlungsrahmen (§ 180 SGB IX). In der überbetrieblichen Zusammenarbeit sind die Gesamt-, Konzern-, Bezirks- oder Hauptschwerbehindertenvertretungen (§ 180 SGB IX) zuständig,

- wenn bestimmte Angelegenheiten mehrere Betriebe/Dienststellen betreffen und von den örtlichen Schwerbehindertenvertretungen nicht geregelt werden können, oder
- wenn es um Interessen schwerbehinderter Menschen geht, die in einem Betrieb/einer Dienststelle tätig sind, für die eine Schwerbehindertenvertretung nicht gewählt werden kann (keine fünf schwerbehinderte Beschäftigte).

Beispiel:
Über die Frage der Freistellung ist zwischen Schwerbehindertenvertretung, Vorgesetzten und Personalabteilung ein Konflikt entstanden. Der Betrieb wurde vor kurzem aus der XY GmbH ausgegliedert und einer Tochtergesellschaft des Konzerns »zugeschlagen«. Die Fronten beginnen sich zu verhärten, darunter leiden auch die Qualität der Betreuungsarbeit und die berufliche Position als Gruppensprecher. Der Schwerbehindertenvertreter bittet die Konzernschwerbehindertenvertretung um vermittelnde Unterstützung. Sie sondiert zunächst telefonisch vor. Im persönlichen Gespräch erläutert sie der Vorgesetztenseite den Sinn der in der XY GmbH praktizierten Freistellungsregelung. Am Ende ihrer Bemühungen steht ein Kompromiss, eine leicht angepasste Regelung wird – zunächst zur Probe – vereinbart.

Für die örtliche und die überörtliche Schwerbehindertenvertretung liegen vor allem in der Koordinierung ihrer Arbeit wechselseitige Chancen. Damit sie von den Handlungs- und Durchsetzungsmöglichkeiten des jeweils anderen profitieren, sollten die Beteiligten zunächst ihre Zusammenarbeit aufbauen und auf eine verlässliche Grundlage stellen. Beiden Gremien sollte die Wichtigkeit regelmäßiger und gegenseitiger Informationen klar sein.

Gerade die Kommunikation unternehmensübergreifender Informationen und Einschätzungen aus der Zusammenarbeit mit dem Gesamtbetriebsrat trägt dazu bei, dass Schwerbehindertenvertretungen über den »Tellerrand« des Standorts hinausblicken können. Die Gesamtschwerbehindertenvertretung kann und muss in gegenseitigem Einvernehmen an den örtlichen Versammlungen der Schwerbehindertenvertretung teilnehmen. Auch lässt es ihr eigenes Versammlungsrecht zu, dass sich alle Schwerbehindertenvertretungen mindestens einmal jährlich zu einer Versammlung treffen. Von diesem Instrument sollte sie Gebrauch machen.

g. Betriebliche Öffentlichkeit

Die Wahrnehmung ihrer Tätigkeit in der Öffentlichkeit des Betriebs/der Dienststelle ist ebenfalls ein wichtiger Faktor für den Erfolg der Schwerbehindertenvertretung. Es geht darum, bei wichtigen, vor allem bei konfliktträchtigen Themen, die Aufmerksamkeit der Belegschaft zu gewinnen, die Öffentlichkeit als Forum der Auseinandersetzung mit dem Arbeitgeber zu nutzen und die eigene Interessenvertretungspolitik zu gestalten.

Eine gute Informationspolitik der Interessenvertretung kann Diskussionen im Betrieb/in der Dienststelle in Gang setzen und Unterstützung mobilisieren. Die Betriebs-/Personalversammlung und die Versammlung der schwerbehinderten Menschen im Betrieb/in der Dienststelle haben dabei eine besondere Bedeutung.

Diese **Versammlungen** sind die beste Möglichkeit, die Belegschaft über die Tätigkeit der Schwerbehindertenvertretung und über aktuelle Auseinandersetzungen mit der Geschäftsleitung zu informieren. Zugleich stellen sie ein wichtiges Mittel dar, die eigene Verhandlungsposition zu stärken, wenn sie dem Arbeitgeber ein Bild über die Stimmung im Betrieb/in der Dienststelle und über die Bereitschaft der Belegschaft zur Auseinandersetzung vermitteln. In den Versammlungen ist es auch möglich, gewerkschaftliche Positionen und Strategien zur Bewältigung betrieblicher Krisen und gesellschaftlicher Probleme zu verdeutlichen und das solidarische Zusammenwirken von Belegschaft, betrieblicher Interessenvertretung und Gewerkschaft zu stärken.

Die Betriebs-/Personalversammlung ist aber nicht die einzige Verbindung zwischen der Schwerbehindertenvertretung, ihrer Klientel und der übrigen Belegschaft. Information und Kommunikation finden auch im Gespräch am Arbeitsplatz, innerhalb und außerhalb der Sprechstunden, durch Aushänge an den »Schwarzen Brettern«, in Form von Rundschreiben, Flugblättern, in der Betriebs-/Dienststellenzeitung oder über einen

Auftritt der Schwerbehindertenvertretung im Intranet des Betriebs/der Dienststelle statt (vgl. auch Kapitel V.).
Mit betrieblicher Öffentlichkeitsarbeit wird die Schwerbehindertenvertretung also einen größeren Kreis von Beschäftigten informieren können, nicht nur die behinderten Arbeitnehmer*innen. Wer als Interessenvertreter*in im Betrieb/in der Dienststelle über seine/ihre Tätigkeit, über bestehende Probleme und Missstände und auch über eigene Erfolge informieren will, sollte aber einige Kommunikationsgrundsätze beachten. Damit Informationen wirklich an ihre Adressat*innen gelangen, reicht es oft nicht aus, dass sie öffentlich gemacht werden. Es kommt auch auf das »Wann«, »Wo« und »Wie« der Darstellung an, wenn man Beachtung finden will.

5. Was tun bei Konflikten mit dem Betriebs-/Personalrat?

Das Zusammenwirken der besonderen rechtlichen und betrieblichen Möglichkeiten der Schwerbehindertenvertretung mit der zentralen Stellung des Betriebs-/Personalrats sorgt für ein nicht immer komplikationsfreies Verhältnis. Das Eigentümliche und Konfliktträchtige dieser Konstellation von Sonderrechten einerseits und einheitlicher Interessenvertretung andererseits liegt darin, dass die **Schwerbehindertenvertretung**

- als eigenständiges Organ in einem eigenen Aufgabenfeld auftritt,
- eine mit dem Betriebs-/Personalrat vergleichbare Rechtsstellung besitzt,
- über ihre Handlungsmöglichkeiten (auch über die direkten Kontakte zur Geschäftsleitung) weitgehend selbst bestimmen kann,
- nicht an die Beschlüsse des Betriebs-/Personalrats gebunden ist und der Betriebs- bzw. Personalrat keinen direkten Einfluss auf sie hat.

Besonders wenn die Themen Inklusion, Teilhabe und Rehabilitation als Randaufgaben des Betriebs- bzw. Personalrats angesehen werden, entstehen oft Irritationen und **Abwehrreaktionen**. Eine allzu strikte Trennung der beiden Aufgabengebiete kaschiert oft ein geringes Interesse an **Zusammenarbeit**. Beide Seiten richten sich in ihrer Praxis ein. Sie vermeiden damit aber bloß eine sachliche Auseinandersetzung um diesen Aspekt einer gemeinsamen Betriebspolitik. Wiederholt entstehen in diesem labilen Verhältnis Stellvertreterkonflikte um die Rechte der Schwer-

behindertenvertretung, z. B. an den Sitzungen des Betriebs-/Personalrats teilnehmen zu können.
Konkurrenz zwischen Schwerbehindertenvertretung und Betriebsrat/ Personalrat führt aber lediglich dazu, dass die Position der Arbeitnehmer*innen im Betrieb/in der Dienststelle geschwächt wird. Ohne Bindung an den Betriebsrat/Personalrat bleibt die Schwerbehindertenvertretung eine Einzelkämpfer-Institution, die im Betrieb/in der Dienststelle wenig oder gar nichts bewirken kann. Umgekehrt verschenkt die allgemeine Interessenvertretung, sofern sie auf Distanz zur Schwerbehindertenvertretung bleibt, sinnvolle Unterstützung. Abgrenzungskonflikte sollten deshalb so früh wie möglich angegangen werden. Die Suche nach Unterstützer*innen für die Konfliktlösung ist dabei sinnvoller als die Drohung mit dem Gesetz.

a. Vermittlung zwischen den Interessenvertretungen

Soweit wie möglich sollten die Beteiligten versuchen, Streitpunkte im **Gespräch** miteinander zu klären. Je früher dieser Schritt getan wird, umso geringer ist die Gefahr, dass sich die Auseinandersetzungen verfestigen. Um Auswege aus Konflikten aufzuzeigen, ist manchmal die Unterstützung durch einen Dritten sinnvoll. In ein vermittelndes Gespräch sollte dann etwa die/der Vorsitzende des Vertrauensleutekörpers oder ein Vertreter der gemeinsamen Gewerkschaft einbezogen werden.
Die Schwerbehindertenvertretung muss auch ein Verständnis für die Daueraufgabe des Betriebs-/Personalrats entwickeln, eine einheitliche Interessenvertretung zu organisieren. Das heißt, es liegt auch an ihrer eigenen Politik, am eigenen Fingerspitzengefühl, wann und in welcher Form die Ansprüche und Interessen verbunden werden können. Außerdem muss dem Betriebs-/Personalrat eine Lernzeit zugebilligt werden, um Erfahrungen mit dem Potenzial der Schwerbehindertenvertretung zu machen.

b. Orientierungshilfen für »neue« Schwerbehindertenvertretungen

Sich das Amt erarbeiten:
Erste Schritte der neuen Schwerbehindertenvertretung sollten berücksichtigen, dass nicht sofort nach der Amtsübernahme die Grundlagen für eine gute Zusammenarbeit gelegt sind. Wenn sie aktiv wird und sich in der neuen Rolle bewegt, sollte sie auch darauf achten, wie die Kolleg*innen aus Betriebs-/Personalrat sie wahrnehmen. Dabei muss es sich nicht aus-

schließen, das eigene Amt als Aufgabe und Herausforderung anzusehen, die man konsequent verfolgt, und zugleich Rücksicht auf die Befindlichkeiten der anderen Interessenvertreter*innen zu nehmen.

Den anderen Zeit lassen:
Außer wenn man einander schon lange kennt und eine Einschätzung der Arbeitsweise, der Belastbarkeit, der Konfliktbereitschaft und Loyalität des oder der »Neuen« schon besteht, wird es immer eine Phase der Unsicherheit und des Abtastens geben. Das bedeutet zunächst keine Ablehnung der Schwerbehindertenvertretung, sondern eine pragmatische Haltung, die zunächst einmal abwartet, was der oder die »Neue« in die gemeinsame Arbeit einbringt.

Erfolge »richtig« nutzen:
Die Arbeit für die behinderten Beschäftigten sollte sich so weit wie nur möglich in die Arbeit der gesamten Interessenvertretung integrieren. Sich nach eigenen Erfolgen von der Arbeit des Betriebs-/Personalrats zu distanzieren, hilft der Schwerbehindertenvertretung meist wenig. Kritikpunkte, etwa an der Behandlung bestimmter Themen durch die übrigen Interessenvertreter*innen, sollte sie in interne Diskussionen einbringen, statt sich gegen das Gremium zu stellen. Langfristig – dafür sprechen alle Berichte erfahrener Vertrauenspersonen – ist eine erfolgreiche Arbeit für die behinderten Beschäftigten ohne oder gar gegen die allgemeine Interessenvertretung kaum vorstellbar.

Zwei Teile einer Interessenvertretung:
Die Schwerbehindertenvertretung ist Teil der Interessenvertretung mit einem eigenen Aufgabengebiet. Allein die zahlreichen Aufgaben der Beratung und Unterstützung behinderter Beschäftigter und der Zusammenarbeit mit außerbetrieblichen Stellen machen es sinnvoll, diese einem eigenen Teil der Interessenvertretung zuzuordnen. Betriebs-/Personalrat haben natürlich trotzdem Verantwortung auch für die behinderten Beschäftigten (§ 176 SGB IX).

Zusammenarbeit ermöglichen:
Die Schwerbehindertenvertretung muss dabei allerdings regelmäßig in die Arbeit des Betriebs-/Personalrats einbezogen werden. Um ihre Aufgaben zu erfüllen, darf sich die Schwerbehindertenvertretung nicht von den weiteren Aktivitäten der Interessenvertretung isolieren lassen; in vielen Fällen sind gegenseitige Information, Gedankenaustausch und gemeinsames Vorgehen notwendig.

Sinnvolle Arbeitsteilung:
Die beiden Organe der Interessenvertretung müssen eine sinnvolle, sich ergänzende Arbeitsteilung anstreben. Beachtet man, dass die Situation schwerbehinderter Menschen ein Teil und oftmals die Folge des gesamten betrieblichen Gesundheitsgeschehens ist, liegen Ansatzpunkte für eine Arbeitsteilung nahe: die Vertretung schwerbehinderter Menschen im Betrieb/in der Dienststelle ist Teil der Arbeits- und Beschäftigungspolitik der Interessenvertretung.

VIII. Ausstattung: Arbeitsorganisation und Arbeitsmittel

1. Büroräume und Sachmittel

Im Arbeitsalltag der Schwerbehindertenvertretung sind gute, effektive Arbeitsbedingungen zentral, ihr Arbeitsplatz sollte es ermöglichen,

- sich ungestört auf wichtige Gespräche und auf Versammlungen vorzubereiten, Dokumentations-, Schreib- und Verwaltungsarbeiten in Ruhe und geschützt zu erledigen;
- virtuell mit den anderen Interessenvertretungen, SBV-Mitgliedern und den zu vertretenden Beschäftigten (sicher, datenschutzrechtlich einwandfrei) zu kommunizieren;
- vertrauliche Gespräche ungestört zu führen;
- vertrauliche und datenschutzrelevante Unterlagen sicher zu verwahren.

Im SGB IX heißt es zu den Räumlichkeiten (§ 179 Abs. 9 SGB IX): »*Die Räume und der Geschäftsbedarf, die der Arbeitgeber dem Betriebs-, Personal-, Richter-, Staatsanwalts- oder Präsidialrat für dessen Sitzungen, Sprechstunden und laufende Geschäftsführung zur Verfügung stellt, stehen für die gleichen Zwecke auch der Schwerbehindertenvertretung zur Verfügung, soweit ihr hierfür nicht eigene Räume und sächliche Mittel zur Verfügung gestellt werden.*«

Diese Regelung ist mit heutigen Anforderungen und Aufgaben der Schwerbehindertenvertretung kaum in Einklang zu bringen (s. Kapitel VI.4.). Sie ist auch vor dem Hintergrund zu problematisieren, dass die Schwerbehindertenvertretung mit dem Bundesteilhabegesetz ab Ende 2016 einen eigenständigen Anspruch auf eine **Bürokraft** erhalten hat (§ 179 Abs. 8 Satz 3 SGB IX) und daher einen »festen Platz« benötigt. Hinzu kommt die Bearbeitung sensibler Gesundheitsdaten in Wort (Beratungen, Sprechzeiten, Sitzungen) und Schrift (Datenspeicherung, Aktenbearbeitung). Dies muss ungestört in einer »sicheren« (vgl. § 179 Abs. 7 SGB IX und die Vorschriften des Bundesdatenschutzgesetzes) und ungestörten Atmosphäre vonstattengehen können.

a. Mindestanforderungen für die Arbeit

- **Büroraum**: Abschließbar, mindestens Arbeitsplätze für die Vertrauensperson, die Bürokraft und für die Stellvertreter*innen, die regelmäßig zur SBV-Arbeit herangezogen werden.
- **Büroausstattung**: Abschließbare Schreibtische, Abstellplatz/Ablage, abschließbarer Aktenschrank, Sitzecke, Metaplanwand, Flipchart.
- **Arbeitsmittel**: PC oder Laptop (geschütztes, separates Laufwerk), Internet, Intranet, Telefon mit Amtsleitung, Anrufbeantworter (Mailbox), ggf. eigener Nebenanschluss, Zugang zum Kopiergerät und Scanner, Büro- und Schreibmaterial.
- **Virtuelle Kommunikation:** Das ist seit der Pandemie ein »Muss«. Sitzungsteilnahme und Beratungsgespräche erfordern Tools wie Teams, Zoom, Webex sowie Kamera und Headset (dazu unten mehr).
- **Information**: Fachliteratur und Fachzeitschriften – auch kostenpflichtiger Online-Portale mit Fachangeboten.
- Wenigstens stundenweise eine **Schreibkraft oder Büroassistenz** zur Erledigung der reinen Bürotätigkeit und von Schreibarbeiten.

Räumlichkeiten: Schon vor dem eigenen Anspruch der SBV auf eine Bürokraft war die oben zitierte Raum-Regelung in § 179 Abs. 9 SGB IX wenig praktikabel. Schwierig wird es, wenn die Schwerbehindertenvertretung mit den zu vertretenden Kolleginnen und Kollegen vertrauliche Gespräche (auch online) führen muss. Die Räume des Betriebs- oder Personalrats mit zu nutzen erfordert es, dass die Schwerbehindertenvertretung jederzeit Zugriff auf Räumlichkeiten haben muss, wenn es akut nötig ist und Gesprächstermine auch kurzfristig in Notfällen anstehen.

Im Alltag kam und kommt es daher immer wieder zu unnötigen Reibereien, die das Klima zwischen den Interessenvertretungen belasten. Dem sollten alle Seiten vorbeugen und beim Arbeitgeber das notwendige Raumkonzept einfordern. Beim Betriebs- oder Personalrat herrscht gerade in größeren Einheiten in der Regel Trubel, die Besprechungsräume sind oft besetzt.

Benötigt der Betriebs- oder Personalrat die Räume für seine Arbeit, ist der Zutritt für die Schwerbehindertenvertretung in der Regel erschwert; dann muss der Arbeitgeber für Abhilfe sorgen und weitere (eigene) Räumlichkeiten zur Verfügung stellen. Selbstverständlich sind diese Räume entsprechend der o. g. Standards auszustatten (§ 179 Abs. 9 SGB IX).

Ausstattung, Kommunikation: Neben den Büromöbeln sind die Sachmittel (Büromaterial, Büro- sowie Kommunikationstechnik) zur Verfügung zu stellen. Zu den Sachmitteln gehört auch die für das Amt der Schwerbehindertenvertretung erforderliche Fachliteratur: Mindestens je ein Kommentar des SGB IX und des Betriebsverfassungs- oder des/der Personalvertretungsgesetze; Textausgaben der einschlägigen Sozialgesetze und Fachzeitschriften gehören zur Grundausstattung. Heutzutage sind damit teilweise auch Online-Abonnements gemeint, die eine regelmäßige Aktualisierung der Vorschriften und der Rechtsprechung sicherstellen.

Virtuelle Kommunikation: Seit Jahren organisieren die betrieblichen Interessenvertretungen ihre Kommunikation bisweilen virtuell, auch wenn Präsenzsitzungen Vorrang haben und Betriebsversammlungen (Wahlversammlungen) in Präsenz stattfinden müssen. Doch für Einzelbesprechungen, zumal wenn Beschäftigte oder Gesprächspartner*innen räumlich entfernt sitzen, bietet die virtuelle Kommunikation enorme Vorteile. Auch die Schwerbehindertenvertretung hat daher Anspruch auf die technische Ausstattung für Video- und Telefonkonferenzen, damit sie jederzeit z. B. an Sitzungen oder digitalen Fortbildungen teilnehmen zu kann.

Die Mehrheit der Schwerbehindertenvertretungen ist bereits wie erforderlich technisch ausgerüstet; es gibt aber in einigen Betrieben und Dienststellen Konflikte darum, obwohl die Rechtslage eindeutig ist. Daher hier einige Klarstellungen.

Ausgangspunkt ist auch in diesem Fall § 179 Abs. 8 SGB IX: »*Die durch die Tätigkeit der Schwerbehindertenvertretung entstehenden Kosten trägt der Arbeitgeber.*« Ein zentrales Recht der Schwerbehindertenvertretung ist die Teilnahme an den Sitzungen des Betriebs- oder Personalrats, teils an den Ausschüssen der Gremien und am Arbeitsschutzausschuss (§ 178 Abs. 4 SGB IX). Das gilt auch für lokale wie die überörtliche Schwerbehindertenvertretung. Diese Teilnahmerechte sind zudem im Betriebsverfassungsgesetz geregelt (§§ 32, 52, 59a BetrVG). Im Betriebsrätemodernisierungsgesetz von 2021 wiederum wurde das Recht der Betriebsräte (BR) normiert, digitale Sitzungen durchzuführen (§ 30 BetrVG in der neuen Fassung). Die Teilnahmerechte der SBV an allen Sitzungen des Betriebsrats gelten selbstverständlich auch bei Video- und Telefonkonferenzen; die Kosten trägt der Arbeitgeber. Die Vertrauensperson, ihre Stellvertreter*innen und für Aufgaben regelmäßig herangezogene Mitglieder der Schwerbehindertenvertretung sind also technisch so auszustatten wie die Mitglieder der Betriebs- und Personalratsgremien.

Die Regelung zum Geschäftsbedarf der SBV (in § 179 Abs. 9 SGB IX) enthält zwar die Möglichkeit, dass sie die Ausstattung des Betriebsrats mitbenutzt. Dies setzt aber voraus, dass die Effektivität der Interessenvertretungsarbeit dadurch nicht beeinträchtigt wird. Deshalb hat das Verwaltungsgericht (VG) Berlin es z. B. abgelehnt, dass erforderliche Fachliteratur wie juristische Kommentare gemeinsam mit dem Arbeitgeber

genutzt werden müssen (VG Berlin 7.6.2019 – 72 K 12.18); das VG hat das Recht zur eigenständigen Nutzung (Anschaffung) für einen Personalrat anerkannt.
Bei Laptops (z. B. für das Homeoffice) und Smartphones ist es offensichtlich, dass eine geteilte Nutzung nicht möglich ist. Schon vor zehn Jahren hat das BAG anerkannt, dass jedes einzelne BR-Mitglied einen eigenständigen Zugang zum Internet (inklusive der technischen Ausstattung) verlangen kann. Auch danach hat etwa das LAG Berlin-Brandenburg (Beschluss vom 14.4.2021 – 15 TaBVGa 401/21) Ansprüche auf die technische Ausstattung bekräftigt, die für Videokonferenzen erforderlich ist, und zwar für jedes Mitglied eines elfköpfigen Betriebsrats (mindestens Smartphones, zwei Headsets, zwei Webcams und Software-Lizenzen).
Die Gerichte begründen den Anspruch mit der allgemeinen Regel zur Kostentragung, die sich im digitalen Wandel verändert und sich damit auch auf zeitgemäße Informations- und Kommunikationstechnologien erstrecken muss. Die Kostentragung für Interessenvertretungen gilt auch für die Schwerbehindertenvertretung (in § 179 Abs. 8 Satz 1 SGB IX); die Rechtsprechung zur Ausstattung der Betriebsräte ist für sie entsprechend anzuwenden.
Die Schwerbehindertenvertretung muss für ihre Zielgruppe Sprechstunden durchführen können (nach § 178 SGB IX, auch § 179 Abs. 9 SGB IX). Damit hat auch sie das Recht, virtuelle Sprechstunden mit derselben Ausstattung wie der Betriebsrat anzubieten. Nur so kann sie mit den Beschäftigten (auch im Homeoffice) Kontakt halten und ihre gesetzlichen Aufgaben erfüllen. Die individuelle Beratung und Unterstützung schwerbehinderter und gleichgestellter Beschäftigter (nach § 178 Abs. 1 Satz 2 und 3 SGB IX) zählt ebenfalls zu den zentralen Aufgaben der Schwerbehindertenvertretung. Räumlich entfernt arbeitende Beschäftigte und solche im Homeoffice können digital zeit- und kostensparend erreicht, beraten und begleitet werden. Eine Mitnutzung der Geräte mit dritten Personen ist nahezu ausgeschlossen, da eine solche Praxis mit dem gebotenen Datenschutz und der Vertraulichkeit der Beratungen kaum in Einklang zu bringen ist.
Praxistipp – Regelung anstreben: Das Gesetz lässt Vereinbarungen zur Ausstattung der Schwerbehindertenvertretung mit dem Arbeitgeber zu, in denen die Ausstattungsansprüche zweifelsfrei geregelt werden können, auch im Rahmen einer Inklusionsvereinbarung bzw. unter Beteiligung des Inklusionsbeauftragten (§ 181 SGB IX). Damit wird erneut auftretendem Streit um Ausstattungsfragen vorgebeugt.
Wer gehört zur SBV? Zwar ist die SBV im Gegensatz zum Betriebsrat grundsätzlich kein Kollegialorgan, sondern eine Ein-Personen-Ver-

tretung. Die Aufgaben nimmt zunächst die gewählte Vertrauensperson wahr. Sie wird aber bei vorübergehender Verhinderung (z. B. Krankheit, Urlaub, Dienstreise) vom ersten stellvertretenden Mitglied vertreten, was für Ausstattungsfragen eine erhebliche Rolle spielt; zudem kann die SBV in Betrieben mit mindestens 100 schwerbehinderten oder ihnen gleichgestellten Beschäftigten für bestimmte Aufgaben stellvertretende Mitglieder regelmäßig zur Arbeit heranziehen (§ 178 Abs. 1 SGB IX; bei jedem Überschreiten des Schwellenwertes von je 100 beschäftigten schwerbehinderten oder gleichgestellten Personen kann ein weiteres stellv. Mitglied herangezogen werden).

Je nach Aufgabenzuschnitt, den das herangezogene stellvertretende Mitglied ausfüllen soll, muss es die notwendige Ausstattung für die Aufgaben erhalten. Das LAG Berlin-Brandenburg (Beschluss vom 14.4.2021 – 15 TaBVGa 401/21) hatte auch den Ersatzmitgliedern des Betriebsrats eigene Smartphones zugesprochen, da diese im Vertretungsfall die technischen Voraussetzungen benötigen, um kurzfristig an einer Videokonferenz teilnehmen zu können. Dies muss insofern erst recht für die Ausstattung herangezogener stellvertretender Mitglieder der SBV gelten.

b. Rechtsanspruch auf eine Bürokraft

aa. Grundlagen

Mit dem Bundesteilhabegesetz hat der Gesetzgeber die Schwerbehindertenvertretung als betriebliche Instanz der Inklusion und als Interessenvertretung aufgewertet. Ein Meilenstein dabei ist der gesetzliche Anspruch auf eine **Bürokraft** (§ 179 Abs. 8 Satz 3 SGB IX). Die Arbeit der Schwerbehindertenvertretung wurde damit gestärkt, die Aufgabenbewältigung erleichtert, Mandatsaufgaben haben Vorrang vor organisatorischen Arbeiten und Schreibarbeit.

Bei der Festlegung des »erforderlichen Umfangs« der Unterstützung orientiert sich die Schwerbehindertenvertretung an ihren konkreten betrieblichen Aufgaben. Sie macht den Unterstützungsbedarf gegenüber dem Arbeitgeber geltend, ist ihm gegenüber jedoch nicht rechenschaftspflichtig, wie sie ihre Arbeit gestaltet. Mit dem Rechtsanspruch sind zwei qualitative Schritte verbunden:

- Die SBV-Arbeit ist umfangreicher geworden – Stichwort Präventionsauftrag.
- Die Schwerbehindertenvertretung verfügt wie der Betriebsrat über einen eigenständigen Anspruch auf eine adäquate, professionelle Ausstattung und – wenn nötig – auf personelle Unterstützung, deren Kosten der Arbeitgeber zu tragen hat.

Allerdings lässt sich der Anspruch– ebenso wie der des Betriebsrats – oft nicht selbstverständlich umsetzen. Auch der Betriebsrat macht die »Erforderlichkeit« einer Bürokraft geltend. Der unbestimmte Rechtsbegriff der Erforderlichkeit verlangt, dass die Schwerbehindertenvertretung anhand der konkreten betrieblichen Aufgaben, mit denen sie regelmäßig befasst ist, eine Bestandsaufnahme vornimmt und den administrativen Unterstützungsbedarf bilanziert (s. u.). Anhand dieser Aufgaben – reine Bürotätigkeit, Organisation, Assistenz – lässt sich aus den bisherigen Erfahrungen der Vertrauensperson ermitteln, wie hoch der Zeitbedarf für eine Bürokraft zu veranschlagen ist.
Wenn eine Schwerbehindertenvertretung neu im Amt ist, kann sie den Unterstützungsbedarf über einen Zeitrahmen hinweg ermitteln; sie sollte sich bei Amtsvorgänger*innen erkundigen, sich in Arbeitskreisen mit anderen Vertrauenspersonen darüber austauschen und sie kann den Betriebs- oder Personalrat um eine Einschätzung bitten; diese können beim Antrag auch Rückendeckung bieten.

bb. Trennung Mandat und Büroarbeit

Die Erfüllung der ehrenamtlichen Pflichten des Wahlamts der Schwerbehindertenvertretung hat Vorrang vor Büroarbeit und organisatorischen Aufgaben. Von diesen kann und muss sie nach dem gesetzlichen Anspruch entlastet werden.
Umgekehrt gilt: Eine Bürokraft darf keine Mandatsaufgaben übernehmen wie z. B. die Antragsbearbeitung auf Feststellung einer Schwerbehinderung, Hilfe beim Antrag auf Gleichstellung, Aufgaben im BEM-Verfahren etc. Die Bürokraft ist keine »stellvertretende Schwerbehindertenvertretung«, das sind Aufgaben der gewählten Schwerbehindertenvertretung. Eine klare Rollen- und Aufgabenteilung ist notwendig.

cc. Was ist der »erforderliche Umfang« für eine Bürokraft?

Je nach Betriebsgröße und weiteren Faktoren kann eine stundenweise Bürohilfe, eine Teilzeit- oder Vollzeit-Bürokraft erforderlich sein. Die Schwerbehindertenvertretung geht ebenso wie der Betriebs- oder Personalrat vor: Die gesetzliche Interessenvertretung erledigt ihre Aufgaben in eigener Verantwortung und entscheidet darüber, ob und in welchem Umfang Büropersonal zur Durchführung der anstehenden Aufgaben erforderlich ist. Dem Betriebsrat steht dabei ein Beurteilungsspielraum zu, er ist aber nicht über einzelne Arbeiten und Aufgaben rechenschaftspflichtig.
Das ist analog auch für die SBV so zu sehen: Sie ermittelt anhand der im Betrieb üblichen Aufgaben den Umfang des Unterstützungsbedarfs und

teilt dem Arbeitgeber die Stundenzahl mit. Welche Zeiten sind dabei zu beachten? Das ergibt sich z. B. aus dem Aufgabenprofil, das sich von Betrieb zu Betrieb unterscheidet:

- **Bürotätigkeit**
  Zu den typischen Aufgaben gehören der allgemeine Schriftverkehr, Postbearbeitung (Eingang/Ausgang/Verteilung), das Anlegen und die Ablage von (digitalen) Akten und Vorgängen, Protokolle von Sitzungen und Gesprächen (Inklusionsbeauftragter, Integrationsamt, Betriebsrat etc.), Telefondienst und Terminvereinbarungen in Abwesenheit der Schwerbehindertenvertretung (auch Vereinbarung Sprechstunden etc.), Überwachung des Terminplans und der Wiedervorlagen (Fristen), das Beschaffen von Büro- und Info-Material, Schriftverkehr beim Betrieblichen Eingliederungsmanagement (BEM nach § 167 Abs. 2 SGB IX, wenn die SBV regelmäßig beteiligt ist, zum Beispiel als Vertrauensperson von Betroffenen hinzugezogen wird oder hin und wieder Aufgaben übernimmt), ggf. Aktennotizen, Schriftverkehr, Protokolle von Sitzungen des Arbeitsschutzausschusses und anderer Gremien (Gesundheitsförderung, Gesundheitsmanagement etc.), Aufbereitung von Informationen (PPT, Excel etc.).
- **Organisation**
  Vor- und Nachbereitung von Dienstreisen, Besetzung des SBV-Büros in Abwesenheit der SBV-Mitglieder, organisatorische Auskünfte, Aushänge pflegen, Wahrung des Datenschutzes bei der Aktenbearbeitung/-ablage, Assistenz beim Planen und Organisieren von Tagungen und Gesprächen (Integrationsamt, Arbeitgeber, GSBV, KSBV) sowie der Versammlung der schwerbehinderten Menschen: Einladungen an externe und interne Gäste, Raumbuchungen etc.
- **Assistenz**
  Dokumentation der laufenden SBV-Aufgaben für den jährlichen Tätigkeitsbericht, Rechercheaufgaben zu bestimmten Themen: z. B. Inklusionsvereinbarungen anderer Betriebe, aktuelle Rechtsprechung etc. Unterstützung beim Erstellen von Präsentationen und eigenen Informationsmaterialien.

Anhand des Aufgabenprofils wird deutlich: Die Bürokraft muss das Vertrauen der Schwerbehindertenvertretung genießen und ist aufgrund des Umgangs mit sensiblen Daten (schriftlich) auf Verschwiegenheit zu verpflichten (schriftliche Datenschutzerklärung).

dd. Auswahl der Bürokraft

Zwar schließt der Arbeitgeber die Arbeitsverträge ab, doch bei der Bürokraft gilt: Die Schwerbehindertenvertretung muss ebenso wie der Betriebs- oder Personalrat ein Mitspracherecht bei der Auswahl haben: Nur wenn die Bürokraft das Vertrauen der Interessenvertretung hat und geeignet ist, muss die Schwerbehindertenvertretung einer Auswahl zustimmen. Sie sollte selbst ein Vorschlagsrecht erhalten. Arbeitgeber können hier keine einsamen Entscheidungen treffen, sie müssen – wie beim Betriebs-/Personalrat üblich – auch die Schwerbehindertenvertretung bei der Besetzung einbeziehen.

Ein möglicher Weg ist, dass sich in kleineren Unternehmen oder Verwaltungen der Betriebs-/Personalrat und die Schwerbehindertenvertretung auf eine gemeinsame Bürokraft einigen, Zeitanteile regeln bzw. die Zeitanteile des Betriebsrats oder Personalrats aufgestockt werden. Das funktioniert in der Praxis aber nur, wenn klare Absprachen bestehen und der Zugriff der Schwerbehindertenvertretung auf die administrative Unterstützung im erforderlichen Umfang möglich ist.

Auch die (stundenweise) Beauftragung von Stellvertreter*innen als Bürokraft kann (je nach Betrieb und Aufgabenumfang) eine sinnvolle Option sein, sie birgt aber Risiken: Z. B. ist die ausreichende Freistellung von der beruflichen Tätigkeit für die SBV-Arbeit sicherzustellen. Es muss unterschieden werden zwischen Zeiten für Büroarbeit und Zeiten der Heranziehung zu den SBV-Aufgaben. Das ist mitunter schwierig. Die Schwerbehindertenvertretung muss das intern klären und eventuell anhand der Tätigkeitsprofile der Mandatsträger ermitteln, ob dieses Modell sinnvoll ist.

ee. Durchsetzung

Natürlich kommt es vor, dass der Arbeitgeber ein anderes Verständnis vom unbestimmten Begriff der »erforderlichen« Unterstützung durch eine Bürokraft hat. Doch hier müssen Schwerbehindertenvertretungen auf ihr Recht pochen. Bei den Betriebs- und Personalräten ist der Anspruch auf administrative Unterstützung in der Regel bereits gut geübte betriebliche Routine, von der man lernen kann.

Der Arbeitgeber hat auch dem Betriebsrat nach Betriebsverfassungsgesetz Büropersonal im erforderlichen Umfang zur Verfügung zu stellen (nach § 40 Abs. 2 BetrVG). Gleiches gilt für Personalräte: Ihr Anspruch nach dem Bundespersonalvertretungsgesetz gründet auf § 47 BPersVG. Wenn der Arbeitgeber seiner Verpflichtung zur Kostentragung und Geschäftsführung nach § 179 Abs. 8 und 9 SGB IX nicht nachkommt und keine betriebliche Klärung möglich ist, bleibt nur der Weg zum Arbeitsgericht.

ff. Musterschreiben: Antrag auf eine Bürokraft für die Schwerbehindertenvertretung

…

Betreff: Antrag auf eine Bürokraft

Sehr geehrte Damen und Herren,
hiermit beantrage ich als Schwerbehindertenvertretung gemäß § 179 Abs. 8 Satz 1 Sozialgesetzbuch IX für die Unterstützung der administrativen und organisatorischen Tätigkeiten im Rahmen der Aufgaben der SBV eine Bürokraft.
Der Arbeitsumfang umfasst

- eine Vollzeitstelle
- eine Teilzeitstelle von … Stunden pro Woche.

Ich schlage Ihnen als geeignete Bürokraft folgende*n Kolleg*in vor:__________.
Sie*Er besitzt mein volles Vertrauen für die Übernahme der an die Stelle gebundenen Aufgaben.
Ich bitte darum, mit mir das weitere Vorgehen zu besprechen.

(Weitere Musterschreiben finden Interessierte in: Adam u. a.: Musterschreiben für die Schwerbehindertenvertretung, 2. Auflage, Bund-Verlag 2025)

> **Wichtig zu wissen!**
> Alle Kosten, die durch die Tätigkeit der Schwerbehindertenvertretung entstehen, trägt laut § 179 Abs. 8 SGB IX der Arbeitgeber. Zu diesen Sachkosten gehören vor allem: Organisationskosten der Wahl, eine Bürokraft, Kosten für Schreibmaterialien, Büro- und Kommunikationsausstattung, Schulungen, Kommentare/Gesetzesausgaben, sonstige Fachliteratur, Telefonkosten, Aufwendungen für Fahrtkosten zum Arbeitsamt oder Integrationsamt etc. Allerdings gilt besonders bei Seminaren, Fachliteratur und Fachzeitschriften: Die Schwerbehindertenvertretung sollte nicht in Vorkasse treten und unbewilligte Anschaffungen tätigen, sondern erst einen Antrag auf Erwerb stellen.

c. Anforderungen an ein Ablagesystem

»Später, wenn ich Zeit habe, lege ich alles ab!« Trotz guter Vorsätze wird allzu oft aus der chaotischen Zwischenablage eine Dauerlösung. Doch an der Organisation des Papierbergs kommt das SBV-Büro auch aus Datenschutzgründen nicht vorbei.
Unterlagen müssen strukturiert, rasch und für weitere Beteiligte (Stellvertreter*innen) nachvollziehbar abgelegt und auffindbar sein. Die sinn-

volle Organisation eines Informations- und Ablagesystems erleichtert die Arbeit der Schwerbehindertenvertretung, aller Stellvertreter*innen, die zur SBV-Arbeit herangezogen werden, und natürlich der Bürokraft. Die Bürokraft kann die Büroorganisation nach Absprache mit der SBV systematisch aufbauen oder erweitern.
Ganz wichtig ist dabei der Datenschutz: Die häufig sensiblen Daten und Unterlagen der Zielgruppe dürfen niemals frei zugänglich »herumliegen«. Sie müssen sofort verschlossen aufbewahrt oder gut (passwort-)geschützt im PC gesichert werden (eingeschränkte Zugangsrechte, siehe auch weiter unten: bb. Grundprinzipien der Ablage).

- Unverzichtbar sind ein **Aktenplan**, ein überschaubares **Ablagesystem** und ein (gesicherter) PC, in dem Ordner und Dateien mit Vordrucken, Formularen, Textbausteinen und Serienbriefen und persönlichen Akten übersichtlich und systematisch angelegt sind. Sich ohne großen Zeitaufwand zurechtzufinden, spart Nerven und Zeit.
- Das System muss für den praktischen Arbeitsablauf der Schwerbehindertenvertretung angemessen sein.
- Eine Trennung zwischen häufig oder laufend benutzten Akten und Unterlagen, die aus Archivierungsgründen (Datensicherung!) aufgehoben werden müssen, ist wichtig.
- Unterlagen, die im Normalfall zusammen gehören oder benutzt werden, sollten zusammen abgelegt sein (Ablage nach Fällen und Art der Aufgaben oder Probleme).
- Das System muss einfach beginnen und kann schrittweise problemlos ausgebaut werden können.

aa. Auszug eines Aktenplans

Beispiel:
Das Beispiel ist ein Muster zur Orientierung – ohne Anspruch auf Vollständigkeit. Die Struktur eines Aktenplans (oder der Ordnerstruktur auf dem Rechner) muss sich jeweils an den betrieblichen Erfordernissen orientieren und an die Gegebenheiten.

A. Schwerbehindertenrecht, Teilhabepolitik, Betriebsarbeit

1. Gesetze

1.1 SGB IX
1.2 Versorgungsmedizinverordnung, Versorgungsmedizinische Grundsätze
1.3 Behindertengleichstellungsgesetz
1.4 Allgemeines Gleichbehandlungsgesetz
1.5 Präventionsgesetz

1.6	Betriebsverfassungsgesetz/Personalvertretungsgesetz/e
1.7	UN-Behindertenrechtskonvention
1.8	EU-Recht
2.	**Berichte/Studien**
2.1	Inklusionspläne/Inklusionsvereinbarungen
2.2	Aktionsplan der Bundesregierung
2.3	Aktionsplan der Landesregierung
2.4	Bericht der Bundesregierung über Sicherheit und Gesundheit bei der Arbeit (SUGA)
2.5	Berichte/Studien der (Betriebs-)Krankenkassen
2.6	Teilhabeberichte der Bundesregierung
2.7	Berichte/Studien der Integrationsämter
2.8	Berichte Studien der Bundesagentur für Arbeit (IAB)
2.9	Berichte Studien der Aktion Mensch
3.	**Netzwerke/externe Kontakte**
B.	**Betreuung schwerbehinderter/gleichgestellter Menschen (intern)**
1.	**Inklusionsvereinbarung**
1.1	Stand der Inklusion bundesweit, landesweit, Berichte
1.2	Stand der Inklusion intern/Berichte von … bis …
1.2.1	Statistik
1.2.2	Behindertenkartei
1.2.3	Aktuelle Vertretungsfälle
1.2.3.1	Laufende Fälle/Akten
1.2.3.2	Anträge
1.2.3.3	Wiedervorlagen, Fristen
1.2.4	Maßnahmen: Eingliederungshilfe, Arbeitsplatzanpassung
1.2.5	Arbeitsplatzbegehungen
1.2.6	Sprechstunden/Besucherzahl
1.3	Versammlung schwerbehinderter Menschen
1.3.1	Checklisten
1.3.2	Aktuelle Protokolle
1.3.3	Alte Protokolle
1.3.4	Nächste Versammlung/Planungsstand
1.3.5	Einladungen
1.4	Rechenschaftsbericht
1.4.1	Arbeitsbuch mit allen Terminen, Arbeitseinsätzen
1.5	Sonstige SBV-Angebote: Stammtisch, Gesprächskreise
2.	**Inklusion, interne Organisation**
2.1	Personalmaßnahmen
2.1.1	Ausschreibungen
2.1.2	Bewerbungsverfahren
2.1.3	Einstellungen
2.1.4	Anträge auf Zustimmung zur Kündigung

2.1.4.1	Anhörung/Beteiligung bei Kündigungsabsicht des Arbeitgebers
2.1.4.2	Antrag auf Zustimmung zur Kündigung beim Integrationsamt
2.1.5	Kontakte Arbeitsagentur, Werkstätten, Förderschulen
2.1.7	Girls Day für Mädchen mit Behinderungen
2.2	Inklusionsbeauftragter des Arbeitgebers
2.3	Stufenvertretung
2.4	Betriebs-/Personalrat
2.5	Gremienarbeit
2.6	Ausschüsse
2.7	Initiativen der Schwerbehindertenvertretung
3.	**Prävention, Arbeits- und Gesundheitsschutz**
3.1	Präventionsangebote, BGF
3.1.	Arbeitsschutz, Gefährdungsbeurteilungen
3.1.	Gesundheitsmanagement
3.1.	Reha-Beratung
3.1.	Betriebsmedizin
3.2	Betriebliches Eingliederungsmanagement (BEM)
3.2.1	Schwerbehinderte Langzeiterkrankte
3.2.2	Nichtbehinderte Langzeiterkrankte
3.2.3	BEM-Team
3.2.4	BEM-Betriebsvereinbarung
3.3	Ergonomie-Maßnahmen
3.4	Mitarbeit in internen Gremien
3.4.1	Arbeitsschutzausschuss (ASA)
3.4.2	Gesundheitszirkel
3.4.3	Betriebliche Gesundheitsförderung (BGF)
3.4.4	Betriebliches Gesundheitsmanagement (BGM)
4.	**Material/Beispiele Inklusion anderer Betriebe/Dienststellen**
5.	**Inklusionspolitik, inklusive Personalpolitik (Beispiele)**
6.	**Alternsgerechte Arbeit/Demografischer Wandel**
7.	**Gremienarbeit extern**
8.	**Geschäftliches, Abrechnungen**
8.1	Anträge Dienstreisen
8.2	Anträge Fortbildungen
8.3	Anträge Ausstattung
8.4	Abrechnungen
8.5.	Verträge Dienstleistungen, Rechnungen
E.	**Einzelfälle/Ereignisse** (Zeitlich oder alphabetisch)

Je größer die Einheit und der Zuständigkeitsbereich einer Schwerbehindertenvertretung, umso größer sind die Anforderungen an eine sorgfältige Aktenführung. Wer ständig an Personalmaßnahmen, Beratungen und Gremiensitzungen teilnimmt, braucht Überblick. Beteiligung, Mitsprache, Mitarbeit in betrieblichen Ausschüssen und das Verfolgen der

laufenden Vorgänge erfordern es, die Wiedervorlage von Akten zu organisieren und Fristen für Widersprüche und Stellungnahmen zu wahren. Zudem muss die Schwerbehindertenvertretung auf Unterlagen zu Themengebieten zugreifen können, die regelmäßig ergänzt und aktualisiert werden. Nicht zuletzt sind die Stellvertreter*innen nur handlungsfähig, wenn die Ablage systematisch und nachvollziehbar ist.
Da auch gesetzliche Aufbewahrungspflichten zu beachten sind, ist dies mehr als eine Fleißaufgabe: Akten, die buchhalterisch oder steuerrechtlich relevant sind (Abrechnungen von Veranstaltungen, Broschüren, Anschaffungen, Seminaren, Fachliteratur etc.), müssen zehn Jahre, andere Geschäftsakten in der Regel sechs Jahre lang archiviert werden. BEM-Akten (Betriebliches Eingliederungsmanagement) sollten möglichst nach Abschluss eines Falles den Betroffenen ausgehändigt werden und/oder gelöscht werden – spätestens nach ein bis zwei Jahren.

bb. Grundprinzipien der Ablage

Die Gliederung eines Aktenplans muss übersichtlich sein und soll nicht mehr als zehn Hauptgruppen umfassen (siehe Beispiel Aktenplan, Kapitel VIII.1.c.aa.); Papiere werden zu Vorgängen mit passenden Oberbegriffen geordnet und erhalten ein Geschäftszeichen; es gibt drei Aktenarten, die farblich sortiert aufbewahrt werden können:

- A-Akten: Allgemeine Akten wie Gesetze, Verwaltungsvorschriften, Verordnungen und Material-Fundus zu verschiedenen Themen.
- B-Akten: Besondere Akten mit Schriftstücken, die bei der Vertretungsarbeit anfallen: Schriftverkehr, Fallbegleitung, Stellungnahmen, Initiativen, Protokolle der Gremiensitzungen und dergleichen mehr (Datenschutz!).
- E-Akten: Einzelakten zu Personen oder Ereignissen (Datenschutz).

Der Aktenbestand und die relevanten eingehenden Schriftstücke werden einzeln (PC) erfasst, gescannt und zugeordnet. Beispiel: Ein Papier zur internen Integrationsstatistik gehört zu einem aktuellen Projekt, also zu den B-Akten, Oberbegriff 1.2. »Stand der Inklusion …«, Zuordnung zu Unterpunkt 1.2.1. »Statistik«.
Das Geschäftszeichen lautet dann: »B 1.2.1.« – ergänzt durch eine fortlaufende Nummer und den Titel »Integrationsstatistik vom (Datum)«. Sind alle Akten im PC erfasst, sind sie auch nach Suchbegriffen aufzufinden. Für Einzelakten von Personen lassen sich problemlos Ordner mit alphabetischem Register anlegen, das minimiert den Aufwand.
Der Datenschutz verlangt, dass alle Personenakten, erst recht mit sensiblen Gesundheitsdaten, sicher aufbewahrt werden, d. h.: einbruchssicher verschlossen! Sind Personenakten mit sensiblen Daten in der EDV ge-

speichert, ist der PC oder das Netzwerk der Schwerbehindertenvertretung vor externen Zugriffen wirksam zu schützen oder die PCs sind vom Netz zu isolieren! In Absprache mit der EDV und nach Beratung mit dem Datenschutzbeauftragten sind (möglichst wenige) Zugriffsrechte in geschützte Bereiche einzurichten. Jede Schwerbehindertenvertretung sollte sich darüber im Klaren sein: Der Datenschutz erlaubt keine Nachlässigkeiten, das Prozedere der Sicherung und Aufbewahrung ist mit dem betrieblichen oder dienstlichen Datenschutzbeauftragten abzustimmen.

d. Datenschutz und Interessenvertretung

Der Datenschutz und das Bundesdatenschutzgesetz (BDSG) betreffen die Interessenvertretung

- im Rahmen des Überwachungsauftrages (§ 80 BetrVG, § 178 SGB IX)
- bei ihrer eigenen Datenverarbeitung
- an der Schnittstelle zu ihren Beteiligungsrechten.

aa. Überwachungsauftrag

Beim Schutz der Daten von Arbeitnehmern und Arbeitnehmerinnen, über die die Interessenvertretung zu wachen hat, geht es im Grundsatz um das Recht jedes einzelnen auf informationelle Selbstbestimmung. Jeder Bürger und jede Bürgerin soll selbst entscheiden, welche Daten über sie oder ihn verarbeitet werden, wer was über ihn oder sie weiß. Der Datenschutz – insbesondere der zum Zwecke des Beschäftigungsverhältnisses – basiert auf vier Prinzipien:

Verbot mit Erlaubnisvorbehalt: Es ist grundsätzlich verboten, personenbezogene Daten zu speichern und zu nutzen (Volkszählungsurteil 1983). Ausnahmen (§ 22 Abs. 1 BDSG): Ein Gesetz erlaubt die Verwendung von Daten, das BDSG selbst erlaubt die Datenverarbeitung (v.a. § 26 Abs. 3 BDSG), Betroffene stimmen der Verarbeitung persönlicher Daten zu. Die Zustimmung muss freiwillig erfolgen und der*die Betroffene muss umfassend informiert sein (§ 26 Abs. 2 BDSG). Eine pauschale Einwilligung in die Verarbeitung persönlicher Daten (etwa von sensiblen Gesundheitsdaten) ist unzulässig.

Zweckbindung der Daten: Jede Verwendung von Daten ist an den jeweiligen definierten Zweck gebunden, für den sie erhoben wurde.

Datenvermeidung und Datensparsamkeit: Das Ziel ist, so wenig Daten wie möglich zu erheben. Zugriffsberechtigungen sollen sich eng auf den Aufgabenbereich beschränken.

Transparenz: Die Datenerhebung soll möglichst beim Betroffenen selbst erfolgen. Die Betroffenen haben ein Recht, von der verantwortlichen Stelle Auskunft über alle zu ihrer Person gespeicherten Daten zu erhalten.

bb. Datenverarbeitung durch die Interessenvertretung

Die Mitteilung persönlicher Daten und von Sozialdaten ist teilweise die Voraussetzung, dass Betriebsrat und Schwerbehindertenvertretung ihren gesetzlichen Aufgaben nachkommen können. Diese Mitteilung verstößt nicht gegen den Datenschutz. Der Datenschutz steht nicht im Gegensatz zur Mitbestimmung des Betriebsrats gem. §§ 99ff., 102 BetrVG oder § 178 SGB IX. Hier gelten Betriebsrat und Schwerbehindertenvertretung als unselbstständiger Teil der speichernden Stelle (= Arbeitgeber) gem. § 26 Abs. 1 und 4 BDSG. Bei der Verarbeitung von Daten ist die Interessenvertretung Teil der verantwortlichen Stelle (§ 26 Abs. 4 BDSG) und unterliegt genauso wie der Arbeitgeber den Bestimmungen des BDSG.

cc. Datenschutz und Beteiligungsrechte

An den Berührungspunkten des BDSG mit dem Betriebsverfassungsgesetz und dem SGB IX hat eine gesetzeskonforme Interessenvertretung gleichzeitig den Datenschutz bei ihrer Mitbestimmungspraxis zu beachten. Nach § 26 Abs. 6 BDSG bleiben die Beteiligungsrechte der Interessenvertretung unberührt. § 26 Abs. 1 BDSG stellt fest, dass die Informationspflicht des Arbeitgebers gegenüber dem Betriebsrat und der Schwerbehindertenvertretung nicht durch die Vorschrift des BDSG eingeschränkt wird. Angesichts der Neuregelungen im BDSG und der europäischen Datenschutzgrundverordnung ist die Schulung der SBV auf dem Gebiet Datenschutz ein »Muss«.

e. Behindertenkartei und Schwerbehindertenausweis

Die Schwerbehindertenvertretung beschäftigt sich in ihrem Arbeitsfeld überwiegend mit personenbezogenen Entscheidungen und Maßnahmen. Der Tätigkeitsanteil, bei dem sie spezifisches Wissen über einzelne Personen, ihre persönlichen Voraussetzungen und aktuellen Beschäftigungsbedingungen abrufen und präsentieren muss, ist hoch. Um immer gut präpariert zu sein, sollte die Schwerbehindertenvertretung deshalb ein eigenes Informationssystem – eine Behindertenkartei – verfügbar und auf dem Laufenden halten.

Zum Aufbau und zur Pflege einer Behindertenkartei kann man auf folgende Informationsquellen zurückgreifen (nach schriftlicher Einwilligung der Betroffenen):

- Personen- und Behinderungsdaten: Verzeichnis der beschäftigten schwerbehinderten und gleichgestellten Menschen und sonstigen anrechnungsfähigen Personen, Bescheide des Versorgungsamts und des Arbeitsamts, betriebsärztliche Atteste, Gespräche mit den behinderten Beschäftigten.
- Beruf und Arbeit: Gespräche mit den behinderten Beschäftigten, eventuell vorhandene Arbeitsplatzkartei des Betriebs- oder Personalrats, Ergebnisse von Arbeitsplatzbegehungen, Leistungsbescheide des Integrationsamts, von Rehabilitationsträgern etc.

Behindertenkartei					
Personendaten					
Name, Vorname:					
Geburtsdatum:			Familienstand:		
Anschrift:					
Bevollmächtigter/Pfleger/in/Vormund:					
Behinderung					
Schwerbehindertenausweis					
ausgestellt durch das Versorgungsamt:					
AZ:	am:		GdB:		
Merkzeichen:			gültig bis:		
Gleichstellung:					
Arbeitsamt:					
AZ:		Bescheid vom:			
Mehrfachanrechnung durch Arbeitsamt:					
Bescheid vom:		auf:		Pflichtplätze:	
Bergmannsversorgungsschein:					
AZ:		vom:			

Ausstattung: Arbeitsorganisation und Arbeitsmittel

Art der Behinderung (lt. Feststellungsbescheid des Versorgungsamts):					
Sonstige Behinderungen (noch nicht durch das Versorgungsamt anerkannt):					
Einschränkungen/Auflagen bei Arbeitseinsatz:					
lt. betriebs-/werksärztlicher Untersuchung vom (Kopie des Attestes beifügen):					
Beruf und Arbeit					
eingestellt am:		Personalnummer:			
erlernter Beruf:					
Zusatzausbildung/bes. Fachkenntnisse:					
andere Fähigkeiten/Fertigkeiten:					
bisherige Arbeitsplätze:					
Umsetzungen/Versetzungen:					
Beschreibung der gegenwärtigen Tätigkeit:					
Arbeitsplatzprobleme/Belastungen:					
Maßnahmen am Arbeitsplatz:					

f. Bedarf an Literatur

Zur Fachliteratur zählen die wichtigsten Gesetzestexte, Kommentare, Zeitschriften und sonstige einschlägige Literatur. Aufgrund ihrer weiten Überwachungspflicht nach § 178 Abs. 1 SGB IX muss sich die Schwerbehindertenvertretung bei der Beschaffung nicht auf den Bereich des Behindertenrechts beschränken. Welche Fachzeitschriften regelmäßig bezogen werden, entscheidet die Schwerbehindertenvertretung selbst. Sie muss sich aktuell über Entscheidungen und Entwicklungen in den arbeits- und sozialrechtlichen Rechtsgebieten (auch Arbeitsschutz, Prävention etc.) informieren können. Die Aufwendungen für Fachliteratur hat der Arbeitgeber nach § 179 Abs. 8 SGB IX zu tragen.

Beispiele: Literatur für die SBV

Gesetzessammlungen:

- **Kittner**, Arbeits- und Sozialordnung
- **Betriebsverfassungsgesetz**, Textausgabe mit Wahlordnung und andere wichtige Arbeitsgesetze

Kommentare und Handbücher zum Schwerbehindertengesetz:

- **Feldes u. a.**, Schwerbehindertenrecht, Basiskommentar
- **Feldes, Kohte, Stevens-Bartol (Hrsg.)**, SGB IX – Kommentar für die Praxis
- **Conrad-Giese, Hlava, Ramm,** Behindertenrecht in der Arbeitswelt
- **Feldes, Gilsbach, Jansen u. a.**, Praxis der Schwerbehindertenvertretung von A bis Z. Das Lexikon für die Interessenvertretung von Menschen mit Behinderungen
- **Bundesarbeitsministerium**, Versorgungsmedizinverordnung mit allen Anhängen

Kommentare zum Betriebsverfassungsgesetz:

- **Däubler/Klebe/Wedde**, Kommentar für die Praxis
- **Heilmann/Klebe/Ratayczak/Spoo**, Basiskommentar
- **Fricke/Grimberg/Wolter,** Kurzkommentar
- **Bachner**, Kommentar

Kommentare zum Kündigungsschutzrecht:

- **Däubler/Deinert**, Kommentar für die Praxis

Kommentare und Handbücher zu anderen Rechtsgebieten:

- **Schoof,** Betriebsratspraxis von A bis Z, Das Lexikon für die betriebliche Interessenvertretung
- **Pieper/Klußmann**, Handbuch Arbeitsschutz und Arbeitsgestaltung
- **Lakies,** Mindestlohngesetz, Basiskommentar

Fachzeitschriften:
- **Gute Arbeit** (mit Rubrik für die Schwerbehindertenvertretung)
- **Schwerbehindertenrecht und Inklusion**
- **Arbeitsrecht im Betrieb**
- **Soziale Sicherheit**
- **Behindertenrecht**
- **Der Personalrat**
- **Computer und Arbeit**

2. Anspruch auf Schulung und Bildung

Die Vertrauensperson der schwerbehinderten Menschen wächst selten allmählich in ihr Aufgabengebiet hinein. Oft wartet schon ein aktueller Fall auf sie, der »Sprung ins kalte Wasser« steht bevor. Deshalb gehört der Besuch eines Grundlagenseminars zu einer der ersten Amtshandlungen, denn die Schwerbehindertenvertretung benötigt von Beginn an Grundqualifikationen, um ihr Amt ordnungsgemäß wahrnehmen zu können – daran führt kein Weg vorbei.

Der Anspruch auf Teilnahme an Bildungsveranstaltungen und Schulungen für das Amt gilt nicht nur für die Vertrauensperson, sondern seit dem Bundesteilhabegesetz auch für den*die ersten Stellvertreter*in (höchste Stimmenzahl im entsprechenden Wahlgang) sowie die Stellvertreter*innen, die regelmäßig zur SBV-Arbeit herangezogen werden (§ 179 Abs. 4 Satz 3 SGB IX).

Auch wenn absehbar ist, dass gewählte SBV-Mitglieder demnächst als »Nachrücker« in der Schwerbehindertenvertretung aktiv werden, weil die gewählte Vertrauensperson oder andere Stellvertreter*innen aus dem Amt scheiden, müssen die Neueinsteiger Kompetenzen aufbauen und geschult werden.

Im SGB IX trägt der Gesetzgeber den besonderen Interessen der behinderten Menschen in Betrieben und Verwaltungen Rechnung, indem er die Vertrauenspersonen in ihrem Ehrenamt schützt und ihnen ausdrücklich das Recht und die Notwendigkeit von Schulungen zuerkennt (§ 179 Abs. 4 SGBIX). Voraussetzung: Schulungsmaßnahmen vermitteln Kenntnisse, die für die Arbeit der Schwerbehindertenvertretung erforderlich sind.

Der Arbeitgeber ist rechtzeitig vor der Teilnahme (auch aus Gründen der Zeitplanung) über die Bildungsmaßnahme zu informieren. Er trägt nach § 179 Abs. 8 SGB IX die anfallenden Kosten für das Seminar, die Über-

nachtung, die Reisekosten und die Verpflegung und ist zur Entgeltfortzahlung mit beruflicher Freistellung verpflichtet. Die Ansprüche gegenüber dem Arbeitgeber gelten auch für Teilzeitbeschäftigte.
Die Vertrauensperson entscheidet im Rahmen des § 179 Abs. 4 SGB IX frei über die Teilnahme an Schulungen. Sie unterliegt nicht der Entscheidung des Betriebs- oder Personalrats. Zwar muss die Schwerbehindertenvertretung vor allem bei der Zeitplanung auf betriebliche Notwendigkeiten Rücksicht nehmen, wie das auch für Betriebsräte gilt (nach § 37 Abs. 6 BetrVG). Doch dürfen Einwände des Arbeitgebers die Schwerbehindertenvertretung nicht in ihrem Anspruch auf notwendige Schulungen behindern.
Im Streitfall sollte der Betriebs- oder Personalrat eingeschaltet werden. Ist der Konflikt nicht im Vorfeld lösbar, ist vor Gericht im Beschlussverfahren zu klären, ob die Teilnahme an einer Schulung grundsätzlich erforderlich ist.

Hinweis: Die Rechtsprechung erweitert die Spielräume bei der Bildungsplanung
Themen wie der betriebliche **Arbeits- und Gesundheitsschutz** werden dem Aufgabenportfolio der Schwerbehindertenvertretung zugerechnet und deshalb von den Gerichten regelmäßig als Seminarthemen anerkannt. Die Rechtsprechung legt ein ganzheitliches Verständnis der Arbeit der Schwerbehindertenvertretung zugrunde. Sie wird als ein Komplex des betrieblichen Gesundheitsmanagements aufgefasst, der in verzweigten Kooperationsstrukturen organisiert ist und entsprechende Kompetenzen erfordert.
Bei der Erforderlichkeit einer Fortbildung hat die Schwerbehindertenvertretung überdies einen eigenen **Beurteilungsspielraum**! Sie ist vor Gericht einerseits als Einheit der betrieblichen Gesundheitsprävention anerkannt, andererseits als eine Akteurin der betrieblichen Interessenvertretungsarbeit. Entsprechend breit ist das Spektrum möglicher Schulungsthemen, an denen die Schwerbehindertenvertretung teilnehmen kann.
Da die Schwerbehindertenvertretung u.a. an den Sitzungen des **Betriebs- oder Personalrats** und des Arbeitsschutzausschusses teilnimmt, benötigt sie z.B. auch Kenntnisse zur Arbeit dieser Gremien. **Arbeitsmedizinische, technische** und **betriebswirtschaftliche Themen**, die bei der Eingliederung von Menschen mit Behinderungen gefragt sein können, sind heutzutage ebenfalls anerkannt. Der Umgang mit **psychischen Erkrankungen** gewinnt als akutes Anliegen der Schwerbehindertenvertretung zunehmend an Bedeutung. Schulungen zur Anerkennung einer Berufskrankheit oder eines Arbeitsunfalls sind ebenfalls bedeutsam, zum Beispiel auch zur adäquaten Beratung und Vertretung von Langzeiterkrankten. Die Teilnahme an Schulungen ist nicht erst dann erforderlich, wenn konkrete betriebliche Anlässe bestehen.

In der Praxis kommt es immer wieder vor, dass Arbeitgeber die Teilnahme der Schwerbehindertenvertretung an Seminaren beschränken wollen, z. B. auf Themen, die sich ausschließlich auf das SGB IX und Fragen der Behinderung beziehen. Außerdem gibt es die Tendenz, den Schulungsumfang und damit die Freistellung der Schwerbehindertenvertretung einzugrenzen.

Fortbildungen bieten Gelegenheit zum **Erfahrungsaustausch** und zum Knüpfen von **Kontakten** zu anderen Vertrauenspersonen, die man bei Fragen und Problemen ansprechen kann. Neben dem DGB Bildungswerk Bund bieten die DGB-Gewerkschaften, Arbeit und Leben, die Integrations- oder Inklusionsämter etc. passende Vorträge, Schulungsveranstaltungen sowie umfangreiche Bildungsprogramme.

Wer ein solides Angebot mit hohem Gebrauchswert für die Praxis sucht, sollte zuerst bei seiner Gewerkschaft Rat einholen und sich über Angebote und Anbieter informieren. Veranstaltungen der »No-Name«-Träger sind nicht unbedingt empfehlenswert. Die Perspektive einer Interessenvertretung auf das Recht und dessen Durchsetzung sollte bei den Schulungen stets berücksichtigt werden.

Der Druck auf engagierte Interessenvertretungsarbeit (Stichwort »Union Busting«) nahm in den letzten Jahren stetig zu – trotz löblicher Ausnahmen. Es ist eine beklagenswerte Arbeitgeberstrategie, jegliche Beteiligung an betrieblichen Entscheidungsprozessen als unliebsamen Eingriff in ihre Rechte zu bewerten und diese möglichst zu verhindern. Gerade deshalb ist Rechtssicherheit im Amt für die Schwerbehindertenvertretung unerlässlich: Sie muss handlungsfähig sein, ihre Rechte, Pflichten und Spielräume kennen.

Hinweis: Bildungsplan aufstellen

Zu Beginn der Amtsperiode – und dann im jährlichen Turnus – empfiehlt es sich, einen Bildungsplan für die Schwerbehindertenvertretung aufzustellen.

- Den Informationsbedarf – Grundkenntnisse und Spezialwissen – abklären.
- Das regionale und überregionale Schulungsangebot der DGB-Gewerkschaften, des DGB-Bildungswerks, von Arbeit und Leben, der Integrationsämter, Behindertenverbände und anderer Organisationen durchforsten.
- Einen Jahresplan aufstellen (mindestens ein Wochenseminar, mehrere Tagesschulungen).
- Schulungsteilnahme dem Arbeitgeber mitteilen.
- Teilnahme beim Veranstalter melden.

3. Teamarbeit: Aufgaben teilen, Stellvertreter heranziehen

a. Verhinderung der Vertrauensperson

Die Stellvertreter*innen der Schwerbehindertenvertretung werden tätig oder zur SBV-Arbeit »herangezogen«, wenn die Vertrauensperson verhindert ist (§ 177 Abs. 1 Satz 1 SGB IX). Dies ist der Fall,

- wenn die Schwerbehindertenvertretung z. B. wegen Urlaub, Krankheit, Rehabilitation oder Dienstreise nicht im Betrieb oder in der Dienststelle anwesend ist;
- wenn die Schwerbehindertenvertretung andere Aufgaben qua Amt wahrzunehmen hat, z. B. wenn sie gleichzeitig an mehreren Stellen des Betriebs oder der Dienststelle als Interessenvertretung tätig werden muss oder externe Termine wahrnimmt;
- in Ausnahmefällen kann das Tätigwerden der Stellvertretung auch bei berufsbedingter Verhinderung der Schwerbehindertenvertretung erforderlich sein.

b. Heranziehung von Stellvertreter*innen

Zudem kann die Vertrauensperson weitere Stellvertreter*innen zu den SBV-Aufgaben heranziehen, wenn im Betrieb/in der Dienststelle **mindestens 100 schwerbehinderte/gleichgestellte Beschäftigte** zu vertreten sind (§ 178 Abs. 1 Satz 4 bis 6 SGB IX). Gibt es mehr als 201 zu vertretende schwerbehinderte/gleichgestellte Beschäftigte, werden weitere Stellvertreter*innen herangezogen (usw., immer in Schritten von 100).

Zweck dieser Regelung ist nicht die ausnahmsweise Übertragung von Aufgaben (wie eine Urlaubsvertretung), sondern die Sicherstellung der **dauerhaften Unterstützung und Entlastung** der Schwerbehindertenvertretung durch eine*n oder mehrere Stellvertreter*innen. Art und Umfang der Aufgaben, die die Stellvertretung erledigen soll, entscheidet allein die Schwerbehindertenvertretung (Vertrauensperson). Sie besitzt das Übertragungsrecht, kann übertragene Aufgaben ausweiten, einschränken oder ganz zurücknehmen.

Heranziehung unter dem Schwellenwert von 101: Nach dem SGB IX setzt eine Heranziehung wenigstens 101 schwerbehinderte/gleichgestellte Menschen voraus. Doch auch bei 60 zu vertretenden Personen kann der Aufwand durch das Amt bereits extrem groß sein. In den meisten Betrieben und Dienststellen wird dieser unterste gesetzliche Schwellenwert für die Heranziehung nicht erreicht.

Der Einsatz der stellvertretenden Mitglieder ist dann auf die Verhinderungsvertretung beschränkt. Eine arbeitsteilige Teamarbeit ist unter dieser Einschränkung kaum möglich. Vielmehr entsteht bei jedem Verhinderungsfall aufgrund der Übergabe der Amtsgeschäfte stets neuer Abstimmungsbedarf. Das verursacht öfter Verzögerungen und Missverständnisse.
Deshalb sind einige Arbeitgeber, die das Ziel der Inklusion unterstützen und fördern, dazu bereit, die Teambildung in der SBV durch eine **freiwillig zugelassene Heranziehung** zu ermöglichen. Die Regelung der »freiwilligen« Heranziehung ist per mündlicher Verabredung zulässig; mehr Rechtssicherheit besteht jedoch, wenn eine förmliche Kollektivvereinbarung den Sachverhalt regelt:

- eine Betriebsvereinbarung nach § 88 BetrVG bzw. eine Dienstvereinbarung nach § 63 BPersVG oder
- eine Inklusionsvereinbarung nach § 166 Abs. 3 SGB IX.

Letztere hat den Vorteil, dass sämtliche Betriebsparteien beteiligt sind, die für die Inklusion verantwortlich sind: Arbeitgeber, Inklusionsbeauftragte, Betriebs- bzw. Personalrat und SBV. Die zuerst genannte Vereinbarung ist rechtlich einklagbar. Ein Warnhinweis: Die Interessenvertretungen müssen den Wählerwillen respektieren; sie haben sich auch bei der Heranziehung von Stellvertreter*innen an deren Reihenfolge (nach Stimmenzahl) zu orientieren.

c. Organisation der Vertretung

Die Schwerbehindertenvertretung sollte (wenn möglich) rechtzeitig (vor dem Verhinderungsfall) Aufgaben auf die Stellvertreter*innen übertragen. Die Vertretung sollte so unkompliziert und reibungslos wie möglich vonstattengehen. Am besten werden die Stellvertreter*innen schon vor dem Heranziehen zu Amtsaufgaben oder vor einer Vertretung regelmäßig über die wichtigsten Aufgaben und Probleme informiert und frühzeitig über die Terminplanung sowie mögliche Engpässe mit Vertretungsbedarf oder über regelmäßig zu übernehmende Aufgaben in Kenntnis gesetzt. Aus der Vertrauensperson und den Stellvertreter*innen wird so ein Team aus SBV-Mitgliedern! Zur fairen Arbeitsgestaltung und Arbeitsteilung gehören Information und Transparenz (vgl. auch Kapitel III.5. zur Kooperation im Amt).
Um die Teamarbeit und den Rechtsanspruch auf das Heranziehen der Stellvertreter*innen sinnvoll zu gestalten, ist es zweckmäßig Zuständigkeiten zu regeln, z. B.

- Betreuung behinderter Beschäftigter in bestimmten Betriebsteilen oder Abteilungen,
- Betreuung bestimmter Gruppen behinderter Beschäftigter,
- direkte Betreuung eines Teils der Beschäftigten mit Behinderungen (z. B. alphabetische Aufteilung),
- Bearbeitung von Sachaufgaben, z. B. Antragstellung,
- Aufteilung der Sprechstundenzeiten (z. B. aufgrund von Schichtplänen),
- Beteiligung an der Vorbereitung der Schwerbehindertenversammlung,
- Teilnahme an Sitzungen bestimmter Gremien und Ausschüsse.

Es gibt Vorteile, wenn Aufgaben verteilt werden:

- Die SBV-Mitglieder können sich in Themengebiete vertieft einarbeiten. Das erworbene Spezialwissen kann sich positiv in Verhandlungen mit dem Arbeitgeber auswirken.
- Die Verteilung organisatorischer Arbeit (z. B. Sitzungs- und Versammlungsvorbereitung) und Büropräsenz (Sprechstunden) schafft Entlastung.
- Die Strukturierung der Vertretungsarbeit nach Betreuungsgebieten verbessert den Kontakt zur Belegschaft.

Es gibt aber auch Grenzen der Spezialisierung und Arbeitsteilung. Nicht mehrere Einzelkämpfer, sondern Teamgeist sind gefragt. Fairplay, gegenseitige Information über die Aktivitäten und die Koordination der Arbeit in regelmäßigen Besprechungen sind wichtig für den Erfolg (vgl. Kapitel III.5.).

4. Arbeitsbefreiung und Freistellung für das Amt

a. Anspruch auf Freistellung

Der Anspruch der Schwerbehindertenvertretung auf Befreiung von der beruflichen Tätigkeit ist ähnlich wie beim Betriebs- oder Personalratsmitglied geregelt. Um Aufgaben als Interessenvertretung erfüllen zu können, hat der Arbeitgeber genügend Zeit einzuräumen. Der Rechtsanspruch auf Befreiung von der beruflichen Tätigkeit ist in § 179 Abs. 4 SGB IX geregelt. Die Freistellung gilt auch für die Teilnahme an Schulungs- und Bildungsveranstaltungen.

Die Aufgaben der Schwerbehindertenvertretung sind zum größten Teil im Betrieb oder in der Dienststelle zu erfüllen. Von Zeit zu Zeit sind Termine außerhalb wahrzunehmen. Grundsätzlich geschieht dies während der regulären Arbeitszeit. Nur wenn aus betrieblichen Gründen die Amtsaufgaben außerhalb der Arbeitszeit (Mehrarbeit) zu erfüllen sind, hat die Vertrauensperson Anspruch auf Arbeitsbefreiung (Freizeitausgleich) unter Fortzahlung des Arbeitsentgelts oder der Dienstbezüge (§ 179 Abs. 6 SGB IX).

Das Gesetz überlässt es der Schwerbehindertenvertretung, den Umfang der Aufgabenerledigung zu bestimmen. Sie wird dabei nicht eingeschränkt, etwa durch die Betriebs- oder Dienststellengröße oder die Zahl der zu vertretenden schwerbehinderten und gleichgestellten Menschen.

Dass dem Arbeitgeber dadurch Arbeitsleistung verloren geht, die er in der Regel durch Umorganisation kompensieren muss, ist kein Einwand gegen das Recht der Schwerbehindertenvertretung auf Arbeitsbefreiung. Bei jeder Interessenvertretungsarbeit basiert die ordnungsgemäße Erledigung gesetzlicher Pflichten zwangsläufig auf der Arbeitsbefreiung für das Amt und damit auf einer geringeren Arbeitsleistung. Der Arbeitgeber muss bei der Erteilung von Arbeitsaufträgen auf die Pflichten der Amtsführung der Schwerbehindertenvertretung Rücksicht nehmen, damit sie ihre Funktion rechtlich ordnungsgemäß ausüben kann.

b. Vorrang der Interessenvertretungsarbeit

Die Tätigkeit als Schwerbehindertenvertretung hat Vorrang vor der beruflichen Tätigkeit. Der zeitliche Aufwand der Vertretungsarbeit lässt sich oftmals nicht vorab bei der Amtsübernahme planen und abschätzen; der Zeitbedarf wird letztlich auch von der Amtsführung und dem Amtsverständnis einer Vertrauensperson oder den zu vertretenden Personen (Art und Schwere von Behinderungen etc.) beeinflusst. Die Schwerbehindertenvertretung kann nicht immer selbst darüber bestimmen, wann sie ihre berufliche Arbeit unterbricht, weil sie auch in akuten Fällen tätig werden muss.

c. Umfang der Freistellung und Formalien

Wie viel Zeit letztlich zur Ausübung der beruflichen Aufgaben verbleibt, hängt vom Betreuungs- und Beratungsbedarf der (schwer-)behinderten Beschäftigten im Unternehmen ab. Dazu zählen alle Aufgaben, die innerhalb und außerhalb des Betriebs oder der Dienststelle zu erfüllen sind.

Die Schwerbehindertenvertretung entscheidet verantwortlich, wann, wozu und in welchem Umfang sie ihrer Vertretungsarbeit nachgeht. Sie braucht keine Zustimmung, wenn sie tätig wird. Allerdings melden sich

SBV-Mitglieder bei ihrer*ihrem direkten Vorgesetzten rechtzeitig und ohne nähere Begründung für die Arbeit der Schwerbehindertenvertretung ab. Es reicht aus, der*dem Vorgesetzten die voraussichtliche Dauer und den Ort der Amtsgeschäfte mitzuteilen, wenn die Schwerbehindertenvertretung in Angelegenheiten von Beschäftigten mit Behinderungen unterwegs ist.

d. Arbeitsbuch führen

Arbeitgeber oder Vorgesetzte können der Schwerbehindertenvertretung zwar nicht verbieten, für die schwerbehinderten Arbeitnehmer*innen tätig zu werden. Da die Schwerbehindertenvertretung aber auskunftspflichtig darüber ist, ob die Notwendigkeit für eine Freistellung gegeben ist, hilft das Führen eines Kalenders oder Arbeitsbuchs, bei Bedarf Nachweise zu erbringen.
Darin wird die erledigte Arbeit der Schwerbehindertenvertretung mit Datum und Uhrzeit festgehalten, ergänzt z. B. um die Auflistung der bearbeiteten Fälle, Sitzungen, Verpflichtungen. Macht die Schwerbehindertenvertretung Zeitansprüche darüber hinaus geltend, etwa wenn sie eine völlige berufliche Freistellung anstrebt, sollte sie festhalten, welche Aufgaben sie bisher nicht oder nur eingeschränkt wahrnehmen konnte.
Der Kalender oder das Arbeitsbuch ist übrigens die ideale Basis zum Verfassen eines Rechenschaftsberichts, der jährlich für die Versammlung der schwerbehinderten Menschen nötig ist.

e. Konflikte um die berufliche Freistellung

Nicht völlig beruflich freigestellte Mitglieder der Schwerbehindertenvertretung bekommen immer wieder Probleme, wenn sie ihren Arbeitsplatz verlassen, um ihrer Vertretungsarbeit nachzugehen. Die Probleme entstehen oft mit den unmittelbaren Vorgesetzten, aber auch im Team mit den Arbeitskolleginnen und -kollegen.
Wenn bestimmte Vorgaben und Projekte in eng umrissenen Zeitkorridoren zu erledigen sind, reißen ausfallende Arbeitskräfte Lücken. Nicht selten ist die Arbeit so organisiert, dass die verbleibenden Kolleg*innen die (Mehr-)Arbeit für SBV-Mitglieder erledigen müssen. Das bringt der Schwerbehindertenvertretung ungerechtfertigten Ärger ein und schwächt die Akzeptanz der betrieblichen Interessenvertretungsarbeit.
Der Arbeitgeber hat durch Maßnahmen der Arbeitsorganisation dafür zu sorgen, dass eine geringere Arbeitsleistung durch die Amtsführung der Schwerbehindertenvertretung nicht zu Mehrbelastungen anderer Arbeit-

nehmer*innen führt. Es ist Aufgabe der Vorgesetzten und der Personalabteilung, vorausschauend für entsprechende Vertretungspuffer und eine solide Personaleinsatzplanung zu sorgen.
Die Schwerbehindertenvertretung ist im Interesse der Menschen mit Behinderungen und mit Hinweis auf die Rechtslage gehalten, auf ihr Recht zu pochen. Sie nimmt den Konflikten an Schärfe, wenn sie Vorgesetzten und dem Team Einblick in ihre Arbeit gibt. Nur so kann sich ein Verständnis für die (wiederholte) Abwesenheit vom Arbeitsplatz entwickeln. Nicht jede Vertrauensperson bringt den Mut auf, den Anspruch auf Arbeitsbefreiung offensiv durchzukämpfen, wenn es zu Konflikten kommt. Der Schwerbehindertenvertretung dürfen keine Nachteile wegen Ausübung ihres Amts entstehen! Drohen dennoch derartige Nachteile, gilt einmal mehr: Die Vertrauensperson holt sich bei Bedarf Unterstützung und Rat beim Betriebs- oder Personalrat, sie holt Rat bei der zuständigen Gewerkschaft ein (Rechtsschutz für Mitglieder) oder schaltet das Integrations-/Inklusionsamt zur Vermittlung ein.

f. Die Teilfreistellung

In Betrieben oder Dienststellen mittlerer Größe hat inzwischen die Regelung der Teilfreistellung Verbreitung gefunden. Sie ist sinnvoll, wenn sie auf einem überschaubaren Arbeits- und Aufgabenfeld eine bessere Organisation der Amtsausübung ermöglicht. Die Teilfreistellung ist allerdings Verhandlungssache; sie muss bedarfsgerecht sein, das heißt, die Schwerbehindertenvertretung benötigt ein ausreichendes Zeitbudget für ihr Amt und den Arbeitsplatz.
Die Teilfreistellung schließt zusätzlichen Zeitbedarf im Einzelfall nicht aus! Vertretungsarbeit kann trotz Freistellungsvereinbarung auch weiterhin und zusätzlich außerhalb der vereinbarten Freistellungszeit anfallen.

g. Die vollständige Freistellung

Obwohl die Schwerbehindertenvertretung ihren Arbeitsumfang selbst festlegen kann, ist eine formelle Freistellung in vielen Fällen sinnvoll. Nimmt die Vertretungsarbeit einen Umfang an, der für die berufliche Tätigkeit nur noch wenig oder keinen Raum lässt, ist die vollständige Freistellung eine notwendige Regelung.
§ 179 Abs. 4 Satz 2 SGB IX gibt Vertrauenspersonen in Betrieben und Verwaltungen, in denen **wenigstens 100 schwerbehinderte oder gleichgestellte Menschen** beschäftigt sind, einen Rechtsanspruch auf völlige Freistellung von der beruflichen Tätigkeit. Dieser Schwellenwert von

»100« wurde mit dem Bundesteilhabegesetz eingeführt (zuvor vollständige berufliche Freistellung ab 200 schwerbehinderten/gleichgestellten Beschäftigten).
Auf entsprechenden Wunsch der Schwerbehindertenvertretung hat der Arbeitgeber die Freistellung zu gewähren. Die freigestellte Schwerbehindertenvertretung ist dann vollständig von allen arbeitsvertraglichen bzw. dienstvertraglichen Verpflichtungen befreit.
Allerdings sollte weniger die Zahl der beschäftigten schwerbehinderten und gleichgestellten Menschen der primäre Maßstab für die Freistellung sein. Vielmehr ist der konkrete Umfang der Aufgaben und die Intensität der Betreuungsarbeit zugrunde zu legen. Von Bedeutung sind etwa: Art und Schwere der Behinderungen, besondere Arbeitsschwerpunkte, die Quote schwerbehinderter Menschen, die Entfernung zu den Betriebsstätten oder Dienststellen, die Arbeitsorganisation (z. B. Schichtarbeit).
Bereits unter der genannten Grenze von 100 schwerbehinderten oder gleichgestellten Menschen kann eine Vollfreistellung oder – in bestimmten betrieblichen Situationen (Umstrukturierung, Insolvenz, Betriebsübergang) – eine zeitlich befristete Vollfreistellung begründet werden. Das SGB IX lässt dafür ausdrücklich weitergehende Vereinbarungen zu.
Aber: Eine Vollfreistellung darf nicht an den Befürchtungen der Vertrauensperson scheitern, dass sie berufliche Nachteile erfährt oder den beruflichen und finanziellen Anschluss verliert! Die Schwerbehindertenvertretung hat einen gesetzlichen Anspruch, eine versäumte berufliche Entwicklung im Amt nachzuholen (§ 179 Abs. 5 SGB IX).

5. Zeitmanagement

Zur Interessenvertretungsarbeit und für den Erfolg im Amt gehören eine strukturierte Arbeitsplanung und ein gutes Zeitmanagement. Insbesondere Neueinsteiger empfinden die Arbeitsbelastung – verbunden mit der beruflichen Belastung – als markanten Einschnitt. Wichtig ist es daher, mit dem Arbeitgeber, den Vorgesetzten und im Arbeitsteam über das Amt zu sprechen, die Regeln für die Freistellung zu kennen und zu vermitteln. Und natürlich ist jede Einarbeitungsphase stressig (vgl. auch Kapitel III.). In typischen Überforderungssituationen wird einem »alles zu viel«. Man kommt mit der Arbeit nicht nach, verliert den Überblick, fühlt sich angespannt und reagiert gereizt.
Gerade in der Einarbeitungsphase ist die Doppelbelastung groß, die SBV-Mitglieder sind hin- und hergerissen zwischen Job und Amt. Hinzu

kommt der Druck, mit der Arbeitgeberseite und Vorgesetzten verhandeln zu müssen. Das ist ungewohnt und teils neu. Auch die Herausforderung, im Betrieb oder in der Verwaltung öffentlich aufzutreten, ist gewöhnungsbedürftig.
In ungünstigen Fällen entstehen Zweifel und Furcht, der Fülle der Anforderungen nicht gerecht zu werden oder für die anstehenden Aufgaben nicht qualifiziert genug zu sein (vgl. auch Kapitel III. mit vielen Praxistipps für Neulinge). Entlastung bietet der Austausch und die Arbeit als SBV-Team: Die Position der Stellvertreter*innen für die Schwerbehindertenvertretung wurde mit dem Bundesteilhabegesetz gestärkt. Die Vertrauenspersonen sollte darauf bauen und von Anfang an eine*n Stellvertreter*in oder mehrere (je nach Größe der Einheit, Zahl der schwerbehinderten/gleichgestellten Beschäftigten) ins Boot holen, Aufgaben besprechen und die mögliche Arbeitsteilung angehen. Der oder die Stellvertreter*in muss ohnehin tätig werden, wenn die Vertrauensperson verhindert ist. Das kann sie nur, wenn sie eingeweiht ist.
In der Anfangszeit ist dennoch mit Krisen zu rechnen. Am besten baut die Schwerbehindertenvertretung zu Beginn der Amtszeit eine Vorstellung davon auf, wie sie Amt und Beruf ins Gleichgewicht bringen will: Die Balance zwischen den Anforderungen und den persönlichen Bedürfnissen und Ressourcen verdient Beachtung. Deshalb gilt:

- Arbeit strukturiert angehen,
- maßvolle Ziele setzen,
- Schwerpunkte bilden,
- die Zeit realistisch ohne Überforderung planen.

Hier setzt das Zeitmanagement an. Es geht nicht darum, Zeit zu sparen, um noch mehr zu erledigen. Es geht vielmehr darum, Ziele mit möglichst geringem Zeitaufwand zu erreichen. Außerdem sind Prioritäten zu setzen, damit die verfügbare Zeit für die wichtigsten Aufgaben verwendet wird.

a. Grundsätze für ein gutes Zeitmanagement

- Nur 60 Prozent der Zeit fest verplanen, 40 Prozent als Puffer frei lassen, damit Unvorhersehbares und Aktuelles nicht den kompletten Zeitplan ins Rutschen bringen.
- Prioritäten setzen, die wichtigsten Aufgaben zuerst erledigen.
- Unangenehme Aufgaben, die nicht aus dem Kopf gehen, möglichst nicht tagelang aufschieben, sondern zügig angehen.
- Störungsfreie Zeit für schwierige Aufgaben einplanen.
- Bei störenden Telefongesprächen einen Rückruf vereinbaren.

- Gleiche oder ähnliche Tätigkeiten zusammenfassen.
- Aufgaben, die hohe Konzentration erfordern, in den leistungsstarken Tageszeiten einplanen.
- Delegation und Arbeitsteilung angehen.
- Entlastung von Büro- und Organisationsaufgaben planen, die Bürokraft einsetzen und die Arbeit solide mit ihr*ihm durchplanen.
- Private Termine berücksichtigen und blockieren.
- Das Wichtigste: ein ordentliches Terminplanungssystem!

Für die Zeit- und Arbeitsplanung gibt es eine Fülle unterschiedlicher Methoden und Instrumente (Outlook mit Aufgaben und Terminen, Checklisten, sonstige Software, Timer, Ideenkarteien, Arbeits- oder Tagebuch etc.).

Kein Zeitmanagement der Welt hilft gegen zu viele Aufgaben und ständige Überforderung. Delegation, Teamarbeit und Kooperationen mit anderen Partner*innen im Betrieb sind hilfreich und schaffen Entlastung. Ein Zeitmanagement muss zu den persönlichen Bedürfnissen und Einstellungen passen. Deshalb sind Erläuterungen oder gar Belehrungen fehl am Platze.

b. Anti-Stress-Tipps für alle Lebenslagen

- Den Start langsam angehen, Schulungen besuchen und sich dabei mit anderen austauschen, sich gegenseitig Tipps geben.
- Zu hohe Ansprüche ans Amt auf ein gesundes Maß stutzen, Ideale reduzieren: Wer von sich und anderen zu viel erwartet, läuft Gefahr, frustriert zu werden.
- Nein sagen: Nicht Arbeit zuschanzen und sich überlasten lassen. Nein sagen, bevor die Belastungsgrenze erreicht ist. Gesunder Egoismus hilft: An sich selbst statt nur an die anderen denken!
- Energie tanken: Der Beruf ist nicht der Mittelpunkt der Erde. Berufliche Belastungen verlangen nach Ausgleich. Balance im Leben – mit Freizeitaktivitäten und privaten Kontakten – steigert das Wohlbefinden. Wir arbeiten, um zu leben, nicht umgekehrt!
- Gefühle müssen raus: Wer gekränkt wird, sollte das nicht in sich hineinfressen, sondern das Gegenüber klar in die Schranken weisen, mit anderen reden.
- Unterstützung organisieren: Niemand kann alle Fragen allein beantworten und Probleme allein lösen. Am besten Kolleg*innen ansprechen und Rat einholen.

- Pausen: Immer die persönlichen Energiereserven im Blick behalten, nicht ohne Pause durch den Arbeitstag hetzen. Entspannende Übergänge müssen sein.
- Emotionale Unterstützung: Geteiltes Leid ist halbes Leid. Jeder braucht Gesprächspartner, bei denen man hin und wieder Ärger abladen und die Seele freisprechen kann.
- Gesund leben: Auf die Körpersignale achten, kürzer treten, wenn der Bogen überspannt ist. Urlaub, ausreichend Schlaf und gesunde Ernährung sind wichtig.
- Besonnen sein: Auf vorhersehbare Konflikte kann man sich mental einstellen. Nicht beim ersten negativen Gefühl impulsiv reagieren, sondern abwarten. Kritik am besten konstruktiv zum Ausdruck bringen, auf überzogene Positionen mit Humor reagieren.
- Handlungsfähig sein: Neue Erfahrungen zulassen, sich qualifizieren – das erweitert den Horizont und nimmt Stress weg.
- Kein Helfer-Syndrom: Keine Überidentifikation mit dem Amt und den zu betreuenden Personen. Die Balance zwischen Mitgefühl und emotionalem Abstand muss gewahrt werden.
- Keine negativen Gedanken: Nicht zu lange grübeln und in Selbstmitleid zerfließen. Lieber die Frage angehen: Was tut mir gut? – und danach handeln.

Stichwortverzeichnis

Kompetenz verbindet

Feldes / Helbig / Hüther / Krämer / Kuntz / Mittel / Rehwald / Tatzky / Westermann

Schwerbehindertenrecht

Basiskommentar zum SGB IX (Teil 3) mit Wahlordnung - inklusive barrierearmes PDF
17., aktualisierte Auflage
2024. 617 Seiten, kartoniert
€ 54,00
ISBN 978-3-7663-7390-8

Der bewährte Basiskommentar liefert aktuelle und praxisorientierte Erläuterungen zu den Bestimmungen des SGB IX - Rehabilitation und Teilhabe von Menschen mit Behinderungen (Teil 3 - Schwerbehindertenrecht). Die Neuauflage berücksichtigt die aktuellen Gesetzesänderungen.

Die neuen Kernthemen:

- Welche Rechte haben Menschen mit (Schwer-) Behinderung?
- Wie ist eine selbstbestimmte und gleichberechtigte Teilhabe am Leben in der Gesellschaft zu erreichen?
- Wann greift der besondere Kündigungsschutz und wie ist die Schwerbehindertenvertretung bei Kündigungen zu beteiligen?
- Welche Aufgaben hat die Schwerbehindertenvertretung?
- Welche persönlichen Rechte und Pflichten haben die Vertrauenspersonen?
- Welche Regelungen gelten für die Inklusionsbetriebe oder Werkstätten für Menschen mit Behinderungen?
- Wer muss bzw. kann am betrieblichen Eingliederungsmanagement beteiligt werden?

Bund-Verlag